U0928913

解密青洪帮大佬不为人知的历史秘档!

青洪帮

大佬秘史

何虎生◎著

袁文会：担任日本宪兵队特务队长的津门恶霸

葛肇煌：被香港黑帮奉为神明的第一帮主

杜月笙：雄霸天下的『上海皇帝』

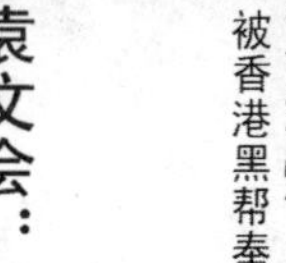

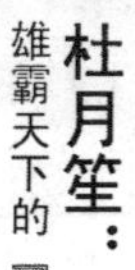

张啸林：被军统处决的杭州帮主

黄金荣：被吓死的上海青帮『流氓大亨』

司徒美堂：参加开国大典的海外洪门爱国老大

台海出版社

图书在版编目（CIP）数据

青洪帮大佬秘史／何虎生著. —北京：台海出版社，2011.1 （2019.1 重印）

ISBN 978 - 7 - 80141 - 713 - 8

Ⅰ.①青… Ⅱ.①何… Ⅲ.①帮会 - 史料 - 中国 - 近代 Ⅳ.①D693.75

中国版本图书馆 CIP 数据核字(2010)第 215770 号

青洪帮大佬秘史

著　　者：何虎生

责任编辑：刘　硕
装帧设计：凡人设计　　　　版式设计：通联图文
责任校对：韩　海　　　　　责任印制：蔡　旭

出版发行：台海出版社
地　　址：北京市东城区景山东街20号　　邮政编码：100009
电　　话：010 - 64041652（发行，邮购）
传　　真：010 - 84045799（总编室）
网　　址：www.taimeng.org.cn/thcbs/default.htm
E - mail：thcbs@126.com

经　　销：全国各地新华书店
印　　刷：三河市天润建兴印务有限公司
本书如有破损、缺页、装订错误，请与本社联系调换

开　　本：760×1040　　1/16
字　　数：260 千字　　　　印　　张：22
版　　次：2011 年 1 月第 1 版　　印　　次：2019 年 1 月第 3 次印刷
书　　号：ISBN 978 - 7 - 80141 - 713 - 8

定　　价：39.80 元

前　　言

鸦片战争后，中国的社会状况发生了很大的变化，传统的自然经济开始解体，中国从此进入了近代史时期。由于一向松散的民间社会历来就有着结帮成会的传统，因此，中国历史上一直都存在着各种各样的帮会组织。到了清朝末年，随着战争造成的游民数量的不断增加，民间的帮会组织得以迅速发展和蔓延。至19世纪末20世纪初，帮会组织已遍及全国，形成了帮会力量在一段时期内大行其道的独特社会现象。

中国近代的帮会组织主要可分为青帮和洪帮两大系统。青帮最早起源于清朝初年从事漕运的水手组织，而洪帮又称洪门，是由明末清初以反清复明为宗旨的秘密组织发展而来。他们的共同特征是讲究义气，但因其组成成分、组织形式、流传地区、创立宗旨和活动情况不同，两者在很多方面都存在着相当大的差别。青帮讲求父子辈分，以拜师收徒的方式组成，内部是等级森严的家长制统治；洪帮则强调兄弟之情，以兄弟结义的方式组成，内部成员平等，皆以兄弟相称。青帮最早是漕运水手的组织，没有反清的意识，宣扬封建迷信和宿命论；洪帮则是为反清而创立的，自清初成立一直进行着不屈不挠的反清斗争。青帮初期主要由水手组成；洪帮的主要成分则是破产农民、手工业者，依次存在过的洪帮组织有天地会、三合会、哥老会等。青帮和洪帮都有着各自独特的兴起和发展轨迹，以下分别对其作简要的介绍。

一、青帮简说

青帮，又称清帮、安清帮、安清道友，是中国近代民间秘密结社之一。关于青帮的起源，民间流传着相当多的版本。清代及民国间的官私史籍都指出，青帮的创立者为翁岩、钱坚、潘清三人。青帮内部有一部秘籍叫做《通漕》，被各地支派以不同的名目刊印流传。《通漕》中有很多关于漕运事务、船只构造、运输规则的记载。其中谈到了关于青帮起源的传说，多为以下两种：

“康熙皇帝又为南漕朝夕踌躇，意将南方诸郡民税漕粮移运北京，以为满蒙禄食。传旨午朝门外张挂皇榜，招募义士，护国匡漕……翁、钱、潘三位老祖揭下皇榜……康熙皇帝旨下，命三位义士领帮匡漕。潘祖为正统、翁祖为左统、钱祖为右统。三祖受了皇帝圣旨，领运通漕；名为安清帮。”

“雍正四年，船齐下水，开始运粮。翁、钱、潘三祖因人类不齐，殊难约束，经何公（漕督何立帮）奏明，恩准三祖各开山门，广收弟子，支配各船服务。再由徒传徒，人才日众……全帮合力合心，漕运于斯为盛。昔日递运艰难，人畏其险；今则交通便利，人赖以安，故定帮名曰安清。”

由此可见，青帮起源于漕运，最早为漕运水手的一种行业性的秘密组织或互助团体。

清朝时期，政府每年从江南富庶地区经运河运送400多万石粮食到北京，以供应皇室官僚及军队所需。为了便于管理，漕船以卫所为单位编为帮，各帮在漕运途中可以互相帮助。漕运本是由隶属于军籍的屯田士兵担负的，但由于路途遥远且危险艰苦，每帮都会雇用一些水手、舵工负责具体驾船。随着屯田士兵越来越松弛懈怠，每帮雇用的水手也越来越多，并逐渐在漕运中占据了很重要的地位。这些水手多是从山东、直隶等省的贫困地区分离出来的破产农民，也包括一些码头苦力和城市中的小手工业者。为了保护自身的利益，他们抱团结伙，便产生了帮会组织。

根据《通漕》谱系所记，青帮所尊奉的三祖，即翁岩、钱坚、潘涛三人各领一帮，设立山堂，分别称为翁佑堂、钱保堂、潘安堂。青帮自创立之日起，即广为发展徒众，规模越来越大，由初期的三帮渐渐扩大为七帮、十二帮，徒众也由数千人发展为五六万人，至道光初年已达五六十万人。青帮的三祖之中，潘祖一支为最盛，渐成青帮骨干，因此，后期江湖上所说的“潘门”、“潘家”、“三番”几乎成了青帮的同义语。随着青帮势力的发展壮大，其基本成分也由原来的水手、舵工扩展到运河各闸、坝、码头的水夫、挑夫、纤夫、搬运工人等。青帮主要在运河沿线活动，所以江湖上曾有“青帮一条线，洪帮一大片”之说。各船帮及码头都有大大小小的青帮组织，称为香堂。由于漕运起于富庶的江浙一带，所以在青帮成立之初，要数江浙地区的青帮势力最为庞大。同时，其他地区的青帮也渐次形成，全国共计一百二十八帮半。如此广泛的地域分布对于日后青帮扩大其影响有着十分重要的意义。

青帮有着非常严格和秘密的组织。三祖名下的徒众分为不同的支派，徒党按照辈分形成上下尊卑关系。青帮有二十四辈分，“清净道德、文成佛法、能仁智慧、本来自性、圆明兴立、大通无学。”民国以后，帮中人又续添二十四个字，即：“万象依皈、戒律传宝、化渡心回、临持广泰、普门开放、光明乾坤。”在帮中称之为“前二十四代”、“后二十四代”。

各地香堂的堂主（亦称山主）由当地辈分最高的青帮分子担任。加入青帮需要由青帮中的人介绍，然后拜某堂堂主为师父，由师父给其排辈。各香堂都设有专门负责各项具体事务的职位。“老大”一人，即堂主，执掌一切军机要务。“老二”两人，掌管粮秣财源。“老三”四人，负责具体行动的执行。“老四”六人，管理全山徒众的劳绩，掌管票布符号等事。“老五”一人，管理全帮徒众的赏罚。考虑到要保证组织的严密性，青帮收徒非常慎重，贯彻“师访徒三年，徒访师三年”的原则，且“本帮不许为本帮作引进”。入帮之人要经过详细的审查，“盘问三代无脸面，身家不清休进会”，直到确认其身家清白，入帮动机正确，并非投机取巧之人和有意破坏青帮者，堂主方才批准举行入帮仪式，接纳此人入帮。

为了便于活动，青帮内部联系需要用暗语，另外还有问答见面的暗号，有识别的标志，如徽章、佩戴的饰物等，还有规定的识别动作。青帮中人在任何码头都可以利用暗语、标志找到自己的同党，如此便能在危难之际得到同党的帮助和解救。在茶馆酒楼也可以根据杯盘、碗筷的放置识别是否同为青帮中人，青帮一般会将筷子放在杯子的外侧以表明自己的身份。此外，青帮内部还通行一套行话，多为漕运术语转化而来。如“空子”原指从京师返南的空船，在帮内则指未入帮的新人。“溜子”原指小巧轻便的小船，在帮内则指负责传达帮主命令，联络各帮关系的通讯人员，或者指离帮独行的帮会中人。“窝子”原指粮船抛锚避风之地，在帮内则指据点、码头及各行的职使，即所谓“船上十三行，各有各窝子”。

青帮中人多信仰罗祖，青帮秘籍《通漕》将罗祖奉为他们的祖师。其实，罗祖是明朝万历年间人，祖籍山东即墨，名为罗清。他祖辈为军，隶属于密云卫，著有《苦功悟道卷》、《叹世无为卷》、《破邪显正钥匙卷》、《正信除疑自在卷》和《巍巍不动泰山深根结果宝卷》，称为罗祖五部经。实际上，罗祖教的教义与白莲教没有多大差别，可谓是白莲教的变种。罗祖五部经的内容十分系统完整，被许多秘密宗教奉为经典，因此，罗祖教逐渐成为在民间具有相当影响力的秘密宗教。青帮将罗祖奉为他们的祖师，主要是为了团结徒众，即借用罗祖的名义加强内部的向心力。青帮并不是一个宗教团体，不能将其看作罗祖教或者白莲教的支派。由于罗教暗含强烈的反抗意识，早在雍正年间清廷就明令禁止水手信仰，以免受其蛊惑。因此，可以说青帮虽受到罗祖教的影响，但与罗祖教并没有必然的联系。

青帮的发展以道光初年为限经历了非常重大的变化。道光五年之前，青帮可以说是一个独立的，由漕运水手、舵工、码头工人组合起来的，为维护自身利益而建立的组织，带有浓厚的封建迷信、宿命论和利己主义色彩。青帮内部提倡“有福同享，有难同当”、“和平处世、忠厚待人”、“救危济急莫辞劳”、“敬的是天地君亲师，求的是福禄寿喜财”。青帮的誓言及戒律中一再强调，“帮规宜守，国法须遵”，“知足免寻烦恼，能忍方是英豪”。他们并不以反清为目的，某种程度上说是依赖清廷的统治而生活的，是漕运工人的劳动组合。

道光初年，由于黄河决口改道造成高邮至徐州段运河淤没，漕道断绝。为了保证京师重地的粮食供应，清廷试行南漕海运，并逐渐取代了漕运，这使得大批水手、河岸纤夫、搬运工人失业，也促使青帮内部开始发生分化。为生计所迫，冀、鲁、皖、苏地区的一部分青帮成员加入了正蓬勃发展的太平军、湘军及日后的捻军，靠军队发放的军饷为生；一部分流窜于江南江北各州县，干起打家劫舍的勾当；江淮地区的青帮则与当地贩卖私盐的“盐枭”、“青皮”结合起来，“组织团体，密行贩盐，或以偷税为业”。青帮由此便转为与“盐枭”、“青皮”等相勾结的藏污纳垢的黑社会组织。青帮的这一转化严重威胁了清廷的统治，成为清廷打击的对象。因此，青帮与清廷的关系也由依附转化为对立。

转变后的青帮已不再是过去单纯的粮米帮，原来的青帮成员迫于生计加入了不同的社会群体，同时也发展了一批新的青帮成员。新加入的青帮成员多为来自社会底层的贫苦大众，其成分相较于原来的漕运水手更为复杂。这一方面扩大了青帮在社会底层的基础，另一方面也容易促成青帮走向盗匪化和流氓化。

清朝晚期，青帮的成员已扩大到整个下层社会，且以破产农民、城市小手工业者与流氓为主。到了民国后，尤其是20世纪20年代中后期，青帮的成员开始向社会中上层发展，甚至涵盖了社会所有阶层，从过去失业无产者、体力工人、城市流氓等社会下层人员，到工商实业家、文化界人士、军政宪特人员甚至达官显贵等上流社会人员，都有加入青帮者。青帮开始全面渗透进入各个阶层，形成一种强大的社会力量，在社会中起着举足轻重的作用。

二、洪门秘录

洪门是明清以来中国最重要的帮会，明朝末年，清军南下，明延平郡王郑成功退守福建东南隅，反清复明。鉴于当时文武官员朝秦暮楚，郑成功于1661年（清顺治十八年九月）创立了金台山明远堂，与诸大臣及大将结义为异姓兄弟，是为洪门开山立堂之原始。

洪门的秘密口号为“明大复心一”，反过来为“一心复大明”。洪是明太祖朱元璋洪武年号的“洪”。郑成功创立洪门的意义有二：一为复兴明朝；二则尊王攘夷。洪门内部的山主以公、侯、伯、子、男自封，分封兄弟以三十六个部位，称仁义兄弟，维护五常八德。举行隆重仪式时，空着中央，表示不做皇帝，留待朱洪武的子孙。清朝视洪门为大逆不道，一经查出即抄家灭族，呼为红帮土匪。外界不察，都称洪门为“红帮”，实际上中国没有红帮。

洪门是反对清朝统治的组织，因而当时在城市中难以插足，只能于穷乡僻壤占山立寨，招兵买马。洪门的组织是仿效梁山的，但只留三十六天罡，不要七十二地煞。帮中兄弟相称，讲求平等，没有辈份。

洪门开山，立遭清兵剿捕，即进入战争状态，广泛发展势不可能，于是又变相创立白门，以神道设教，引人入彀，如白莲教、红灯照、红枪会、大刀会、小刀会、天地会皆属之。在封建社会里，这些组织极易发展。

郑成功首开金台山明远堂，与文臣武将结为异姓兄弟，是时拥有土地与人民，实无所谓秘密结社。金台山为郑军驻所，无所谓占山落草。年来郑成功派其盟弟部将蔡德英、方大成、马超兴、胡德帝、李式开及其军师陈近南进入清占区发展组织。蔡德英发展于区南，是为洪门。陈近南于古北拥戴顾炎武，发展为汉留。二者组织形式大致相似，组织路线却有歧异。兹分别概述于下（摘自部分资料）：

郑成功派往内地发展组织的部将盟弟蔡德英等五人，原为洪英旧部。洪英，字启盛，山西平阳府太平县人，崇祯魍年进士，参督师史可法幕。扬州沦陷，洪英以事先出城，未罹难，收集史可法旧部，继续奋斗，屡战不利，病殁于三汉河。蔡德英等投依潞王，潞王降清后即往福建归唐王，后随郑成功收复台湾，参与金台山会盟。蔡等受郑密令回大陆发展，潜至福建莆田县九连山少林寺。方智通精武艺，法徒一百二十八人皆彪悍。智通劝蔡等落发为僧，精练武术，待机起义，蔡等遂于此练技结众。郑成功胞侄郑器达随父书丹贾于粤，闻讯携其妻郭秀英及妹郑玉兰、子道德、道芳往投，共同练武。寺僧中有马福仪者，以武功居第七，好色成性，图奸郭秀英及郑玉兰，为众斥逐下山，遂叛盟向清抚告密。清将陈文耀、张近秋率兵三千乘夜袭围，火烧少林寺，僧众百余殉难，只蔡等十余人突围，用袖箭射死马福仪。清兵乘胜紧追，蔡等十余人复中途溃散，仅蔡德英、方大成、马超兴、李式开、胡德帝等五人一起逃奔，追者仍不舍，幸遇舟子澍邦恒摆渡过河，又于中途结勇士吴士佑、方惠成、张敬之、杨信佑，林大红共投惠州宝珠寺。寺僧吴天成、洪太岁、姚必达、李式地、秫永超纳之。清兵追至，众越墙奔乌龙山。史可法部将吴烈之子吴廷贲在山采樵，用樵斧击杀清将陈文耀，蔡等得脱身遁至右寻镇高溪庙。蔡等伤愈以后，刺臂出血，喝血酒，重新盟誓，苒行组织，规划复仇。尊洪英为始祖，郑成功为武文宗，史可法为文宗，是为洪门结社之始。

蔡德英等随后奔江西赣州，遇唐王部将黄昌成及其妻钟文君，同往吊郑君达墓，适郭秀英、郑玉兰、郑道德、郑道芳亦在扫墓，幸得相叙。不意死敌张近秋官鄂，被其探悉，报清督发兵兜缉。郭秀英持剑直扑张近秋，杀清兵无数。清兵暂退后，郭秀英以剑授二子使遁，自己和郑玉兰投河而死，谢邦恒葬之河畔。蔡等逃至欧家庙，与宝珠寺僧吴大成相遇，谢邦恒、吴廷贲亦到，遂分三队埋伏森林中，狙杀张近秋，合力击退清兵，奔襄阳万云寺。万云寺的主持万之龙，俗名胡得起（洪门称为达宗），为明潞王部将，起义战败逃此。万云龙与汉留在四川雅州开精忠山的白鹤道人陈近南深相结纳，蔡等至，遂共推陈近南主持复明事宜。

白鹤洞为陈近南出家处。1673 年（清康熙十二年），吴廷贲、吴天战、洪太岁、姚必达、李式地、林永超等自广东来会，吴天佑、方惠成、张敬之、杨信佑、林大江等自福建黄泉村来会，黄昌成与其妻钟文君及周洪英自江西赣州来会，遗臣志士不期而至者千余人。其中有少年朱洪竹者，乃崇祯太子，李妃所出，逃亡在外，闻群贤聚集，特来相聚，众拥立为王。陈近南发号施令，军由襄阳出发，势如破竹，攻抵武昌，为清将于成龙所败。朱洪竹、万云龙俱战殁。陈近南扼守襄阳，伤亡惨重，不得已分散党徒于各省，发展组织，待机再举。

1698 年（清康熙三十七年），众重集于广东惠州高溪庙，图大举，未果。陈近南病殁，会务由宝珠寺五僧吴天成等主持。不久吴天成等相继殂谢，仅存头目苏洪光。于是又传神话：谓苏洪光一日病死，群龙无首，势将瓦解；众方惶恐间，苏洪光忽又苏醒，自言渠为崇祯宦官王承恩，随驾缢于煤山，忠魂未散，遇达摩传谕，借尸还阳，偿我复明之愿，继苏洪光未竟事业云云。众遂推苏为主帅，改名天佑洪，以天为父，以地为母，日为兄弟，月为姊妹，改会名为天地会，又名三合会。军名三合军，取天时、地利、人和之义。起兵反清，连战克捷，震荡七省。明总兵周遇吉侄周豪率韩龙、韩虎、李昌国等来会，以史可法侄史鉴明为军师，女侠关玉英为女兵统领。军发襄阳，祭万云龙、郑君达墓，尊朱洪竹为先皇，大举入蜀。清四川总督王春美派心腹符、田二人诈降，天佑洪不察，竟加信任，允其加盟，将符排第四位，四排第七位，任副军师。军抵重庆，与清兵接战，符、田内应，全军大败。天佑洪中流矢负伤，退驻白虎山，幸关玉英擒获田七，剖心以祭先烈。后符四化名邱荣新亦就擒，以一百零八刀剐死。洪门以符、田之讳，四七两排忌男子，而以安插女将。大嫂排金凤，称四姐；姑娘排银凤，称七妹。洪门中百分之二十属女性以此。自此以后很少吸收士大夫加入洪门，并重订会章，定三十六步半官阶及三十六条、二十一则、七十二款、十禁、十刑等规律，防奸至为严格。又定木阳城制度，制一斗，上书木阳二字，开山时，立三十六誓，以打木阳城为最重典礼。

天佑洪因创剧，将会务军务交苏洪宝、林烈主持，天卒以创伤致死，同门尊为威宗。苏洪宝、林烈领三合军转战数县，复被清兵围困。关玉英驰援得解围，但关玉英亦战死。后王春美改粤督，苏洪宝潜入督署刺杀，苏亦被害，会务仅剩林烈主持。林烈分遣党徒向南洋各埠及内地各省发展秘密组织，或开山据寨，或秘密结社，均自立名称，如九龙山、三点会、三合会、匕首会、双刀会、红枪会、大刀会、小刀会等，扩大力量，待机再起。

1849 年（清道光二十九年），陈正成在新加坡设立三合会，并分支于厦门，加入者甚众。陈被清兵捕杀，黄威继领其众响应太平天国，占领厦门，自称明军指挥官。刘丽川建小刀会于青浦，亦响应太平天国起义，攻占上海，俱以美、英、法等各帝国主义帮助清廷，为清兵所镇压而败覆。

清光绪初年，孙文（逸仙）在广州学医，遇三合会首领郑士良，取得联系。旋即，在檀香山加入致公堂，后被推为堂主。陶成章在浙江进行革命，首先联系洪门九龙山。洪门弟兄加入兴中会的有刘传福、萧松山、杨鸿钧、何玉林、刘福家等人，加入光复会的有王金满、王金宝、祝绍康、王金发、吕东什、周华昌、张伯歧等多人。镇南关起义、黄花岗起义，洪门弟兄俱踊跃参加。辛亥武昌起义，四川、陕西、湖南、浙江均由洪门率先起义。中华民国成立，反清的志愿已达，洪门组织无形涣散，形成江湖流派，以致“大哥吃兄弟，兄弟耍大哥”，没有什么力量。

汉留发展不限于上九流，人品比洪门复杂，相传有惊（相命）、培（草药）、飘（变相行乞人）、猜（赌局）、风（骗局）、火（炼金），爵（卖假官）、耀（骗局）、僧、道、隶、卒、戏、解（卖艺）、幻（神道巫术）、听（音乐）等等。因此汉留发展甚快，组织遍大江南北，弥漫西北西南，直至山海关外东北地区。

清初，陈近南听说吴三桂反清，入川联系义士，于1670年（清康熙九年）在雅州开精忠山，屯聚健儿，以图恢复；后见吴三桂虽叛清但不为明，大失所望，乃养晦待时。不意为烧四牌绰号“弯帽根”叛徒方宾良所出卖，清建昌镇总兵马赓武率兵五百到陈宅围捕，陈近南精武艺，突围逃脱，变服至湖广襄阳白鹤洞出家为僧，从此汉留亦忌四排。凡叛徒俱称“弯帽根”。陈近南在襄阳与洪门会师，转战四川、湖北、广东，情节已详于洪门反清事略。清康熙、乾隆年间，河北、河南、山东一带的响马和保镖大都为洪门汉留支系，如窦尔敦就是一支，与叛徒黄二太、黄天霸父子作生死斗争，其他难以类举，刺死雍正之吕四娘，系浙江缙云人，其父亦系洪门会友。

1814年（清嘉庆十九年），贵州林怀明开筑青山，其子林涛，英俊义侠，以父故不得聚义，众特设么满半排地位，记名“矮举”。

1848年（清道光二十八年）永宁郭永泰开荩忠山。持有在福建渔人手内寻获的《金台山实录》原本。据传郑成功于1662年（清康熙元年）病故。子郑经立，奉遗命以《金台山实录》作要件保存。1680年（清康熙十九年）郑经战败于厦门，次年以忧愤逝世。次子郑克爽嗣位。1683 年清兵提督施琅陷台湾，郑克爽将《金台山实录》用铁盒密封沉于海，免为清朝所获。郭永泰于 1835 年（清道光十五年）省族叔于厦门道署，出游憩民家，见其盏米瓮有旧书一本，面署“金台山实录”五字，书面盖有小图章，文曰“延平郡王招讨大将军印”，知系郑成功遗物，问所由来？据云伊父业渔善泅水，能在水中伏一昼夜，于海底得一铁盒，无法揭视，竭三日之力始将铁盒凿开，内贮金珠数件，小玉印一方，旧书数本，余无他物。因不识字，不识何书。郭永泰以百钱将书购得，并问小玉印何在？云已售与邻某，郭永泰又以白金十两赎回。郑成功系藩，开山令俱王者口吻，郭永泰开山时不敢沿用，托凌桐阶仿原本略加增改，以资实用，名之曰“海底”，又名“金不换”。从此组织规模大备，开山立堂者，奉为圭臬。

清代传之嘉庆，盛极而衰，政治日趋腐化，洪门汉留组织日益壮大起来。1810 年（清嘉庆十五年）福建范松如开了人头山；1818 年四川方安澜开了蓬莱山，1819 年四川郭禹钦开了华严山，旋起旋仆，未遗实录。迨荩忠山开建后，各省风起云涌，群雄崛起，开山立寨。清道光末叶，洪秀全起义于广西，清廷失去控制力，洪门汉留势力日益蔓延。惜太平军囿于上帝教范围。对洪门不甚支援，以致潜力不能发挥，但荩忠山哥弟已遍布各省，分头反清。1825 年（清道光五年）云南胡林章开广金山，其属贵州胡佐臣于 1857 年（咸丰七年）开金凤山。接着云南胡云于 1866 年（同治五年）开大兴山。背榜下山的袍哥湖南王森万于 1889 年（光绪十五年）开宝云山，江苏李云龙于 1894 年（光绪二十年）开东梁山。甘肃扬鸿钧于 1895 年（光绪二十一年）开会龙山。同年贺桂林开西凉山。广东萧朝举于 1897 年（光绪二十三年）开福明山。甘肃马海秋于 1906 年（光绪三十二年）开嘉峪山，山东冯紫电于 1907 年（光绪三十三年）开蓬瀛山。荩忠山的袍哥在四川开的有：李云龙于 1876（光绪二年）开青城山，彭立山于 1885 年（光绪十一年）开回迦龙山，同年彭焕如开飞龙山，颜鼎章开大峨山。胡文翰于 1889 年（光绪十五年）开九成山，同年张联第开华阳山。李煜华于 1898 年（光绪二十四年）开巍峰山。陈平侯于 1901 年

（光绪二十七年）开蓬莱山。胡朗秋于1903年（光绪二十九年）开金华山，同年袁朗溪开宝成山。何金梁于1906年（光绪三十二年）开九华山，董伯高于1910年（宣统二年）开西明山，同年黄华成开宝林山。四川各山头因保路案发生，联合改组为兴汉公光复会。苊忠山会友华复如于1903年（光绪二十九年）在云南开紫金山。林怀明筑青山的支系，江西刘家鹏于1893年（光绪十九年）开飞虎山。陕西李明良于1904年（光绪三十年）开万宝山。山海关萧松山于1897年（光绪二十三年）开宝华山，同年浙江何振瀛开终南山。

清政府对于洪门和汉留开山，是必然要派兵剿办的。开山规模很大，开山盟誓后，就立即起兵作战，上述开山都是一场剧烈战争。孙中山组织兴中会；章炳麟、陶成章组织光复会；黄兴组织华兴会，虽富革命精神，但无群众基础，不得不用洪门汉留人手。洪门汉留弟兄粗人多，组织散漫，缺乏领导力量，因孙黄等倡议反清，于是纷纷投入革命党。川汉路案发生，四川汉留纷纷起义攻击清督赵尔丰。辛亥革命虽以新军为主体，而通信联络、侦谍暗刺、筹款劫杀场等秘密活动及起义时冒险犯难的敢死队，均由洪门会友担任。起义军的四川都督尹昌衡、湖南都督焦达峰、陕西光复军大统领张云山，均为洪门汉留首领。清帝退位，中华民国成立，洪门汉留反清目的已达，活动告一段落。

进入民国时期，各类新、旧军阀为了巩固和扩大势力范围，纷纷收买青洪帮作为羽翼和爪牙，青洪帮遂由原来的民间秘密结社组织转变为野心家争权夺利的工具。青洪帮内与新旧军阀、党国要人相勾结，外有帝国主义的支持，在民国时期活动相当猖獗。他们从事的尽是黄、赌、黑、毒等黑道行业，垄断鸦片买卖，经营赌场，开设妓院，绑票抢劫，讹诈拐骗，无恶不作。直到全国解放以后，新中国才彻底荡涤了这股罪恶势力，青洪帮的历史始告终结。

在青洪帮的历史上，那些赫赫有名的大头目占据了相当重要的位置。他们不仅在这两大帮会组织中叱咤风云，而且引领青洪帮在中国近代的历史舞台上写下了相当厚重的一笔，因此而成为具有标志性的历史人物。本书将尽量依据历史事实，精彩呈现几位青洪帮老大的传奇人生。

目　录

黄金荣：被吓死的上海青帮老大

张啸林：被军统处决的杭州帮主

杜月笙：客死香港的海上闻人

袁文会：天津青帮老大

司徒美堂：海外洪门爱国老大

司徒美堂（1868 年 4 月 3 日－1955 年 5 月 6 日），原名羡意，字基赞，广东省开平人，著名旅美侨领，中国致公党创始人。

司徒美堂自幼家贫，1880 年到美国谋生，当过厨师，曾随美国军舰到过南北美洲及欧洲各地。1882 年 3 月，加入当地华侨组织的洪门致公堂，任该堂法律顾问。1894 年，在致公堂内组织安良堂，以“锄强扶弱、除暴安良”为口号，被拥为“大佬”。1904 年，孙中山赴美活动，两人建立了深厚的友谊。1905 年，继设安良总堂，任总理，投身孙中山领导的民主革命运动。其后，曾多次发动筹款，支持革命。为支持抗日战争，发起成立纽约华侨抗日救国筹饷总会。

1945 年 3 月，洪门致公堂改组成海外华侨政党——中国洪门致公党，司徒美堂当选为全美总部的主席，并成为举足轻重的美洲侨领。抗战胜利后，由于亲眼目睹了国民党统治的腐败和它发动内战的倒行逆施，司徒美堂开始疏远国民党而逐渐接近共产党。1948 年，他公开声明拥护中国共产党召开新政治协商会议、组建人民民主政府。1949 年 9 月，作为美洲华侨代表，司徒美堂参加了第一届中国人民政治协商会议，当选为全国政协委员、中央人民政府委员兼中央华侨事务委员会委员，参加了开国大典。

1955年5月8日，因脑溢血在北京与世长辞。

一、团结海外洪帮

1、司徒美堂生于广东开平，14岁为生计赴美，后加入洪门致公堂。不久，他在致公堂内另立安良堂，号召“锄强扶弱，除暴安良”。孙中山赴美，他担任其警卫兼厨师，参加民主革命。后改组安良总堂，将其发展成致公堂中的“龙子”，声势浩大。

司徒美堂（1868—1955）原名羡意，字基赞，洪门人士多呼之为五叔，是因他行五，而“叔父”则是洪门的尊称。他出生于广东省开平县溶堤洲的一个破产农民之家，幼年丧父，由母亲抚养成人；读了四年私塾，就到新会县城一家小作坊当学徒。因受人欺侮，司徒开始学习武艺，企图报复。14岁时为生计所迫而赴美国闯荡。17岁的司徒美堂读了《扬州十日》、《嘉定三屠》两书，愤然加入洪门致公堂，进行“反清复明”的工作。

为了谋生，他先在旧金山加阑街808号中国杂碎馆“会仙楼”当厨子，每天工作16小时，月薪12美金。当时有些美国流氓欺侮华侨，喝酒吃饭不付账，还要打烂盘碗和柜面，有些怕事的华侨只好忍气吞声。司徒为人孔武有力，好打不平，手持一刀一棍，十数人莫能近身，见到流氓捣乱，三拳两脚，将之打翻，扔到街上。20岁，因为把流氓打得重伤致死，司徒被捉去坐牢，几乎被判绞刑，幸得华侨及洪门人士募款营救，10个月才恢复自由。其人其事，渐为华侨所传诵。

司徒美堂出狱后失业，给洋人当管家，看孩子，当“男保姆”。1894年春，他到美国军舰“保鲁磨”号上当厨子，随舰游弋南北美洲和欧洲各地。海上生涯，使他眼界大开，也结交了不少“三教九流”的人物。后该舰要到菲律宾去和西班牙军作战，争夺那块殖民地，舰长扬言：“凯旋归来，加薪升级。”司徒对此不感兴趣，和中国海员相率退职。离开了战舰，

洪门致公堂

他到波士顿当小贩，用小车推着肉类瓜菜满街走。

1894 年冬，司徒感到致公堂情况复杂，组织散漫，指挥失灵，作用不大，要为华侨做点事还得另立“山头”。于是他与阮本万、李圣策等人共同商议，集合堂内“少年气盛，敢作敢为”之徒，组织了“安良工商会”，简称安良堂。安良堂以“锄强扶弱，除暴安良”为口号，由小到大，渐渐团结了一班洪门兄弟，司徒被拥之为“大佬”。

1904 年，孙中山赴美进行革命活动，得到当地洪门人士黄三德、唐琼昌的大力协助。司徒美堂得见孙中山于波士顿，并任警卫兼厨师之职，听了许多革命道理，提高了认识。孙中山对司徒的组织能力也深为赞许，给予指导，着意使洪门组织带上革命色彩。1905 年，司徒又从波士顿至纽约，组织“安良总堂”，继续从人力、财力等方面支持孙中山的革命活动。

纽约是美国第一大城市，当地华侨众多，华侨的堂口也多，保皇党和清朝钦差馆都有相当的反动力量。安良堂能在这个地方立足并成立总堂，标志着这个独树一帜的新山头有了飞跃的发展。影响所及，除了波士顿和纽约两堂以外，在华盛顿、芝加哥等 31 个城市先后成立了安良分堂或安良支堂，入堂人数，也随之剧增。

安良堂内，供奉着“反清复明”的始祖洪英，“五祖”蔡德英、方六成、马超英、胡帝德、李式开，“武宗”郑成功，“文宗”史可法，“军师”陈近南等人的神位。香堂日夜灯火不绝，谓之点“长明灯”。“新丁”入会，须跪在先烈神位之前，歃血拜盟，誓同生死。

“新丁”入堂，初当“散仔”，办事出力以后，逐步升为管事、先锋、旗手、五虎将、师爷等职位，以盟长为最高。在新地区开辟分堂，须得到总堂盟长的允许。堂内之人以兄弟相呼，主张有福同享，祸同当。第二十七誓规定：“洪家兄弟，凡二京十三省州府，四海之内皆兄弟也。到尔家中，须当以礼相接，如有不法之人，不兄弟者……查出打七十二棍。”

在安良堂内，下级可以批评上级，即所谓“幺有理服龙头。”堂员每月要为本堂交纳番油费，用以维持堂务开支及救济兄弟。如果有人失业，无地居留，可以在堂内食宿。经营买卖缺少资本，亦可请求兄弟筹集钱款，之后按期归还即可。然而，一旦遇到打斗相争的情况，人人都要勇敢向前，不得畏缩，如果不幸身亡，由堂内拨重金抚恤，并按时祭扫。

已经入堂的成员便不应退出，即使退出也不能再加入其它堂口而与安良堂为敌。堂内兄弟对外人要三缄其口，就连夫妻都不可以透露。总之，安良堂的秘密性、帮派性和排他性是很强的。司徒本人将“生为洪门之人，死为洪门之鬼”一语当成口头禅，重复了不知多少遍。

司徒有一副“侠义心肠”，年轻时喜欢打抱不平，又好读旧小说，过目不忘，对华侨社会的人事动态、姓名籍贯都记得清楚，他以“初生牛犊不怕虎”的态势，很快成为华侨堂口中的实力派，而安良堂也就成为致公堂老组织中的“龙子”，对致公堂事务起决定性作用。致公堂和安良堂两个组织。一老一少，一旧一新，互为作用，互壮声势，从20世纪初叶到50年代，司徒美堂、阮本万、李圣策等人交替轮换被选为致公堂“总监督”和安良总堂“总理”，其余如陈光耀、刘恩初、黄纪实等，也分别掌握各地安良堂领导权，或当致公堂的办事人员，数十年不变。华侨社团的大小活动，小至排难解纷，大至抗日募捐各项爱国活动，他们都有所涉及，司徒美堂还被选为中国出席联合国代表团的华侨顾问。

致公堂和安良堂的集堂决议，有时甚至成为当地华侨所必须遵守的规

洪门历史照片

矩。有些事情，他们赞成，则凡事顺利；他们反对，则障碍丛生。致公堂、安良堂是一贯和清朝钦差、保皇党及其后来的国民党当权派对立的。例如：清朝钦差伍廷芳1908年到波士顿唐人街，差点被华侨喝打；康有为的保皇党党徒欧榘甲、徐勤混入《大同日报》被发觉，几乎送掉性命；1933年国民党派张发奎赴美进行祸侨勾当，一次宴会上，华侨向他清算镇压广州公社、杀害华侨子弟的血帐，弄得他狼狈而逃；国民党党棍萧吉珊赴美骗钱，主持抗日集会，致公堂反对挂国民党旗，不念“总理遗嘱”，国民党的外交官也无可奈何。蔡廷锴、杨虎城、陶行知、冯玉祥等认赴美，得到司徒美堂的保护以及关照，蒋帮特务也无法捣乱。

安良堂的组织比致公堂严密，举办的互助事业很多，它有钱，有武器，也有许多自建的高楼大厦，在纽约、芝加哥、波士顿三地楼产，就各值50万美元。安良堂有相当多的社会群众，还聘有美国名律师作为法律顾问，如富兰克林？罗斯福1932年未当总统以前在纽约当律师，曾任该堂法律顾问达20年。

2、华侨之中成立众多堂口，为生存自卫。各色堂口之间时有堂斗发生，邓少云事件即为其中的典型。司徒美堂也深受堂斗之害。抗战爆发后，堂斗之火渐熄，司徒美堂带领美洲华侨筹饷救国，为祖国抗战作出卓越贡献。

堂斗是在美国东部和西部一带华侨中间从19世纪七八十年代到民国十几年间持续长达30余年的惨剧。

清末以来，破了产的国内农民，城市手工业者和贫民，功名不得意的穷秀才，以及太平天国失败后的革命志士，到了美国，成为国弱民贫的“海外孤儿”。美国流氓、官员、警探、“出番人”（做外国狗腿子的中国败类）和清朝钦差勾结一气，对这些华侨进行了欺凌鱼肉。这一页华侨血泪史，真是说也说不完。为了生存自卫，为了互助互济，也为了举办文教、福利，许多堂口纷纷成立。这些堂口都属于华侨劳动人民、小商贩的“帮会组织”，有别于华侨中上层所组织的商会、会馆和公所。华侨堂口在美国有几十个之多，一百几十年来有的时办时停，也有的时合时分，很难计算准确数目。

除了帮会组织，还有许多封建性会馆。大体可分为：（1）洪门帮会组织；（2）姓氏组织；（3）地方组织；（4）行业组织。其后，康有为于1899年逃美，组织了“保救大清光绪皇帝会”（保皇党），吸收了一些封建余孽跟他兴风作浪。美国政府又指导成立美国华侨土生“同源会”，其成员大多为出番人。蒋介石夺权后，又加强了美国各地国民党支部的活动。这样就形成了美国华人社团各自在纷繁复杂的状态中开展活动的局面。

过去，百分之九十几的华侨都加入了某一堂，堂员少的三、五百，多的三、五千。各堂口中最大的是致公堂，最盛时期有八九万人；其次是后起之秀的安良堂，达二万余人，因司徒美堂的关系，安良堂堂员大抵又均为致公堂堂员。华侨得到了团体的保护，才能在小城市开业谋生；而失业饿饭、生老病死、送骸骨归国也能得到团体的救济扶持。这些堂会把一团散沙的华侨组织起来，成为一种力量。

但是美帝国主义、保皇党、同源会很害怕这种团结，因此千方百计利用这些堂口的宗派性、保守性、政治落后性加以挑拨离间，制造猜疑、鼓动风潮，收买内奸，混入堂内，掌握大权，转而又以堂口之力压迫侨胞。为了抵抗和报仇，堂与堂之间不断展开争执闹出命案。在堂斗惨剧中，死的是华侨，美帝和反动派坐收渔人之利，然后各个分化，把堂口逐步削弱或控制在他们手里。这样，起初立堂结社的“义气团结”渐渐为纷乱迷惘的宗派斗争所代替。

回忆往事，司徒美堂晚年常常叹息说：“那时，各堂头目好像一对给人玩弄的蟋蟀，只要美帝的小竹丝一摆动，两只蟋蟀就打到你死我活，而美帝在旁狞笑，真是痛心……”当年的司徒美堂，在唐人街头是身经百战，九死一生的堂斗一方的头领。一个很长的时期，他身怀双枪，借以自卫。一次在戏院看广东戏，被仇敌侦知派人行刺。不料他半途离席入厕，位置被一个看白戏的人坐着，凶手未察觉，开枪射击，看白戏者应声倒地，他则幸免于难。这样的惊险场面发生过许多次。为了加强防护，司徒美堂出门，背后也跟着不少带枪的弟兄，从旁护卫。一声喝打，随时可以展开一场真刀真枪的“堂斗”。两堂之间的打殴，起初是用斧头作武器，这些人也被称为“斧头仔党”，以后发展为用枪和手榴弹。

堂斗的原因是很复杂的，有革命与反革命之争、爱国与卖国之争、进步与落后之争，后来发展到堂口与堂口之间的宗派之争，实在令人扼腕。

政治性堂斗的起因如：保皇党公开诬蔑致公堂、安良堂会员为“暴徒”，争夺有关的侨团、侨报、侨校的领导权而向美国政府告状；也有的是十分离奇而愚昧的，如姓关的欺侮姓周的，说周仓只为关云长托青龙偃月刀，没有什么了不起，这样也会争吵得不可开交。一位华侨在某街开设杂碎馆，生意不坏，“出番”坏蛋在美国卫生警察与流氓的教唆之下，先是吃饭不给钱，敲竹杠说设备不合“卫生条例”，进而让主人把生意抵让给他，如不答应，就在旁边另设一间，用各种卑劣手段抢生意，非迫使原店关门不可。这种事情太可恶，必会导致双方动武。又如有些华侨因护照有问题，“出番”人串通美国移民局官员来“借钱”，已经借了一百回，但在一百零一回勒索不遂，明天就来了美国警察“查册”，逮捕起来，驱逐回国。

邓少云事件的发生将堂斗推向高潮。邓少云是海军将领程璧光的外甥，程璧光曾于1913年乘海圻舰赴美访问，轰动一时。邓少云留美读书，并娶了美国太太。他书不曾念好，却学得一口英文，给移民局当狗腿，为非作歹，敲诈华侨，十分猖狂。不料一天被斧头劈死，暴尸唐人街。邓是一个堂口的人，该堂认为同堂兄弟被杀，不体面，于是向对手发出“挑战”书。对方不示弱，亦加强布置，回答了一个“应战”文书，于是一场残酷的唐人街堂斗开始了。

堂斗之前，美国流氓兜售手枪，三八左轮一支30美金。堂斗期间，唐人街商店不敢开门，时闻枪声阵阵，有人应声倒地，美国警察派密探来往监视，打死了人，他们不管，因为死的是中国人，正合他们“以华制华”、“以华乱华”的阴谋。堂斗有时拖得很长，许多华侨在报上声明“本人未入堂”，有的人则四处逃亡。20世纪初，大小堂斗不下六七十次，在美东纽约一带死的有200余人，美西旧金山一带死的有100多人。也有被美国警察捉去“问吊”（绞刑）的，波士顿一地计有谭洽、翁光、梁亚观、司徒泽、关俊等20余人，旧金山有汤基、李焯等人。

作为安良堂的负责人司徒美堂，曾有一个时期几乎是生活于“枪林弹雨”中。1931年安良堂和协胜堂决斗那一次，相持数月，各不示弱。司徒美堂被对方向美国政府告了一状，迫不得已离开美国，逃亡香港，一年多后才重返纽约。

辛亥革命期间，由于参加反清活动，堂斗少了。一年，旧金山岗州公所主席李宝湛召开一个“和平会”，各堂立了和约，开怀畅饮，抱头痛哭，堂斗逐渐少见。司徒美堂在纽约也受到旧金山“和平会”的启发，1931年后，与各堂口相约束，彼此在道义上制止了堂斗。日本全面侵华战争爆发，华侨深感国势危殆。在司徒美堂的组织下，“华侨筹饷总会”成立。大家团结抗日，枪口对外，才熄灭了堂斗之火。

“九一八事变”后，国民党政府奉行不抵抗政策，致使东北沦陷。消息传到美国，华侨各界一片震怒。作为侨界首领的司徒美堂更是奔走呼号，积极投身于祖国的抗日救亡运动。

淞沪抗战爆发后，司徒美堂积极领导侨众，投入到为十九路军抗日的筹款工作之中。福建事变后，原十九路军爱国将领蔡廷锴不得不出走美国。司徒美堂得知消息后，当即表示热烈欢迎，并主动提出负责蔡将军的人身安全。在司徒美堂的精心组织和安排下，蔡廷锴受到华侨的热情欢迎，并在侨民和美国民众中宣传了十九路军和中国民众的抗战活动。

“卢沟桥事变”后，中国进入全面抗战阶段。司徒美堂为了支援祖国抗战，联合美国各侨团组织，共同发起成立了“纽约华侨抗日救国筹饷会”，并被选为常委。为了集中全力发动侨胞捐款抗日，司徒美堂辞去了其他职务，专职负责抗日筹饷的工作。他不仅负责纽约地区的筹饷工作，还领导全美各分局的筹饷工作。筹饷期间，他每天早出晚归，东奔西走，经常工作 13 ~ 14 个小时，连续长达三四年之久。他毁家纾难，带头捐款，虽不是殷商巨贾，却是纽约地区捐款最多的 17 名华侨之一。

在这期间，司徒美堂还与香港宋庆龄领导的“保卫中国大同盟”取得联系，将美洲侨胞的捐款源源不断地输送给在祖国各地坚持抗战的部队。在他的带领下，美洲洪门侨众竭尽全力地捐助祖国抗战，贡献甚巨。据不完全统计，抗战前 4 年，美国华侨捐款达 630 多万美元，可购飞机 63 架。这些都离不开司徒美堂为祖国抗战所做的努力，也充分彰显了这位洪门领袖感人至深的爱国精神。

二、与国民党斗法

1、抗战后期，司徒美堂严拒日本特务矢崎威胁利诱，到访重庆，受蒋介石礼遇。为归国参政，他决定将致公堂改堂为党，然意义不大。后遭遇各种势力围困，在自己的祖国陷入进退两难之境。

1941 年冬，司徒美堂被聘为“华侨参政员”，自美返港，回国参加参政会。然而司徒美堂在香港落入日本特务头子矢崎之手（一说井崎），矢崎威胁利诱，迫使司徒美堂当维持会长，企图利用司徒组织香港帮会，以巩固日寇的占领秩序。司徒当时已经75岁，他拒绝了日寇的要求，表现了高度的民族气节。在爱国洪门兄弟帮助下，司徒化装脱险离港，步行300里至东江游击区，经曲江、桂林，平安抵达重庆。

司徒重庆之行，初时颇被蒋介石看重，到访必迎，出则搀扶，送到“第三道门”，据说这在当时是一种“殊荣”。蒋介石叫吴铁城劝诱司徒美堂加入国民党，并以“国府委员”作饵，司徒坚决不受。翌年，司徒经印度飞返美国，蒋介石给以“宣慰美洲华侨”名义，希望他多多努力。司徒分赴南美洲十余国，对抗战作过一些宣传，同时结交了各地的洪门人士，威信也因此更高。

1945年初，司徒等致公堂领导人感到苏军攻势展开，柏林不日可下，祖国抗战形势有巨大发展，抗日胜利局面即将来临，考虑组织“华侨政党”，以便胜利后回国参加政治活动。然而有人提议组党与其另起炉灶，不如将致公堂改堂为党更有群众基础，事半功倍。大家纷纷赞同。是年3月12日，“美洲洪门恳亲会”在美国纽约举行。加拿大、美国、古巴、墨西哥、巴拿马、巴西、秘鲁、牙买加等九国的致公堂组织均派代表出席。

会议决定，洪门致公堂改称为“中国洪门致公党”。（这次美洲致公党，与后来在国内成立的致公党并不是一个组织。）司徒美堂被选为该党全美总部的主席，古巴的朱家兆、加拿大的陈宜显、墨西哥的甄显炽被选为副主席，并设组织、宣传、联络、财务各部。

大会还通过了党纲和《对时局宣言》，表示要“以华侨资本和人力参加复兴中国的建设”。洪门人士主持的报纸——美国《五洲日报》，加拿大《大汉公报》、《洪钟时报》，古巴《开明公报》、《民声日报》，秘鲁《公言报》等，又联合其他爱国华侨报纸，发出《十报宣言》，号召“结束国民党的一党专政，还政于民，召开国民代表会议，成立民主政府”。各国致公堂跟着改组为致公党，致公堂的堂员也就成为致公党党员。

然而这一改组对于刷新党务实际上没有多大意义，致公党仍然是一个由致公堂换过招牌的封建帮会组织，致公党会场还是挂着“五祖神位”，点着“长明灯”，挂着洪门旗帜，党内办事人员及其领导人则一仍其旧。某些地方如檀香山、菲律宾、旧金山等重要城市，还保留致公堂名称，没有参加改堂为党的活动。阮本万、李圣策等洪门元老，对此不置可否。

抗战胜利后，司徒美堂、朱家兆等人，过问祖国政治的兴趣很浓，致公党当即作出相应的决议：各地派出代表，由司徒美堂率领回到上海，召开“五洲洪门恳亲大会”。回国之前，分别致电中共、民盟和南京蒋介石，中共和民盟均复电欢迎，唯蒋介石不予答复。1946 年 4 月，司徒美堂（美洲）、朱家兆（古巴）、甄显炽、曹履孚（墨西哥）、朱金石、谢志如（加拿大）、吕超然、杨天孚（美国）、蔡杰则（秘鲁）、吴克泮（巴拿马）等 10 人，代表各地区的洪门致公党组织从纽约乘坐邮船兴致勃勃地到了上海。

司徒美堂等人从青年到老年，长期以洪门大哥身份生活于美洲的唐人街，很少回国，对国内的爱国革命运动虽然有些间接接触，但对真实情况则相当隔膜；对于国民党的反动统治虽然极为不满，但对蒋介石却抱有幻想。

这班远离祖国的老华侨很天真，以为美洲致公堂过去对辛亥革命有贡献，八年来也为祖国抗日出钱出力，特别为蒋政权募捐卖力，海外归来一定会得到蒋介石的热情招待。但事实却非如此。蒋政权忙于准备内战，四大豪门忙于劫收发财，美国兵则到处横行，国内民不聊生，哀鸿遍地。

1946 年 6 月 21 日，司徒美堂由吴铁城陪同见到了蒋介石，寒暄一番后，自觉话不投机，一切没有着落。过了两天，司徒美堂到南京梅园新村三十号拜会了中共代表周恩来（在重庆时彼此认识）。7 月 25 日，司徒还出席了中共代表陆定一和上海民主人士马叙伦、黄炎培、陶行知、郭沫若、沙千里、梁漱溟、沈志远、张云山、孙室毅等在来喜饭店举行的欢迎茶会。陶行知早年赴美与司徒美堂建立了友谊，当天早晨，陶即因愤于蒋介石的倒行逆施而气得脑溢血，急病而死。半天之差，不及在会上相见，使司徒美堂大吃一惊。此后周恩来代表中共又亲到司徒寓所谈过两次话，还邀请他到解放区参观。

司徒美堂等洪门大哥的归来，也使当时上海的洪门帮会和“白相人”（在社会上游手好闲之人）有一番猜测和试探。

首先，赖在上海五祖祠二三十年之久的赵昱既喜又惧，心情相当复

抗日战争期间，周恩来、董必武、邓颖超在八路驻重庆办事处接见司徒美堂（左三）。右二为黄兴夫人，左一为司徒美堂长子司徒柱。

杂。他自称“代表五洲洪门”，其实只是靠五祖祠房租过活，老招牌无人理睬，想借司徒美堂之力光耀门楣。但司徒来自美洲，有致公党和安良堂作后盾，以洪门大哥身份莅临名气很大。赵昱实在无法凌驾于司徒之上，陷于“既不能令，又不受命”的局面，最后则站到 CC 系派一边，与司徒对抗。

其次，上海滩地头蛇、青帮头子杜月笙，和司美堂在重庆相识，听说还有点帮会交情，也无利害冲突。但这时眼见司徒企图在上海搞洪门山头，打乱上海码头的阵脚，当然不再客气。杜月笙初时采取拉拢手段，试探司徒在上海要搞什么行当，有什么需要帮忙的地方没有，洪门恳亲大会怎样开法，怎样请人来参加等等，一摸清门路，则实行拆台。

第三，上海虹口地区的洪顺堂、群义堂杨文道之流，掌握了一批广东籍的洪门兄弟（共有六个堂口）久久不得出头，想借海外洪门之力以壮声势，对司徒执弟子礼甚恭，建议他主张“青洪合流”，即与青帮组成“统一团体”，平分上海码头。

接着，军统特务王铁民、杨庆山、向松坡等也前来拜访，准备在洪门中插上一脚，以便鸠占鹊巢。

司徒美堂在这种错综复杂的局面下，穷于应付，加上自己偕来的几位代表又不合作，很快就陷于各种势力的围困之中，使得洪门恳亲大会迟迟不能召开。

归国之初，司徒美堂等华侨洪门人士带回一笔不算小的筹备费。他们先住在上海云南中路扬子饭店，招朋呼友，吃喝玩乐。不到一个月，便穷到付不出房租，遂由杨文道帮忙，搬到北四川路横滨桥脚福德里二号作临时居所。

抗战后期，司徒美堂曾为蒋介石在美洲宣慰华侨，用了三万多美金的旅费。这时司徒美堂在曾是辛亥革命领导者的朱兆棠之子朱树楠的怂恿下，前往南京向蒋介石讨债。蒋着吴铁城应付。吴以司徒在美年来不听指挥，自行组党，早已安排梅友卓为国民党中委，夺取安良堂总理之职，倒了司徒的台，彼此关系本来就很坏。吴铁城当面拒绝说："政府的钱不能给异党去用。"又说："你们组党，可到美洲去搞，为什么要回来?"司徒美堂闻言，勃然大怒，拍桌子，摔茶杯，举起手杖要打吴铁城，要不是众人劝开，吴铁城早就挨了他的手杖。

令人心酸的是，这位满腔爱国热情，年逾八旬的老人，在美国甚至美洲都是响当当的华侨领袖，却在自己的祖国陷入了进退两难的窘境。

2、在 CC 系的操纵下，洪门恳亲大会召开，司徒美堂缺席，却被选为中国洪门民治党主席。对于 CC 系派势力逐渐渗入致公党的状况，他感到痛心疾首。

正当司徒美堂踌躇之际，盼望已久却几乎无望的"中国洪门全球恳亲大会"居然顺利召开了。

早在司徒美堂等人回上海之前，上海虹口的洪门头子杨文道即与华北区的帮会头子张书城、段剑青，上海滩的帮会头子吴纪舜（是一位博士）、陈亦康（商人）等 30 余人商谈过举行"全球洪门恳亲大会"，争取"青洪合流"等问题，并电告美国司徒美堂等人，欢迎他们的归来。但是这个"青洪合流"的问题，为青帮头子杜月笙所反对。司徒美堂抵沪之后，洪门恳亲大会成立了筹备会，发函邀请国内洪门人士前来参加。因种种原因，响应的人却不多。正当青帮、洪帮、军统、赵昱和美洲洪门等人纷争未已之际，CC 系先在旁边冷眼观看，后派出大批 CC 系特务，收买一些中间动摇分子，把司徒美堂包围孤立起来，玩弄于股掌之上。

为什么 CC 系要攫取这个呢？原来，国内的帮会组织过去都为军统特务戴笠通过杜月笙加以控制和收买，CC 系打不进去，也号召不起来。这时戴笠已因飞机失事摔死，军统组织呈“树倒猢狲散”状态，收拾帮会作爪牙，并通过民治党来实现 CC 系打入美洲洪门组织的阴谋，正是机会。“洪门恳亲大会”原本迟迟不能举行，忽然锣鼓紧密，于 7 月 25 日开戏，这是主要原因。还有一个原因，当时蒋介石全面发动内战，50 万军队由安徽的来安至江苏的南通 800 里战线上向苏皖解放区大举进攻。CC 系头子陈立夫于 7 月 30 日公开发表“解决中共问题如治盲肠炎，应当施用外科手术”的谈话。反动派为了制造“民主”、搜集喽啰，拼凑出一些“民主”党派，乃有洪门民治党的产生。

洪门民治党成立之前，先有洪门恳亲大会之召开。这个洪门恳亲大会的开会仪式，具有浓厚的帮会色彩。礼堂门口挂有“义气待兄弟，忠心报国家”的对联。场内正中高悬象征仁、义、礼、智、信的绿、白、紫、红、黑的洪门旗帜；还有巨幅横额，上书“洪门是我们的家庭，要情同骨肉，亲如兄弟”和“我们要仗义行侠，除暴安良”。主席团名单上有 15 人，即杜月笙、向松坡、赵昱、徐朗西、郑子良、司徒美堂、杨啸天、韦作民、杨庆山、张书城、程壮、张子廉、陈其芬、杨文道、杨天孚。但代表青帮的杜月笙（军统）和代表美洲洪门的司徒美堂（华侨）两人均称病不赴会。这就是说，杜月笙还不肯买陈立夫的帐；司徒美堂也觉得事有不妙，不如看一看风向再说。

恳亲大会代表名单中有：美国吕超然，加拿大谢志如，檀香山张鹏一，澳洲赵文藻，古巴朱家兆，秘鲁蔡杰则，巴拿马吴克泮，印度何劲洲，非洲麦群玉，香港王志圣、洪少植，澳门陈文川，上海郑子良、张子廉、程壮、石振江、杨啸天、徐逸民、杨文道，以及西北、山东、河北、重庆、华北、河南等地区的代表。来宾中有洪琛、姬党弥、祝平、赵祖康等。大会工作人员有秘书长姜豪、总务组长陈瑞华、登记组长高仁绂、交际组长陈培德、宣传组长葛肇基、警卫组长王铁民。

主席团主席程壮致开幕词，大意是：洪门成立三百年，此为公开地第一次聚集一堂。此次大会任务，只为检讨过去光荣历史，本洪门“有功不居，有利不取”之精神，将于大会发扬而光大之。赵昱发言中，报告了洪门历史，大部分是为自己吹嘘。杨天孚代表美洲洪门发言，报告了美洲洪门的情况。主席团成员之一的郑子良发言，透露了大会的冷落状态，他说：“海外洪门领袖司徒美堂此次万里来归，满怀热情；而各地代表未能如期望之踊跃参加，甚为歉仄。除交通阻梗外，大家对此次大会之意义认识不足，亦为一个原因。”

这个会是不伦不类、奇形怪状的，由于CC系派在背后操纵，杜月笙与司徒美堂对此均不大热情；赵昱则借此吹牛一番，以壮自己声势。大会初时本无成立“中国洪门民治党”的议程，这是以后发展而成的，即CC系头子当时不讲，开了会之后才逐步安排，看各地代表名单中，CC系分子已占多数。王铁民是军统分子，提出“不受分化”一案，系指CC系收买分化而言，CC系与军统在这里已由暗争而至明斗，但这时军统力量实在很弱，非CC系对手；美洲华侨洪门代表被挤在一边，朱家兆等人都不讲话表示态度；各地帮会头子来的不多，反应冷淡。

这个恳亲大会以后又搬到丽都花园举行，一直争吵到8月2日才闭幕。CC系布置好了力量，最后用了多数表决的办法，决定成立“中国洪门民治党”。司徒美堂曾在会上坚决表示反对，认为致公党的招牌不能改，改了就是出卖祖宗，但反应寥寥。大会还成立“中央执行委员会”的各个机构，主席、副主席、六部、一处、四委员会的人选如下：

主席司徒美堂，副主席赵昱、朱家兆，宣传部部长骆介子，组织部部长杨天孚，生产部部长黄守中，社会运动部部长甘纶，训练部部长高仁绂（尚缺一部）。设计委员会主任委员陶履中，财务委员会主任委员谢志如，考核委员会主任委员朱家兆，党史编纂委员会主任委员黄建中，秘书处处长吕超然（一说是姜豪）。不久这个名单又重新改变为：中央执行委员会取消主席制，由司徒美堂、赵昱、朱家兆三人担任执行委员。各部人选是秘书长陶履中，组织部部长张书城，联络部部长吕雒九，宣传部部长骆介子，财务部部长任荣野。工作委员会一律取消。事实上内部已全部由CC系特务所控制，把来自美洲的洪门人士都挤掉。

中国洪门民治党正式成立后，洪门恳亲大会发表了所谓“对时局之五项主张”。

8月13日，中国洪门民治党中央执行委员会对海外洪门各团体发出快邮代电，大意是：“国步方艰，为民族争生存，为国家争正义，我洪门同志，本当仁不让之义，当不避艰险，挺身奋斗。大会集五洲洪门代表于一堂，热心讨论各项方案，顺利进展，业于8月2日圆满闭幕，并经一致决议组织中国洪门民治党，中央党部及各部、会亦已组织完成。今后决本党政纲、政策、协力迈进，望团结各洪门团体，戮力同心，统一本党步骤，实现本党决策，有厚望焉！”

虽然这些对时局主张和代电一拆即穿，但洪门恳亲大会在上海的举行和民治党的成立，对美洲各地洪门组织不能说没有什么影响。当时美洲各国和菲律宾的洪门报刊都刊登了大会的消息，公布了五项主张和领导机构人选名单，大部分拍来贺电，有的洪门侨报还发表社论。绝大部分的致公堂或致公党都改称为“民治党”。这个民治党今天在美洲九国仍有活动，成员比当地其他华侨党派要多。CC系企图打入美洲致公党的梦想实现了：他们利用司徒美堂在上海强组民治党，然后派出干部控制中央党各部，发号施令，进而指挥美洲各地的组织。解放后，CC系分子张书城、吕雒九及陶履中等人纷纷逃美，以民治党领导人的身份，对华侨进行欺骗、讹诈和迫害，令人痛心。

司徒美堂对这些当年在上海民治党当权的人十分痛恨。他晚年一提起陈立夫、陈果夫就咬牙切齿，恨恨不绝，认为八十来岁的人，上的那一次当最大，给两陈打那一棍也最狠。司徒美堂从1904年被迫加入安良堂起，到1946年组织民治党止，这几乎是半个世纪的经历，道路是漫长而曲折的。他为华侨做了不少互助互济、团结爱国的工作，但最后的一场政治活动却使美洲华侨洪门组织打开了缺口，CC系派分子得以乘虚而入，以致遗患无穷。

3、面对民治党被CC系派控制的局面，司徒美堂气愤不已。后约见司徒雷登，无任何结果，遂拒当伪国大代表。亲见国民党的白色恐怖，他毅然宣布脱离民治党，后悄然赴港，思想陷入苦闷。

民治党成立后，在上海华山路五祖祠正式办公，党内大小事务均由张书城、陶履中、吕雒九三人把持。CC系对卖身投靠的赵昱固然不放在眼里，连对德高望重的司徒美堂也以木偶看待。司徒美堂于1946年9月间对各报记者发表了如下谈话："本人主张联合各党派和爱好和平的人民，建立民主统一的政府，然后再以经济从事于建设。我们并不是任何党派的尾巴，我们愿以人民的意志为行动。"

陈立夫闻讯，怕事情闹翻，对于实现他们打入美洲洪门组织的计划不利，于是婉转向蒋介石建议，由蒋介石出面把司徒美堂和杨天孚二人找去，设宴招待一番，也即是安抚一番。并由宋子文通过上海的劫收机构，准许司徒美堂等人接手一个德国人经营的颜料厂，搞点费用，此事后来并未成功。

1946年冬，国民党伪国民大会即将开锣，这对于司徒美堂是个严重考验。参不参加国大，成为革命与反革命两条道路的抉择。初时，民治党的部长云集南京，以为民治党以一个党的声势，可得一份肥肉，与民社党、青年党平分秋色。不料蒋军那时占了张家口，正在得意洋洋之中，认为这些小党派的能耐有限，不如暂搁一边，以免今后添麻烦。

结果在伪国大参会名额中，只给司徒美堂一席与特别费3000美金，司徒勃然大怒，拒绝参会。蒋介石、陈立夫派杜月笙前往劝说未果，又请司徒雷登代为游说。秘书陶履中相约司徒美堂到南京美国大使馆吃饭，说是用"半个中国人"的资格来欢迎这位"半个美国人"的洪门老华侨。据传，这场会见很恼火，"两个司徒"争论不休。司徒雷登这样说：他是美国人，但在中国住了五十年，父母的山坟也在杭州，他爱中国，了解中国人民的思想情感，与其说他是美国人，不如说他是半个中国人，他一定要协助把中国建设好。司徒雷登还吹嘘他办燕京大学的功劳，说要老死在中国。

司徒美堂回答了司徒雷登，大意是：我虽然在美国住了六十多年，可是并不怎样爱美国，所以不是“半个美国人”，而是一个地道的中国人，只爱恋中国。华侨到美国也只是当小贩，做厨子，没有办什么“教育”，在国内和国外都受人欺侮，美国人在中国开学堂办医院，并没有使华侨对美国人较为亲热一点。美国人今天也有许多人失业，没有房子住，没有面包吃，美国政府应该花点精神办好他们自己的事情再说。如果美国政府真诚援助中国，很感激，但是美国兵开到中国的任何一个角落，掀起中国的内战，很明白，这不是什么援助，这样下去，中国未亡于日本而要亡于美国。

这场美国大使馆的约谈没有任何结果。司徒美堂这时的态度变得强硬起来，拒当伪国大代表，还叫朱家兆、谢志如、杨天孚等九位美洲洪门代表全部先行离沪返美，他老头子“再顶一阵”，好让大家平安走脱。他估计蒋介石、CC派是不敢奈何他的，天大的事，也不过拼一条老命。

1947年4月中旬，上海洪门帮会及青帮等又有为司徒美堂庆祝81岁寿辰之举。在用红纸印成的长长的“寿序”中，签名的计有：宋子文、孔祥熙、陈立夫、吴铁城、于右任和民主人士黄炎培等150多人。祝寿地点设在上海宁波同乡会，各方都有送礼，大摆宴席两天。CC派在这时还为司徒搞这场“拜寿”把戏，其用意之恶毒是很明显的。拜寿过后不久，“和谈”全面破裂，内战达于高潮，蒋区的白色恐怖也达于极点，中共代表团从蒋区撤退，民主人士纷纷去港，而民治党内的牛鬼蛇神也愈益猖獗。

司徒美堂感到非走不可，1947年7月叫其子司徒健庭执笔，起草了一个“脱离民治党声明”，登在上海各报。声明的大意是：本人对民治党年来所作所为，不表赞同，自即日起脱离民治党的一切职务，转赴香港，重返美国，致力于华侨福利工作。各方友好，不及一一走辞，请为原谅。

登报后不久，司徒美堂就摒弃行李，乘“普乐总统号”轮船悄悄去港。到了香港，洪少植、林乃棠等洪门人士在湾仔六国饭店开会欢迎，场面十分冷淡。蒋介石对司徒美堂一直不放心，随侍人员派在司徒身边寸步不离者，有土匪出身的张我军及军统分子谭子源两人，监视达半年之久。

司徒自乡下返港，借住朱树楠罗便臣道一号家中，如是数月，闭门少出。陈其瑗等老友相访，亦不欲纳。这时他的思想苦闷至极，对蒋介石虽已不抱幻想，个人以后要走什么道路，还未下决心。

三、与共产党合作

1、中共发布“五一口号”后，司徒美堂在港发表“国是主张”，后亲书“上毛主席致敬书”，倒向共产党一边。返美前夕，他发表拥护中共召开新政协的声明，后在美发表“致美洲全体洪门人士书”，支持全国解放。

1948年5月，中共中央发布“纪念五一国际劳动节口号”，号召各民主党派召开没有反动分子参加的新政治协商会议，讨论成立民主联合政府的问题。这个号召马上得到全国人民的响应，南洋的华侨团体和在香港的民革、民盟、民进、农工、致公、救国会、民促、三民主义同志会等民主党派和其他民主人士也纷纷通电拥护。

这时，司徒美堂身边又多了梁创仲、江醒庄、冯巷我、任毕明等可疑人物。他已经几个月未谈国事，然而内心深处犹如大海一般波涛起伏。经过慎重考虑，这位洪门爱国老人明白中间道路走不通，唯有一边倒，即倒向中国共产党这一边，倒向中国人民这一边。

是年8月12日，在建国酒店的七楼航空厅里，司徒美堂举行记者招待会，对华商、大公等记者发表了“国是主张”。这是他沉寂多时之后，再用美洲致公堂耆老身份的第一次公开发言。大意是：来港九月，格于环境，未能与新闻界诸君子见面请益，很抱歉。国内形势大变化，谁为爱国爱民，谁为祸国祸民，已经了然。他虽老迈，但尚存一息，则此志不容稍懈。出民族于危亡，救人民于水火者，则热诚祝颂之。中国为四亿五千万人之中国，非三五家族所得而私，必须给人民以民主自由。本人即将返美参加洪门恳亲大会，讨论国内形势，提出主张，以贯彻洪门革命目的，云云。

司徒美堂这时的态度还不明朗，但至少比过去前进了一步。香港 10 多家报纸都把这次招待会当作一件政治要闻刊登出来。

招待会过后，司徒美堂分别拜访了李济深、蔡廷锴、陈其瑗等先生和陈其尤、陈滨生等洪门人士，并有所交谈。接着就以“出席在加拿大召开之美洲洪门恳亲大会”为理由，到南京去要出国赴美的护照。蒋介石因闻司徒在港行动有些“不稳”，初时本拟不发，无奈这个老头到处叫喊吵闹，又拿不到什么“不稳”的证据，最后不得已还是发了。

司徒美堂返美前夕，中共接连为之设宴饯行，席上交谈甚欢。司徒美堂遂即席亲书“上毛主席致敬书”，表示接受中国共产党领导，并有“新政协何时开幕，接到电召，当即回国参加”之语，托代为转呈。与此同时，司徒美堂还出席了香港中国致公党的饯别会，陈其尤先生希望他发表一篇声明。他在席上未置可否，宴罢返回寓所，情形还有点僵。最后他叫秘书重新起稿，斟酌字句，才在声明上郑重签名盖章，并嘱等他到了美国之后，才在香港报上公开发表。后来司徒美堂于 10 月 26 日由港乘机经上海返美，10 月 30 日安抵纽约，这篇声明也就于当日在香港各报刊登，全文如下：

司徒美堂拥护中国共产党召开新政协的声明：

美堂于 1946 年春自美返国，适逢当时之政治协商会议，为之大慰。奈因蒋介石玩弄阴谋，背信弃义，行独裁之政治，置民主于不顾，一手撕破政协决议，发动剿民内战，美堂乃愤而赴港，视蒋介石如寇仇。窃思谋国之道，旨在和平，剿民内战，元气大伤。今中共及民主党派所号召以四大家族除外之新政治协商会议，进行组织人民民主联合政府之主张，余认为乃解决国内政治问题唯一良好之方法，表示热诚拥护，并愿以八十有二之老年，为中国解放而努力。

陈其尤同志等所继续组织之中国致公党，民国二十年在港组中央党部时，美堂已亲自出席，加以签字赞同。今能彻底整理，奋发前进，揭民主之大旗，为新政治协商、人民民主联合政府之主张坚决奋斗，美堂以洪门老人地位，深表同情，并竭力赞助。当随处呼吁洪门兄弟，予以声援，俾将洪门忠诚救国之精神发扬光大。美堂复郑重声明：中国致公党之民主工作，乃洪门兄弟之良好楷模，必须团结并进，以争取中国革命之彻底成功。

司徒美堂（签字盖章）

1948年10月8日

据传蒋介石对司徒美堂在香港的活动已有情报，当司徒美堂坐飞机经上海去美国时，曾下令拘留，不知因何耽误了。特务赶到机场，飞机已经起飞一小时。CC派特务头子叶秀峰还为此到港调查，只说“朱树楠勾引司徒美堂投共”，对于真情底细，却一无所知。司徒美堂身边本有监视之人，但他有关政治问题的暗中活动，则超脱利落，不留痕迹，连特务也捡不到什么证据。

司徒美堂离开美国两年多，这次回去，在致公堂、安良堂的地位虽然还很崇高，但时移事易，环境却发生了很大变化。

根据地安良堂早已为国民党中委梅友卓所侵占，司徒原有的势力已被有计划地拔除干净；致公堂自改为民治党后，CC系分子逐步渗入，内部陷于四分五裂的涣散状态，一时难以收拾；古巴朱家兆当了民治党美洲部主席，要走中间道路，不同意司徒“倒向中共一边”；旧金山爱国华侨所领导的致公堂虽无变化，但实力有限不起作用；安良堂元老阮本万两目俱瞎，李圣策昏沉不问世事，陈光耀等急于发财，他们虽与司徒手足情深，但手上无权，爱莫能助；美帝与国民党特务加紧勾结，镇压防范爱国侨胞，用“拉册”、“查册”（检查护照，制造口实，拘捕后驱逐出境）等手段，恐吓一般华侨；洪门人士对“老大哥”在沪组党备受CC系派打击破坏的底细不明，埋怨他没有把事情办好，上了人家的当，有不满和抵触情绪，司徒的威信有所降低。

这时，国内阶级关系由于解放形势的冲击而起剧烈变化，这对于美洲华侨中的爱国与卖国，革命与反革命两种势力的尖锐斗争，也产生影响。右派不得人心，爱国分子的主张则受到压制。在这种情势下，所谓“美洲洪门恳亲大会”本拟于1948年10月在加拿大举行，也就无法召集起来。司徒美堂在进步华侨青年的支持下，分别到美国各大小城市唐人街去访问演讲，报告祖国解放形势，也解释民治党组党失败原因，还在报上发表了

“致美洲全体洪门人士书”，要点如下：

（一）本人十七岁入洪门，今年八十有余，服膺三大信条，三十六誓，七十二例，未尝须臾忘怀。从辛亥革命以至抗日，为洪门办事，唯革命是从，问心无愧，或可告慰于五祖之灵。至于我们美洲洪门叔父昆仲视美堂为功为罪，不愿过问。

（二）抗战胜利后，奉昆仲之命代表洪人回国组织民治党，其目的求祖国和平，实现民主政治。结果毫无成就，殊感歉疚。本拟在全美洪门恳亲大会上说明经过，吸取教训，奈以大会不克如期举行，诚属憾事。

（三）组党失败，由于蒋介石反动派醉心独裁，不独不许洪门问政，代表甫抵国门，即遭 CC 系派之肆意破坏，张书城、吕雒九之流侵入民治党中央党部，用暗度陈仓毒计，先执中央党部大权，进而挑拨离间，无所不用其极。

（四）组党期间，美堂自亦为 CC 系派威逼利诱之，处此困难境地，仍奋力抵抗，绝不屈服。外受政敌构害，内因组织涣散，意见分歧，对外尚可支撑，内讧则痛不忍言矣。组党一事，未见其利，先蒙其害，连我美洲海外洪门皆受其累。然吃一堑，长一智，事诚痛心，亦获教训。

司徒美堂的声明还指出：“美洲洪人当务之急者三事”：

第一，促进洪门团结。经历既多，更应长进，前车可鉴，后辙自安。洪人必须与 CC 系派一刀两断，将 CC 系分子全部肃清，促进洪门之真正团结，与国内民主党派民主人士联合起来，齐一步骤，集中力量，分工合作，担任新中国之建设事业。

第二，实行彻底革命。全国解放在望，我旅美华侨之家乡华南亦即将解放，洪人必须全力支持解放战争，将革命进行到底，彻底消灭国民党反动势力。

第三，支持祖国建设。中共领导全国人民谋求解放之目的，乃在求建设独立自由民主统一及富强之新中国，此与我洪门数百年之奋斗目标完全符合，故吾人须以远大锐利之眼光，准备贤能，挑选人才，领导我美洲洪人回国参加建设。新中国前途光明，凡我洪人毋负于五祖当年立会之旨，各宜勉之。

司徒美堂这些访问、演讲和文章的发表，登在美洲许多华侨报纸上。这时全国解放胜利的消息如雪片飞来，互相配合，对于团结爱国洪门人士，澄清是非，打击蒋匪帮在洪门中的活动，曾发生过相当大的作用。司徒美堂不辞老迈，四处奔走，爱国精神，至为感人。

2、受毛泽东之邀，司徒美堂回国参加新政协。安抵北平后，他坚拒民治党诸人的劝诱。在北京饭店，他与南洋侨领陈嘉庚合称华侨二领袖。在政协筹备会上，他积极参政议政，讨论新中国国号时，他主张抛掉中华民国的烂招牌，获大家一致认可。

1948 年底到 1949 年初，中共地下党根据党中央的指示，秘密护送在香港的众多民主人士北上筹备新政协召开。司徒美堂当时在美国，毛泽东亲笔写信给他。信中写道：

司徒美堂先生：

去年十月二十二日惠书，因交通阻梗，今始获悉。热情卓见，感佩殊深。中国人民解放斗争日益接近全国胜利，召开新的政治协商会议，建立民主联合政府，团结全国人民及海外侨胞的力量，完全实现中国人民的独立解放事业，实为当务之急。为此，亟待各民主党派各界民主人士共同商讨，至盼先生摒挡公务早日回国，莅临解放区参加会议。如旅途尚需时日，亦将筹备意见先行电示，以利进行。谨电欢迎，并盼赐复。

毛泽东一九四九年一月二十日

由于远隔重洋，毛泽东的邀请信件转到司徒美堂手中时，人民解放军已渡过长江，占领了南京、上海等地，国民党南京政府已宣告灭亡。

毛泽东这封真诚的邀请信让 82 岁的司徒美堂心情十分激动，他立即准备动身回国参加新政协会议。消息传到孔祥熙的耳中，这个逃到美国的四大豪门头子，特为此找司徒美堂吃饭，劝他“不要受人利用，年纪大了，何必跑来跑去，留在美国，生活不必过虑”。司徒坚决拒绝这种“劝告”，说他是出于爱国之心，必须回去，全是自愿，未受任何人利用。饭后，他恐日久生变，乃于8月9日坐飞机离开美国，8月13日返抵香港。

由于国民党戒备森严，司徒美堂不得不在香港停留了一些时日。当时具体负责秘密护送困留香港的众多民主人士离港北上的中共工作人员是钱之光、廖承志和连贯三人。经过周密的部署，连贯等人决定采用走水路的方法，通过共产党开辟的秘密航线进入解放区。一切部署妥当后，8月28日，司徒美堂偕同司徒丙鹤登上了一艘太古公司的岳阳轮，踏上了北上的航程。

司徒美堂和司徒丙鹤

9月2日，岳阳轮平稳驶入由解放军守卫的天津塘沽港口，司徒美堂安全抵达。9月4日，他来到了向往已久的北平，受到周恩来等中共领导人的热烈欢迎。

司徒美堂初抵北平，就提出要去香山双清别墅拜访毛泽东。由于那里坡陡，来拜访的人通常要在香山脚下换乘吉普车上去。毛泽东考虑到司徒先生年龄较大，受不了颠簸，不便乘坐吉普，遂特意嘱咐警卫员将他的藤躺椅制成轿子，抬着司徒先生上山。司徒被接上山后，毛泽东亲自到门口搀扶他下轿，老人大为感动。

司徒美堂抵达北平的消息传到上海后，挂着民治党招牌继续招摇撞骗的赵昱、张书城、陶履中等人，又像游魂般齐集北京，企图再找司徒美堂搞个什么名堂。

首先是赵昱偕施伦佐、麦群玉，手持“拥戴司徒美堂大哥为民治党整理委员会主席呼吁书”，上盖大印，到北京饭店求见。来了许多次，还拿出上海洪门帮会的请求书和快邮代电，司徒美堂只是把头一摇，拒不见面。过了一些时候，才嘱人到赵昱住的小客栈回话，说“不必再来了，不到黄泉，毋相见也”。司徒美堂直至去世，始终不肯与赵昱相见，可见其积怨之深。

第二个来访问的人是陶履中，他在北京饭店114房间，神色不安地与司徒美堂坐谈了30分钟，见无从入手，遂匆匆辞去，没有留下地址，以后也未再来。

第三是任荣野来请他到南池子河边一间四合院吃晚饭，席上说：“黄守中打算拜会老先生，不知什么时候有空?”司徒美堂回答：“不必来了，我懒见这样的人。”可见这顿饭不是平常的应酬，而是企图为黄守中等人问路。

第四是邓云章在张书城的操纵下前来拜访，也是最后的一计。邓是加拿大洪门致公堂的老人，和司徒本是老友，可以谈得来的。司徒劝邓赶快离开CC系分子的控制，才好谈别的事情。邓不以为然，拂袖而去，以后偕张书城离京赴港，客死他乡。

南洋侨领陈嘉庚，恰巧住在北京饭店112号房，和司徒美堂正好是邻居。两位老人年少出洋，走过曲折道路，其后一成工商巨子，一成致公堂元老。他们都参加了辛亥革命，长期从事华侨团结爱国工作，晚年则一个代表美洲，一个代表南洋，同来参加新政协，迎接新中国的诞生。嘉老籍贯福建，为人严肃，生活俭朴，分析时势，则周详缜密。美老籍贯广东，粗通文墨，性格豪放，讲江湖义气，疾恶如仇。两人漂洋过海达半个世纪以上，然均不能操国语，只好各带翻译，互以标准的闽南和四邑乡音交谈。于是，司徒丙鹤和庄明理分别当了翻译。

两位华侨老人带来了华侨对祖国富强的祝愿，嘉老年已76，美老则是比他大5岁，两老万里迢迢，回归北平，这行动本身就令人感动。

1949年9月17日下午2时半，政治协商筹备会第二次会议在北平中南海勤政殿内举行。会上，由周恩来报告政协筹备经过。全体代表一致通过有关文件，并通过了《向毛主席朱总司令致敬电》。会毕，当毛泽东步出会场时，司徒美堂迎上去和他热烈地握手。毛泽东笑着说："老人家，欢迎您!"

为了庆祝政治协商会议筹备工作的胜利结束，迎接新政协的正式召开，全体代表参加了毛泽东设在瀛台大殿的晚宴。瀛台是戊戌政变后光绪皇帝被囚禁的地方，50 年光景，当年陈设，依稀可辨。

宴会时，和毛泽东同坐第一桌的，有何香凝、陈嘉庚、司徒美堂、陈叔通、许德珩、郭沫若、李立三等，庄明理和司徒丙鹤则以翻译资格同席。

毛泽东富于幽默感，谈笑风生，不断为老人夹菜敬酒。他说："我们这一桌什么人都齐了：有无产阶级李立三；有无党派民主人士、文学家郭沫若；有民主教授许德珩；有工商界前清翰林陈叔老；还有妇女界廖夫人及华侨两老人……这是统一战线的胜利。"

毛泽东接着说道："自鸦片战争一百零九年以来，中国人民进行了长期的革命斗争。第一个反抗英帝国主义的英雄是林则徐；其后是太平天国、义和团、戊戌政变、辛亥革命以至现在的解放战争。历史学家、文学家把这一段时期的人物写成一部有系统的作品，我看是满好的……"

随后，毛泽东转身亲切地询问司徒美堂高寿。司徒美堂答："已经 82 岁，在美国生活 69 年。"毛泽东说："好呀，老当益壮，干一杯!"司徒美堂递给毛泽东一支吕宋烟，毛泽东当场吸起来，烟灭了又收回放在口袋里。毛泽东的口袋常常有一截截的烟头，这是艰苦战斗岁月的遗习。

在新政协会议上，司徒美堂满腔热情地参政议政，为新中国之诞生贡献余晖。这突出地表现在新中国国号的讨论上。

"中华人民共和国"国号的确定，曾有一场争论。1949 年 9 月 21 日，政协已经开幕。9 月 25 日深夜，司徒美堂收到周恩来、林伯渠两人署名的午宴请柬："9 月 26 日上午 11 时半在东交民巷六国饭店举行午宴，并商谈重要问题，务请出席。"是日上午 11 时，司徒美堂坐汽车前往六国饭店。

人陆续到了，司徒美堂一看原来大多为 70 岁以上的老人，大约二三十位，计有张元济、何香凝、周致祥（孝怀）、符定一、马寅初、徐特立、

1950 年 3 月，毛泽东和司徒美堂（左二）等爱国人士在一起。

吴玉章、张澜、黄炎培、简玉阶、陈叔通、沈钧儒、陈嘉庚、林伯渠、张难先、郭沫若、茅盾等，其中只有几位不到 70 岁。

周恩来叫人把餐厅的大门关上，然后开始讲话："今天请来赴席的，都是辛亥革命时期的长辈，有三四个人不是。来听取长者的发言，我国有句老话，叫做'就教长者'，今天的会就是如此。在讨论三大文件时，各位看见《共同纲领》中的国号'中华人民共和国'之下，有一个'简称中华民国'的括弧。这个简称，有两种不同的意见，有的说好，有的说不必要了。常委会特叫我来请教老前辈，看看有什么高见。老前辈对'中华民国'这四个字，也许还有点旧感情。"

第一个发言的是黄炎培（民建），他说由于老百姓教育落后，感情上习惯用中华民国，一旦改掉，会引起不必要的反感，留个简称，是非常必要的。他还说，政协三年一届，三年之后，我们再来除掉，并无不可。

接着，辛亥革命老人、三大政策坚决支持者何香凝发言。她当年 72 岁，是孙中山在日本组织兴中会时五同志中的一个。她说："中华民国是孙中山先生革命的一个结果，用许多烈士鲜血换来的。关于必改国号问题，我个人认为，如果能照旧用它，也是好的。大家不赞成，我就不坚持我的意见。"

再是前清进士周致祥发言，据说辛亥革命后周致祥“归隐”38 年，生平不写民国国号，但目前拥护中国共产党。他说，我反对仍要简称，什么中华民国，这是一个祸国殃民、群众毫无好感的名称，20 多年来更被蒋介石弄得不堪言状了。我主张用中华人民共和国，表示两次革命后的性质各不相同。

司徒美堂听了司徒丙鹤的口译，站起来要求发言。他说：“我没有什么学问，我是参加辛亥革命的人，我尊敬孙中山先生，但对于中华民国四个字，则绝无好感。理由是中华‘官国’与民无涉。22 年来更给蒋介石与 CC 系派弄得天怒人怨，真是疾首痛心。我们试问共产党所领导的这次革命是不是跟辛亥革命不同？如果大家认为不同，那么我们的国号应叫中华人民共和国，抛掉中华民国的烂招牌。国号是一个极其庄严的东西，一改就得改好，为什么要三年之后才更改？语云：‘名不正则言不顾，言不顺则令不行。’仍然叫做中华民国，何以昭告天下百姓？我们好像偷偷摸摸似的。革命胜利了，为什么连国号也不敢改？我坚决反对什么简称，我坚决主张光明正大地用中华人民共和国的全称。”

司徒美堂的响亮语言，听者都报以热烈掌声。

马寅初站起来，拥护司徒美堂的主张，并加以补充，说简称实在不伦不类，不像话。张澜、陈叔通、车向忱也赞成此议。车向忱还从教育群众方面阐述说：“关于人民一时不能接受，这只是宣传教育问题，慢慢地教育，让人民认识我们这次革命的性质，千万不可因噎废食。老百姓是否反对用新国号呢？我看不见得。”

法学家沈钧儒从法律观点来解释简称问题。他说：“有些群众还在写中华民国，那是他们的一时之便，我们也不必明令禁止。至于堂堂的三大文件里加上简称中华民国的括弧，这的确是法律上的一个大漏洞，不合法律的观点，也千万不应如此。遍观世界各国国号，只有字母上的缩写，而没有载之于立国文件上的其他简称。将来在行文上，用国家名义与别国订约也有不便，所以我也主张不用那个‘简称中华民国’。”

陈嘉庚也发了言，他讲厦门话，由庄明理翻译。他也同意不用那个简称，还说大家对中华民国决无好感，落后的人会一时不习惯，过些时候就好了。

最后，周恩来作了小结，说明了文件草案上有括弧“简称中华民国”的原因，还说：“我要把这些意见综合送给主席团常委参考，并由主席团常委作出最后的决定。”

1949年9月30日晚8时，人民政协胜利闭幕，司徒美堂被选为由63人组成的中央人民政府委员会委员。10月1日，在红旗如海的天安门广场上，首都50万人民举行庆祝中华人民共和国成立大会。司徒美堂在天安门城楼东侧第二个大灯笼下，参加了开国盛典。

司徒美堂在第一届政协会议上发言

3、新中国成立后，在中共的竭力挽留下，司徒美堂留了下来，安居紫禁城下的一个四合院。春去秋来，寒来暑往，他渐渐喜欢上了北京城内的生活，并热情地招待到访的各界名流。他坚持参加人民政府的会议，感慨于中共领导人对他的尊重和关怀。

政协会议闭幕了，新中国成立了，早有功成身退思想的司徒老人，一天忽然对司徒丙鹤说：“辛亥革命后孙中山叫我做官，我没做。现在大会已经开完，我要回香港、美国去了。”

司徒美堂请廖承志把自己的意思向周恩来反映。周恩来让人劝司徒美堂，并竭力挽留他说，这不过是万里长征迈出的第一步，国家的战争创伤这么重，正需要大家齐心协力，恢复经济，发展生产，改善人民生活。

司徒老人被说服后，留了下来，并从北京饭店搬到了北池子的一个四合院，作久居之处。这个地方西邻雄伟的紫禁城和碧绿的筒子河，推窗望去，城墙与角楼相映成趣，晚霞与归鸦点缀着黄昏的寂静。司徒老人很满意这种深有“思古之幽情”的地方来安度晚年。

司徒美堂和他的家人

紫禁城与筒子河，一年四季各具特色，呈现出一片神奇的景象，这激发着司徒老人的童心。他在院子边开了个门，可以下河。每天早上有众多的京剧演员面对城墙“吊嗓”，大有声裂金石之势。老人喜欢看戏剧，他对司徒丙鹤说：“你看京剧名角所下的功夫多么苦，多么硬！”

冬天到了，筒子河结冰了。许多穿着棉服的精力旺盛的小孩在冰上用自制冰橇溜冰，不时发出阵阵清脆的笑声。小孩们玩得很熟练，冰橇溜得飞快，一转眼就剩一个个小点点了。

河鱼在冰封的情况下容易觅食，不少人就借此良机蹲在河上凿冰垂钓。饿得发慌的鱼儿很快就上钩了，一会儿垂钓者就满载而归。春天化冰，河底暖流经常发出轰轰隆隆的碎冰之声，把人吓一跳。初时不知是什么事情，后来也就习惯了。严寒将尽，树枝抽芽，本是光秃秃的，忽然染上了浅绿，又忽然长出了叶子，又忽然满树郁郁葱葱，有的还开了花，古人所谓“忽见陌头杨柳色”者是也。南方四季常青，司徒老人很少领略这种大自然的奥秘，见此心醉不已。

盛夏中午浓荫覆地，宫柳婆娑，远处传来阵阵的蝉声，幽静、悠扬而又带点疲乏。这通常是司徒老人午睡初醒，喝着咖啡，阅读《参考消息》的时候。秋天明月当空，河水倒映蓝天月影，特别明丽，是美老和家人赏月的好时候。每逢“五一”、“十一”之夜，推开西窗，黑夜中忽见繁花万朵，掠天而过，正是看天安门焰火的闹中取静的角落。还有大门外的叫卖声，打小鼓的、剃头的、卖金鱼、卖驴肉、炒灌肠、酸梅汤和冰棍的……都以他们各自的叫卖“号子”来吸引顾客，这些对于美老来说，真是奇特而新鲜。

这位幼小离乡，旅美69年的老人，常常用特别亲切的心情，和家属和儿童及青年警卫员来享受这种民族风情。1953年抗美援朝开始，美老很激动，口述旅美69年的生活回忆，来揭发美帝国主义的侵略面目，并从陈毅“上海之战”的报告中体会到“正义之师天下无敌”的道理，叫司徒丙鹤笔录，连载在北京《光明日报》上。不少报纸加以转载，并印成单行本出版，得到各方重视。毛泽东多次对司徒老人当面称赞：“老人家，写得好呀!”此书由谢觉哉和何香凝作序，司徒乔插图，《光明日报》总编辑邵宗汉看大样。在那个时候，此书虽小，但意义重大。

司徒老人长期担任美洲致公堂和美国安良堂的领导职务，社会交游广阔，本人又慷慨仗义，急人之难，有豪侠作风。现在这个北池子住宅，遂成为不少华侨、侨眷及好友的聚集之地。这里住过许多知名人士，如从美国归来的艺术家司徒乔、冯伊湄夫妇及其三个女儿和岳母；美国留学生金冬日、范绮华夫妇及其女儿；孙中山的侍卫长、加拿大归侨马湘夫妇及其两个儿子；粤剧泰斗薛觉先、唐雪卿夫妇；马列学院研究生梅重清；北京大学学生黄国忠，人民大学学生赵元铭、司徒行、司徒光；协和医院护士卢小鹏等等。真是诸子百家，名流云集，无所不有司徒老人的社交风范。

有人来访，司徒老人都热情接待，时间方便的话，便邀其同上馆子吃一顿；逢节日、星期六或星期天，家中常常是三至五桌，热闹得很。至于各方的来信来函，每月有三两百件，真是复不胜复。

解放初期，百废待兴，人民政府的会议特别多。司徒美堂老人是逢会必到，逢到必早，而且坚持到散会才走。由于毛泽东经常通宵工作，中央人民政府的会议大部分都在每日下午 3 时后才召开，谈到黄昏。之后与会者就在中南海勤政殿餐厅吃饭，10 人一桌，随便就座，不分等级，许多时候司徒美堂会与毛泽东、刘少奇、周恩来、朱德、陈云、邓小平同桌。晚饭过后，接着开会，有时候甚至开到深夜 12 时。这种会每每长达 8 小时，而司徒老人则坚持到底，决不中途退席，其坚韧精神，令人敬佩！

有两件生活小事，让司徒老人永远难忘。第一件是政协开会时，由于美老年老足跛，行动不便，而汽车又不能开到中南海的大殿堂门口，周恩来指示大会秘书处为美老特制藤椅，由工作人员抬着走。有人戏称这种待遇为“特赐金銮殿乘舆”。美老表示心中受之有愧，深为感激。第二件是天气严寒，美老匆忙自美归来，衣服不足。周恩来又命人带美老到前门大栅栏瑞蚨祥以特制名贵的水獭领子狍毛大衣一件相赠。美老深感中共领导人对华侨老人的尊重和关怀，引为殊荣。

4、在土地改革、抗美援朝、制订宪法等诸多问题上，司徒美堂以其长老之智，为中共建言献策。在介寿堂为他举办的九旬寿宴上，各界人士纷纷前来祝寿。1955 年 5 月 8 日，他因脑溢血逝世。中共为其举行了隆重的葬礼，以祭奠这位洪门爱国元老的传奇一生。

1951 年 3 月初，司徒美堂以人民政府委员的身份，自北京南下，到广东侨乡新会、江门、开平、台山、鹤山等县市视察土改，受到广东省主席叶剑英的款待。对于改革土地制度，实现耕者有其田的理想，美老是衷心支持的，他表示“土改是占中国人口百分之八十的农民生死攸关的大事。

不土改，中国无出路；不土改，国家无法富强；不土改，中国革命未算彻底成功。”

早在1950年6月全国政协会议上，美老就提出“关于华侨土地问题的几点意见”，指出两点：

“第一，在过去百年情况看来，所谓华侨，其实是破了产的贫雇农，逃到海外，靠出卖劳动力，获得微薄的工资，积蓄了一点外汇，返回祖国，买田养老，与封建地主的田租剥削大不相同。第二，华侨地主中，有的还兼有自建乡村洋房，这些东西最好不要分。洋房之来，是来自他本人的血汗所得，与专靠封建剥削的地主洋房不同。”

参加粤中土改之后，美老回京又以其见闻写了《粤中侨乡的土改》长文，连载于《光明日报》，后印成专书发行。

各地土改翻身的农民，纷纷写信向毛泽东致敬，并赠送一些烟叶、凉薯之类的农产品。美老托致公党的黄鼎臣先生专程带到北京中南海转呈，同时写了一封信向毛泽东报告粤中侨乡情况。不久，毛泽东亲笔复了一信。原文如下：

美堂先生：

四月十四日来信收到，甚慰。鹤山农民同志们送来的礼物也收到了，请先生转告他们，交致谢意，先生在南方暂留一时期很好。希望先生能于六月上旬返京，面聆教益。敬祝健康。

毛泽东四月二十七日

当时的粤中报纸及广州报纸，都影印刊出了这封信，粤中农民还为此举行了庆祝大会答谢毛泽东的关怀。

除了上述“国号之争”、“土改华侨房屋处理要慎重”的重大政见外，司徒美堂还有几件重大政见值得一提：

一是坚决拥护“抗美援朝”的主张。当时有的人认为，中国刚刚解放，自顾尚且不暇，何必惹是生非，解衣抱火；有的人认为，美国很强大又很霸道，中国目前的国力有限，难以抗衡，不打为上；还有的人指出美国人是讲道义、讲友谊、主张和平的，应该争取化为我之助，防苏谋我。总之，有崇美、亲美、恐美思想。美老力主不打不相识，勿让人以为中国

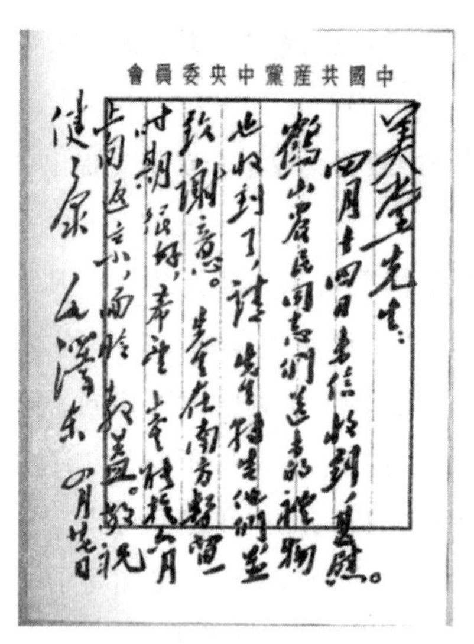

中國共產黨中央委員會

美堂先生：

四月十四日来信收到，甚慰。鹤山农民同志们送来的礼物也收到了，请先生转告他们并致谢意。先生在南方暂留一时期很好，希望于五月上旬返京，面聆教益。敬祝

健康

毛泽东

四月廿日

毛泽东致司徒美堂信函

人可欺，打了之后，才有和平可言。

二是关于“批判梁漱溟的反动思想”。1953 年 9 月 16 日至 18 日，在中央人民政府第 27 次会议期间，忽然发动了所谓批判梁漱溟反动思想的斗争。这次批斗来得很突然，大家一哄而起，也不让梁漱溟有答辩的机会。美老赴会 3 天，几次想发言，被秘书从旁劝止了，因为内情不明，不妨看一下再说。

梁漱溟是北大教授，广西人，祖父、父亲在北京做官，世代书香人家。辛亥革命后，其父投水死于什刹海。美老回忆，抗日在重庆时，他与梁漱溟有来往。抗战胜利后在上海，梁也出席民主人士欢迎司徒美堂自美归国酒会。美老认为：“梁本来可以出洋或是退到台湾讲学，生活是不成问题的。梁留下来并参加政协，毋宁说是一种爱国进步的表现，应该欢迎。他以政协委员身份到农村视察回来，在政协会上说了些‘农民生活还苦’的话，这是事实，也未对外发表。共商国是，并无恶意，就算言过其实，也可供参考，何以一下子就打棍扣帽，组织围攻，把人搞臭？”后来，美老找了李济深重提此事，李济深感慨道：“梁夫子书读太多了。”美老从此也搁下了此事。

三是第一届人大与制订宪法问题。1954 年 9 月 15 日在北京怀仁堂举

行全国人民代表大会第一次会议，讨论通过中国的第一部宪法。毛泽东在致开幕词时，号召为建设一个伟大的社会主义国家而奋斗，他说："我们正在前进。我们正在做我们前人从来没有做过的极其光荣伟大的事业。我们的目的一定要达到。我们的目的一定能够达到，我们伟大的祖国万岁！"

司徒美堂和许多老人一样，都是热泪盈眶地倾听这种号召的。他写了一篇文章，叫做《为了人民幸福，投毛泽东一票》，选举了毛泽东当国家主席。

讨论宪法，极其周详慎重。大会发出了许多参考书，如清朝宪法，中华民国宪法，袁世凯宪法，英、美、法、苏、日等国宪法，应有尽有。各阶层，各行各业，对制定工作讨论了半年之久，司徒老人则参加了华侨阶层的讨论。大会集中了全民意见，然后由第一届人民代表大会通过，庄严地产生了《中华人民共和国宪法》。

1954 年 9 月 28 日参加第一届全国人大会议时摄。前左起：陈嘉庚、何香凝、司徒美堂、彭德怀。

1955 年 4 月 3 日（农历 3 月 11 日）是司徒美堂的八十九寿辰（虚岁）。按中国人的习惯，亲友们在这一天为美老举行"九十岁大寿"的宴会，地点设在颐和园排云殿下的介寿堂，筵开 20 余席。参加者有中央和北京市的党政首长、政协委员、人大代表以及侨胞、亲友 300 百人。事前一月，美老本来住在颐和园"避寿"，但到底没有避成，只好喜气洋溢地接受亲友们的登门祝贺。老人兴奋地说；“我司徒美堂一介洪门，参加辛亥革命，枪林弹雨，以身许国，想不到能活到九十岁，在慈禧太后当年拜过寿的地方同亲友相叙，真是厚幸。”

司徒老人的九旬大寿，各界人士纷纷向老人进献寿礼，祝老人福如东海，寿比南山。

章士钊作七绝一首，亲书立轴，偕黎明晖女士前来拜寿。内有句云：“司徒海外飞扬遍，此是开山第一人。”美老读诗，十分高兴。他才知道章士钊也是洪门人士，而且尊之为“开山”老大哥，以示尊重。

内务部部长谢老（觉哉）有中共“五老”之称。在1950年美老的《旅美六十九年》一书出版时，谢老为之作长序，推崇备至，佩服美老敢作敢为的侠士性格。今日特制木牛一只，作为寿礼。美老深体其意，是鼓励自己甘当黄牛继续为人民服务。

这时，恰逢电影名演员王莹归国。王莹是个革命女性，上海30年代的电影名演员，40年代赴美学习，在纽约拜会了美老，被认作“契女”，得到老人家各方面的帮助。这年初，王莹偕夫婿谢和赓同返祖国，等候分配工作。她的登门，使美老更感到有如骨肉般亲切。王说她正在写一长篇小说，准备在美国出书。美老特别高兴，祝其成功。

著名画家司徒乔手拎的寿礼，叫“三个老华工”（复制品），上书绘画经过。据称，三华工一名郑进禄（香山人），一名李东号，一名汤心海（新会人）。1897年他们10多岁时，被卖猪仔卖到檀香山附近小岛当农奴，干了50多年，现在眼瞎腰弯，老态龙钟，被老板赶出农场，流落街头，才由当地的“中华会馆”资助，恰巧与司徒乔夫妇同乘“威尔逊总统轮”回香港。司徒跟劳工谈起他们毕生为美国老板卖命的血泪史，把他们3个人的头像素描下来，登在香港《大公报》上，一时轰动了新闻界。现在司徒乔复绘一幅，题上“为美堂五公献寿”字样。

美堂先生的身体本来很健康，安居京华6年。只是呼吸系统偶有小恙，感冒发烧，住院数日，或请彭泽民先生开几味中药吃了，就又痊愈。随后又照常生活，抽他的大雪茄，每天早午晚喝三次浓咖啡。

1955年5月5日，晚饭过后，美老正在京寓谈论万隆会议的新闻。原来，4月间，亚非会议要在万隆开幕，周恩来率领中国代表团出席，其先遣人员11人，不幸于香港启德机场乘坐“克什米尔公主号”专机时被炸毁。圈内外舆论哗然，一致谴责特务行径。初时，老人很担心周总理的安全，后来才知道他另乘飞机，绕过香港，得免于难。在万隆会议期间，周总理发挥高超的外交才华，团结各国人民，胜利完成任务，终于发表了“和平共处五项原则”的万隆会议公报。

每日一大本《参考消息》，新闻很多，一时读不完，老人习惯地拿了放大镜，回到床上再看一会儿睡。不料一天到了凌晨，美老突然鼻子出血，陷于昏迷状态。急请北京医院的大夫诊治。据说是脑溢血，不能移动，就在大厅里安置了病床，由中央保健局一个医疗队小组进行抢救。病情一直没有起色，延至5月8日下午8时10分，洪门老人司徒美堂的心脏停止了跳动，长眠不起，享年87（周岁）岁。

周恩来从印尼回京，刚下飞机，闻讯急忙赶到北池子83号住宅，与美老作最后的告别。美老这时已不省人事。周恩来当场指示华侨事务委员会廖承志、方方及好友陈其瑗、陈其尤等，组织司徒美堂先生治丧委员会及安排有关治丧事宜。当晚由新华通讯社发出讣告，并公布治丧委员会名单：

林伯渠、李济深、沈钧儒、郭沫若、黄炎培、彭直、陈叔通、李维汉、习仲勋、何香凝、陈嘉庚、蔡廷锴、彭泽民、邵力子、罗隆基、章乃器、邢西萍、廖承志、张苏、于毅夫、陈其尤、陈其瑗、蒋光鼐、陶铸、朱光、严希纯、黄鼎臣、官文森、伍觉天、方方、李铁民、庄希泉、连贯、王雨亭、唐明照、司徒慧敏、司徒乔（共37人）。

5月9日，司徒美堂先生的灵柩移到中山公园中山堂，灵前摆着毛泽东、朱德、刘少奇、周恩来送的花圈，亲视含殓的有周恩来、陈云、邓小平、陈毅、李济深等。

10日上午，首都各界人民在中山公园公祭司徒美堂先生，公祭大会由周恩来主持，陪祭的有：陈云、林伯渠、李济深、董必武、沈钧儒、郭沫若、黄炎培、陈叔通、彭真、陈其尤、廖承志、陈其瑗。参加公祭的有陈毅、习仲勋、何香凝、张鼎丞、高克林、张志让、方方、庄希泉，各民主党派和人民团体负责人，中国致公党中央委员，北京侨联代表及亲友，共700多人。廖承志致悼词，陈其瑗报告司徒美堂先生生平事略。公祭毕，起灵，由周恩来、林伯渠等人执绋。下午1时，司徒美堂先生遗体在北京西郊八宝山烈士公墓安葬，墓穴编号为天字第三号。入殓时，美老穿戴的是中山装和干部帽、布鞋，殉葬品有黄兴夫人赠给美老持用多年的特制手杖，及美老的私人印章和玉器。

这样隆重肃穆的公祭仪式，解放后北京少见，这是党和国家对于一位洪门元老，一生爱国的华侨老人的最高褒扬。何香凝先生为之撰墓志，勒石于墓旁，全文如下：

司徒美堂先生，广东开平人，生于一八六八年。十四岁赴美国，十七岁加入洪门致公堂，其后追随孙中山先生，参加辛亥革命，帮助筹款，并组织安良堂，被选任为总理，先后达三十年，对团结华侨，互助互济，兴学办报，都有良好影响。抗战爆发，发动美洲华侨捐款，出力很多。一九四一年皖南惨案爆发，先生发表通电向蒋介石政府表示抗议。太平洋战争时期，先生行抵香港，被日本侵略军当局拘捕，先生表现了高度的民族气节，拒绝伪命，化装逃走。一九四二年任重庆华侨参政员时，出席八路军办事处的欢迎会，发表了坚持抗战，反对投降的言论，并揭露反动政府祸侨害侨的罪行。一九四三年，先生赴美各国，报导抗日民主根据地和中国共产党领导人民英勇抗战的真实情况，一九四五年三月，先生改组致公堂为"中国美洲洪门致公党"，并被选为主席。同年四月，被聘为联合国筹备会中国代表团的华侨顾问。抗战胜利后，先生偕美洲华侨代表返国，参加当时的民主政治运动。国民党反动派发动内战，破坏和平，先生愤而去香港，发表拥护中国共产党"五一口号"的声明，上书毛主席致敬，愿意接受共产党领导。一九四八年冬，先生再度赴美，发动华侨支持祖国人民的解放斗争。全国解放，先生代表美洲华侨回国参加中国人民政治协商会议。先生经常游历祖国各地，积极参加各项政治活动，对国外侨报发表言论，号召华侨团结在祖国的周围，为祖国社会主义工业化，为解放台湾，为保卫世界和平而贡献力量。

先生曾任中华人民共和国中央人民政府委员、人民代表大会常务委员、中国人民政治协商会议第二届全国委员会委员、华侨委员会委员等职。

司徒美堂先生旅居美国六十九年，一直站在爱国立场，进行各种工作。先生为人慷慨侠义，急人之难，热心华侨公益事业，他是美洲方面的爱国华侨领袖。司徒美堂先生一生所走的道路，反映着国外爱国华侨自从鸦片战争以来所走的道路。国外华侨这新的一代对于他们老一代华侨的开路先锋作用，对于他们所起的先行者的作用，是永远不会忘记的。

一九五六年十二月八日何香凝撰

陈其美：被暗杀的革命青帮老大

陈其美（1878—1916 年），浙江吴兴人，字英士。出身商人家庭，6 岁入私塾，14 岁入当铺当学徒，1903 年春到上海一家丝栈当助理会计。

1906 年夏赴日本东京警监学校留学，同年加入同盟会，第二年入东斌学校学习军事。1908 年春奉同盟会之命回国，往来于浙沪津京各地策动革命。

1909 年到上海接办作为革命机关的天宝栈。这期间还在上海筹办《中国公报》和《民声丛报》，在汉口筹办《大陆新闻》，并协助宋教仁、于右任办《民立报》。又以上海青帮大头目的身份，设秘密机关，负责联络长江流域的革命活动。武昌起义后，于同年 11 月 3 日组织了上海起义，并出任沪军都督。

1912 年 1 月密令蒋介石收买光复会叛徒王竹卿，刺死陶成章。袁世凯任临时大总统，委以工商总长，不久，旋被袁解除沪军都督之职。1913 年 7 月，被推为上海讨袁司令，事败后，留在上海租界活动，11 月奉孙中山之召赴日本。

1914 年 7 月中华革命党成立后，出任总务部长，先后在东北和上海组织反袁活动，1915 年 11 月 10 日命革命党人王晓峰、王明山刺死上海镇守使郑汝成，然后与杨虎发动肇和兵舰起义，不久失败。1916 年 5 月 18 日，被袁世凯用计谋杀死于上海。

一、革命的青帮老大

1、陈其美早年弃学从商。父亲去世后，他便进了一家典当铺当学徒。其弟陈其采从海外学成归国，对他影响很大，遂辞职来到上海。后在弟弟的资助下，赴日本留学。留学生涯使他眼界大开，结交了很多仁人志士，参加了同盟会。

陈其美 1878 年 1 月 17 日生，字英士，号无为，其祖先世居浙江陈州，后辗转迁移至湖州。祖父陈绚，是个乡绅。父亲陈延佑，在本地经商。母亲吴氏，出身书香门第，知书达理，对孩子们的教育抓得很紧。可惜吴氏体弱多病，生下陈其美的弟弟陈其采后，因病而过早地离开了人间，其父后续娶杨氏。

陈其美 4 岁时开始读书写字，6 岁入私塾，受业于当地名儒忻谷生，诵读《四书》、《五经》之类的儒家经典。

年少的陈其美便表现出与众不同的气质。有一次他与同伴在野外的一块荒地上玩，你追我赶，嬉笑声、叫喊声响彻原野。这里杂草茂盛，平时很少有人去割，冬天到来，草已干枯。玩腻了捉迷藏之类游戏的儿童们，又想出一个点火烧草的新花样。他们背着风，用火柴分头点火。顷刻间，火苗迅速蹿动，野草毕剥作响，火焰滚地而起。突然，一个儿童被草绊倒，一下被扑来的火苗烧着了衣服，他手足无措，不知如何躲避，急得在地上大哭。见此情景，许多孩子都吓愣了，陈其美冲进火场，推倒那个正在哭喊的儿童，紧紧伏在他的身上，就地翻滚，很快扑灭了他身上的火焰，这件事使陈其美获得了“机智勇敢”的美誉。

陈其美在私塾学习的时间并不长，没读上几年书，他的父亲便要他弃学从商。年幼的陈其美当然只能惟父命是从，学业中辍。

陈其美15岁时，父亲去世，家中突然失去了经济来源。其兄陈其业虽继承父业，做起典当业生意，但已有妻室子女之累，继母杨氏只好送陈其美去独立谋生。经亲戚介绍，陈其美离开家乡，到石门镇善长典当铺学生意。

陈其美到善长典后，开头干的是“拌猫饭”的活计，即喂猫。典铺房屋大，杂物多，老鼠猖獗，为此，老板特养了几十只猫。“拌猫饭”事虽细微，但陈其美干得很欢，他每天清晨即去鱼摊上购买小鱼小虾，给猫当食料，猫儿养得确实壮实，陈其美不久便结交了许多朋友。当地人家有婚丧喜事时，都愿意邀请陈其美来帮忙，陈其美在当地成为一名很活跃的“小堂倌”。由于他办事勤快，不怕吃苦，在善长典也很受大家喜欢，不久，职务便有升迁。

陈其美在善长典当铺前后共呆了12年，那个时期，正是中国的多事之秋。亡国的乌云，笼罩着中国的上空，救亡图存的惊雷，不时地回荡，震撼着人们的心灵。甲午战败，清政府与日本签订了《马关条约》，台湾被割让出去，巨额赔款又迫使清政府加紧了对人民的掠夺。杭州等内地城市也被迫向列强开放，这给年轻的陈其美以很大刺激。他义愤填膺地给亲友写信道：“痛言清廷失致，须人民自图振作，二十年后方能重振国威，浩雪国耻。”他还写信给小他3岁的弟弟陈其采，劝弟弟学习西学，以求实用。后来，陈其美看到要抵抗侵略，必须重视军事，所以力劝陈其采赴日本学习陆军。陈其采在他哥哥的影响下，于1898年到日本士官学校学习军事。

1902年，陈其采结束了五年的留学生涯，从日本士官学校毕业回到家乡。陈其美经常听他讲述中国古代民族英雄抗御外侮的故事，讲述世界和日本大事的变化，阅读他带回的记述岳飞、文天祥等人生平事迹和其他内容的书籍，这一切对陈其美触动很大。

特别是当陈其美听到陈其采讲述日本富强之源在“变法维新，振兴实业”等国富民强的道理后，他深切地感到中国必须作一番彻底的改造，才能跟上世界潮流，摆脱亡国灭种的危险。他又觉得自己身居石门，习商十多年，见闻孤陋，天地狭窄，很难施展政治上的抱负。因此，他决定辞去典当铺职业，易地另谋发展。1903 年春，他离开石门镇，来到了领中国风气之先的上海。

陈其美到上海后，先在同康泰丝栈任助理会计。上海既是帝国主义侵略中国的重要据点，也是国内革命运动的中心，各方革命志士云集，民主革命思潮蓬勃兴起。这一时期先后发生了拒俄运动、拒法运动，又发生了震惊中外的《苏报》案，人民群众长期以来郁积着的对清朝反动政府的愤慨和不满，迅猛地迸发了出来。许多热血青年更是奔走呼号，出版革命书刊，组织各种集会，积极宣传反清革命。

激烈的革命潮流，使陈其美大开眼界，他开始如饥似渴地学习新知识。1904 年，陈其美进入理科传习所学习。随着与朋友、志士交往的增多，知识见闻的拓宽，他越来越对自己的现状不满，一心渴望着能到国外去增长见识、更新思想。

要出国留学，首先得有一笔钱，陈其美便想到了此时已在湖南长沙新军中任职的弟弟陈其采。陈其美风尘仆仆地来到湖南，把自己的想法告诉了弟弟。陈其采欣然许诺，愿以自己的私蓄助兄东渡日本留学。

此时正值全国抵制美货运动蓬勃开展，陈其美也立即参加到这场运动中。8 月 20 日，陈其美参与组织了湖南全省绅商抵制美货禁约会。开会前一天，陈其美邀浙江同乡、湖南长沙高等学校教员王正廷与会，王以自己是基督教徒，答以明日要做礼拜，不能参加。陈其美反问他说：“如明日地方失火，教徒是否因礼拜而不救?”王正廷回答说：“然。”

陈其美进一步问道：“此次檀香山等处，侨民居留地被焚，其损失远远超过平常的失火，先生难道坐视不管吗?”陈其美的言辞打动了王正廷，终于使王参加了这次集会。在长沙参加抵制美货运动期间，陈其美还多次参观了陈其采所部的新军，商谈了联络新军中革命志士等问题。不久，陈其采为他筹齐了留学经费，陈其美回到上海。

得到弟弟的资助，陈其美偕同徐锷、谢持等一起乘坐海轮，自上海启航，东渡扶桑。陈其美进入的是一所新建的东京警监学校，他被编入第三班，学习警察法律。由于学校创始不久，设备简陋，又没有校舍，陈其美只得在校外租赁民房居住。陈其美是自费留学，但这所学校的学生以官费为多，而且都是公派，思想很不一致。尽管警监学校内风气恶劣，但由于整个中国留日学界早已洋溢着革命的朝气，在与许多留日的革命志士交往后，陈其美的革命立场愈益鲜明。

在此期间，陈其美化名“无为”，在陈家鼎、宁调元等主办的革命刊物《洞庭波》上发表了题为《吊吴君樾》的五言诗，对舍身炸清朝五大臣的吴樾表示了深深的敬意。这首诗热情赞颂革命党人吴樾视死如归的大无畏精神，一句“使吴君而在，执鞭所欣慕”，表达了陈其美将追随吴樾投身反清革命运动的坚强决心。

陈其美切望校方改进教学，因此时常同学校当局发生争论，指责他们只知自己图利，罔顾学生学业。当时有的同学支持他，但也有同学劝其不要再争。后来，他便离开这所学校，转入东斌陆军学校学习军事。

东斌学校专门收容被振武学校拒之门外，而有革命思想、拟习军事的自费中国青年，创办这所军事学校的是日本人寺尾亨博士。由于入学者多是自费青年，富有先进的思想，因此，陈其美同大家相处得比较融洽。在这里，他又接触了不少有志青年，阅读了大批留日学生出版的革命书刊，进一步坚定了改造中国的志向。

1906 年冬，陈其美加入了中国第一个资产阶级革命政党——同盟会。他在东京结识了孙中山、黄兴、宋教仁等著名人士，还结交了一批江浙籍的革命党人，如秋瑾、徐锡麟、竺绍康、张静江、褚辅成等。

1907 年，蒋介石来到东京，入振武学校，研习军事。蒋介石，当时名蒋志清，于 1906 年入陆军部陆军速成堂肄业，是年冬，考取赴日公费生，次年春，东渡日本。蒋介石在东京时，由奉化的盟兄周淡游介绍，认识了陈其美。因为同乡关系，蒋介石经常到陈其美寓所叙谈。而陈其美得知蒋介石学习军事，对蒋另眼相看，不久就成为至交，并义结金兰。就在蒋介石肄业振武学校的第一个年头，陈其美介绍他加入同盟会，为他以后在政治上有所作为打开了通道。因此，蒋介石一生都视陈为恩人、良师益友。

陈其美为人颇讲义气。1907 年，同学徐锷为了筹措继续留学的经费，离日回国。陈其美特书介绍信一封，要他去找此时调南京任军统制的弟弟陈其采，并叮嘱他说："如果实在筹不到款，不要改变志向，一定去南京一趟。"两天后，他又专门致函陈其采：

兄有友人宜兴徐锷，与兄同校同班。其人沉静勤课，品学兼优，汉文冠于全校。惟其经费（自费）支绌，现因费尽，又因其父病，乃于前日匆匆归国筹措。兄对之此等励品笃学之辈，实不见其绝费废学，故为之作一长书与弟，希望弟与伯明、质甫、仲言、菊薰诸兄，为之吹嘘于午帅之前，补其官费。

所以发生其意思及有如此举动者，并非为自己之私，实对于国家用人行政之大问题而出也。

徐锷到南京后，果得陈其采资助，学业得以进行。陈其美不仅热情赞助亲朋好友出国留学深造，而且积极支持各方青年广求知识。1907 年 2 月，陈其美为了看望离别半年多的亲人和筹措留学经费，利用寒假，离日返国，他从南京陈其采处取得 500 元后，即赶往上海。在上海租界，他得知一所学校"因欠租"而被查封，该校当事者被拘捕。陈其美问明该校所欠租金和罚款的总数后，就慷慨地捐出陈其采给他的全部留学费用解决了此案。他还同学校商量，一方面请富家子弟酌量多出学费，另一方面希望教职员酌减薪金，节省学校开支，使学校能继续维持下去。后来他重返南京，将处理这一事情的经过告诉陈其采。陈其采听后，十分高兴，并慷慨解囊，再以金资助。

1907 年，也就是陈其美加入同盟会的第二年，革命党人先后发动了多次反清武装起义，但这些起义都以失败告终。孙中山等同盟会领导人并不因此气馁，反而斗志更坚，决定继续组织起义，并派留学日本的革命党人回国参加起义，陈其美也是同盟会所指派的革命党人之一。1908 年春，陈其美在未读完东斌学校课程的情况下，便肩负反清革命的重任，踏上了回国的征途。

2、陈其美回国后，混迹于青帮之中，成为龙头老大。与社会名流广泛交往，结识应桂馨，成为上海滩一呼百应的大佬。委托霍元甲为他举办军事学校，培养军事人才。

1908 年冬，光绪皇帝、慈禧太后相继去世，溥仪继位，陈其美决定乘机在家乡浙江发动起义。于是，他奔走于江浙一带，策划起义。当时同盟会发动武装起义，主要依靠的社会力量除了新军，就是秘密帮会。陈其美也不例外，在筹划浙江起义时，积极拉拢江浙一带的秘密帮会。江浙的秘密帮会势力最大的就是青帮，陈其美为了取得他们的信任和支持，主动要求加入青帮。由于陈其美行事颇有江湖之色，又留过学，有学问，不是一般混迹青帮的下层人士可比的，因此，青帮中人也乐意与他结交。所以，陈其美在很多方面得到青帮上下的帮助。

1909 年，陈其美为发动浙江起义，特地在上海法租界马霍路设立了秘密的革命总机关——天保客栈。为了避免清政府发现，表面上天保客栈是个纵情声色的场所，内设赌场、酒肆，花天酒地，实际是江浙各地革命党人联络接头的地方。当时称天保客栈为“梁山伯”，陈其美则是“梁山伯”主。

正当陈其美同浙江各地的革命党人积极准备起义时，同盟会的叛徒刘师培侦知了这一情况，向两江总督端方告密。端方马上联合租界当局，包围了天保客栈。陈其美那天正好在客栈内，已无法脱身。正在危急时刻，突然有个带着墨镜，留着胡子的大汉出现在那里，他手提左轮枪，大模大样地向探长咬着耳朵说了几句话。探长点点头，这个大汉就进了天保客栈，走到陈其美的面前，用左轮对着陈其美说：“张老三！你前罪未清，又犯新科，混到这里来赌钱，我早就注意你了。走！跟我到局子里跑一趟!”

这个大汉说着就提起陈其美的衣领，走出天保客栈。陈其美不动声色，跟着这个大汉走出天保客栈。走到马路转角处，这个大汉摘掉墨镜，抹掉胡子，陈其美一看，原来是青帮的刘福彪，不禁相顾大笑。

刘福彪是上海闸北青帮当家三爷，为人虽然粗鲁，却很讲义气。他十分崇拜陈其美，一心想跟从陈其美，因此不惜冒险救他。尽管陈其美逃脱了这次劫难，但密谋尽泄，同仁被捕，他在浙江的革命计划不得不暂时中止。

随后，陈其美把注意力放在青帮上。青帮势力很大，成员广泛，上至豪绅地主，下至挑夫贩卒，甚至乞丐流氓中，都有青帮的弟子。陈其美在青帮中活动，无疑会给他进行秘密革命活动带来方便。

陈其美知道在外混迹之人，多讲义气，因此要联络青帮头目的感情。他也知道自己虽是青帮中辈分很高的人，但要操纵驾驭帮会势力，还得收买人心。陈其美在天保客栈遇救后，觉得刘福彪是一个可以结交的人，便提出与刘义结金兰。刘福彪本来就很仰慕陈其美，一听要结为兄弟，欣然允诺。于是，杀雄鸡，喝血酒，歃血为盟。

陈其美比刘福彪大，在“家”里排行老二，青帮子弟以“二爷”称之。刘福彪手下，都是好身手，因此也为陈其美所用。刘福彪后来曾说：“惟都督（即陈其美）能知我，爱我，容我，用我，截我之短，取我之长，所谓‘生我者父母，知我者鲍叔也’。我是以跬步不可相离。”由此可以看出刘福彪对陈其美的服膺。

有一天，刘福彪来找陈其美，神色之间似乎有事相求。陈其美小声问道：“阿彪，有事吗?”“这里不是说话的地方，跟我来。”刘福彪把陈其美拉到附近的一个茶楼里。一个小三连忙迎了上来，把陈其美和刘福彪让进雅室，沏上茶来。

刘福彪对陈其美说：“二爷，有一事求你，你务必答应下来。”陈其美说：“你我还用得着客气吗?有事尽管说。”刘福彪说：“我们会里几个头头商量一下，大家主张拥你二爷坐帮里第一把交椅，以后会里的事全由你指派，怕你不答应，要我来向你二爷请求。”

陈其美觉得有些奇怪，于是便问：“你们干得好好的，为什么要捧我当第一把交椅?”刘福彪嘿嘿笑笑说：“不瞒二爷说，帮里的人对你信得过，二爷你名气大，又有学问，这样给青帮争光。现在二爷虽在帮里，总归是挂个名，要是个头把交椅，就不同了。”

陈其美听了刘福彪的话暗想，青帮虽是一个黑暗组织，但这些人倒是讲义气，敢作敢为，对革命也有一定的帮助。引导得好，完全可以把他们从黑暗导入光明。刘福彪的提议，倒是进一步利用会党的良机。他略微思考一下说：“你知道我是做什么的。你们不怕我把整个帮会带进染缸里去吗?”

刘福彪头一仰说：“二爷这就小看我刘福彪了。我们青帮的人，可不是臭皮囊，一旦革命需要，青帮拉起敢死队听凭二爷你调遣，没有说的。”陈其美笑着说：“我不是这个意思，既然你们相信我，我哪有不支撑的?”“那么，你答应了?”刘福彪高兴地跳了起来，“二爷，从今以后，刘福彪鞍前马后跟着你，只要二爷张张嘴，青帮兄弟绝无二话!”

陈其美说：“有句话要说清楚，我不能陷到会里的事务中去，我有许多事情要做。同盟会中部总会已经成立，只待时机一到，马上就要行动，我在会里还是个挂名的!”刘福彪痛快地说：“这个我知道，只要二爷肯挂名就得。你有什么指令尽管下达，会里自然有人去办，不用二爷费神。”陈其美终于答应了刘福彪的要求。

当时青帮中的“大”字辈人物应桂馨，也为陈其美所拉拢。应桂馨，浙江宁波人，最初投靠人称“上海一霸”的范高头，成为范的左右手，深得范的信任。应桂馨在青帮中素以出手大方，喜爱结交天下豪杰而闻名，为此他曾耗去十余万大洋。应在洪门中排第五位，在青帮中拜太湖帮巨头李徵五为师。

范高头出事后，应桂馨挟银逃去，不久，奉其父应文生之命在宁波办学堂。初时，应还比较努力，招来学生200余名，但本性难移，以兴学为名，强夺族祠公产，引起族人公愤。应姓是宁波大族，多至43房，3000

族人联名上告，将学校查封，应桂馨害怕被捕，逃之夭夭，学生不愿解散，结队请愿，酿成风潮，无法收场。

正僵持时，该校教务姜某因事赴沪，偶遇故友陈其美，谈及此事。哪知陈其美一心结识会党，久闻应桂馨在帮中大名及应家殷富，有意为之调和，以为结纳之资，便亲自赴甬（宁波别称）。经过调解，平息了事态。应桂馨不久得知此事，赶去拜见陈其美，两人一见如故，极为投缘。

应桂馨与陈其美订交后，对陈其美的革命活动支持颇多。应家房产很多，陈其美的革命机关大多借住应宅，亡命党人也多借应宅隐匿，故应桂馨与于右任等革命党人也比较熟悉。

陈其美经过几番活动，终成上海滩上一呼百应的大佬，上海的戏院、茶馆、澡堂、酒楼、妓院，无论哪个角落都有他的耳目，因此，陈其美即便是隐匿在家中，对外界发生的事也了如指掌。以至同盟会在上海有什么活动，都要以他为核心。

陈其美不仅注意发展自己在帮会中的势力，还凭着他长期从商而熟悉商界的优势，结纳了许多上海的富商。银行家沈缦云、王一亭是他最早结识的“新同志”，虞洽卿、叶惠钧、顾馨一、李云书等商界闻人，也先后被他发展为同盟会员。陈其美在上海到处活动，忽而以社会名流的身份出现在某个豪绅华丽的客厅里，忽而又扮作一个码头工人混迹于酒楼茶肆，神出鬼没，多次化险为夷，化凶为吉。

1909 年，陈其美结识了著名拳术家霍元甲。霍元甲，直隶静海人，出身于武术世家。他武艺高超，在武林中享有盛名。1908 年 3 月英国大力士奥皮音自称“世界第一大力士”，扬言中国人如敢上台角力，管叫他有来无回。因而陈其美与上海武术界人士邀请霍元甲来上海迎战奥皮音，为中华民族争气。

霍元甲接到邀请后，立即与徒弟刘振声等从天津赶到上海，准备与奥皮音决斗。不料，奥皮音闻悉霍元甲的武艺和来沪消息后，不敢冒险出阵，立即溜往南洋。陈其美见霍元甲吓跑了奥皮音，为人又十分侠义，也倾心与之交结。

这时，陈其美深感自己身边缺乏具备军事学知识和武艺高超的人才，正想创办一所军事学校，却缺少合适的教练人选，霍元甲的到来为他解决了这一难题。

不久，陈其美就同霍元甲一起创办了精武体操学校。陈其美准备挑选意志坚强体格强健的仁人志士，加以培训，作为自己以后从事革命事业的中坚。却没想到，他和霍元甲及创办的精武体操学校引起了日本人的注意。日本柔道会精选了十余名选手，来上海同霍元甲较量。结果，日本选手惨败，领队的臂骨也被击折。比武后，他们得知霍元甲患有热症，便介绍他到日本人秋野开设的医院治疗，随后就暗下毒手，给他配了慢性烂肺药，霍服药后病情急剧恶化，吐血不止，于1909年9月14日不幸去世。这样，陈其美培养军事人才的计划未能全部实现。

3、陈其美与宋教仁谋划成立中部同盟会，传闻赵声在广州起义，陈即赴香港，但起义已失败，陈其美便到广州营救革命党人，未果。回到香港，赵声身染重病，临终托付陈其美继续革命。

同盟会成立后，曾集中力量在南方各省发动起义，但均遭失败，许多革命党人因此灰心丧气。同盟会内部也组织涣散，四分五裂。宋教仁、谭人凤、赵声决定易地另谋发展，准备组织中部同盟会，以图新的革命高潮的到来。

1910年冬，宋教仁来到上海，会晤陈其美。陈其美此时也希望能将四分五裂的党人组织起来，重整旗鼓，东山再起。因此，他非常赞成这个计划，积极参加筹建工作。

就在陈其美、宋教仁等紧张地筹备中部同盟会之时，孙中山在南洋槟榔屿开会，决定在广州再次起义，给清政府一击，并决定由赵声担任总指挥，孙中山负责海外募捐。

赵声是江苏人，与陈其美关系很好。赵声认为陈其美对事有独到的见解，精明强干。陈其美对赵声也十分钦佩，认为赵声是个不可多得的贤哲，文可治国，武可安邦。惺惺相惜，两人由此交好。

陈其美接到赵声起义的消息后，立即赶到香港。此时，黄花岗起义已失败，许多革命党人都被捕，形势非常危险。陈其美凭着他与广州官吏蒋华的同学关系，用“上海新闻记者”的名义只身赴广州，去救援被捕的革命党人。哪知到了广州，身份暴露，警署识破所谓“上海新闻记者”就是革命党人陈其美，于是到处搜捕陈其美。

陈其美在广州一日三装，躲过警署的追捕，找到蒋华。蒋华对救援革命党人，满口答应，但又怕连累自己，催陈赶快离开广州，并从口袋里掏出一张船票塞给陈其美，一再叮嘱陈不要走罗浮桥，还是坐船安全。

陈其美接船票后，连声称谢。但他觉得蒋华并无诚意，出了门，便把船票丢进了垃圾箱，偏走罗浮桥，终于摆脱了警方的追缉，回到香港。

广州起义的失败，使同盟会遭到了重大打击，许多骨干分子都在这次起义中牺牲了。担任广州起义总指挥的赵声，回到设在香港的秘密机关，悲愤交加，十分懊丧。他不吃不喝，不言不语，整日失魂落魄，赵声是一个只为“革命”，从不计较个人得失的人。这次广州起义失败，对赵声的打击太大了。

妻子严吟凤与赵声的副官李竟成经过百般劝说，赵声才有好转。得知陈其美回到香港，他对李竟成说：“小李，你快去请陈英士到我这里来，我有重要的事与陈英士商量。”陈其美一进门，赵声便对陈其美说：“英士君，你怎么这副打扮，几乎认不出来了。谁会看出你是个学识超人、风度翩翩的革命党人，现在活像个杂货店的小伙计。”

原来陈其美的这身打扮，是从广州逃出来的乔装，平时他是西装革履，头发梳得油亮，戴着一副金丝边眼镜，还多少带点书卷气，俨然是个学子。今日身上穿的却是酱色条纹的旧夹衣裤，头上还戴着一顶不合时令的毡帽，金丝边眼镜也不知到哪里去了。

陈其美若无其事地说：“认不出来，说明我化装成功。干我们这行的，没有七十二变的本事，莫说成事，就连性命也难保。相机行事，才是革命者的本色。”“你这次到广州，情况怎么样？”赵声问。“糟透了”，陈其美讲了自己广州之行的过程。

赵声说："广州起义失败，是我的过错，我要向孙先生请罪。"陈其美不以为然地说："广州之败，绝非赵兄之过，说到底是同盟会的战略错误。你想同盟会在全国组织大小起义十多次，哪一次不是以失败告终？如果不从根本上检讨失败的原因，革命何时能够胜利？你何苦独自负罪？"

赵声觉得陈其美说得有理，但他总是想自己作为起义的总指挥，难推责任。赵声问陈其美："依英士之见，同盟会领导的弊病，主要在哪些方面呢？"陈其美坦率地说："同盟会的弊病有二，一是有共同的宗旨，却没有共同的计划；二是有切实的人才，却没有切实的组织。这两个弊病，使同盟会松散无力，全凭着革命党人的热忱和勇敢，冀望伐幸成事，这哪有不败之理？革命要取得胜利，不从根本上改变这种情况是不行的。"

赵声说："你说得对，同盟会的领导机关设在东京，形同虚设。领导人四处奔波，总部的事无人过问，全凭各地革命党人自行其是，那怎么行呢？英士君，你还记得当初我们在上海磋商成立中部同盟会的事吗？"

陈其美说："成立中部同盟会的事，不是所有的领导人都同意的，不过我在上海做了一些筹备工作。本想先把中部机关成立起来，然后谋求在长江流域各省开展活动。只因广州起义，不得不把这一工作暂时停顿下来。现在这步棋是非走不可了。"

赵声听后，异常兴奋，心情宽舒了不少。他站起来对陈其美说："成立中部同盟会是个上策，我决意向孙先生提出建议，同时与你一起到上海去，把中部总会成立起来。我只要一息尚存，誓与鞑虏决一死战。"赵声越说越激动，他与陈其美紧握双手，大声说："孙先生说过，为了中华，奋戈饮弹，碎肉喋血，又有何惜！"说着，他只觉下腹部一陈剧烈的疼痛，脸色顿时惨白，冷汗在前额上沁了出来，他一阵眩晕，倒在沙发上。

陈其美自赵声病倒以后，昼夜护理在床榻之边，力劝赵声速进医院，治病要紧，赵声仍是不肯。后来病情越来越严重，不得不进医院，但已不治。赵声从昏迷中醒来，知道自己的病已无回生之望，但他仍然不忘反清革命的大事，他握着陈其美的手，声音低沉，断断续续地说："上海的事，就托付给你了！”

陈其美知道赵声的意思，他含着热泪对赵声说：“伯先兄，我知道你心里想着什么，广州失败对同盟会是个很大的打击，但有志革命的朋友，决不会从此消极。你所关心的中部同盟会的事，我一定鼎力去办，把长江流域的革命发动起来，你放心好了。”赵声满意却又吃力地点点头。赵声又让陈照顾他的妻子严吟凤。陈其美说：“吟凤大嫂虽是女辈，但她是个令人敬佩的革命女性，我们会照顾好她的，你放心。”

严吟凤也哽咽道：“伯先，你我夫妻一场，情深如海，你所追求的，也是我吟凤所追求的；你所痛恨的，也是我吟凤所痛恨的。从今以后，我改为严承志，代儿辈继承你的革命壮志。”严吟凤说完，拿起一把剪刀，把长发齐耳根剪了下来，把剪下的头发用一条玄色的头绳扎起来，放在赵声的枕边，说：“我这缕青丝你就带走吧！空闲的时候，也好看看我。”赵声听完吟凤的话，轻轻地叹了一口气，闭上了眼睛。这位年仅31岁的革命志士，便与世长辞了。

赵声去逝后，陈其美和香港革命党人分头出动，置棺木、买墓地、刻墓碑，把赵声入殓，又择日把棺木运到笳菲公园安葬。料理完赵声的丧事，陈其美准备回上海再图革命。

二、首任上海都督

1、陈其美回到上海，先联络了帮中之人刘福彪，又得到了上海名流李平书的赞同。宋教仁到上海找到陈其美，决定成立中部同盟会，陈负责日常事务。

处理完赵声的后事，陈其美偕同严承志和李竟成，从香港乘轮船到达上海。

陈其美到了租界，找了一个小客栈，让严承志和李竟成住了进去。陈其美对严承志说：“这场危险虽然躲过了，但上海情况很复杂，租界也不是安全之地。租界和华界在对付革命党人这一点上是互相串通的，千万要小心，尽量不要外出。”

严承志说：“你不是也很危险吗？”陈其美托托眼镜用狡黠的口气说：“我这个人目标大，在租界的捕房是挂了号的。不过我对上海情况熟悉，他们要抓我并不是那么容易。狡兔还有三窟，我就不止三窟，请放心。”陈其美把他们安排好之后，自己离开客栈，把帽子压得低低的，径自向爱多亚路《民立报》馆址走去。

《民立报》是同盟会主办的报纸，主持人是宋教仁。陈其美找到宋教仁，把赵声病逝和成立中部同盟会的意图说了一遍。宋教仁对赵声的病逝十分悲伤，他完全赞同早日成立中部总会的计划。宋、陈两人还对安顿严承志和李竟成的事交换了意见。

第二天下午，陈其美来到客栈，告诉严承志等安顿的事已经办妥。严承志可暂时到上海一个女子参政会去工作，这个合法的女子团体正缺一个驻会的秘书。对于李竟成，陈其美早有考虑，他觉得李竟成为人忠厚诚实，办事又很精干，有意把他留在身边，便让李竟成在同盟会主办的模范体操团挂个教习的名。

陈其美深知自己经常处于警探的监视下，处境很危险，所以他想到刘福彪这个把兄弟。但他却没有找到刘福彪，不知他跑到哪里去了。陈其美忽然想起了一家华兴池浴室，是青帮活动的一个场所，那里也是刘福彪常去的地方。

这一天，陈其美带着李竟成来到华兴池。两人进了澡堂，跑堂的阿三马上迎了上来。阿三很精灵，一眼看出是陈其美来了。刘福彪关照过，陈其美来华兴池洗澡，一不许收钱，二不许暴露陈其美的身份。陈三见陈其美来，顺口叫声“王先生”，把陈其美和李竟成带进一间僻静的单间，转身沏上一壶茶来。

陈其美拉阿三坐下，问道：“阿三，你可知道阿彪现在哪里？”阿三说：“阿彪也长久不来了，前些日子听说他到杭州去了，你找他？”陈其美说："有要紧的事情。"阿三说："我帮你找，这里有'得力风'（电话），你们先洗个澡，休息休息。"

李竟成问陈其美："刘福彪这个人可靠吗？"陈其美说："青帮居于社会下层，也受帝制的欺压，所以青帮的人也多倾向革命。刘福彪对革命尤为积极，是个靠得住的人。"陈其美还讲了以前刘福彪救他性命的事。

陈其美讲完这段故事，李竟成哈哈大笑说："你福大命大，常常在危险时刻，都会摆脱困境。"陈其美得意地说："像我这样的人，一要靠自己机警，二要靠各方关系。但不知在什么时候，可能碰到人家的枪口上了。"陈其美又补充说："利用会党组织武装，这是孙中山先生一贯的主张。干革命，人总是越多越好，不管他是哪个阶层的。"

过了一会，阿三高兴地走了进来，说："说曹操，曹操就到。看，谁来了。"陈其美抬头一看，门外站着一个身体高大肥胖，身着斜纹衫裤、手里拿着一顶昵帽的大汉，原来是刘福彪来了。刘福彪跨进房间，一把抓住陈其美的手，瓮声瓮气地说："啊！二爷，你可把我想煞了，是从南面来？"陈其美笑说："我也找得你好苦啊！"

陈其美立即把李竟成介绍给刘福彪。刘福彪亲热地与李竟成握手，并叫阿三去买些上好的酒菜，说是要为二爷接风。不消一刻工夫，阿三端来四只盘子的熟菜和两壶烫热了的绍兴花雕。

刘福彪提起酒壶给陈其美和李竟成倒了个满杯。言谈中，陈其美把这次回上海准备筹组中部同盟会以及发动上海的革命力量起义的事告诉刘福彪，希望刘可以组织敢死队助他一臂之力。刘福彪拍着胸脯说："二爷，没有说的，到时候只要你一句话，我阿彪两肋插刀在所不辞。"过了一会，陈其美对阿彪说："现在捕房盯得我很紧，行动不便，最好能找到一个能工作和居住的掩避所，这事你能帮助我吗？"

刘福彪说："这事二爷不说，我也替你考虑过了。不过我得好好考虑一下，哪个地方最合适，到时候你得听我的。"陈其美说："这个自然。"

正在这时，阿三慌慌忙忙进来，在刘福彪耳朵边说了几句话。刘福彪跳了起来，转身对陈其美说："二爷，有情况。有人来报信说，华界警察署猫眼厅长带了许多警探，来包围华兴池，要捉拿革命党。你赶快走，由阿三带你出去，这里有我。”

陈其美穿好衣服，由阿三带路，经过一段铁楼梯，到了锅炉房，却出不去了。华兴池周围已被军警包围。阿三着急了。陈其美说：“不要慌。”他看到烧锅炉工人，连忙过去打了一个招呼，说：“朋友，对不起，换换衣裳，帮帮忙！”工人会意了，连忙脱下身上又脏又湿的衣服。陈其美套上衣服，抓一把煤炭往脸上一抹，推起铁车到门外铲煤去了。

猫眼厅长在外边喝道：“把池子里的人统统赶上来，各就各位，谁也不许乱走乱动，我们要搜查一个人！”接着随来的人拿着陈其美的照片挨次查对，竟没有查到陈其美。

“再查！把华兴池翻过来查！”猫眼厅长瞪着眼睛，怒不可遏。几个人又把华兴池里里外外、角角落落查了一遍。有一个人查到锅炉房，只见两个像泥人似的工人正忙着烧锅炉，只好再去回报：“到处搜查遍了，没有此人。”

猫眼厅长没办法，只好怏怏地离开华兴池。陈其美又躲过了一次危险。

过了几天，陈其美前往上海自治公所去找李平书。李平书是上海工商界的代表人物之一，此人开明，倾向革命，掌握着一支民间武装——上海商团。这个商团有2000多人，成员是工商各界自愿参加的民众。商团的性质是地方治安武装，受上海道台刘燕翼的控制，但商团却倾向反清革命。

陈其美与李平书早有联系，并有默契。陈其美认为争取李平书和他的商团，是一支潜在的革命武装，所以对李平书做了不少工作。而李平书要革命，也离不开革命党的支持。

李平书见陈其美到来，非常热情，把陈其美让进一间密室，他问陈其美上海到底积聚了多少力量，有没有可能进行武装起义。陈其美告诉李平书说：“情况好得很，同盟会将在上海成立中部总会，领导和发动长江流域各省进行武装反清革命。在上海各阶层的人没有不拥护革命的。一旦时机成熟，上海肯定要有大动作，到那时遍地是兵，像秋风扫落叶一样，把刘燕翼那点兵统统吃掉。至于上海上层，那就看你平书先生如何动作了。”

李平书兴奋地说："如果这样就太好了。至于我，你是知道的，我对民族的正义事业决不会却步的。就以商团来说，到时候举旗起义是没有问题的。不过……"陈其美早已明白李平书的心思，他虽然赞成革命，但他想维护地方的实力，不肯把商团交出去。所以陈其美淡淡地说："平书先生，你担心商团归属问题，将来似可考虑。不过商团起义以后，就不是现在的商团。它在政治上将归属同盟会，而不是刘燕翼了，这一点你恐怕也不会反对的吧！"李平书自觉有点失言，连忙补正说："当然，作为革命的武装，应属革命机关的领导，那是当然的。"

两人谈到训练部队的事情，李平书叹了一口气说："商团至今没有一个有军事能力的指挥官，这是我最担心的。""是否我们派个人来？"陈其美用眼角瞟视李平书。"这个？"李平书没有表态。"那么你自己点个将吧！"李平书说："人倒是有一个，但很难从人家那里挖过来。"陈其美一听，用手在桌子上轻轻一拍，说："你不说我也猜到了。你要的可是南京李英石？"李平书暗暗佩服陈其美出乎常人的机敏。

陈其美说："这又何难，到时候我想办法就是了。"原来李英石，是李平书的侄子，在南京新军第九镇统制徐绍桢手下当一名军事参谋，是一位年轻有为的军事人才，很受徐绍桢的赏识。李平书有意要把商团交给李英石，但苦于无力把李英石调来。他知道陈其美与徐绍桢有关系，所以想要陈其美帮忙。陈其美早已知道李平书与李英石的关系，从与李平书谈话中，摸到李平书的脉络，所以一猜便中了。

不久，同盟会中部总会成立了。陈其美、宋教仁、谭人凤三人被选为中部总会的领导人。宋教仁为文书，主笔报纸舆论；谭人凤为交通，联络湖北革命党人；陈其美为庶务，负责凡不属各部的一切事务。会长之职，暂缺待贤。这样，中部总会的日常许多工作实际都由陈其美承担。

陈其美派严承志和李竟成到南京徐绍桢那里去请李英石。经过一番努力，徐绍桢给陈其美拍来一个电报，电文只几个字："李英石即日到沪。"陈其美很高兴，他一面派人通知李平书，一面派李竟成到车站接李英石，接着摆宴迎接。

席间，李平书心情十分舒畅，他频频举杯感谢陈其美为商团解决了难题。当下议定，李英石到职后，即进行商团大检阅，由李英石担任总检阅长，以振声势。

2、上海起义时最危险的地方一是吴淞炮台，一是警察厅。陈其美只身赴吴淞，劝说姜国梁参加反清革命，姜欣然从命。又闯入警察厅，迫使厅长保持中立，革命党人可以自如出入华租二界。

民主革命的潮流，使上海道台刘燕翼惊恐万状。驻守上海的五个巡防营调度失灵，虽说吴淞炮台总台官兼巡防营统领姜国梁报告军情如常，但刘燕翼总有一点不放心，决定和上海知县田宝荣对吴淞炮台进行一次视察。

刘燕翼和田宝荣到了吴淞炮台，姜国梁把炮台的军事部署和守卫情况作了详细的报告。刘燕翼在吴淞炮台巡视一番，听了姜国梁的报告，没有任何疑点，便决定打道回府。临走时，他对姜国梁说："不管兵员怎么困难，道府警卫务必加强，你要派一支强有力的部队来保卫府署。"姜国梁回答说："府台放心，三日内我准派一支得力部队前去府署。"

刘燕翼走后，姜国梁暗笑他请错了菩萨。因为陈其美早已与自己有约，只不过是遵陈其美按兵不动的指令而已，起义革命是迟早的事。

姜国梁有件心事没有放下。现在形势大变，这"按兵不动"是否切合时宜。他急需见到陈其美，而陈却迟迟不来联系。姜国梁决定亲自去找他。

姜国梁换了便衣，带着一个卫兵，前往《民立报》。陈其美正好从《民立报》出来，一看是姜国梁，也不说话，把他拉进附近的一个小饭铺坐了下来，和姜国梁边吃边谈。姜国梁把刘燕翼视察炮台的事说了一遍，又说："我已在道府衙门里放了一颗定时炸弹。"

陈其美大笑说："这着棋下得好，刘燕翼做梦也不会想到。"姜国梁说："你要我按兵不动，我看现在这个形势，按兵不动有点说不过去，我拿不定主意。"陈其美想了一想，对姜国梁说："我看还是'按兵不动'四个字。现在要巡防营起义，条件尚未成熟，时间也来不及。上海起义近在旦夕，不能错过时机。如果你们能够信守中立，就是对起义的贡献，你所担的风险也就少得多。”姜国梁说：“我原本打算把巡防营拉出来加入起义军，这样起义的把握会更大些，虽然有些困难。”

陈其美向姜国梁分析了上海敌我双方力量的对比。巡防营是上海敌人防守的主要力量，如果巡防营守中立，等于增加了义军数量。反过来仓促起义不成，反而惊动上海附近的敌方，增加起义的阻力，所以不动比动要稳妥得多。

陈其美问姜国梁：“中立还有问题吗？”姜国梁说：“内部还得使用一些手段。”陈其美点点头说：“对！必要时把那些顽固的人，喏——”他用巴掌捏成一个拳头。姜国梁点头，说：“我有数了。”

姜国梁刚刚离开饭馆，刘福彪走了进来。陈其美拉刘福彪坐下，问起组织敢死队的事。刘福彪叹口气说：“真憋死人，拉起来没问题，可这几百号人，要一个一个的去串连，又不好开会，不好集中，累死了也跑不了几个点。”

陈其美听刘福彪诉苦，想起他早有打算的一个行动，就是怎么对付警察。自从局势急剧变化，革命党的活动越来越频繁，有时还需要进行公开活动，而最大的障碍就是警探，他们的眼睛像猫儿一般盯着，这些人论打仗不行，但捉革命党倒有很大的劲头，是组织起义的一大障碍。陈其美对刘福彪说：“要想办法搞警察。”

“对，非把这些黑皮狗子搞掉不可。”刘福彪听陈其美说要搞警察，劲就上来了。他说：“二爷，你有什么高招吗？”“唯一办法就是逼降警察头子。”“你是说那个猫眼厅长？”“是的’讲道理，也给一点颜色瞧瞧。这叫做先礼后兵。”陈其美附着刘福彪的耳朵说出他的设想，两人当下议定了一个行动计划。

陈其美和刘福彪带着四五个人，穿长袍戴昵帽，大大咧咧地来到了警察署门口。这时，上来两个站岗的警察拦住去路。刘福彪上前一步大声说：“去报告你们的厅长，法租界捕房探长有急事找你们厅长说话。”一个警察打量一番，说声稍候，急忙进去通报。猫眼厅长闻报租界探长来访，便到客厅候客。陈其美等来到客厅，猫眼厅长已等候在那里。刘福彪命随来的人在客厅外守候，并吩咐：凡是警察厅来人，一律挡驾。

客厅里，猫眼厅长和陈其美在长桌边对面坐下，刘福彪说："厅长先生，今日有特殊的事要谈，请关照一下，任何人不得进入客厅。"这时正好有个勤警端茶上来，猫眼厅长吩咐勤警，客厅会客，闲人不要干扰。

出于职业的警惕，猫眼厅长觉得气氛有些不对。来的客人都很陌生，望望陈其美好像有点面熟，但想不起哪里见过。在警察厅里谈话从不避耳目，为何不让人进会客厅，他转动着眼睛，暗暗地观察着客人的动静。

刘福彪说："我来介绍一下，这位是中部同盟会领导人陈其美陈英士先生，今日亲自登门来与厅长先生谈谈，没有想到吧！"猫眼厅长心里一惊，原来是警方要抓的革命党头子，看来来者不善，善者不来，有场戏要唱了。但他很有礼貌地说："原来是我们多次想请没有请到的陈英士先生，今日亲自光临想必有要紧的话要说，敝人恭听。"

陈其美说："今天我们不是来革命的，是来与你商量，警察要站到革命一边来，汉族同胞要团结起来。你同意了，我们就是一家人。你若反对，那么革命就革到你们头上来了。"警察厅长说："武昌已起义，我是汉人，革满洲的命，我有什么不赞成？但上海是华洋杂处的地方，动辄惹起外交纠纷，你们革命党我相信得过，只是发动时，难免会有人趁火打劫，维持治安一事，又是我职责所在。"他的神态显得左右为难。

陈其美笑笑说："我正是考虑到华洋杂处，动惹外交，所以前来和你谈判。你怕为难，我倒有个不使你为难的方案，不知意下如何？"原来，陈其美是让警察也保持中立，表面上照例上岗巡逻，但不派暗探便衣，不抓人，与革命党和平相处。警察厅厅长听完这个方案后，认为这是个左右逢源的好事。革命成功了，警察照旧维持社会秩序，还是功臣一个；失败了，上级也抓不到警察支持革命党的证据。

猫眼厅长对这个方案有些心动。于是欣然答道："按这个方案办，兴许可行。"刘福彪学着他的话说了一句："这话当真？你莫要滑头呵！不然第一个敲你的脑壳。"猫眼厅长带着风趣的口气说："人家叫我猫眼厅长，猫眼嘛，有时睁得很圆，有时眯得像条线，我只要把眼睛眯着，不就得了吗？”说着自己也笑了。陈其美站起来握握猫眼厅长的手说：“革命的方式多种多样，眯着眼睛也是一种革命，起义成功还记你一功。”猫眼厅长惊讶地说：“啊！照这么说，我不也成为革命党了吗？”

经过这次谈判，革命党人终于可以毫无顾虑地携带手枪，在华洋交界地大胆行动，这为陈其美提供了不少便利。

3、光复上海最大的阻碍是江南制造局，它不但装备好，而且武器有可能被运往各地。陈其美为抢头功，贸然进攻，结果被清军俘虏，差一点被杀，作了刀下鬼。

经过多方努力，准备工作基本就绪，该组织的队伍已组织起来，该争取的力量已争取过来，留下的只有一根难啃的骨头——江南制造总局。江南制造总局是清政府主要军火工厂之一，局内生产和储存着大批军火，可以随时运往全国各地装备军队。革命党若能取得制造局，不但上海义军的枪支弹药可以解决，而且可以支援各地的起义军，特别可以解决武汉急需军火的问题。但制造局是一个顽固的堡垒，制造局的总办名叫张士珩，十分顽固。陈其美、李平书虽派人几次劝诱，无奈张仇恨革命，毫不松动。革命党人与江南制造局的一战势不可免了！

1911 年 11 月 2 日，陈其美接到紧急情报，得知清军军舰自汉口下驶，泊吴淞口，准备装运江南制造局的械弹，以接济冯国璋的北洋军，攻打汉阳。这样，武力攻打制造局提上了日程。

11 月 3 日，陈其美在斜桥西园召开会议，李燮和、李平书、李英石、姜国梁等参加。会上议定下午 4 时所有参加革命的团体和个人在九亩地集合攻打制造局，李燮和领导的光复军，在吴淞、闸北率先发难，陈其美率部攻打南市，得手后两军在南市会合，一起攻打制造局。同时确定姜国梁守卫吴淞炮台，监视黄浦江水上敌人，巡防营守中立。李英石的商团和刘福彪的敢死队攻打制造局的正门，李燮和的光复军攻打制造局的后门。

下午4时许，陈其美率领由上海商团、模范体操团、敢死队及留日士官组成的队伍浩浩荡荡，向上海市开进。

义军进入城关，几乎未经战斗，就把上海城关占领了。刘燕翼惊恐万状，起义军摆开阵势，向道台衙门进攻，枪炮声响彻天空，府署内部乱成一团。姜国梁派去的保卫部队，在府署衙门外一字摆开，参谋张寿生命令士兵对空开枪，大声吆喝："冲啊!""杀啊!"以示抵抗。义军得知情况后，也在府署周围对空射击，大喊冲杀，好一个激烈的"空战"场面。刘燕翼吓得魂飞魄散，逃到租界去了。义军开进府署，举枪欢呼示威。

陈其美攻打南市进展顺利，军心军威大振，剩下的就是制造局了。陈其美有些自满，他拿了一面白旗，率领刘福彪的敢死队从南市出发，往袭制造局。过沪军营时，因与该营营长已商妥，双方战士举手加额为礼。下午5时许，敢死队乘制造局放工之际，由制造局大门西栅栏潜行至局门前，用手榴弹开路，继续前进，并投掷炸弹。驻守清军以实弹向敢死队密集射击，冲在最前面的敢死队员倒下了。看着同伴的倒下，其他敢死队员有些害怕，不禁想往后退，这一来，阵势大乱。陈其美一看，情势不妙，大声疾呼，指挥大家继续冲击，并将仅剩的两枚炸弹交给左右。他这一呼可好，清军正愁找不到领头的，这下却暴露了自己，清军不顾别的，只瞅着陈其美，大叫"擒贼先擒王"，将陈其美俘获。主将一失，敢死队员们也无心恋战，退了回去，首攻制造局的战斗失利了。

李平书等人知道陈其美被俘后，十分着急，李燮和也赶到南市，与李英石商讨再攻制造局，营救陈其美的方案。李英石直率地说："陈其美不等你们的队伍会合，下令强攻制造局，这是军事冒险。"

李燮和没说什么，心里却是明白陈其美这一着，无非是与光复会心存异志，所以冒险。李燮和与李英石商定，采取前后夹击，中间突破，分进合击的战术。用一部人马攻其后门，配合正门作战，另组一队有武术本领的队员，在中间突破，翻墙进院，用几路兵马一起攻打，必然使守敌中间截断，首尾难顾。这样制造局便唾手可得。

第二天凌晨，李燮和、李英石等起义军，按照商定的作战方案，开始围攻制造局。李英石、李竟成和刘福彪的各路部队攻打正门，李燮和的部队袭击后门，另一支是由上海名伶潘月樵、夏月珊、夏月润等组成的突击队伍，因为大多身怀武艺，准备让他们翻墙进院，中间突破。义军分三路进攻，一时制造局枪声四起，手榴弹不断爆炸，义军节节推进，局内守军不敢外攻，又无力反抗，纷纷逃窜或投降。

张士珩满以为凭着素有训练的2000武装兵丁，有充足的弹药和精良的装备，足以抵御义军的进攻，特别是起义军首攻失败，越发趾高气扬，不料起义军采用分进合击的战术，把清军打得落花流水。他见大势已去，带亲信到黄浦江，乘小火轮逃到租界。上午9时左右，制造局被革命军占领，至此，上海全部光复。

攻进制造局后，刘福彪最关心的是陈其美的下落。他们在局里到处寻找，但不见陈其美的影子。正在着急，张杏生来了。他是制造局的一个帮办，数日前经刘福彪联络，已投向革命。他对李燮和说："我早就料到你们会来的，跟我来。"由张杏生带路，才在厕所旁边储藏钢铁的房间里找到了陈其美。

只见陈其美戴着镣铐，坐在一只条凳上，头紧紧地靠在板壁上，他的头发被麻绳缚扎，麻绳从板壁孔里拉出屋外，再用吊钩吊在屋梁上，丝毫动弹不得。仅仅一天时间，陈其美被折磨得变了形，两眼充血，面色苍白，鼻孔留有血迹，嘴巴也有些歪斜。李竟成找来铁凿，给陈其美打开镣烤，解开头发。陈其美"哇"的一声，吐出带血的痰来，好在神志还算清醒，只是四肢麻木，动弹不得。刘福彪力气大，背着陈其美向制造局正门外的汽车飞奔而去。

4、上海光复后，成立上海军政府，决定推举沪军都督。在这个问题上，上海出现了三方角逐。陈其美用计，击败其他两方，登上沪军都督的宝座，但是自己的名誉却因此受损。

上海光复后，孙中山从国外打来电报祝贺，电报中说"陈其美是我党的强者，上海的光复，如同把握住打开东南大门的钥匙，功劳最大。”孙中山的鼓励，更增强了陈其美夺取东南的决心。

中部同盟会决定，上海尽快成立军政府，推选沪军都督，以便向东南进军。但在推选沪军都督这件事上，上海出现了三方角逐的形势。在同盟会方面，沪军都督自然认为陈其美是最合适的人选，而光复会那方正如陈其美所意料的，在为争夺沪军都督进行着策划。

陶成章与李燮和秘密协商，要在推选沪军都督这件事上与同盟会较量。陶成章对李燮和说：“上海起义原是我们与同盟会共同发起，打下制造局你是首功，你手中有光复军，力量超过陈其美，凭这几条，你任沪军都督，是当之无愧的。”但是陶成章也不无忧虑地说：“不过，陈其美是个手段狠辣的人，他绝不会放弃争夺沪军都督这个位子的。这次攻打制造局，他毁约单独进攻，这不是昭然若揭了吗?”

“这是肯定的。不过也不怕，陈其美手下，并无多少实力，他所倚重的无非是李平书的商团，但在推选沪军都督这个问题上，商团未必听从他的指挥，我们必要时，可用武力夺取。”李燮和满有把握地提出自己的主张。陶成章还比较理智，他主张据理力争，不到万不得已，不要动用武力。于是陶以光复会的名义，写了一封公函给中部同盟会，照会关于沪军都督人选，理应事先协商，持论公允。

至于商团的李平书，也想染指其中。李平书心里有数，论贡献，他不如陈其美；但论威望，他是上海的“土地菩萨”，比陈其美有影响，而且李英石在光复上海，攻克制造局上，也是功亦其半。上海上层人物与其说拥陈，还不如说拥李。凭这些，让李英石挂帅上马，似也可争都督之职，因此李平书在地方上层中也频频活动。李平书的打算，陈其美亦有所闻，陈其美自从接到光复会的关于推选沪军都督的公函后，思绪翻腾。光复会要争夺都督，是在他的意料之中，而李平书那里竟也有这个企图，是陈其美始料不及的。

陈其美苦思冥想，他感觉到上海争夺都督的一场斗争已经摆开阵势，梦是做不到一块去了。在光复上海之前，同盟会做了许多工作，并制订了一整套的计划，如果丧失沪军都督的地位，不但计划落空，对同盟会来说也是前功尽弃。虽然孙中山对光复上海给予极高的评价，但这无补于当前的这场斗争。陈其美感觉到同盟会正面临威胁和挑战，这关系着今后政局的大事。他决定来个“釜底抽薪”，排除李燮和及光复会在沪军都督选举之外，剩下的李平书是靠同盟会起家，不能不买点账，这样陈其美不仅是一比一，而且还占着优势。陈其美嘴角上微微露出一丝笑容，他把两手轻轻一合，自言自语地说：“也许这就是解决问题的办法。”

陈其美以同盟会的名义，写了一份复函给光复会，内容是“同意协商，恭候会期”。李燮和得到复函，像吃了定心丸，在吴淞等待开协商会。三方角逐沪军都督，摆开了架势。

谁主沪军都督，是件重大事情，中部同盟会连日来开会磋商这件事。沪军都督一职，必须由同盟会的担任，否则大权旁落，革命难以继续进行，这一点同盟会内部的主张是一致的。

但如何推选呢？会上也有人提出各种设想和方案，但总不能保证同盟会在这场斗争中取得胜利。陈其美胸有成竹地发表意见。他说：“沪军都督之争，实际是革命领导权之争，同盟会决不能退让。武汉请出黎元洪，把局势反而搞乱了，不能再走这条路。上海李燮和、李平书各据战功，各有本钱和理由来争夺权利，不会轻易退出，同盟会面临两个对手，局势是严峻的。”

同盟会老会员黄郛，这时发言说：“李平书比李燮和好对付，他是靠同盟会起家的，不能不卖点账。李燮和可是个异党，对同盟会别有居心，不能给他得到便宜。”“不错！”陈其美接着说，“李平书虽是地方实力派，但他拥护同盟会的领导，对李平书和对李燮和应当有所区别。于是，他提出了一个方案得到通过。这次会议十分机密，局外人一无所知，连像李竟成那样接近陈其美的人，也被蒙在鼓里。推选沪军都督，蒙上一层神秘色彩。

次日早晨，陈其美亲手把一叠请帖交给李竟成，说：“明日召开推选沪军都督大会，这些帖子你送发出去，并请李平书到我这里来，有要事商量。”过了一会，李平书来了。陈其美非常客气的接待了李平书。他把李让进一个小客厅，亲手倒了一杯清茶，接着用谦和的语气说：“平书先生，今日请你来有件事情请教。”“什么事啊?”“是关系着推选都督的事，”陈其美单刀直入地说：“这件事关系重大，弄得不好要出乱子。李燮和在闸北居功自大，要争夺沪军都督的位子。平书先生，你认为李燮和够不够当都督的条件呢?”

李平书沉吟一下，模棱两可地说：“李燮和在光复上海的战斗中立有战功，他有这个打算似在情理之中，至于他是不是够资格当选都督，那自有公论。”其实李平书倒不是为李燮和辩护，而是为了掩饰自己。陈其美微微一笑，说：“同盟会决定明日召开推选沪军都督大会，要请你担任大会主席。大家坐下来平心静气地讨论协商问题，自然是好的。”李平书只得说：“既然是这样，我无意见。不过大会主席我是不当的。”

“只要不抱私利，明辨是非，秉公说话，这又何难!”陈其美这几句话，实际是在警告李平书。说着把早已准备好的“大会主席”的红色胸条交给李平书，这是陈其美的又一姿态。李平书看看陈其美，说：“英士君，我算服了你了。”李平书接过胸条，起身告辞。

李平书回去之后，与侄子李英石协商这件事。李英石分析了各种利害关系，主张李平书投陈其美的票，最后叔侄两人取得一致意见。陈其美这一着，迫使地方实力派悄悄地退让了。

11 月 6 日，上海城小东门的旧式五开间高大平房海防厅内，推选沪军都督大会开幕了。陈其美走入会场时，大家鼓掌欢迎。与会的人有点纳闷，这个推选沪军都督的大会为什么竟不见光复会代表李燮和出席?连李平书也摸不着头脑。其实李燮和已被陈其美用突然开会的办法，排斥在外。

李平书担任大会主席，首先发言。代表们对李平书的讲稿中，谈到推选都督，要“权利平等，论功举贤，各抒灼见，不失偏颇”的主张甚为欣赏。出席大会的代表大都是上海地方人士，拥李的倾向十分明显。

在讨论都督人选时，矛盾顿时暴露出来。光复会因为无人出席会议，自然无人提名。同盟会提出陈其美，上海商团方面提出李英石，双方各执己见，互不相让。

这时，陈其美走到主席台上向代表微微一躬，说："诸位，我陈英士才疏德浅，难当重任。上海之能成功，全赖沪上诸公扶掖。只因身为党人，难辞其责，身不由己。当前淞沪虽握，东南未定，任重道远，望诸位以明知良策定今日之大局。"陈其美这几句言词恳切的话，说得明白，意思全在里面了。

李平书见状，心里也平静了。他觉得商团虽有实力，也有功绩，但终究还是依附着革命党。东南未定，上海也难稳固，李英石不是党人，怎能担承开拓东南大局之重任，不如顺此拐过弯来。于是他宣布暂时休会，举行一次紧急小型会议，进行协商。

在小会上，李平书表了态，表示拥护陈其美任沪军都督。上海代表觉得事已至此，李平书、李英石已经表明态度，再说也就乏味了，于是都转过弯来，随声附和，别无异议。小会的协议，经大会宣布，各方并无异议，便正式宣布陈其美当选为沪军都督。第二天早上，上海各大报刊登了陈其美当选沪军都督的消息，便普天同知了。

陈其美化三角为两角，化两角为一角的策略成功了，但他面临的更大的麻烦接踵而来。

李燮和在吴淞得到陈其美登上都督宝座的消息后异常恼怒，他拍案大骂陈其美是个阴谋家、野心家、江湖骗子、言而无信的市井小人，誓与陈其美不共戴天。那时，陶成章不在上海，李燮和一揽全局，他下了命令，拉起光复军浩浩荡荡开往新署的都督府，大炮对准都督府的围墙，要与陈其美火并。

一时间，上海乌云密布，空气紧张，一场内乱纷争摆开架势。李英石觉得情况十分严重。如果上海发生内乱，必然两败俱伤，到那时，局面就无法收拾，胜利果实可能化为乌有。于是他把所有的商团集中起来，放在李燮和部队的后面，以防不测。接着，李平书和上海的一些著名耆宿，都来劝李燮和以大局为重，息事宁人。李燮和眼见李平书等上海士绅实际上都倾向陈其美，光复会根本就无法与同盟会相比，只得罢兵回营。

一场几乎使上海大乱的风波，总算平了下来。但李燮和余怒未消，一气之下他把部队全部撤到吴淞，宣布成立吴淞军政分府，自称吴淞都督，声言隶属武汉黎元洪大都督，不受沪军都督管辖。

陈其美的计划虽然算是实现了，但是胜利还是失败，评价不一。排挤李燮和，以暴力威胁夺了都督的恶名，却完完全全地落在陈其美头上。

三、习惯于打打杀杀

1、上海光复后，镇江新军林述庆部宣布镇江独立，林自任镇江督军。后林又派人攻打南京，自立为宁军临时都督，为陈其美嫉恨，陈有意杀林，但林的好友陶骏保代林受过，被杀害。

上海光复后，陈其美派李竟成到镇江活动，以期打开东南门户。李竟成通过王子南找到了新军十八协第三营管带林述庆。林精明强干，是个对革命坚决的军官，很得军心。

李竟成带着中部同盟会的公函和沪军都督陈其美的手书前往新军驻地，林述庆与其他两个管带出来接见，互通姓名后，李竟成掏出两封函件，证明自己的身份。林述庆看了书信，内容无非是敦促镇江军政及早起义，以便攻取南京，光复东南地区。林述庆欣然点头道：“我早有此意!”

李竟成从王子南那里听说林述庆是个很有能力的军官，十分高兴。李竟成说：“镇江起义越快越好。不能等待了。但颂亭（林述庆）当司令，还是开个军官会议为好，讲清形势，统一行动，以免发生意外，也好使林君名正言顺地就职视事。”大家都表示赞同。于是立即下达通知，集合所有军官，由李竟成代表中部同盟会讲了当前局势，宣布委任林述庆为起义军司令。会上群情激昂，表示拥护。林述庆在会上发表简短讲话，表示决心把反清革命进行到底，南京光复后，立即率部北上，进行北伐战争。

林述庆的起义，好像在镇江点了一把火，把整个镇江燃烧起来。老百姓揭竿而起，恨不得把旗营翻过来，以报满人欺压汉民之仇。义军部队向空中开枪助威，大炮也轰鸣了几响。徐宝山的水师营也开到金（山）焦（山）一线，在水上燃起火焰，标明水师反正。镇江一经光复，李竟成、林述庆、杨邦彦等商议成立军政府，推林述庆为镇军都督，杨邦彦为民政部长。

李竟成主意已定，伏案给上海陈其美写了一封信，除详细报告镇江和平光复的经过，特别提出请缨北上的要求。陈其美很快批文答复，认为李竟成此议甚好，同意李竟成组江北支队北上杀敌。李竟成拿着陈其美的批文，去见林述庆。林述庆当即应允，遂任命自己的亲信陶骏保为参谋长。陶骏保做了镇军参谋长之后，决定充当说客，令第九镇统领徐绍桢配合林述庆攻打南京，不料却被徐一口拒绝。后来徐单独作战，兵败逃亡上海。

南京是东南最后一个堡垒，打不下南京，江苏不能算作光复，东南半壁不能说已经在握。陈其美很清楚，中部同盟会的目标是夺取整个东南，然后与武汉组成北伐军，直捣北京。他原先计划，镇江光复，徐绍桢起义，苏沪军队配合，定可攻占南京。哪里料到徐绍桢秣陵关失利，导致九镇覆灭，江苏兵力锐减，攻打南京困难重重。镇江都督林述庆，虽有一点实力，但并不能独撑局面，而且他是光复会的人，陈其美是绝不能容忍光复会与同盟会分庭抗礼的。况且林述庆这个人好胜恃强，不肯轻易服人，陈其美是不会把攻打南京的指挥权交给他的。

出于这种考虑，陈其美决定成立江浙联军，联合江浙皖沪军力，合攻南京，既可增强进攻力量，又可抑制林述庆，一举两得。只是这个联军的总司令的人选着实让他头疼。陈其美考虑再三，还是点将徐绍桢。尽管徐在秣陵关失利，是个败将，但他有威望，又是林述庆的上司，更重要的是他完全服从自己的旨意。于是，陈其美请徐绍桢担任了江浙联军司令，围攻南京。

12 月 1 日，江浙联军攻占南京要塞中的要塞天堡城，江南提督张勋不得不弃城逃走。次日，联军光复南京。林述庆在光复南京中立了大功，他

1911 年 12 月 1 日林述庆都督在南京城外受降

的军队是第一个进入南京的部队的。

林述庆进了南京后，占据两江总督的府署，他乘徐绍桢还未进城之前，迅速在南京街头贴了安民告示，布告的落款是“宁军临时都督林”。所谓“宁”，即是南京，宁军便是南京部队的简称。临时者，并非正式，可以进退，为自己留有余地。林述庆贴出这一告示，是与自己的参谋长陶骏保再三研究过的。陶、林二人在光复南京后，仗着镇军的功劳，决定来个先入为主，宣布自己为江宁临时都督，想造成既成事实，让同盟会陈其美、徐绍桢无可奈何。

徐绍桢气得发昏。他决定给林述庆、陶骏保两人列出几个罪状，写成呈文，报告中部同盟会。他所以把陶骏保也列入其中，认为陶骏保既是林述庆的参谋长，又是林的老师，必系同谋，难逃其责。

徐绍桢向同盟会呈上报告后，心中难解愤怒，决定与林述庆摊牌。不料遭到林述庆激烈反驳，差点儿引发一场大斗。他越想越气，提笔给陈其美写了一封信，诉说林述庆目无军纪，无视同盟会和联军的领导，并提出辞去联军总司令职务的要求。

陈其美对林述庆早已不信任，但没有想到林述庆急不可待地来了这么一手。他敏感地意识到林述庆的这一手，是想染指整个江苏，与同盟会对峙。南京从来是江苏首脑之所在，谁入主南京，谁就可能支配江苏全局，包括上海在内的各府县，无不听从南京的指挥，这对身为沪军都督的陈其美来说，是绝对不能容忍的。因此他主张对林述庆问题必须要断然处置。宋教仁也认为南京事件的突发，可能引起军内更大的分裂，事态若再扩大，将难以收拾。陈其美又说："南京事件，必须立即采取强有力的措施，把林、徐之争燃起的火焰迅速扑灭，两只斗牛必须拉开，徐的辞职，可以批。江苏都督必须另派一个能够独揽大局，在江苏有威望而在革命中有功的人去，这样方可稳定南京的局势不致造成大乱。"陈其美的意思是自己去。

宋教仁和在座的人对陈其美的方案都表示赞同，但他们好像并未意会到他的方案的实质，在讨论人选时竟没有人提出陈其美可担当此任的意见。陈其美非常恼火，却又发作不得。经过讨论，决定由苏州都督程德全担任江苏都督。在宋教仁看来，革命军虽然在江苏光复了不少城市，但主要是依靠争取敌人阵营内倾向革命的军队，而革命党自己掌握的部队为数甚少。光复了的府县实际权力仍在旧官吏手中，要稳定局势，必须得笼络他们。陈其美在会上一直沉着脸，他深深感到，同盟会中已经有了反对他的暗流。看着徐绍桢的呈文，他不由得对林述庆、陶骏保十分怨恨。

会后，宋教仁亲赴南京，解决林、徐纠纷。南京事件算是解决了，程德全当上了江苏都督。林述庆、陶骏保虽然不满，却也无可奈何，但他们并不愿就此罢休。林述庆在被解去"宁军临时都督"的职务后，被任命为北伐临时总司令。他和陶骏保商议，以北伐的名义，提出要军政统一，称"一省不可有三都督"。不言而喻，上海的沪军都督也在撤销之列，矛头直指陈其美，要求他率军进行北伐。

同盟会中部总会接到林、陶二人的呈文后，要求他们来沪商谈北伐事宜。一边的陈其美怒火中烧，本来他与林、陶二人无私人恩怨，但对二人别具用心的呈文十分恼火，一向心高气傲的他怎会容忍有人骑在自己头上，不禁恶从胆边生。要林述庆、陶骏保到上海议事，以便借机铲除。

1911 年 12 月 12 日，陶骏保同林述庆来到上海，住进了跑马厅附近的三泰旅馆。林述庆与中部同盟会取得联系，报告他们已抵达上海。陈其美告知静候会见日期。在此之间，陈其美已与程德全、徐绍桢等人商量了处置林、陶二人的办法，大家都同意陈其美的意见。

12 月 13 日，陈其美派卫队长来接林、陶，林述庆拿起帽子要走，被陶骏保拦住。老成持重的陶骏保，深知陈其美虽忠于革命，但权欲观很强，这在当时军政圈子里是人所皆知的，因此这次来上海必须谨慎，不能有半点疏忽。他觉得林述庆年轻有为，但阅历尚浅，又一味逞强，怕惹出事来，要他留下。陶骏保穿上狐皮袍，跟着卫队长来到都督府。

陶骏保来到都督府，刚进门，都督府的大门“砰”的一声关上了。陶骏保微微一惊，觉得气势不妙。陈其美历数林述庆和陶骏保的罪行，说他在第九镇进攻南京雨花台时，中途截留由上海运往南京的枪械弹药，以致革命军遭受大量的伤亡。陶高呼“冤枉”，但无济于事。是日下午，未经军法会审，陶骏保就被枪杀了。

陈其美在枪杀陶骏保后，立即命令卫兵往三泰旅馆捉拿林述庆，不料林早已得知消息逃之夭夭。陈其美命卫兵到所有车站、码头缉拿，同时签发一道逮捕林述庆的通缉令，罪名是林、陶二人“扣压军火，贻误战机，居功揽权，搬弄是非，几酿兵变”。

这件事一出，上海议论纷纷，党人中多有不平者，也纷纷提出质询，认为陶之死和林被通缉，事有蹊跷，罪状措词含糊，真相不明。更有陶骏保之兄陶逊向陈其美提出十条责问，要为陶骏保“鸣其不平，明其不明”。陈其美拿不出证据，处于十分被动的境地。

柏文蔚激于义愤，向同盟会秉公直言：“据查扣压军火一事系误传。林述庆、陶骏保与徐绍桢在秣陵关的失败，风马牛不相及，怎么能这样惨杀同志呢?”陈其美在这种情况下，只得追回缉捕林述庆的通缉令。事情虽然过去了，但余波未息，陈其美在沪声望一落千丈，有派系之见的，乘机攻击，多有谴责，把争当沪军都督，排挤李燮和、枪杀陶骏保等事一起串了起来，统统加在陈其美的头上。

2、陈其美十分厌恶光复会的陶成章、李燮和，曾多次与之发生争执。特别是上海光复后，在都督选举上陈其美以诈术取胜，更激起了光复会的不满。最后陈下令蒋介石暗杀了陶成章。

陶成章与陈其美的矛盾由来已久。早在赵声去世后，陈其美准备动身去上海的时候，光复会副会长陶成章和光复会南洋支部执行员李燮和从南洋来到香港。光复会是当年同盟会成立时的主要革命团体之一，但其成员与孙中山、黄兴的关系一直不算太好。

陶成章、李燮和得知陈其美等人要在上海筹建同盟会中部总会，两人商议要扩展光复会的力量，以便与同盟会分庭抗礼。之后，陶成章继续去南洋筹款，李燮和到上海筹建光复会上海支部。与陈其美先后到达上海的李燮和，在吴淞、闸北一带进行活动，他听说同盟会中部总会已经成立。李燮和深知，光复会如不迎头赶上，它在上海的影响就会消失。于是，李燮和在光复会的会议上，提出一个主张，设法争取吴淞炮台总台长姜国梁归附光复会，这样光复会就可能在地理上抑制同盟会。

陈其美通过光复会的王竹卿了解到李燮和要策反姜国梁是很有把握的，因为姜国梁倾向革命，与光复会早有联系。不过，王竹卿又提到一个重要情况，即姜国梁在观望。陈其美独闯军营，姜国梁为其说服。就这样，陈其美用心照不宣的方式，把姜国梁争取到同盟会一边，李燮和这步棋子输给了陈其美。

一天，王竹卿告诉陈其美，陶成章已决定从南洋回国，携来巨款。陶成章要李燮和在吴淞、闸北一带迅速筹建光复军。王竹卿的这个情报，对陈其美很有用处。他决定等陶成章回来，与他进行谈判，要陶成章把华侨的赠款拿出来，以解同盟会的燃眉之急。陈其美与陶成章的一场纠葛，已在酝酿中。

陶成章在武昌起义后不久，从南洋回到上海，他与李燮和讨论着上海的形势，也深感光复会在上海虽有些力量，但如果不与同盟会联合，也难成气候，只有联合起来，才能成大事。

陶成章与陈其美议定，起义同时发起，同盟会和光复会各自负责一部分区域，分进合击，光复上海。最后谈到经费问题，陶成章解释道：“光复会从不认为华侨捐款是专给光复会的。既然要合作，经费当然要合作的。”说着他从口袋里摸出一张汇丰银行的汇票，数额五万元。

陈其美正要接这张汇票，陶成章忽然脸色一沉，把手缩了回来，用手指着汇票说：“不过还要提醒一句，这钱来之不易，是专供革命用的，可不能用来嫖妓。”原来陈其美与名妓筱翠云双宿双飞的事，陶成章也有所耳闻。陈其美从座位上跳了起来，用手指着陶成章吼道：“你这话是什么意思？谁用革命的钱嫖妓了？你说出来！”陶成章不甘示弱，说道：“王小二此处无银三百两，君子不疑，疑者非君子！”陈其美气得七窍生烟，从口袋里掏出手枪。坐在陈其美身边的李竟成眼疾手快，一下把陈其美的手按下，避免了一场流血。陈其美和陶成章，除了成见更添一层私仇，从此埋下隐患。

孙中山当选为中华民国临时大总统，首先反对的是光复会。章太炎到处宣称：“若举总统，以功则黄兴，以才则宋教仁，以德则汪精卫。”对于章太炎的这些行径，陈其美多少知道一些，他感到同盟会光复会之间矛盾越来越深了。

浙江是光复会的根据地，而陈其美也将浙江看做自己的势力范围。浙江光复后，陈其美与浙江地方实力派推举立宪派汤寿潜为都督。光复会成员大为不满，因汤寿潜与光复会女革命家秋瑾的被害有关。

杭州光复后，陶成章被推为总参议。不久，陈其美在上海筹办中华银行，致电汤寿潜，要求“协饷”25万，作为发行纸币的准备金。汤寿潜很快回电，表示拒绝。江浙联军进攻南京前夕，汤寿潜来到上海，陈其美问他：“目前饷项十分困难，上次我向浙江协饷，都督竟不答应，不知为何?”汤寿潜说：“并不是我不答应，而是陶成章等议员不同意，我实在没办法。”

孙中山在南京给陈其美发来电报，告诉他临时政府已经组阁。其中汤寿潜为交通总长，陈其美非常高兴。汤寿潜出任交通总长后，浙江都督一职便空了出来。有人推举陈其美接替这一职位，有人推举章太炎，更多人推举陶成章，浙江省内是一片拥陶声。之所以出现这种情况，除浙江是光复会大本营，陶成章的部下大多在浙江外，还因为章太炎也积极为陶成章活动，到处说："浙中会党潜势，尤非焕卿不能拊助。"陈其美更加恼恨陶成章。

陈其美的心事，他的盟弟蒋介石当然一清二楚。蒋介石想，如能替既是自己的上司又是盟兄的陈其美除去心头之恨，就立下了大功。"我早想除掉此人了，只念他毕竟于革命有功，不忍下手。现在，必须得先下手为强了。"陈其美拍了拍蒋介石的肩膀说："三弟，这件事就交给你了！"蒋介石点点头说："就这几天里，我一定送他上西天。"

1912 年冬，孙中山、陈其美等在浙江杭州国民党支部欢迎会上合影

1912 年 1 月 14 日，蒋介石拜会光复会成员张伟文、曹锡爵，对张、曹说："现在外面议论很多，更有谣传说陈都督对陶先生有敌意。小弟此来代表陈都督，希望能见到陶先生，大家开诚布公，解除误会。都是革命同志，应该捐弃前嫌，团结一致为革命而奋斗。"

张伟文说："陶先生并不相信流言，希望与陈都督共济于事。不过最近陶先生身体不适，恐怕不能够见你。""陶先生贵体欠安，理应探望，请一定通报陶先生。”蒋介石诚恳地说。张伟文与曹锡爵商量了一下，说：“好吧，我们转告陶先生，你下午 4 点来光复会机关所。”

陶成章得知陈其美的代表希望见他，立即同意了。当他在张伟文的陪同下来到光复会机关所时，全身戎装的蒋介石已等候在那里。张伟文介绍后，蒋介石恭敬地说：“久闻陶先生大名！敝人奉陈都督之命特来拜见。听说陶先生贵体欠安，陈都督很是关切，祝你早日康复！”“谢谢关心。陈都督近来好吗?”陶成章问。

蒋介石回答说：“陈都督为革命日理万机。不过，现在外界有些流言让他不安。陶先生是革命元勋，都督对陶先生并无成见，一直仰慕得很。我作为后生，对先生更是敬佩!”“请你转告陈都督，”陶成章对蒋介石说，“我对他素来尊敬，我们同为革命党人，应该精诚合作，共图大业。”蒋介石答应一定回去转告，并说：“陈都督的意见正与先生相同。他听说先生有病，准备过些日子抽空亲自来看望你。不知先生现住何处?”陶成章随手在一张纸条上写下了自己的医院的详细住址，把纸条递给蒋介石。

1912 年 1 月 16 日凌晨 2 时。上海法租界金神父路广慈医院里的医生和病人均已进入梦乡，连警卫也关上了门，沉沉睡去。忽然有两条黑影悄无声息地来到医院大门口，推门推不开，便拿出事先准备好的工具撬门，大门很快被撬开。

进来的两人对路径很熟悉，迅速上楼，直接来到陶成章住的病房。房门虚掩着，轻轻推开门，闪身而入，踮起脚走到床边。其中一人轻轻叫道：“陶先生……”另一人早已拔枪在手，对着陶成章的头部扣动扳机。两名刺客很快逃走了。后经医生检视，子弹从左颊入，斜穿脑部而出，陶成章当即身亡。

陶成章被暗杀，举国震惊，孙中山连忙拍电报给陈其美，要他用一切办法，侦查此案，缉拿凶手。黄兴也发电给陈其美，要他严缉凶手。

陈其美接到孙黄二人电报后，大张旗鼓，调动所有的警探，四出侦查，贼喊捉贼，当然不会有什么结果。光复会自然不会放过这件事，他们从王竹卿突然失踪查起，但早被蒋介石买通的王竹卿在嘉兴被人杀害了。

有人说是警方击毙的，也有人说被光复会当作叛徒镇压了，没有人能说清这件事，此案便成为悬案，从此搁置了起来。也就在这个时候，蒋介石奉陈其美的命令，赴日考察政事去了。

3、陈其美对敌人从不心慈手软，宋案发生后，孙中山决定讨袁，一些旧官僚、政客附和袁世凯，陈便杀了亲袁的扬州都督徐宝山。二次革命失败后，又杀了袁世凯的鹰犬、上海镇守使郑汝成。

上海光复后，陈其美并没有把就任沪军都督看做是唯一的目标，他想先打开东南的大门，即拿下镇江，然后进攻南京，控制整个东南地区。于是，他决定派李竟成去镇江，命令他在最短的时间内光复镇江，争取南京起义。

李竟成在镇江除争取新军林述庆外，也争取了水师营管带徐宝山。徐宝山，绰号徐老虎，扼守扬子江。这个亦兵亦匪的水师首脑，原来是江湖痞子，要争取他相当难。李竟成通过王子南认识了徐宝山。

李竟成告诉徐宝山，上海、苏州相继光复，革命军威势大振，决心光复镇江，攻取南京，东南形势即将大变。清政府已日薄西山，气数已尽。摆在清军面前只有两条路，一条是为没落王朝卖命，一条是起来革命，别无第三条路可走。你徐老虎在这个时候还不杀出来，更待何时？徐宝山吞吞吐吐地说："跟革命党干可以，不过要有条件。"

李竟成说："你要什么条件就说吧！"徐宝山说："我别的不要，镇江光复，把扬州给我，盐税我收，你干不干？"李竟成哈哈大笑，说："你不过要个小小的扬州，这比起我们革命党人的理想和目的，是微不足道的。不过话得说明，要靠你自己去争取。""革命说话哪有不算数的？镇扬一带我说了算。如还不放心，王子南作保。"王子南立刻表示愿以性命家产作保。后来，徐宝山如愿以偿地得了扬州。

宋教仁案发生后，孙中山辗转于上海、香港、澳门之间召集一切讨袁力量，发表宣言和通电，誓与袁世凯进行一次大决战。陈其美在上海也开始积极行动，组织讨袁军。1913 年 7 月 16 日，大家一致推举陈为驻沪讨袁军总司令。蒋介石这时已经从日本回国，陈其美令他收拾旧部，于 7 月 22 日夜围攻江南制造局。

然而程德全却不肯轻易举起反袁大旗，乘车径自往上海去了，并令卫队长捉拿黄兴等人。陈其美在上海闻知此事，叹息不已，“我们革命党人，往往总是心太软！对这些坏蛋，我们今后决不能心软！”陈其美决定教训教训那些首鼠两端的人，以期杀一儆百。

1912 年 6、7 月间，当袁世凯力图解散南方革命党人控制的军政府与军政分府，夺取革命党人的军政权力时，徐宝山带头响应，首先通电全国，说：“查军政府与军政分府之设，原为一时权宜之计，若循此日久不图变计，互为雄长，争端迭起，或为私仇，虽其原因各有不同，而其贻害地方则一。宝山苏人，眷怀时局，忧心如焚，谨请率先取消扬州军政分府，以为统一倡。”此举有力地支持了袁世凯的独裁与集权的野心，深得袁世凯的赞许。

二次革命爆发后，徐宝山一面对陈其美虚与委蛇，一面与袁世凯勾结。陈其美知道，徐宝山控制着战略位置十分重要的扬州，对即将起兵讨袁的革命党人来说，是一个重要的威胁。且为了教训教训他这一类人，必须要把他除掉。于是陈其美派亲信赴扬州刺杀了徐宝山。袁世凯闻知徐宝山之死，大为震惊，立即以总统的名义，发布命令，严缉凶手，并且派军队向南京进攻，二次革命失败了。孙中山去往日本，陈其美赴日追随孙中山继续反袁。

为了继续进行反袁斗争，孙中山决定成立中华革命党，以代替事实上已经涣散无力的国民党，领导党人作再接再厉的奋斗。陈其美对孙中山由衷地敬佩，更坚定了自己追随孙中山的信念。

经过半年多的筹备，中华革命党正式成立，孙中山为总理，陈其美被任命为总务部部长，负责总务总庶务。中华革命党把推翻袁世凯的独裁统治，再造共和视为自己的中心任务。为了完成这一任务，1915 年，孙中山决定组织中华革命军，密令陈其美负责在上海筹建中华革命军东南军。于

中华革命党成立时合影（右六为陈其美）

是，陈其美于1915年2月由日本返沪。

在此之前，陈其美追随孙中山奋起武力讨袁，曾策动了多次武装起义。1914年8月，陈其美乘国内局势不稳，准备在江、浙两省发动武装斗争，并委派夏尔屿、范鸿仙和吴藻华分别负责。这些起义因准备仓促，先后失败。范鸿仙被袁世凯派出的凶手暗杀于上海寓所，由范联络的士兵200余人也被郑汝成枪杀。陈其美回到上海后，认为要夺取上海，必须除掉郑汝成。因为郑汝成是袁世凯坐镇江南的悍将，控制海军，统兵十余万残酷诛杀党人，并派密探到处搜捕陈其美，成为陈其美夺取上海和江浙的重要障碍。陈其美决定先暗杀郑汝成，除去拦路虎，然后袭击海军，攻打制造局。

为了麻痹郑汝成，陈其美秘密回到日本。一旦陈其美约友划船，当船过桥下，因水激船翻，落在水中，他被桥工救起，伤数处，即日住进医院。陈其美因此声言伤重，不能见客。郑汝成在上海得到消息后，信以为真，放松了对他的监视。谁知，第二天，陈其美就秘密乘船回国。陈其美回到上海后，立即开始筹划暗杀郑汝成。

11月8日，陈其美据各方报告，得知11月10日是日本天皇登极典礼，驻沪日本总领事馆开会庆祝，郑汝成作为上海镇守使，按礼必去祝贺。因此，11月9日，陈其美与杨虎、孙祥夫等革命党人在其寓所密谋刺杀郑汝成的计划。他们调查了从龙华到日本总领事馆的各条路线，决定在郑汝成可能经过的道路上设立五个暗卡，分派同志担任阻击任务。其中，英租界外白渡桥是郑汝成到日本总领事馆的必经之处，最为关键，这是第五卡，由孙祥夫负责。

孙祥夫物色了几名最勇敢的志士守候在那里，一个是吉林人王晓峰，一个是山东人王明山，还有奉天人尹神武等。这几个人均为坚定的革命志士。陈其美于11月9日召见他们，向他们说明刺杀郑汝成的重要性。王晓峰、王明山十分赞成陈其美的意见，决心誓死除掉郑汝成。陈其美与他们告别后，让周洪游将郑汝成照片交他们辨认，并给他们两支驳壳枪和两枚炸弹。10日晨，周赶到宝昌路宝康里34号王晓峰、王明山的寓所，同他们一起前往目的地。

上午11时，郑汝成的车子来了。郑头戴白羽金帽，胸佩勋章多枚。为避党人谋杀，郑汝成特迂道乘汽艇自汉口路外滩上岸，才换乘汽车。因此，陈其美派在各卡的阻击者，均未同他相遇。郑车接近外白渡桥时，因车辆拥挤，车速很慢，徐徐而行。周洪游此时发现郑汝成，用手示意王晓峰，说："这车是。"王晓峰马上抛出一枚炸弹，因用力过猛，炸弹落在车后，后轮被炸掉。王明山急忙开枪，郑汝成手足无措，自开右车门逃走。王晓峰奔上前去，掣其衣肘，近身连击数枪，郑汝成头颅洞穿如蜂巢，浆血飞溅，立即倒地毙命。

郑汝成卫士开枪还击，均被王明山击退。王明山以一足蹲车沿，向车内射击，总务处长舒锦绣亦毙命。当时外白渡桥有电车开来，车停后，跳下外国巡捕两人，手执铁棍奔来。二王以枪击之，外国巡捕急逃。在王明山第二次装弹时，被暗探抓获。不一会儿，围上巡捕百余人，王晓峰已无脱身机会，笑着对他们说："我的大事已办完，要想走早就走了，你们为什么不敢上来呢?"说完束手就擒。不久，王晓峰、王明山遭杀害。

郑汝成死后，孙祥夫奔赴陈其美寓所报告。陈得悉郑已被杀，二王被捕，急忙转移机关。当时，正是洪宪帝制紧锣密鼓之际。袁世凯在北京接到郑汝成被杀的电报，大为震惊，"辍食终日"。

四、暗杀大王被人杀

1、陈其美当了8个月上海都督，打了8次请辞报告，后因拒绝袁世凯的收买，于1912年7月，被袁世凯解除上海都督职。宋案发生后，革命党人决定发动二次革命，陈其美为讨袁军总司令，不久失败。为了反袁，他再次发动护国讨袁运动，并为此呕心沥血。

陶成章事件后，光复会与同盟会矛盾更加激化。章太炎断然拒绝担任由同盟会会员出任部长的南京临时政府枢密顾问。同盟会内部的立宪派对陈其美更有许多责难，陈其美觉得百事不顺心，还不如卸任做个自由人。于是，他提笔向孙中山写辞职书。

孙中山对陈其美的辞呈，颇费一番踌躇，他认为陈其美虽有缺陷，但开拓长江下游，夺得半壁江山，其功不可没。对这样一个忠于革命的同志，岂能任其下野，必须予以肯留。孙中山亲自草拟了给陈其美的回电，电文说："上海为江南要区，非有大将镇守，不能维持一切。据各地纷纷来电，咸以公为民国长城，关系全局，人心如此，公不可告退，尚望勉为其难，勿怀退志。"陈其美看了孙中山的电文，心情稍微有些平抑。他觉得孙中山还是了解他的，遂继续出任沪军都督。

由于在革命阵营内部旧的政治势力还颇为强大，陈其美在都督府办事处处受到掣肘，为了对付旧的政治势力带来的压力，陈其美曾多次呈请"辞去"都督职。他在沪军都督任职期间，短短的8个月时间里，曾辞职8次。

与陈其美在上海一样，在南京的孙中山也不好过。在袁世凯的逼迫下，孙中山在清帝退位第二天辞去临时大总统职位。袁世凯对陈其美占据沪军都督的地位，根本放心不下。他想着法子削弱南方革命力量。为剥夺陈其美的沪军都督，他也煞费苦心，想尽办法。

一天，袁世凯的内阁总理给陈其美送来一张委任状，请陈其美北上担任工商部长。陈其美并不像孙中山、黄兴一样对袁世凯抱有太多希望，在维护革命利益上，他是非常清醒的。他想，上海这地方不能让，让出去革命党在南方便无立足之地。他决意不就，采取软拖的办法，向袁世凯发了一个电报，说是“上海经手的事未了，不能弃南就北，暂难赴任。”

袁世凯见陈其美不上当，就采取另一种手段——重金收买。一日，有个姓李的人来找陈其美，说：“袁大总统汇款七十万元，现在交通银行。这笔钱是给你出洋游历用的。”陈其美很敏感，一想袁世凯让自己出洋游历，定是用这笔钱来收军权。他说：“国内的事我还忙不过来，出洋做什么？请转告大总统，说我无意出洋，把钱拿回去吧！”

袁世凯见金钱收买不成，恼羞成怒，指使议员发难，公然指责“陈其美盘踞沪上，拥兵自雄，军政府应撤不撤，梗国家之统一……横施构乱，动摇国本，国贼民仇，不诛何得？”在这种情势下，陈其美已无法力挽狂澜。1912 年 7 月 31 日，陈被解去沪军都督职务。是日晨，江苏都督程德全从南京来到上海，接收沪军都督府和军队。至此，沪军都督府，改为江苏都督行辕。

宋教仁案发生后，陈其美被任命为驻沪讨袁军总司令。1913 年 7 月 18 日，陈其美发布就任驻沪讨袁军总司令通告，宣布“凡上海所有民政、司法、外交、交通各机关，统由本总司令管辖。各机关人员，均当照旧供职。慎守秩序，以维护地方治安，如有擅离职守，贻误要公以及不遵约束，妄生事端者，无论何人，本总司唯有按照军法治罪，决不宽贷。”

与此同时，陈其美以驻沪讨袁军总司令的名义，向北京参、众两院，各省都督、民政长、护军使和各省讨袁军发出通电，宣布上海独立，吴淞炮台随即宣布响应独立。陈其美令居正为吴淞要塞司令。

按预定计划，上海理应策动南京独立。但是，陈其美是在迫不得已的情况下仓促起兵应战的，起兵前未能组织一支坚强有力的军队。而袁世凯经过两三个月的准备，在南方各省摆下了咄咄逼人的阵势。在上海，北洋将领郑汝成控制了海陆军，进驻上海军械重地——江南制造局。驻沪海军此时也倒向袁世凯。北洋军的武力严重威胁着上海讨袁军。

陈其美得知无法和平接收制造局，便决定攻打。7 月 23 日凌晨 3 时整，上海讨袁军分四路向北洋军和顽固派发起了进攻。战斗很快打响。讨袁军个个奋勇，人人争先，很快突破敌人的外围阵地。郑汝成和陈幌十分慌乱，忙斩杀了几个逃兵，才把局势稳住。

天渐渐放亮，外围阵地上的敌军越来越少，讨袁军很快接近制造局。制造局原本城高墙厚，此次北洋军早已做好准备，在墙头上垒起了众多的沙袋，居高临下，快炮和机枪，火力特别猛烈。讨袁军虽然敢杀敢拼，但到墙下就纷纷被敌人的子弹射中。战斗一时呈相持状。天亮后，讨袁军更不利于隐蔽，陈其美下令停止进攻，与敌军对峙，晚上再战。

这次攻打制造局已不像上一次，陈其美手中不仅没有一支强大的军队，还失去了上海地方势力的支持，更不用说协作部队了，结果只能是失败。这时，与袁世凯已取得默契的帝国主义也纷纷助纣为虐。上海租界英军开往闸北南海会馆讨袁军总司令部。陈其美被迫把司令部移至吴淞，撤往闸北的讨袁军只得退守吴淞，陈其美决心在吴淞一隅作最后的抵抗。

吴淞是长江门户，历来为兵家要地。北洋军集中兵力扑向吴淞。陈其美得到北洋军准备进攻吴淞炮台的消息后，命福字营司令刘福彪带兵前往吴淞布防，并请白逾桓、居正分别担任吴淞要塞总监和司令之职。但是，一直跟随陈其美的刘福彪，却被程德全策反，于吴淞“谋变”，甘作北洋军的内应，要袭击讨袁军。

这样一来，讨袁军阵脚大乱、实力大减。这时，其他省区的讨袁军也遭到失败。

随着各地讨袁军节节败退，袁世凯气焰日益嚣张，他发出一道道文告、讨伐令，诬蔑革命党人为“乱党”、“暴民”，并予以通缉。南方独立被取消后，他又立即从北京发来一道电文：“捉到黄兴者，赏银十万元；捉到陈其美者，赏银五万元。”

陈其美的讨袁军由于寡不敌众，于 8 月 13 日退出吴淞，向嘉定而去。陈其美匿居于上海租界，继续进行活动。

1915年12月，陈其美又策动了海军肇和舰起义。12月5日下午，杨虎率海军陆战队30余人携带手枪、炸弹，乘小汽船从黄浦滩出发，袭击肇和舰。孙祥夫率领的一部分同志，由于小汽船没有照会，遭租界巡捕干涉，不能开船，因此不能按原定计划占领应瑞、通济两舰。这样，肇和舰陷于孤立。

按照预定计划，肇和舰应发炮轰击江南制造局，在陆上的其他几路起义部队听到炮声后同时发难。杨虎占领肇和舰后，命令从炮弹库取出炮弹，准备攻击。可是不见库房的钥匙，直到下午6时，才用大锤打破库门，取出炮弹，向江南制造局发炮轰击，陆上各路听到炮声，立即行动。但因势单力薄，相继失败。赞同革命党的江南制造局中队，闻肇和舰炮声，正准备响应，但炮声忽然中止，以为已经失败，遂停止发动。这样，制造局的响应也未成功。

此前，革命党人频繁出入渔阳里五号总机关部，引起了毗邻的法国人的注意。他们向法巡捕房报告，法巡捕房便于5日晚进行搜查。这时，陈其美因陆上各路完全失败，刚回到总机关部不久，正在商议再取应瑞舰并攻陆地各方之际，被法巡捕房派出的巡捕多人包围，接着，巡捕破门而入。革命党人在楼上知有意外，遂要陈其美登屋顶潜匿。当时伏匿屋顶的还有吴忠信、蒋介石等人。在楼下的丁景梁等被捕。陈其美等人无法再回室商议，便乘隙逃往他处。总机关部遭破坏，联络中断，发难的计划无法实现。

杨虎等在肇和舰向制造局发炮后，未见局内有什么动静，以为陆上已被革命军占领，便不再发炮。他们还发信号给应瑞、通济两舰，询问是否赞同起义。两舰回信号称："正在会议，当可赞同，请勿攻击。"杨虎以为孙祥夫等已攻取应瑞、通济舰，因此不加防备。不料两舰已被袁党用巨款收买，于次日清晨向肇和舰发炮猛击，肇和舰仓促应战，终遭重创。杨虎等知已无法支持，不得已改换服装，泅水而逃。陈其美策动的肇和舰起义就这样失败了。

肇和舰起义虽然失败了，但震撼力极大，全国反袁的形势空前高涨起来。12 月 25 日，蔡锷、李烈钧、唐继尧通电全国，宣布云南独立，兴师讨袁，护国战争开始了。

自云南宣布独立后，中华革命党加快了发动武装斗争的进程。革命党人发起护国战争，陈其美很受鼓舞，继续苦心策动反袁战争。当时，他染病在身，胃病时时发作，身体十分虚弱。但是他仍常常带病会客，磋商讨袁大事。有一天，因谈话时间稍长，他忽然晕倒在地。为了取得反袁斗争的胜利，陈其美可谓是呕心沥血。

1916 年 4 月 12 日晚，经过几个月的准备，陈其美再次在上海发难。不料那天晚上，适逢大雨，号炮无法燃放。直到次日凌晨 3 时才放响一炮，海陆军没有响应。14 日晚上，革命党人宋振率领一部分志士亲赴同安军舰指挥。因舰长不在，兵士开枪抵抗，宋振悲愤异常，投江而死，陆军方面因形迹已露，袁军将嫌疑者予以捕杀，并加强防御。因此，陈其美一时无法再在上海行动。

2、袁世凯的手段同陈其美一样，既然不为我收买，即杀之。于是张宗昌秘密找到杀手盛卓，一杀未成，又找到洋流氓勃罗特，结果被他耍了一把，洋巡警詹姆士揽下了这个活，却杀错了人。

陈其美积极进行反袁活动，早就引起袁世凯的仇恨。这天，原任沪军都督府骑兵团团长的张宗昌秘密来到上海。

二次革命失败后，张宗昌摇身一变，成为冯国璋的走卒。张宗昌在此期间结识了一个赌友蔡振生，是南京浦口商埠筹备督办，两人臭味相投，成天混在一起，很快成为无话不谈的好友。

蔡振生是袁世凯的亲信，坐镇浦口暗中监视冯国璋。袁世凯密令他物色一个可靠的人物暗杀陈其美，他结识张宗昌后，觉得此人可用。接着，袁世凯密召张宗昌到北京，给了他 80 万银元作为活动经费。

张宗昌来到上海后，立刻着手布置暗杀行动。但陈其美还蒙在鼓里，把他当老部下看，要策动他重新反袁，所以愿意和张宗昌保持接触。这天，张宗昌找了3个杀手，并且找了一个陈的同乡陈老头，企图先说服陈其美。于是，张宗昌邀请陈其美一起喝酒。陈其美欣然应允，三人来到酒馆。张宗昌见劝降无望，遂起杀心，眼睛迅速往刺客那里一扫，咳嗽一声。高个子见雇主发来信号，刚要准备行动，这时，楼梯上传来一阵脚步声，上来五个穿海军官服的年轻人。为首的那位一见陈其美，惊喜地叫道："陈先生，您也在这里？"

张宗昌

陈其美定睛一看，笑道："原来是你们几位。怎么，闲着没事来喝酒？"这五个人是海军应瑞舰的下级军官，心中赞成革命，见到陈其美，自然亲切。他们马上围过来。陈其美笑着叫来跑堂的，让给五位军人上一桌酒菜，由他付钱。

那高个子刺客头儿叫盛卓，原已准备下手，这时连忙用眼色止住两个副手，因为他发现，这五个军官腰里都佩着手枪，倘若现在动手，这五人一定会一齐护卫陈其美，自己必遭惨败，甚至可能丢了性命。因此，盛卓决定罢手。

张宗昌才不管这些呢，他要的是陈其美的性命。他见发了信号不见反应，又发了一次信号，但刺客们还是无动于衷。张宗昌火了，站起来，嘴上叼支香烟，假装借火，走到盛卓面前，用眼示意了一下，点了香烟，扔下火柴返回座位。

张宗昌跟盛卓说好刺杀陈其美，事成后可得3000元大洋，事前先预付一半。盛卓也想尽快行动，尽快拿到另一半赏金，但今日情况确实不能轻易下手，他见张宗昌执意要他下手，心里不由得火了，暗地里骂道："他妈的！老子不干了，大不了把钱退还就得了。"

想着，他站起来，朝两副手一眨眼睛：“我们走吧！”三人大摇大摆走过张宗昌这一桌，下楼而去。张宗昌目睹此状，又气又恼，却又无可奈何，眼睁睁地看着他们走掉。一场精心策划的暗杀行动流产了，而陈其美此时还蒙在鼓里。

次日，张宗昌找到盛卓，让他再次寻机会下手。盛卓一口答应，不过，时隔一夜，他增加了两项条件：第一，陈其美乃是上海革命党领袖，一条命怎么也不止3000大洋，要求把赏金提到6000，活动经费除外。第二，陈其美行踪诡秘，一时恐怕不便立刻下手，要求不限时日，伺机行事。

张宗昌想了一想，转而平和地说“这样吧，定金你们先拿着，你再考虑考虑。这两天我要去外地跑一趟，回来再谈，如何?”他清楚上海滩敢于刺杀陈其美的人确实不好找，但重赏之下必有勇夫，实在找不到再来同盛卓谈，所以没把门封死。

此时，张宗昌忽地想到是否可以找个洋杀手来试试。因为当时上海滩上虽有一些外国瘪三在上海发迹，但大多数洋瘪三在上海混得并不好，为了金钱，他们什么勾当都愿干。张宗昌熟知这些情况，遂决定雇个洋瘪三当杀手。

在公共租界一家酒吧间里张宗昌结识了一个名叫勃罗特的法国人。此人30多岁，身高体大，头颈粗似牛脖，一看就知道是打手一类角色。勃罗特是法国退役军人，曾在巴黎一家赌场当保镖，后来因为见钱眼红，抢了一个赌客的钱袋而被捕入狱，由于不堪忍受监狱生活，打伤了看守，越狱潜逃来到上海。

张宗昌了解了勃罗特的底细，试着跟对方谈交易，勃罗特倒爽快，一口答应，索价也不高，只要1200元，要求付黄金。双方商定第二天晚上在外滩碰头给枪，并先付一半赏金作为定金，3天之内，勃罗特干掉陈其美以后再付另一半赏金。

谁知第二天晚上，勃罗特收下折合600元的金条以后，从张宗昌手里接过左轮手枪，突然把枪口对准张宗昌问：“张先生，您想试试它的性能吗?”张宗昌心头一惊，转脸四顾，夜深人静，附近一个人影都不见，心里不禁有些害怕。勃罗特冷笑：“为了能安心地使用这笔款子，我只好封住你的口。”

张宗昌本是绿林出身，自然不会束手待毙，他趁勃罗特得意之际猛地飞起一脚，踢中勃罗特持枪的手腕，手枪在飞出去的同时，“砰”的朝天射出一颗子弹，张宗昌腾身上前，一拳击向勃罗特的头部，被他闪过了，又一拳上去，击中下巴，勃罗特仰面倒地。两条大汉在朦胧月色中一来一往，展开了生死格斗。正当他们打得难分难解之时，耳畔冷不防迸响了一声炸雷：“都不准动!”张宗昌一看，来人是一个高个子英国青年警官，手里握着一支手枪，大声喝道：“听着，你们两个跟我去巡捕房走一趟!”他们被铐在一起，垂头丧气地往大马路巡捕房走去。

张宗昌、勃罗特被带到巡捕房后分开审讯。青年警官先讯问了勃罗特。勃罗特对警官照实招认，只是他否认自己准备杀人，而是说张宗昌逼他即刻下手，他一时没答应，张宗昌拔枪威胁，结果就打起来了。警官听了也不说什么，让勃罗特在拘留证上签了名，把他关押起来。

张宗昌心里倒也并不着急。他知道即使勃罗特供出实情也没有什么大关系，一则英国人对陈其美并无好感，二则此案未有行动，捕房知道他的真实身份后，也只好不了了之。张宗昌被带到一间办公室，里面坐着拘捕他的青年警官。警官关上了门，微笑道：“先生，你现在是在和詹姆士警官打交道。”张宗昌点点头：“唔，敝人姓张，名宗昌，草字效坤。”詹姆士打开抽斗，把勃罗特交出的金条和现场收缴的手枪放在桌上：“先生，这些物品你可以收起来了，物归原主。”

张宗昌觉得奇怪：这洋警察怎么连案情都不问，一上来就还东西呢?詹姆士警官显然看出了张宗昌的疑虑，笑道：“张先生，我没有必要向你问什么，因为你是受中国官方的委托来干这件事的，不可能提交法庭审判。”

张宗昌知道勃罗特将隐情和盘托出了，他既不肯定也不否定，只是笑而不答。詹姆士说：“陈其美在上海很有势力，先生来上海干这桩事，很有胆量，本人甚为钦佩。不过，先生的目光不准，看错人了，物色了勃罗特这样一个流氓。”张宗昌觉得这个警官有点反常。接下去，詹姆士说出了令张宗昌更觉反常的话语：“先生，此事你若让我去办，明天倒也许成功了。”

原来，詹姆士即将回国，他想临走时从古董贩子手里买几件古玩字画带回伦敦去倒卖，但他本钱不够。为了筹足这笔钱，詹姆士这几天便跑到外滩转悠，寻谋财之道。这“道”还没找来，竟遇到勃罗特、张宗昌在作生死格斗，便顺手牵羊把他俩带回捕房，没想到这倒是一项送上门的生财之道！讯问勃罗特之后，詹姆士立即向张宗昌摊牌。听了詹姆士的一番话，张宗昌喜出望外，当下便让对方开个价钱。詹姆士也不客气，开口就是5000银元，保证3天之内除掉陈其美。

张宗昌觉得，这价钱不算大，当场应允。于是，把勃罗特交出的金条留给詹姆士作为定金，还留下一个地址给詹姆士，让他事成之后去那里取其余的赏金。

第二天，詹姆士就打听到陈其美最近正在一家名叫“怡乐院”的妓院里，跟一个名叫虹琴的妓女要好，便决定当晚即去行刺。这天华灯初上时分，詹姆士打扮成外国水手模样，一摇三摆地来到“怡乐院”。随后，他就被领到一个叫“荷花仙子”的姑娘房里。詹姆士头回当刺客，哪里有心思鬼混，推说还没吃晚饭，摸出钱来让侍人去叫了一桌酒菜，让“荷花仙子”陪着浅酌慢饮，顺便问起“虹琴小姐”。

“荷花仙子”说：“这会儿，她那里正有客人。”詹姆士记在心里，不再说话，只是默默饮酒吃菜。9点过后，“荷花仙子”让娘姨撤去酒菜，送上水果、香茶，妖声道：“洋先生喝杯茶后，上床歇息吧。”詹姆士点点头说：“好，我先去院子里透透风。”

詹姆士出了房门，顺着走廊来到楼梯口，四下一看无人注意，便悄悄上楼去。他来到标着“虹琴小姐”字样的房间门口，抽出手枪，轻轻推弹上膛。他走到窗下，用小刀在窗帘上划开一条缝，凑近往里观察，只见墙边床上纱帐低垂。灯光透过纱帐照到床上，依稀可见躺着一对赤膊鸳鸯。

詹姆士未及细想，慌慌张张地举枪冲床上连发三枪，转身就跑。

枪声响起，妓院里顿时大乱，哭喊声、吆喝声四起。那个胖娘姨在楼下厨房里探出半截身子，指着正在往外奔的詹姆士大叫："外国强盗杀人了!"詹姆士回身一枪把娘姨击倒，急步奔出大门。谁知正好有一队巡捕听见枪声往这边赶来，迎面拦住。詹姆士反身边跑边往后面开枪。巡捕火起，打了一阵排枪，詹姆士应声栽倒，当场毙命。这就是轰动一时的"怡乐院血案"。只是詹姆士打死的并不是陈其美，而是一个做丝绸生意的嫖客。

陈其美虽然常常出入"怡乐院"，到"虹琴小姐"房中稍坐，但他从不在妓院过夜。肇和起义后，革命党在上海的活动困难起来，为了迷惑敌人，陈其美又像辛亥革命前一样"纵情声色"了。果然，他的这一做法又一次蒙蔽了敌人。

3、张宗昌几次杀陈其美没有得逞，于是利用陈其美求财心切的心态，决定骗杀陈其美。陈没有防范，轻易相信了李海秋，约其谈判，结果被杀死在谈判桌上。

詹姆士行刺失利，令张宗昌大为懊丧。屈指一算，离交差时间只有十来天了。张宗昌决定孤注一掷，亲自出马刺杀陈其美。

5月8日，张宗昌去找盛卓，准备要回1500元的订金。谁知，刚走出旅馆大门，迎面碰上了袁世凯的贴身卫士袁继良。

张宗昌把袁继良领进房间，试探着问："继良兄是来上海公出的?"袁继良悄声道："奉大总统之命，让我来问问刺杀陈其美进展如何?"张宗昌把两次行刺失利情况详细说了一遍，末了说："正在准备搞第三次，我决定亲自动手。"袁继良笑了笑说："不必张兄亲自下手，大总统自有良计妙策，我就是为此事来上海的。"

原来，中华革命党有个头目叫李海秋的，是陈其美的好朋友。最近，他在北京被捕，重刑之下，供出了中华革命党的不少机密。袁世凯得知，灵机一动，计上心头：张宗昌行刺陈其美到现在还没有成功，何不命令这个李海秋前去协助？陈其美还不知道李海秋被捕叛变，正可以利用李的关系下手，于是，袁世凯立刻叫袁继良带着李海秋赶来上海，交给张宗昌指挥使用。

张宗昌一听，喜出望外，遂立即设宴款待李海秋。席间，张宗昌问道："依你的意思，怎样才能干掉陈其美?"李海秋道："此事说难也不难，只要对症下药就行。据兄弟所知，陈其美最近正在为党内经费缺少发愁，我们不妨在这上面动动脑筋，就说有一个煤矿公司，准备向日本人抵押贷款，苦于没人介绍，如果谁能介绍签约，谢他一笔款子。陈其美必定会上钩的。在签约那天，可以让刺客到约定地点下手。"

张宗昌想了一会，脸上绽开了笑容："此计甚妙！这个'公司'由我来操办，约定签约的时间、地点就是了。"李海秋点头道："这样最好!"张宗昌、李海秋分手后，各自行动。

张宗昌先去找掖县的同乡程子安，程子安曾在他手下当过排长，后因酒醉闹事打伤了人，被告到都督府，陈其美为维护军纪斥责了张宗昌，张宗昌为此而开罪程子安。当时，程子安愤愤不平，怨张宗昌不讲义气。

1916年春节前，张宗昌衣锦还乡，对当年结伙闯关东的穷哥们家属，均挨家去拜访，向他们的父母行子侄晚辈之礼，磕头问安，并分送银元不等，对程子安家也不例外。事后，程母写信告诉儿子，程子安对张宗昌终于由愤懑而变为感激。

此次来到上海滩，张宗昌已经见过程子安，两人叙旧话新，十分投机。不过，张宗昌没有告诉他要刺杀陈其美，只是带着1000元大洋，找到了他，说现在需要用人。程子安见到白花花的银洋，毫不犹豫地答应了。程子安又找到朱光明、许国霖等人，假装组织了一个鸿丰煤矿公司。为使陈其美相信真有这么回事，鸿丰煤矿公司还煞有介事地在报上登出启事，表明寻找抵押贷款伙伴。

李海秋要找陈其美，却也不是一桩容易的事。不过，他在中华革命党内也算个头目，认识不少跟陈其美有过近期接触的人，他花了好几天工夫，终于打听到陈其美的下落，马上往那边拨了个电话，说有急事求见。

陈其美说自己马上要去一个地方开会，让李海秋去老城隍庙春风得意楼等候，他会派自己的代表去跟李海秋见面。李海秋遵嘱去了春风得意楼。约莫半个小时后，陈其美独自赶来了。原来，他先前那番话是假的，为的是蒙蔽他人，隐其行踪。陈其美瞅着李海秋问：“有什么急事?”

“哦！英公，是这样的：我有几个朋友合伙开了一家鸿丰煤矿公司，在安徽淮南，近来情况不妙，眼看就要维持不下去了。最近他们准备从日本购买新式设备，重振矿业。但苦于缺乏经费，只好将公司作为抵押向日本实业界人士贷款，但一时又找不着介绍的人……”李海秋把话打住，掏出一张报纸放到陈其美面前，“您看，他们已经在报纸登过启事了。”陈其美浏览了一下，信以为真，饶有兴趣地问道：“他们准备给介绍人多少回扣呢?”

李海秋说：“他们那公司注册固定资产为300万元，准备全部抵押贷款100万元，言明谁若是从中介绍签约，愿以贷款的30%相酬。我想英公曾留学日本，又在日本呆过几年，在日本定然有不少朋友，若能介绍签约，无疑能得一宗款子，因此特来报个信。”

在孙中山的催促下，陈其美几个月来又联络了一批仁人志士，想尽快举行起义，只是苦于经费无着落。听李海秋这样一说，不禁怦然心动：100元的30%，就是30万元，这倒是一笔巨款，再说事情并不难办，他在日本有不少企业界的朋友，只要联系一下就行。一边想着，一边问道：“对方现在在淮南，还是在上海?”

“他们已经来上海了，正急着找门路呢!”“此事我可以试一试，三天之内听回音。你给我留下个电话号码，到时候我打电话通知你。”陈其美求财心切，轻易相信了李海秋。

第二天，陈其美就去虹口一家日本洋行，那经理是他的好友，听说这事，也热心为其撮合，向国内总公司拍发电报，述说情由。总经理跟陈其美也熟识，当即复电同意向鸿丰煤矿公司贷款100万元，并委托陈其美担任总公司代理人，代表日方跟鸿丰煤矿公司签约。

陈其美于是给李海秋打电话，约定5月18日下午3时带贷款意向书底稿来萨坡赛路14号寓所签约。李海秋闻讯大喜，马上报告张宗昌，张宗昌立即做了一番布置。

死亡已经悄悄地临近了，但陈其美却一无所知。不过，他的很多同志都得知消息，近日有人要行刺他，劝他要出入谨慎。他不以为意，并坦言道："人之生命，均有定数，非人力所能挽救。作为革命者，冒险原本是天职，没有冒险精神不可能成大事。更重要的是，我辈与反动势力相搏，必须有坚强的革命意志和大无畏的献身精神。"

1916年5月18日下午，李海秋带着程子安、朱光明、许国霖等来到萨坡赛路14号附近的路旁，程子安让王殿章等四人各持手枪、石灰包分布在路上，并派人在弄堂口望风。程子安还派杜福生负责租赁汽车、马车，以作逃跑时之用。

陈其美这天下午是2时左右来到萨坡赛路14号的，起先山东民军领袖刘基炎有事与陈其美相商。刘要在烟台发动起义，需要5000元钱。陈其美要吴忠信上三楼问廖仲恺。廖仲恺和胡汉民、山田下着围棋，手边只有500元钱，便全交给了吴忠信。

吴忠信拿着钱下楼时，李海秋推开房门对陈其美说："英公，客人已经等了很久啦！"陈其美站起身对吴忠信等人说："我要先会一个煤矿公司的人。"说完，匆忙走出客厅。

这时，邵元冲、余建光、曹叔实、丁景梁等应约先后来到，在客厅里等待与陈其美谈话。陈其美出了客厅，把李海秋一行带到旁边的饭厅里，朗声笑道："诸位请坐！"

李海秋装模作样地在一旁给双方介绍，陈其美看着四位假装的煤炭老板道："诸位，抵押贷款一事李先生已经跟我说过了。我和日本朋友联系过了，他们委托我做代表，先和贵公司签意向书，之后，总公司将派人和我一起去淮南检查贵公司固定资产。如确认无误，就可签正式协议，然后汇款。另外，我根据李先生所转达的贵公司愿向介绍人支付30%报酬的意思，起草了一份合同草稿，诸位也可以过目一下。"说完他把几张纸放在桌子上。

李海秋冲程子安等人目示："你们把意向书拿出来，请陈都督过目。"许国霖连连点头："好的！好的！"遂从皮包里取出意向书交给陈其美。

此刻，李海秋忽然站起来说："我去买包烟。"说着走出门去了。趁陈其美低头看意向书的时刻，程子安迅速掏出手枪，对着陈其美连开数枪。第一颗子弹击中了陈其美的右颊下部口边，第二颗子弹在其右略上一寸之处，第三颗子弹击中右颊近眉端之处。

吴忠信、邵元冲听到枪声，立即拔枪冲出客厅，程子安等正往外逃，双方对射起来。凶手王介凡跑在最后，当即被打死，程子安、朱光明很快逃走，而许国霖跳上门前的一辆黄包车，让车夫快跑时，却被车夫当场掀翻在地，被捕获。

余建光等人冲进那间房子，把陈其美从地上扶起，只见他脸上血流如注，两颊微动，已不能说话。不一会儿，他的心脏停止了跳动，但双目却始终睁着，仿佛不愿告别这个世界。时年，陈其美仅 39 岁，正是政治家大展宏图的年龄。

从电话中得知消息，蒋介石急忙从新民里 11 号寓所赶来，抚尸痛哭。不一会，孙中山也闻讯赶来，泪流不止。见陈其美仍未瞑目，孙中山说："英士，你安息吧！一切责任，由我担着。"并当场手书"失我长城"四字以志其哀。夜里 2 时，蒋介石将陈其美脸上的血迹擦干净，把遗体抱上一辆马车，运到新民里 11 号的寓所。5 月 20 日蒋介石买来一口楠木棺材，将陈其美入棺成殓。

4、陈其美死后，举国震惊，多方哀悼。因陈家家贫，到第二年在孙中山等人的共同努力下，始筹款近万元。1917 年 5 月 18 日，葬于湖州岘山。

陈其美被害的消息传出，举国哀悼。孙中山、黄兴以及国内外爱国志士同声痛哭，愤怒地声讨袁世凯的血腥罪恶。陈其美殉国后不足一个月，即1916年6月6日上午，妄图称帝的袁世凯在全国人民的唾骂声中死去。于是有人说："陈其美的冤魂飘到北京，活捉了袁世凯，揪到阴曹地府拼命去了。"

陈其美之死，实现了他生前的誓言。他曾说："今吾将以身殉国，一矫苟且之习，且以刷党人重死之辱也。"孙中山为他写了一篇祭文，追记陈其美一生的功绩，并对他寄予哀思。祭文写道："生为人杰，死为鬼雄，唯殇于国，始与天通。"在东京的黄兴拍来电报，说："惊闻英士兄为奸人所戕，旧同志健者又弱一个，极为惨痛！共和未固，遽失长城，我公哀念可知。"

《民国日报》发表陈其美归葬哀词，写得颇为动人。哀词写道：天不死公于广州，不死公于上海，不死公于病，不死公于兵，而死公于袁逆朝夕受戮之时。吾疑公盖为靖难而来，靖难外无所恋于天地耶？

陈其美遇刺时，家中只剩下20元钱，根本无力安葬，尸体暂寄上海法租界打铁浜苏州集义公所。1916年10月、11月，黄兴、蔡锷先后病逝。12月，北京国会决议对黄、蔡举行国葬，北洋政府着内务部对黄、蔡按《国葬法》办理。孙中山与唐绍仪联名致函国务院各总长、各议员，提出国葬陈其美，但未获通过。

接着，孙中山又发动中华革命党人筹资，并议定于陈其美殉难一周年——1917年5月18日将其归葬湖州原籍。

经过孙中山等人的努力，共筹款近万元。1917年5月1日，陈其美子祖华、祖和，兄其业，弟其采和主丧友人孙中山、唐绍仪、章炳麟、谭人凤、孙洪伊、李烈钧、胡汉民、朱佩珍、张人杰、王震联名在《民国日报》上发表举殡讣告：

前沪军都督陈公，讳其美，字英士。痛于中华民国五年五月十八日在上海遇害。兹定于中华民国六年五月十八日葬湖州碧浪湖茔地，先于五月十二日在上海法租界打铁浜苏州集义公所厝所开吊，十三日辰刻八时至九时举殡前赴湖州。

5月12日，前往苏州集义公所致祭的中外来宾不下万人。总统黎元洪特委智威将军胡汉民为代表到沪致祭，孙中山亲临致祭，唐绍仪、孙洪伊、章太炎、谭人凤、许崇智、温宗尧、吴忠信、蒋介石、张静江、杨沧白、黄复生、吴稚晖、戴季陶、庞青城，及上海商界、绅界著名人士李平书、朱葆三、虞洽卿、王一亭等均前来祭奠。新舞台著名演员夏月珊、潘月樵等，也前来祭奠。一时素车白马，道路为之阻塞。

驻上海的各文武长官，如海军总司令萨镇冰、淞沪护军使卢永祥、交涉员朱兆莘、地检厅长林仲产等也参加了这场祭奠活动。

日近午时，天空中落下了霏霏细雨，灵堂中哭声大恸，一时间，天地与之同悲。

5 月 13 日，雨霁日出，晴空万里。9 时后，日光渐敛，阴霾又起。陈其美灵柩举殡队伍由张群、李伯珍乘马指导，由上海法租界打铁浜苏州集义公所始发，至招商局金利源码头。素车白马，绵亘数里，执绋者万人以上，沿途观者不下 10 万人。

主丧者有友人唐绍仪、谭人凤、李烈钧、胡汉民、张静江、王震等，还有陈其美尚在稚龄的遗孤长子祖华、次子祖和，兄其业、弟其采等家属与柩车依次前进。

5 月 15 日下午 4 时，灵柩运抵湖州东门外二里桥，灵榇登岸，暂停于专搭的彩棚内。棚中设灵堂，挂陈其美遗像，两旁分悬诔文联幛等。湖州官商学各界，自嘉湖镇守使以下，各机关、团体、学校均派代表，亲赴灵堂致祭。

16 日，陈其美灵柩由东门外起程运赴葬地。上午 8 时起，执绋者近万人臂缠黑纱齐集于二里桥一带。12 时，由东门进城，经东街、骆驼桥、北街，折至局前巷、仁济善堂、五昌里，再折至太和坊、彩凤坊、衣裳街，过仪凤桥、南街，尔后由南门出城。下午 3 时，抵岘山墓地，沿途设有路祭。

1917 年 5 月 18 日上午 10 时，在岘山举行了隆重的安葬典礼。总统黎元洪的代表胡汉民专程前来主祭。前来致祭的还有孙中山的代表戴季陶、浙江督军杨善德的代表王桂林、浙江省长齐耀珊的代表吕俊恺等。吴兴 25

陈其美的纪念坊

个区自治委委员、湖州劝学所长汪益群和湖州日报社代表陆熙倩等亦到场恭祭。

陈其美的墓穴，是于1916年8月由庄崧甫、周枕琴亲临岘山选定。是年冬，开始鸠工兴筑，由严馥苏负责督建。穴址在岘山南麓，从下至上约200余步。墓道长约150步，入口处建一石牌坊，上镌孙中山亲笔书写的“成仁取义”四个大字。进为墓门，门上题“碧血千秋”四个隶字。

全墓之主体共三层，石栏曲折，拾级而上。第一层竖立青石碑，碑前刊总统黎元洪的诔词，由吴兴人沈泽春书写；碑后镌孙中山诔词，由淞江人钱葆珍书写。第二层上有碑额，由湖州人沈毓麟署题“志迈千古”。第三层为墓穴，其形状上圆下方，四周嵌石，前刊“气壮山河”四字，后刊名人联额，两旁刊有诔词八首。

葛肇煌：广州粤港澳第一帮主

葛肇煌（1900—1954），广东河源县人，在家排行第三。早年参加国民党军队，1934 年在第 93 师任连长，两年后升任该师的通讯营营长，后加入军统。1943 年被军统派为西江独立行动大队长。

抗战胜利后，他率心腹劫收了五洲华侨洪门西南总部，并改名为洪门忠义会，自封会长。1949 年 6 月，他被阎锡山封为湘粤桂边区的反共救国军总指挥，对解放军进行军事扰乱活动。10 月，广州解放，他仓皇逃亡澳门，后转往香港。在香港，他重建洪门忠义会，对外称十四 K 党，其成员为非作歹，做尽坏事，渐成香港最大的黑社会之一。

1954 年，葛肇煌病死香港。

一、洪门忠义会会长

1、葛肇煌生于广东河源，早年参加国民党军队，后加入军统。他善于去拉拢别人，好说大话且不拘泥小节，十分适合做一个黑社会头子。

抗战胜利后，一时间接收大员满天飞。接收物资，接收地产，甚至接收妓女，军统分子葛肇煌，居然闯进广州，劫收了汉奸组织五洲华侨洪门西南本部，一跃成为解放前广东境内最出名的帮会头子。

葛肇煌系广东河源县人，生于1900年，排行第三。先世曾在清政府内做过低级武官。历祖以至他的父亲，都精于拳术，他家有专治跌打刀伤的秘方。到了葛肇煌，拳棒他没有学好，但还记得几个跌打秘方。他早年参加国民党军队，1934年，在第九十三师任连长，曾参加追击长征中的红军。1936年，他升任该师的通讯营营长。那时两广的陈济棠、李宗仁、白崇禧等联合起来反对蒋介石，蒋介石收买了陈的部下余汉谋倒戈，陈被迫下野，而李宗仁、白崇禧的部队尚盘踞广西。蒋介石将九十三师调到广东的西江，准备伺机向广西进击。九十三师师长是黄埔第一期学生甘丽初，广西人。蒋介石将甘师摆在西江接近广西，是想用政治手段解决和李、白的冲突。不久，蒋与李、白就和解了，蒋仍将由广西人任师长的九十三师驻防西江。是年12月，西安事变发生，九十三师才调离广东，葛肇煌也随部队离粤。

葛肇煌身材高大结实，肤色黄黑，额角很低，嘴里镶了几枚金牙，一股庸俗气。他见人时，总是满面笑容，说明他能与人相处，在旧社会懂得“捞世界”。1942年间，葛那时已脱离了九十三师，参加了军统，在广东缉私处惠阳查缉所任专员。但任职不久，就被人控告，说他有私贩枪支行为，受到撤职处分。军统局还命令广东站将他扣押，审查他的私贩枪支罪。后以查无实据，仅关押了几个月便将他释放。他在西河坝广洲酒家宴请前去安慰他的何崇校，当时还有何的内弟同席。何的内弟年轻不懂事，在席上一见葛肇煌，即说：“这位葛专员我认识。”并大声对何说：“葛专员在惠阳收了乡亲们万把块钱，说是能代买到自卫枪支，但收了钱后，总无下文，乡亲们都想追回这笔钱呢！”葛肇煌听了反而泰然自若，毫不介意。他面不改容，仍很愉快地招待两人吃完那餐饭，脸皮厚得很。

另外，葛讲大话亦能头头是道。1948年，一次葛向何自述他的长处，他说：“我自问无所长。我只是善于去拉拢别人，还能说得别人相信。但将人拉来之后，如何去组织他们，我就毫无办法了，这就要靠别人帮助了。正如我能到市场去采买，但买回来后，如何烹饪成菜席，我就毫无办法了。”

葛出身于旧式的官僚家庭，但性格不古板，做人十分豁达，并不拘泥不化。他有一女儿，十八九岁，爱扮男装，毫无女孩气，别人总误会是葛的儿子。葛的老婆三嫂对这个女儿不大喜欢，而葛肇煌则总是支持这个女儿，说："何必那样古板?"葛的好说大话和不拘泥小节的性格，是适合做一个黑社会头子的。

葛肇煌在韶关被扣押释放后，军统得知他在九十三师任通讯营营长时，驻防西江，对西江情形熟悉，于是在1943年秋，派他为西江独立行动大队长，命他相机派人潜入日寇占领区进行骚扰。1944年初，葛肇煌将他的大队部设在三水县芦苞镇。这地方当是日寇尚未骚扰的地方。葛蹲在这个安全点，他并不派人到日占区去骚扰，而是施展他讲大话的"特长"，向上邀功；又凭借军统的背景，去和附近一带的土匪恶霸相勾结，干违法走私勾当。那时葛尚不是洪门帮会中人，他是于1946年才加入洪门的。

2、抗战胜利后，葛肇煌率心腹将五洲华侨洪门西南总部劫收下来。在广东站何崇校的袒护下，军统局未给予葛处分，还批准他进行帮会活动。他将名称改为洪门忠义会，自封会长。

1945年8月15日，日本宣告投降，蒋介石为了防止在日占区附近活动的共产党部队抢先进入大城市，他发布通令，禁止非指定的部队擅自移动进入城市。这个通令下达之后，在华南方面，军统系统的武装——"中美合作别动军"，首先就不遵守。"别动军"第一纵队的蔡春元支队和汪瑞文支队，强行开入广州。蔡春元还带着著名土匪谢大傻一起进入广州抢劫绑架，无所不为。

这时，葛肇煌尚在三水县西南镇附近。他听到日本投降消息，便想闯进广州去发一笔劫收财，但一来他怕日军会阻拦，二来他也接到蒋介石不准任何部队擅进城市的通令。他曾被军统关过，还有所顾忌，踌躇不决。后来他听说"中美合作所"的别动军已进入广州，又听到广州军只警戒守卫他们的营房仓库和日侨居住区，其余地区日军俱不再管。于是葛肇煌胆子大了，8月28日率少数亲信窜进广州。广州地区以前不是葛的活动范围，广州情况他还不熟悉。他窜进广州时，广州伪禁烟局所存几万两鸦片和台湾商人的货物，已给别动军先抢劫去了。有些地方，他又不能碰。葛捞不到什么油水，正在懊丧。有人向他建议，说广州有个洪门组织“五洲华侨洪门西南本部”，是日伪指使下组织起来的，拥有相当会员，会址设在一德路一座三层的大洋楼内。这个巢穴，现在尚无人动它，你葛大哥去接收它，不但可以得到一座洋楼，大批家具，还可以继承这个组织，自己可以掌握起来，将来可以在华南帮会中取得一个地位。葛听了十分高兴，立即行动起来。

“五洲华侨洪门西南本部”是广州沦陷后，由汉奸头子李荫南、冯壁峭、郭卫民等，请准日军特务机关长（即联络部长）矢崎勘少二少将组织起来的，由李荫南担任会长。李是伪广东省银行行长，后兼任伪广东省建设厅厅长，冯和郭先后任伪广州市警察局局长。成立后，他们用种种方法诱迫人参加。他们还恢复了过去的机器总工会和下面的各支部，改称为“休憩室”，然后强迫“休憩室”的全部工人参加“五洲华侨洪门西南本部”，否则要开除原有工作。广州市的轮渡码头工人和马路边的香烟摊主都被强迫入会，所以当时他们自称拥有会员10万。这个洪门组织，初称为“五洲华侨洪门大同盟”，后来才改用“五洲华侨洪门西南本部”的名称。内部分总务科，科长林皋；组织科，科长戴曙光；宣传科，科长周真；调查统计科，科长林朝杰，组织相当庞大。

葛肇煌平时爱听别人称他“葛大哥”，他对帮会头子的身份一向羡慕，现在有机会给他做帮会头子，他觉得十分惬意。他带领左右心腹，将“五洲华侨洪门西南本部”劫收下来。“五洲华侨洪门西南本部”原有旧人，大多已逃散或潜匿，未逃散的正在忧虑。他们这个组织与日伪有关，日本投降，一些汉奸正在等待被逮捕的命运，他们担心从后方来的“重庆人员”不知会如何为难他们。葛肇煌打着抗战人员的旗号，又是军统头目，现在来接管，做他们的“护法”，他们认为合适之极。当时从后方来的人，也不注意或不知道有这个组织，因此葛肇煌劫收得很顺利。不但得到一批家具，而且成为战后广东帮会的一个头子。

在日本宣告投降后两个月，即1945年10月，军统将它在抗日战争时期建立的暂设机构一律裁撤；葛肇煌的西江独立行动大队，也在裁撤之列，葛本人则调在军统广东站做上校直属通讯员。1946年1月间，有别的军统分子向军统局本部检举葛肇煌，控告葛在日本投降时闯进广州，擅自接收“五洲华侨洪门西南本部”的会所和大批家具，并且秘密进行帮会活动。葛犯了擅自接收罪和擅自秘密团体活动罪，这是军统不允许的。局本部将这件案子电令广东站查明具复，听凭处理。那时原广东站站长郑鹤影已受调将赴美国接受特务训练，正在办理出国手续，广东站由何崇校负责。何与葛有相当交情，有意对葛袒护。何崇校呈复军统局本部，说葛肇煌接收的“五洲华侨洪门西南本部”会所，是向私人租赁来的房屋，每月须交纳租金，不等于接收伪财产，会所内的家具，多已陈旧，数量不多，并不值钱。何还向局本部建议，说广东一向由洪门三合会组织，这个帮会组织，与其控制在别人手中，不如控制在军统人员手中，有时尚可利用，并推荐葛参加这个洪门组织，并由他去进行活动。军统局回电批准了这个建议。接着何崇校又调了广东站另一直属通讯员梁达章去做葛的助手，帮助葛发展他的帮会组织。

在军统局未批准之前，葛肇煌还在担心会受处分，对“五洲华侨洪门西南本部”的活动，也只能偷偷摸摸地去做。自从军统局不给他处分还批准他可以进行帮会活动之后，他的胆子就大起来了。葛肇煌觉得，“五洲华侨洪门西南本部”这个名称是日伪时期采用的，如沿用下去，会受人讥笑和指责。于是，他将这个洪门组织的名称改为“洪门忠义会”，并自封为会长，对外则宣传洪门忠义会是他另行建立的，与过去的“五洲华侨洪门西南本部”无关。

3、洪门忠义会重新进行会员登记，葛肇煌被“扎”为三合会的“双花红棍”。他利用忠义会，诱人聚赌，从中抽头，并受到袒护。

葛肇煌劫收“五洲华侨洪门西南本部”后，进行会员登记。在改名为忠义会时，何崇校曾问他的助手梁达章，来登记的旧会员有多少人，梁说尚不到300人。以前“五洲华侨洪门西南本部”向外宣称，它的会员人数是以万计的。汉奸李荫南、冯壁峭、郭卫民利用权力强迫人入会，以便勒索会费，参加者只是被迫挂一个名。现在葛肇煌不能再用那种强迫人入会的手法，过去被强迫参加的人，当然不愿再来登记。来登记的200多人，可以说是帮会的忠实分子。

那时葛肇煌已不便再用一德路那座旧会所，他将那座三层大楼交出，改在广州西关宝华正街租赁一所旧式大屋，门牌是十四号，作为忠义会会所。葛过去未参加过洪门，这时才由一个过去在“五洲华侨洪门西南本部”充传斗师的吴一峰，“扎”他为三合会的“双花红棍”。“扎”是三合会黑话，意即提拔或颁封（传斗师吴一峰是粤剧演员出身，作演员时默默无闻，解放后被逮捕）。“双花红棍”是洪门三合会这一派系中的最高职位，类似另一洪门派系哥老会中的山主（龙头）。三合会中的职位比较简单，大致分为红棍、纸扇、草鞋三类。红棍是主持人，是当家，是执行者；纸扇是幕僚，是参谋，是秘书；草鞋是外勤，是交通员，是联络员、通讯员。三合会中，所有职位都是由会中传斗师扎封的（“斗”与“道”同音，可能由此讹转）。传斗师是一代传给一代的。相传三合会的创始人陈近南，就是第一代传斗师。这个职位是三合会中“清贵”之职，地位很高，但无实权。

葛肇煌建立忠义会后，开始时，他并未想利用它来做什么政治活动，而是想在黑社会中树立他个人的地位。他乐于做别人的“大哥”，想利用它来干些包烟庇赌、走私讹诈的勾当。1946年至1949年这几年，葛在荔枝湾附近另租一屋作为俱乐部，诱人聚赌，从中抽头。葛既是黑社会分子，又是军统成员。广州警察局的刑警队，多是军统分子，葛又暗中分些好处给他们，所以他们对葛的聚赌，不予过问。

那时在广东掌权的军事方面是“广州行营主任”张发奎，政治方面是“省主席”兼“保安司令”罗卓英。罗是陈诚的左右手，这两个人对军统不买帐。有人向罗卓英报告，说有个葛肇煌在广州搞帮会活动，并在市区内开设俱乐部赌博。罗准备将葛逮捕。这个消息传到葛肇煌的耳中，他慌起来，赶忙逃匿到北郊棠溪村一个姓梁的忠义会会友家中，躲了半个月。后来得知当时军统（1946 年 6 月，军统已改称保密局）广东站负责人向罗卓英说情，向罗解释葛肇煌组织帮会，是经军统同意的，并替葛掩饰聚赌行为，说聚赌可能是葛的手下人所为，以后当令葛约束停止。同时，广州行营参谋长甘丽初也支持葛，替葛向罗卓英疏通。甘丽初任第九十三师师长时，葛肇煌是他部下的一个营长，甘有意包庇旧部；而且甘正是葛在西关开设赌博俱乐部的常客之一，自然更要为葛的聚赌开脱。罗卓英和甘丽初曾是同事，罗卓英做入缅远征军总司令时，甘是远征军中的一个军长。现在甘又是广州行营参谋长，同时又是罗的旧部，罗不能不买帐，逮捕葛的事这才作罢。

4、葛肇煌俨然广州第一大帮帮主，开始排挤其他帮派，独霸广州，甚至抑制军统发起组织的新社会建设协会。得不到忠义会的支持，新建会广东分会终未能建立。

当上了洪门忠义会会长的葛肇煌，俨然成为广州第一大帮帮主，他开始排挤其它帮派，独霸广州。这时的葛肇煌，出于自己的利益，甚至敢抑制军统发起组织的“新社会建设协会”。

1946 年 8 月间，军统向它所属单位发出一个通令。大意是，军统骨干准备参加国大代表的选举，为了竞选，以控制国内帮会组织加以利用。在上海已成立有“新社会建设协会”筹备处，将来正式成立后，便作为控制全国帮会机构。希各地军统人员，对各地帮会加强联系，吸引他们参加该会。随令还附发“新社会建设协会”发起宣言和章程多份。宣言上列名的发起人，有洪门头子向松坡、青帮头子杜月笙以及军统骨干徐慰冰等 10 人。显然，这个所谓新建会，实是军统的一个外围机构。

1946 年底和 1947 年初，军统陆续派出一些骨干分子在各省蒋管区设立新建会各省分会的筹备处。华南方面，派张辅邦为新建会广东分会筹备处书记，钟可庄为广西分会筹备处书记，张荔浦为香港分会筹备处书记。张荔浦是广东肇庆人，黄埔四期学生，曾在军统组织的“忠义救国军”内工作过。他虽然参加过洪门，可是与香港的洪门组织毫无渊源。港英政府虽然一面承认洪门在香港存在，但一面又严禁洪门在香港公开活动。张荔浦知道他无法在香港建立新建分会，索性不到香港，只游荡来往于广州肇庆间。钟可庄是广西人，曾做过军统广西站站长。他受派后，在桂林挂起新建会广西分会筹备处的招牌，但遭到广西当局黄旭初的抵制，使他无法活动。张辅邦是广东大埔人，黄埔三期学生，是孙文主义学会、复兴社、军统的骨干，曾经做过短期的蒋军师长，和罗卓英同乡。他受派后，兴冲冲地跑到广州，请求罗卓英支持，罗答应了他。他凭借罗卓英的势力，用极低的租金向广州“敌伪产管理局”租得广州市桨栏路一座四层楼大洋房，将下面三层以高额租金租给商人开设“凯旋酒家”，四楼留作分会筹备处办公之用。另外他与另一位军统骨干林郁民合办一个商营的“风行广播电台”，同时又在中山县承下近千亩沙田，转佃给别人，他做“二路地主”。在这方面，他获利不少，表面上他说是拿来作分会经费，实则放进他的私囊。张辅邦虽然得到省主席罗卓英的支持，可是他的分会工作并无进展，原因是他与广东帮会没有渊源，所以葛肇煌并不肯合作。

那时，广东的主要帮会组织只有葛肇煌的洪门忠义会和骆天一主持的五圣山仁文堂在广州开的一个分堂（此时，熊社曦、何崇校领导的洪门大洪山，仅在广东境内钦县和小董建立分堂）。葛肇煌对张辅邦始终不合作。新建会是军统发起和支持的，葛肇煌是军统分子，他不肯对新建会捧场，将他领导的洪门组织加入新建会，似乎奇怪。其实这是国民党内部互相勾心斗角常有之事。

1945 年 5 月间，一次葛肇煌和何崇校闲谈，他曾向何说：“我可以对你老何坦白地说，我是不准备将忠义会加入新建会的。忠义会是我自己辛辛苦苦搞起来的，（军统）局本部对它未曾有过什么帮助。这几年为了搞忠义会，局本部还曾想将我查办，广东当局也曾想将我扣留，是你们几位朋友替我解的围，这与军统局无关。如果我将忠义会加入新建会，他们就会插手进来，可能还会在忠义会内将我排挤掉，我没有这样笨。忠义会不是军统底下的一个组织，军统不能对它直接发号施令，何况新建会对军统局又是相隔一层，所以我对张辅邦只能敷衍。”葛的这些话的确是肺腑之言，何崇校表示赞同。

何说：“我同意你的看法。我在广西搞的‘大洪山’，我也不想让它加入新建会。何况新建会的总会，现在暂不能成立，我们至少要看看风头，待新建会总会成立后，我们再作考虑。”何崇校又说：“忠义会和大洪山都是洪门组织，洪门已存在几百年了，而军统只是现在政府的一个机关，性质根本不同。洪门和军统根本不能相提并论，何况我们虽然是洪门组织的一个头人，但忠义会和大洪山毕竟不是我们个人的。如果我们把它们完全交给军统属下的新建会控制，这是违背洪门传统的。”

葛肇煌认为何崇校说得极是。当时葛、何二人都想利用军统来掩护他们的洪门组织，却不愿让军统来控制忠义会和大洪山，而是想把忠义会和大洪山作为自己的私人资本和工具。

新建会广东分会筹备处得不到忠义会的支持，肯定不能有所发展。当时在广州的帮会组织，仅有五圣山仁文堂下的骆天一分堂和张辅邦稍有接近。骆天一对张的筹备处表示支持，其实也只是想借张辅邦来和葛肇煌对抗。骆天一与人合资在广州上九路开了一家“式式酒家”，他的住宅和分堂便在酒家的后面。分堂人数不多，有些是广州法院和广州宪兵团人员，以及广州一些不良法官。

自葛肇煌在广州建立忠义会后，葛便一心想控制广东境内所有的洪门组织，排斥其它洪门组织在广州活动。除了何崇校与他有密切关系，允许何的大洪山在广州活动外，对其它洪门组织尽力压迫打击。骆天一也深受其威压，因而心中极为不满。骆天一曾发牢骚说：“人家（指葛肇煌）有力量，我只好退让啦！”骆想借助张辅邦的新建会分会来与葛肇煌斗争，可是张辅邦不是洪门中人，新建会广东分会后来也没有正式成立，他对葛始终无可奈何。1949 年 10 月，广州解放，骆天一只身逃亡澳门，他在广州的分堂也就瓦解了。

二、洪门就系我的本钱

1、国民党的统治即将土崩瓦解，葛肇煌却准备顽抗到底，曾说：“洪门就系我的本钱。”他通过拉拢反动文人李焰生、利用“爱国艺人”关德兴、为叶素平母亲举丧等一系列事件，为忠义会大做宣传，终于红透了半边天。

进入1949年，国民党的军队，在三大战役中被打得大败。蒋介石的本钱已快输光，他只好引退，让李宗仁上台。这个时候，在未解放地区的反动派和反动分子中间，大致有三种思想状况：一种是准备顽抗到底，一种是准备逃亡，一种是“听天由命”。当时在广东的帮会头子大致也是如此。

葛肇煌是属于第一类型，他对人民的革命巨浪准备顽抗到底。为了顽抗，他认为必须增强他的力量，增大他的本钱。葛曾不止一次地说过：“洪门就系我的本钱。”他准备扩大他的忠义会的力量和影响。在1949年之前，葛肇煌还未曾想要利用忠义会来作为他进行政治活动、政治斗争的工具。到了1949年，形势的发展促使他下决心发展忠义会。

首先，葛肇煌是想提高他在广州的“名声”，但忠义会毕竟只是一个秘密组织。它在广州活动，除了黑社会中人或留心黑社会情况的人知道有一个洪门忠义会之外，社会上一般人还是不知道。碰巧这时大洪山在广州建立一个“格字号”分堂，举行了半公开的开堂仪式。葛肇煌受此启发，也如法炮制一番。

大洪山是洪门中属于哥老会这一派的一个组织。它是清朝光绪年间由一个湖北襄阳人李肖白建立起来的，它的分支散布在湖北、湖南一带。到1947年4月，由熊社曦、何崇校在广西南宁将它复办，两人分任正副山主。大洪山在南宁复办后，很快就在广西、云南、贵州一些地方蔓延开来。1949年初，有一个在广西参加大洪山，名为李日全的人，几次向何崇校请求准许他在广州建立一个大洪山分堂。后来何崇校同意了，将这个分堂定名为“格字号”，择定 3 月 29 日在大德路海军联谊社举行开堂仪式。

那时大洪山正山主熊社曦尚在武汉，何在广州以副山主身份主持仪式。开堂前，按照洪门惯例分柬其他洪门组织和少数熟人，请他们来观礼。过去在广州的洪门举行香堂（三合会称为“做戏”）都是暗中举行。“格字号”开堂的仪式，是按照哥老会的传统仪式，这比三合会的传统仪式更“庄重”更夸张。这次“格字号”开堂仪式的隆重，可以说是广州洪门史上空前的。那天忠义会方面，葛肇煌带了梁达章等六七个骨干到场，还带了当时广州警备司令部的稽查处处长同来。葛对那天的仪式极感兴趣，又羡慕又不服气，这对于他以后的活动有一定的影响。

“格字号”的开堂仪式，足足举行了 3 个多钟头。仪式完毕后，在海军联谊大礼堂摆了几十桌酒席，举行庆贺宴会。因为距开宴的时间尚早，葛肇煌带了他的人到附近一家茶室休息。他对梁达章等人说：“他们的仪式比我们的盛大隆重，值得我们学习。老何还请了一些外宾，这是一种很好的宣传，以后我们就要抓抓宣传。”不久后，葛肇煌利用庆贺陈近南诞辰，在广州为忠义堂举行更盛大的传斗授旗仪式，大概就是受大洪山“格字号”开堂仪式的影响。

接着，葛肇煌为忠义会大做宣传，策划了好几件事以扩大名声：

首先，拉拢反动文人李焰生。李是广东合埔人，30 年代参加改组派，是追随汪精卫、陈公博的反动政客，反动文人。1948 年，李焰生在广州办了一个《小广州人报》，是一个小型三日刊，主要刊载一些低级趣味的文章和小道新闻，迎合当时一般小市民的兴趣，是广州当时最有销路的一份小报。1949 年，葛肇煌和李结交。葛也懂得报纸的重要，就利用李替他宣传。在李所办的小报上，不时出现葛肇煌的名字。李也利用葛的黑社会势力给他撑腰，他们互相利用。1949 年 10 月，广州解放，《小广州人报》停刊，李本人逃往香港。不久，李又在香港《自然报》任总编辑，仍继续与葛勾结。

接着，葛利用“爱国艺人”关德兴。关德兴为粤剧名演员，是较有名的粤剧小武生，曾去过美国演戏。抗日战争开始后，关在美国和香港等地，做过一些义演筹款，捐献作救济难民费用。香港沦陷，关转入内地，也多次举行义演，曾博得“爱国艺人”的名声。抗日战争胜利后，关回到广州，经常来往广州和香港间，在香港主演过一些武侠影片。从前的粤剧演员，有不少是与洪门有联系或已参加了洪门的。关在美国时，就已与当地洪门有往来。葛肇煌想利用关德兴的名声为忠义会宣传，由于同属洪门关系，一经人介绍，他们便立即接近。

1949 年 6 月间，关德兴在广州举行一次募捐义演筹款。义演前，葛肇煌替他组织一次大规模的舞狮队游行。那天组织的舞狮队行列有几百人，他们邀请各武术馆参加。广州的武术馆，大多与黑社会有联系。游行时忠义会一部分会员参加。他们在游行队伍中，除了举有关德兴义演广告外，还高擎几面“洪门忠义会”的大旗，招摇过市。洪门是秘密结社，过去在广州从未有过高举洪门旗帜游行之事。这次葛肇煌组织的大规模舞狮队游行，既为关德兴义演宣传，也为忠义会自我宣传，使广州居民对忠义会有了初步的印象。

第三件事是为叶素平母亲举办出丧。叶素平是当时忠义会内的第二号人物，以前是军统的行动队长，是一个杀人不眨眼的歹徒。1949 年 6 月间，叶的母亲病死，葛肇煌特为她组织一次大规模出丧。葛动员了忠义会全部人马，要他们合力筹资办好此事，还叫忠义会会员发动所认识的人赠送花圈挽联，组织仪仗和乐队等。出殡那天，参加者近万人，送殡行列长达数里。广州市各仪仗馆的仪仗、彩亭，几乎给他们租用光，乐队也几乎雇用光。能雇请的和尚尼姑也都雇请了。凡他们所认识的武馆，都邀请他们出舞狮队。甚至连西郊沙贝、横沙等乡村的小学校，也被强迫停课。全部学生被迫穿着制服来送殡。因为叶素平在日军投降后，伙同手下爪牙，和横沙、沙贝等乡的地方恶霸勾结，借口为学校筹款，大开烟赌，拨出一小部分钱充当学校经费。所以这些乡村的学校，也得受他指挥。那天葛肇煌担任出丧总指挥，手执总指挥小旗，起劲地来往奔走。葛这样卖力，是想向广州居民炫耀他们的忠义会，同时也为鼓励忠义会的成员和对叶素平施加笼络。

经过这一番宣传，洪门忠义会在广州可谓声名赫赫，而葛肇煌更是红透半边天。

2、葛肇煌得到阎锡山的暗中支持，被封为湘粤桂边区反共救国军总指挥。为了给忠义会和自己做宣传，他在三合会创始人陈近南诞辰之日，举行了盛大而隆重的庆贺仪式。

在1946至1948年间，忠义会和葛肇煌在广州并不出名。进入1949年，经过葛肇煌大肆宣传，确实收到一定的效果，广州已有很多人知道有一个洪门忠义会，也知道了有个洪门头子葛肇煌。他的臭名，甚至传到逃来广州的国民党行政院院长阎锡山耳中。阎锡山在统治山西时，为了控制他的部下，组织了一个以"铁疙瘩"为名的特务机构。他认为这还不够，想要利用洪门。他在山西开了一个名为"民族山"的洪门山堂。到了广州后，他找人了解广州洪门情况。有人向他举荐葛肇煌，他便派人去和葛联系。6月间，阎锡山给葛肇煌一个"湘粤桂边区的反共救国军总指挥"名号，命令葛在解放军南下到达广东时，在湘桂粤边区进行军事扰乱活动。葛曾对阎锡山吹牛，说他可以联合另一洪门组织大洪山。原大洪山基础在两湖，复办后的大洪山在广西已有不少地方组织。至于他的忠义会，他自认是有相当势力的，所以他吹嘘自己可以在湘粤桂一带活动。哪知大洪山并没有答应与他的军事合作，在湘粤桂边区，他实在无活动能力。到10月14日广州解放，葛肇煌仓皇逃亡澳门，他的"总指挥"招牌，始终未能挂出来。

自从得到阎锡山的暗中支持，葛肇煌的胆子更大了。他需要加速扩大他的忠义会，也需要提高他本人在帮会中的名望。于是，他更加利用一切机会为忠义会和自己宣传。旧历六月十七日（新历7月中旬），是洪门三合会这一派系创始人陈近南诞辰。每年这一天，三合会组织大多举行庆贺仪式。葛肇煌抓住这个机会，作了一次扩大宣传。按洪门惯例，会内举行各种仪式，都是秘密进行的。葛肇煌不遵守惯例，利用这一天为忠义会作公开的传斗仪式和给各分会的授旗仪式。事前他发出请柬，邀请其他洪门组织，洪门前辈及各有关团体和熟人，出席观礼。会场借用广州西关荔枝湾国民大学校园。那天忠义会的传斗大会戏剧性十足。会场的一端，临时用木板搭了一个约高二尺的台坛。葛肇煌身穿一套新西装，独自一人高坐在一张交椅上，神气十足。寇世铭也穿一套新西装，手执三角令旗，站在传令台上，扮演一个“中军”角色。举行传斗后，是授旗仪式。由寇世铭在指挥台上，逐一传喊分会长的姓名，令他们走到台边，由葛肇煌发给每个分会一面小旗。

那时忠义会一共有14个分会，分会的名称，一至十三，是按数字次序排列，即第一至第十三分会，另一个分会称长江分会。所有仪式动作，是按三合会传统；唯独长江分会，原是大洪山的组织，它兼入忠义会，但仍保留哥老会的传统礼仪动作。忠义会当时的人数，他们自称超万人以上，实有人数，连四乡在内，大约只有3000人。授旗仪式完毕后，有来宾讲话。最引人注目的，是国民党行政院的一个参议，他是阎锡山的代表，讲的一口安徽口音。他说，他一生从未参加过这样仪式隆重的大会。看了洪门的典礼仪式后，非常感动，对洪门极力吹捧，说什么“洪门的忠孝信义，是中国传统道德的象征，洪门将起复兴中国的责任”。那时大陆上的国民党反动派已面临灭亡，所以此人讲的话，真是不伦不类。大会仪式举行后，摆上七八十桌酒菜，大宴宾客。

3、人民解放军大军南下，葛肇煌想借机联合洪门忠义会及其他广州反动帮会，既可提高地位，成为盟主，又可作困兽之斗。无奈，两次会议都未能达成任何结果。

1949年5月，随着人民解放军大军南下，国民党的统治大厦将倾。葛肇煌在广州却自不量力，想借机纠集洪门忠义会及广州反动帮会，一方面自己可提高地位，成为盟主，一方面也作困兽之斗，博得国民党的嘉奖。

这时，大洪山正山主熊社曦从武汉到广州，何崇校为他接风洗尘。广州大小帮会反动头目也到宴。葛肇煌经何崇校介绍与熊社曦认识，3人经常在上九中广州酒家一起饮早茶。

6月的一天早晨，3人又在广州酒家相会。葛肇煌向熊社曦和何崇校提议说："现在时局吃紧，我们不能不有所准备。忠义会和大洪山，是华南最大的洪门组织。我们不妨约定一个时间，双方商谈一下，来决定今后我们的共同行动。"二人表示赞成。时间就定在第二天上午，地点在抗日西路七十二号二楼梁达章家。熊社曦说："我不懂广东话，明天我们两方商谈，大洪山方面，由何大哥全权代表。"葛肇煌表示同意。这时大洪山南宁总堂一个培堂大爷盂璐，刚从广西来广州。

第二天，何崇校依时偕同盂璐、张三人同往梁达章家。梁的客厅内，除了梁外，还有忠义会的骨干叶素平、寇世铭在座。梁达章见大洪山的人到来，便说："昨晚三水县西南镇有人来，邀请葛大哥即去西南，葛大哥不能出席我们今天的商谈了，这里有葛大哥给熊、何两位大哥的的亲笔信。"梁将信递给何，信的内容和梁所说的一样。何崇校于是说："葛大哥临时有事不能来，既由你们三位全权代表忠义会，也是一样的。"商谈开始，由叶素平先发言，叶说："看样子，解放军很快打到广州。葛大哥和我们已经研究过，如果解放军真的打到广州，忠义会会员凡是自己有枪的，拿起枪来，在市区和郊区予以抵抗。在撤出市郊后，也准备在广州外围、珠江三角洲一带打游击，到不能立足时，则循西江向西撤退。忠义会知道大洪山在广西的梧州、贵县、南宁、柳州、龙州、旧州，以及忠州的兴义（黄草坝）、云南的剥隘、下关等地，俱有分堂，在广东境内的茂名、吴川、钦县、小董，也有分堂，所以盼望我们互相协作。将来忠义会的兄弟西撤时，希望大洪山在各地的分堂予以支持协助。"见大洪山的人沉默无语，叶素平又说："我们知道大洪山在各地的分堂，经李宗仁、白崇禧、黄旭初多年经营，地方团队和乡村基层干部，大多数忠诚可靠，我们退到广西后，和他们合作，仍可以干一个时期，总要给共产党一些麻烦。将来即使广西也不能立足，仍可以向西经过剥隘、昆明、下关，朝滇缅边界撤退。我们可以在边界山中做山大王。如果连山大王都做不成，再将枪支缴给缅甸人，再走人不迟。这些意见，葛大哥和我们都考虑过了，认为只要大洪山能给予合作，是可以做得到的。”

叶素平说得滔滔不绝，似乎很动听，但何崇校却另有打算。他明白国民党大势已去，依靠洪门与共产党的百万大军相对抗，简直是天方夜谭。因而，无论叶素平、寇世铭如何劝说，何拒不同意，会谈毫无结果。过了两天，葛肇煌见到何崇校说：“我们的意见虽不一致，但我们的私人感情，我们两个山堂的感情，仍是始终如一，我们大家都不要多心。我们的行动虽不一致，但我们之间的来往，仍是照旧。”

过了一段时间，洪门忠义会和大洪门以及其他洪门中人又开了一次会。这次会议是由何崇校提议发起的。这时的何崇校想法有了变化，想抓住洪门作为造就自己社会地位的本钱。那时何已决定逃往海外，但他在海外毫无基础，既无亲友，又无历史渊源，而海外不少地区是有洪门组织的，于是就想把洪门关系作为他逃往海外的桥梁。为此，何必须提高他在各个洪门组织中的声望，才决定召集华南各洪门组织、洪门“前辈”来举行一次会议，看看洪门能不能联合起来。如果能成功的话，因为这件事是由何发起策动的，自然就可以提高他在洪门的声望。

何崇校先把自己的想法对熊社曦说了，熊表示同意，并说：“我初来广州，什么也不熟，言语也不通，如果会议能举行，就请何大哥代表大洪山。”何又对葛肇煌说了，葛也表示赞同，但他又说：“假如能联合起来，这个领导机构怎样组成呢?”何说：“既是联合，当然我们洪门各组织还需保持各自的独立性。这个联合机构当然是采用民主形式。至于具体做法，这要待我们商谈研究，才能决定。”

何崇校分头向所有在广州及其附近的洪门组织、洪门“前辈”发出邀请，声明这次会议尚是座谈性质。座谈的时间，是6月下旬的一天晚上，地点是广州靖海路口永安堂大厦三楼的一个律师事务所。那晚出席的有20余人，大洪山有何崇校、张贺、孟璐，忠义会葛肇煌派梁达章为代表带了两个人来，此外有肇庆的张荔浦、东莞的袁良驺，还有其他一些人参加。

会议由何崇校主持，开场白之后，何堂而皇之地说道：“我们的前辈为了反清，创立洪门，为了民族生存，前五祖和后五祖，转辗斗争，开始时是孤军奋战，蒙受过很大的牺牲，一度给清政府镇压下去。到了道光年间，清廷日趋腐败，有志之士，在各地纷纷建立洪门山堂，洪门的人数和组织都扩大了，但他们都是分散活动，未能联合起来，成为一个统一的力量。天下洪门既是一家，是否可以联合起来，使洪门更有力量呢？我们不妨研究研究。”

出席的人听了何崇校一番话，个个都默不作声。因为掌权的怕联合会夺了他们的权，不掌权的也怕招惹是非。良久，东莞的袁良驺说：“虽说天下洪门是一家，但北方有哥老会，南方有三合会，组织、礼仪、隐语、暗号都各不相同。要想真正联合起来，这些也必须统一。可谁又愿意废自己的老规矩跟着别人呢？即使这些方面都得到统一，或者可以保持两方面的旧传统，可联合起来又必然产生谁来领导的问题。为了这个问题，谁又能保证不在内部起争斗呢？过去，天下洪门虽没有联合统一的组织，但洪门兄弟只要摆出洪门的暗语身份，陌地相逢，有难求助，大家还是会互相帮助。但倘若联合之后，为了某些权利而产生争夺，闹出伤义气的事，反而不好。所以我的意见，还是让他照旧的好。”

袁良驺的话很有代表性，另外也有几个人附和他的意见。大家讨论了半晌，多数人认为搞联合组织困难太多，于是此事也就无限期地搁置了下来。

三、亡命港澳

1、人民解放军逼近广州，葛肇煌布置了忠义会的行动，随后仓皇逃往澳门。孰料途中遭遇了地方土匪，堂堂的广州第一帮帮主竟栽在了土匪的手里。

1949 年 10 月，人民解放军已经越过湖南，在广州的国民党党政机关，很多已经疏散撤离。一些有钱人也陆续迁往香港、澳门，因为省澳间的轮船通航至最后一刻，一些人滞留于13日晚才离开广州。至于绝大多数居民，则留在广州迎接解放，广州市面比较平静。

10月10日，何崇校登上了开往澳门的轮船，大洪山“格字号”分堂的李日全前来送行。李日全也是忠义会一分子，他告诉何崇校说，他刚参加完葛肇煌召集的忠义会会议，“最近葛大哥已几次召集忠义会分会长和重要弟兄，商议共产党到来时的对策。今天是在宝华正街14号举行最后一次应变会议。”

葛肇煌连日来确实召开了不少会议，他在会上宣布，估计解放军三四日后即可进入广州。忠义会本来打算在广州及近郊进行阻击，然后再从西江撤退。因为大洪山不同意，这个计划不能实行，何况国民党方面在广州已无多大力量。因此忠义会决定分三个方面行动：凡能在广州隐藏的，听任留在广州；不能留在广州市区，但仍可潜伏附近四乡的，也听任自行疏散；不能做到以上二者的，而自己又有武器，则可以跟随广州卫戍总司令部地方团队指挥所一起行动。广州卫戍总司令部地方团队指挥所已经决定将能带走的地方团队循新会、中山撤往三灶岛，和海军配合，固守海岛。葛肇煌宣布后，有“泮塘皇帝”之称的李润表示，他的分会人员愿随卫戍司令部地方团队指挥所一起行动；另一些分会则表示，他们的人可以在四乡潜伏。

国民党广州卫戍司令李及兰，只是一个空头司令，手下并无正式部队。广州解放时，他已将司令部大部分人员，在广州给资遣散，一部分在撤退到石歧时遣散，留下最后一部分人员，则在前山登上隶华轮逃亡海南岛。

广州卫戍总司令地方团队指挥所指挥官是李崇诗，副指挥何峨芳，两人都是军统分子。葛肇煌与他们素来认识，亦有相当交情，所以葛让有武器的忠义会部分成员跟随他们行动。10月12日，由何峨芳率领这一部分人，乘船经江门、斗门，窜往三灶岛。这批人到达三灶岛后，因国民党海军不肯接济，给养不足，最后瓦解散伙，大部分逃往香港、澳门。

葛肇煌在10月初，已将他的家属送往香港，他本人是于10月13日偕同三四名随从，化装雇一艘小船逃往澳门。在船经顺德勒流附近时，他们被地方股匪喝住搜查，所带钱皆被搜去。葛的随从说："这是葛大哥。"那些地方土匪说："我们不管葛大哥葛二哥。"真是"强龙难斗地头蛇"，堂堂的广州第一帮帮主竟然在阴沟里翻了船，栽在地方土匪手上。葛肇煌狼狈不堪地逃往澳门。

2、葛肇煌逃往澳门后，听从何崇校的建议，回到香港准备重建洪门忠义会。不料开会的消息被香港警察侦知，葛肇煌等人被逐出香港。

葛肇煌到澳门后衣食无着，他找到熟人借得一些钱，在澳门新马路国际饭店住下，设法和他的手下喽啰取得联系。

10月下旬的一天，葛肇煌在银龙酒家饮茶时撞见了何崇校，立刻把何拉住，请他到自己住处一谈。在国际饭店五楼一号房内，葛肇煌对何崇校说道："你看我今后应该怎么办才好？你老哥务必给我出个主意。"何崇校想了想，对他说："以我们的交情，应该为你设想。现在共产党已占领广东，看情形我们很少有回去的可能了。你能否从此改名换姓，远走高飞，另谋出路？"

葛肇煌摇摇头说："我不能。我为了求生存，不能不干下去。我是向你请教，今后我应怎样干法？"何崇校说："我们要干，总要有本钱。忠义会是你的本钱，现在虽然人员四散，但是总可以联系回一部分。现在国内是回不去了，香港是大码头，是可以混下去的。幸而忠义会过去与香港好几个三合会组织有关系，忠义会迁往香港，大概不至于受当地三合会排挤。只是香港当局，表面上一向禁止帮会活动，如何通过英国人这一关，还得想点办法。这就要扯上一点政治关系，借助一点政治力量的帮助，才能在香港站好脚跟。现在是要寻找正当帮助。阎锡山跑到台湾，未必有办法，你过去和他亦无特别关系，他现在也帮不了你什么忙。你唯一能找的帮助，只能是军统局（保密局），可是军统也不重视你，你也不认识毛人凤。而如今情况变化了，他们被迫要从大陆全都撤出，在这个问题上，你还是可以打动他们的。他们需要派人在大陆扰乱，你就不妨对他们大吹特吹，说忠义会在内地还有多少人，可以起作用等等，他们是会相信的。这样，你就有了政治背景。先在香港打开码头，待站稳脚跟后，可以干一下。至于将来怎么样，那是将来的事。”

听了何的一席话，葛肇煌深有同感似的频频点头，说：“你讲得好，我想我也只能这样办，今后我决定照你的话去办。”葛又说：“过两天我要转往香港，忠义会已有不少兄弟逃到香港，我要召集他们议一下。今后还希望老哥多多帮忙。”

在1947、1948年间，当张辅邦搞新建会广东分会筹备处时，葛肇煌对军统若即若离，表面上敷衍，暗地里抵制。现在他从老巢逃出来，走投无路，又不得不投靠军统了。

在澳门逗留了10天左右，葛肇煌即转往香港。一到香港，葛肇煌在德辅道皇后大酒店开了一个大房间，召集逃到香港的忠义会骨干举行秘密会议。

谁知老天偏偏跟他过不去，开会的消息被香港警察署侦知。在葛等开会时，警察前去捉捕。与此同时，也另有人暗中将消息通知葛肇煌。出席的人大多得以逃脱，只是葛肇煌和几个走迟了的忠义会骨干被捕。香港英法院判葛从事非法秘密结社活动，驱逐出境，永不许回香港。葛肇煌被逐往海南岛，一同被捕的罗耀昌则被逐往澳门。这是根据被逐者自报的志愿。葛肇煌既有心拉住军统这条线，原想是去台湾的。可是那时蒋介石惶惶不可终日，十分害怕共产党人和革命人士涌进台湾，对台湾入境控制得相当严，非事前批准，不得轻易登岸。葛肇煌在军统局本部内还没有熟人，因此不能直接赴台。他知道军统广东站站长郑星槎在广州解放前夕已率站部人员逃到海口。葛在名义上还是广东站的上校直属通讯员，他一向认识郑星槎，所以他自报愿往海南岛。

3、在郑星槎的帮助下，葛肇煌重新回到香港。有了军统的支持，他重建了洪门忠义会，对外称为十四 K 党。十四 K 党人为非作歹，渐成香港最大的黑社会之一。1954 年，葛肇煌病死在香港。

葛肇煌在香港被驱逐出境到达海口，很快就找到郑星槎。他对郑吹嘘他尚有多少洪门兄弟留在大陆，他如何有办法可以指挥他们。郑星槎将葛的情况报告军统局（保密局）。这时蒋介石正准备成立一个“大陆作战处”，以郑介民为处长，对大陆进行破坏骚扰，需要网罗一批亡命之徒潜入内地捣乱。有葛肇煌这样一个工具，正合需要。军统局（保密局）即电令郑星槎，命郑在海口为葛肇煌代购飞机票，将葛送往台湾。

葛到台湾后，见到当时“大陆作战处”处长郑介民和保密局局长毛人凤。葛向二人大大自我吹嘘一番，还建议应当联系尚隐藏在内地的忠义会分子，派人潜入大陆，以及必须在香港建立据点。但他本人已被香港政府驱逐出境，难以回去。郑、毛二人答说，这一点可以想办法。后来由国民党驻香港外交人员向香港英政府秘密接洽。在反共问题上，帝国主义和各国反动派是一致的，所以香港政府取消葛肇煌及其党羽不许回香港的禁令。葛肇煌又得以回到香港。

到香港后，有军统头子的支持，葛肇煌便放手干起来了。这时一些忠义会分子，也陆续逃亡到香港，葛就将他的忠义会在香港重建起来。忠义会属于洪门三合会这一派系的，在香港原有的洪门三合会组织都有一个奇特的名称，如“联益”、“四和”等等。忠义会迁到香港后，为了不刺激香港警察当局，他们将洪门忠义会的名称暂时收起。它的成员对外以十四 K 党人自称。“十四 K 党”这个名称之由来，还是由于忠义会在广州时，会址设在西关宝华正街十四号。他的会员到会所去，每每说到“十四号”去，后来“十四号”这个名词在他们内部就成为总会的代名词，进而成为忠义会对外的代名词，并由“十四号”变为“十四 K”。在广州时，十四 K 已成为忠义会分子对总会的代名词，他们迁到香港后，索性自称为“十四 K 党”党人。葛肇煌也摇身一变，由洪门忠义会会长转为十四 K 党的头子。其实他们并没有想组织什么政党。

香港的黑社会，大多和三合会有关。这种帮会组织，为了利益上的冲突，有时也为利益上的需要，他们一面相互嫉妒排挤，一面又相互支持勾结。葛肇煌在广州时，香港三合会分子到广州时有求于他，他都乐于帮助。因此忠义会逃亡到香港，香港的三合会对他们尚不排挤。十四K党分子认为他们是“搏命”从广州逃出来的，在香港新码头，不拼命挣扎就不能生存。加之又有军统的暗中支持，给了他们精神上的鼓励，所以他们特别凶恶。十四K党在香港渐渐成为最大的黑社会之一，不仅在香港、澳门为非作歹，而且与国民党相互勾结派特务潜入大陆进行反革命破坏活动。

1954年，葛肇煌病死香港。十四K党党人为他举行盛大的出殡仪式。出殡那天，除了十四K党全体成员外，香港的三合会分子，其他黑社会分子，以及与黑社会有关的“偏门”行业，如舞厅、导游社、俱乐部、麻雀馆等等的从业人员，很多都参加送殡。送殡行列摆的花圈、素亭、乐队等有几条街长。十四K党党人继承他们在广州搞宣传的经验，认为给他们的头子铺张丧事，是他们的重要宣传工作，是他们向香港社会显示他们声势的机会。香港历史上尚未有过一个帮会头子之死，出殡仪式之盛，有像葛肇煌那样的。葛肇煌死后，他的党羽继承他的反动衣钵，仍继续在香港、澳门作恶。

4、在国民党的指示下，1956年10月，香港特务组织了以十四K党党人为核心的黑社会分子大骚乱，造成十分恶劣的后果，可见葛肇煌死后仍阴魂不散！

1956年10月，国民党指示香港方面的特务组织以十四K党党人为核心，联合其他黑社会分子，发动一次大骚乱，目的是为了反共。他们利用10月10日辛亥革命纪念日的机会，裹胁万余暴徒，在九龙制造了一次大暴行。

10月10日这一天，许多工厂、商店被洗劫一空，有嘉顿、新中、大丰、中建等土产食品公司和周生生金铺、广州钢窗厂、华南金属玩具厂等共8家。被捣毁焚烧的有香岛中学、大华小学、广东省银行九龙分行。12日，荃湾附近深井地区，有好几家规模较大的纱厂、酱料作坊以及其他工厂被纵火。九龙城东头村和西头村，有许多布厂也被捣毁。暴徒还袭击了上海街的工人留产所，把工人医疗所全部拆掉。他们还在街头拦烧汽车，把一个司机活活烧死在车内。在荃湾骚乱中，死伤累累，其中有小孩子，甚至有被强奸后杀死的妇女。

暴徒袭击的目标，有许多是属于新中国人民政府的产业，如广东省银行九龙分行、中建公司、广州公司等。还有一些是爱国的商店学校，如香岛中学和一些进步工会。这些企业、工厂、商店、学校乃至居民住宅在受袭击报警时，香港当局居然迟迟不予援救。

九龙大骚乱中，被暴徒打死打伤不少人。10月14日上午，香港英国当局公布了一项明显缩小的统计，说骚乱中有45人死亡，358人受伤。但据当时住在九龙的一个人说，他在九龙寓打老道一个殓房，就亲眼看见41具尸体，送到医院因伤而死的尚未计算在内。

九龙大骚乱的主要凶手是十四K党人。在骚乱发生前，国民党驻香港的特务头子，十四K党和香港原有三合会的头头，以及九龙难民营的流氓头，“自由劳工”的头头们，先后在新乐大酒店举行宴会和会议，分配行凶任务，规定行凶标志，十四K党人佩臂章，其他帮会的颈上围白毛巾，难民营的流氓戴证章。会议还决定分配了袭击地点：荃湾地区和青山道、嘉顿饼干公司一带由十四K党负责；九龙市区由警义帮和14K党负责；香岛中学和李郑屋村由二龙堂负责。

暴行开始了，他们用大卡车运送暴徒到指定地点，事毕又接他们回去。头头们则穿着笔挺的西装，乘坐“的士”亲临现场指挥，车上插有白旗或国民党旗；联络人员也乘坐小轿车，穿梭不停……

葛肇煌死了已有两年之久，但他阴魂不散，其党羽十四K党依然为非作歹，残害百姓，真可谓是人死流毒在！

黄金荣：被吓死的上海青帮老大

黄金荣（1868—1953 年），字锦镛。祖籍浙江余姚，生于江苏苏州。1880 年举家迁至上海。少时在上海城隍庙裱画店当学徒。

从 1892 年开始，在法租界巡捕房当包探，为租界当局效劳。后由包探、探目、督察员升任法租界警务处督察长。依仗帝国主义势力，广收门徒，贩运鸦片，开设赌局，敲诈勒索，敛财巨万，成为上海最大的流氓头子之一。

1927 年 3 月，参与反共活动，并与杜月笙、张啸林等组织中华共进会，4 月 12 日指挥流氓打手攻打上海工人纠察队，残杀工人群众。因反共有功，被蒋介石委为国民革命军总司令部少将参议和行政院参议。

1927 年宣告"退休"，但在上海黑社会中仍有举足轻重的影响。抗日战争期间，拒作日本汉奸。抗战胜利后，受蒋介石之命组织帮会势力维持地方治安。1946 年 2 月，组织以他为首的荣社，集聚恶势力，为害社会。上海解放前夕，将其家产和企业资金，变换成黄金、美钞，由他人带往香港。

上海解放后，登报检讨其罪恶，获人民政府宽大处理。1953 年死于上海。

一、巡捕房的总捕头

1、黄炳泉喜得一子，“家有千金，荣宗耀祖”，金荣之名由此而来。幼时，不幸染上天花，落得“麻皮金荣”之绰号，小金荣受溺成性，厌学贪玩，幼时随父母落脚上海，受染社会败劣习气。

黄金荣也叫金镛，1868 年 12 月 14 日生于苏州。黄家祖籍本是浙江余姚，到黄金荣的父亲黄炳泉时才搬到苏州。黄炳泉共生了四个子女。长女名叫凤仙，次男名叫金荣，三女叫杏仙，四男生下后不久即夭殇。其他孩子一生平平，不惹人注意，唯有黄金荣的出生，引起了家人的关注。因为黄金荣的出生是黄炳泉千盼万等的一件大事，关于黄金荣名字的由来，还有这样一段传说呢。

原来黄炳泉已近中年时，妻子已怀过两胎，第一胎是个丫头，第二胎却不幸流产了。1868 年，夫人又怀上一胎，已有八九个月时，黄炳泉特意备了香烛跑到城外的寺院，跪在观音菩萨脚下苦苦哀求讨个儿子。结果随愿，夫人于 12 月 14 日生下了一子。

儿子满月，要起名字，黄炳泉心中早有主意。“我想人生在世，”黄炳泉似乎带有感叹的口气分析道：“无非是为‘富贵’两字。家有千金，才是富；荣宗耀祖，才算贵。我想这孩子就叫金荣吧，各位帮我想想，这名字是否好啊?”大家异口同声地夸奖起得吉利，都说孩子将来能应这个名字，有大出息，黄炳泉心里十分得意，就给孩子定下了“黄金荣”的名字。

黄金荣 5 岁那年染上了天花，面部、四肢密密麻麻地发出红斑疹，生性好动的黄金荣根本受不了这般苦楚，伸出小手往脸上乱抓，那脓水流得满脸都是。夫妇俩连劝带哄，甚至采取了强制措施，但已无济于事。十多天后，疱疹结成了一个个的小痂，布满了面孔和身上。不久，痂盖脱落下来，脸上却出现了一个个的小凹坑。这就是人们通常所说的麻子。由于这场天花疾病，黄金荣的脸上，留下了永远去不掉的痕迹。黄炳泉夫妇伤心极了，才十几天功夫，一个好端端的儿子，便成了一个小麻子。但这是自己的独苗，还一样当宝贝仔细地养护。过了些日子，黄金荣痊愈了，跑出门外去和邻居小朋友玩耍。那些小孩一看见他就愣住了，随后就开玩笑地叫他“麻皮”。于是，“麻皮金荣”就成了他的绰号，跟随了他一辈子。

1873 年，黄炳泉带全家，搭船离开了苏州，风尘仆仆到了大上海。起初住在漕河泾一带，以后又到南市张家弄、三牌楼的地方找了房子居住，并开起一家“悦来”茶馆度日，这里便成了黄金荣幼时玩耍的地方。茶馆很小，只有两开间面积，放了六张四方茶桌，当时叫“八仙桌”。雇了个小伙计，专门烧水、沏茶、招待顾客。小茶馆的生意还可以，到这里来喝茶的大半是社会底层的各色人物。有自带干粮到这里来饮茶吃饭的码头工人，有来寻个地方品茶聊天、消磨时光的那些悠闲的人们，还有一些神秘的不速之客，在此碰头谋划着什么不可告人的勾当，更有一群群大喊大叫的赌徒，常常聚集到这里打麻将、推牌九……这一切，对黄金荣来说，都是那么的新鲜。

转眼又过了两年多，黄炳泉把家搬到上海市张家弄居住，为的是有机会多和住在这里的那些清朝武官、捕快差役们接触。虽然不能再去当捕快，但也可以和他们交个朋友，找找共同语言，好有个互相照应。夫妇俩出于对儿子的溺爱，任他在家中玩耍，不肯送去读书。直到儿子 9 岁了，如果再不读书，恐怕会耽误前程，于是，黄炳泉就把儿子送到附近的一座庙宇内读私塾。

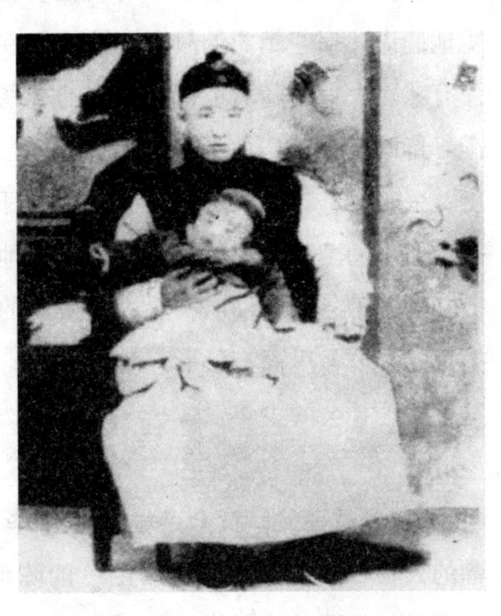

黄金荣周岁时与其父黄炳泉的合影

黄金荣进了私塾，最初读《三字经》，以后又读了《百家姓》、《千字文》、《神童诗》、《论语》、《诗经》之类的东西，整天都是老一套，不是读书，就是背书，再不就是抄书，非常乏味。黄金荣从小受尽父母溺爱，随便惯了，根本受不了这种约束。不是赖学，就是逃学。有时干脆熟睡不起，拖过了上学的时间，母亲也不忍心叫他。有时他假装头晕肚痛，乘机逃离学堂，不知去向。即使无奈坐在课堂上，也是心不在焉，无所收获。先生、父母都拿他毫无办法，任由他去了。5 年私塾读下来，连一半都没学进去。

而让黄金荣最感兴趣的则是到“悦来”茶馆的后堂看打牌，而且一看就是半天。这孩子读一本《百家姓》，得花年把工夫，可是对于打麻将与推牌九却一学就会，什么至尊、长三啦，天门、地角啦，只要一听就懂；麻将中一百四五十张牌，他用中指在牌底面上一摸，不用看就知道是什么，简直神乎其神。

黄金荣很不喜欢读书，却对社会上的各种奇闻轶事兴趣十足。他非常喜欢听捕快破案的故事。父亲黄炳泉过去就侦破过许多疑难奇案，经常讲给黄金荣听，使他长了不少见识。在张家弄居住的武官捕快、差役那里，故事就多得多了。黄金荣一有机会，就钻到街头巷尾，跑进茶馆店内，去听他们讲述那些精彩的故事。捕快们在那讲得眉飞色舞，他在一旁听得津津有味。那捕快的英姿，那破案的神秘和有趣，都深深地打动和吸引着充满好奇的黄金荣。他希望有朝一日，自己也能当个捕快，神气地走在大街上，去破案，去抓人。在父亲的影响下，他还喜欢一个人上城隍庙去逛。去看庙里的至高无上的神和菩萨，给他们磕头，求他们保佑自己。去逛庙前开的各种各样的商店，看里面摆放的琳琅满目的商品。他还喜欢看熙熙攘攘的人群，里面有形形色色的人们。大上海的这一个侧面，正在熏陶着这个初涉社会的少年。

2、少时丧父，黄金荣学徒于萃华堂裱画店，结识了黑社会一大名鼎鼎的人物——人称“签子福生”的陈世昌，从此向黑社会迈入了第一步。满师后，他通过关系进了巡捕房，成了一名捕快。由于经常聚会望江楼，又称望江楼出身的。

黄炳泉到上海以后，在这个花花世界里染上了一些恶习。除了依然常常去赌博以外，他还会干点寻花问柳的事。更严重的是，黄炳泉吸上了鸦片，以至身体越来越弱，最后送了性命，留下了邹氏、黄金荣和黄杏仙。黄炳泉的死，无疑是对黄家的致命打击。

黄炳泉死后，他的妻子邹氏为维持生计，只得代人洗衣服，换一点米油以维持一家生活。后来，邹氏又设法将已满15岁的儿子金荣送到孟将堂内做些零碎活计，混口饭吃，过着和小和尚一样的打杂生活，因此当地人就叫他“小和尚”。但黄金荣似乎并不后悔，因为他本来就不怎么喜欢读书，跟着人家打杂，还可学些自己喜欢的东西，如待人处世之类的。

上海南市张家弄，黄金荣曾住于此

当了一阵“小和尚”后，邹氏又把黄金荣托人送到城隍庙一家裱画店当学徒。这家裱画店开设在豫园路环龙桥下堍，名叫“萃华堂裱画店”，是爿老店。该店的老板叫黄金浦，黄金荣拜他为师。起初3年学徒期，每月只拿月规钱400文，后两年又增加了一些，这些“学徒工资”还真帮了邹氏不少忙。

黄金荣在萃华堂的5年中，收获不小，比如那些正规的裱画手艺，黄金荣学得都不错。不仅如此，他还懂得了不少的以假充真、偷梁换柱的手法，这给他以后混迹上海滩提供了好“思路”。

黄金荣在学裱画、做生意期间，偶然结识了黑社会一个大名鼎鼎的人物。他就是上海青帮的头目之一陈世昌，人称“签子福生”。陈世昌，乳名福生，绰号签子福生，也称“套签子福生”，江苏苏州人，上海青帮“通”字辈头目，称霸于小东门一带。以套签子骗钱为生。有了钱，他就去嫖妓，寻欢作乐。所以，他热衷于到处找人聚赌，干坏事，也收了很多徒弟。杜月笙最初也是他的徒弟。

黄金荣与陈世昌的认识是在赌桌旁，当时，陈世昌与一伙人正在赌博打麻将。黄金荣好奇，就凑过来看热闹，想学点门道。他的聪明、灵气，立刻引起了陈世昌的注意。于是，陈世昌便让这个小兄弟上桌打起麻将来，不久，陈世昌专门把黄金荣带到一个酒馆，和一群青帮兄弟见面，向他传授赌博的技巧。他们掷起骰子来，得心应手，想要几点，每次差不离儿。这种技巧太神奇了，黄金荣简直惊呆了。

从此以后，只要一有时间，黄金荣便溜出裱画店，随陈世昌一道频频出入各种茶楼，长了不少的见识。陈世昌对黄金荣也颇为欣赏，教会了他很多赌场舞弊的手段，也就是“轧板”，通过规定的联络暗号，和对家互通牌情，并告诉他许多黑社会中的内幕，使他对青帮也有了更多的了解。

涉世不深的黄金荣，在陈世昌的引诱下，不仅赌瘾越来越大，还开始去妓院寻开心，并一发不可收拾。

话说在裱画店的学徒期也快结束了，黄金荣作假的本领也越来越高，胆子同时也越来越大。他需要更多的钱，以便能维持他花天酒地的生活。

陈世昌的鬼主意多，他帮黄金荣出了个新点子——抢劫。有顾客送名画来装裱时，就由黄金荣暗地里通知陈世昌的手下，陈世昌的手下便躲藏在某个路口，一旦顾客取走画并经过路口时，他们便动手抢劫。把抢得的画转手卖掉，所得的钱还可以分黄金荣一小部分。

陈世昌也很讲“义气”，当看到黄金荣受人欺负时，他就会两肋插刀替他报仇出气。原来黄金荣经常上城隍庙逛，路过一条小里弄，看到里面一家有位漂亮大姑娘，一打听，知道叫杏花。于是，他便使出手段把她勾搭上。哪知这杏花有个哥哥，绰号叫黑皮长贵。一日，他回家正撞见二人。黄金荣吓得跳窗而逃，而杏花却慌作一团，在哥哥的逼问下，才把这件事给招认了，这黑皮长贵也算是这一带的小霸王，于是他为了出气找了几个兄弟，将黄金荣堵在路上狠揍了一顿。

黄金荣挨了毒打，狼狈不堪，匆匆跑去向陈世昌诉说，要求帮忙报仇。签子福生二话没说，立即找到了在县衙当捕快的青帮兄弟，要其将长贵抓起来教训一顿，煞煞他的威风，以长自家兄弟的志气。过不了多久，县衙果然下来一批捕快，将黑皮长贵绑到衙内，并投入监狱。黄金荣觉得这“义气”二字非常重要，更感到衙门的差事是如此了不得。以后，他走上捕快、巡捕的道路，不能说与其无关。

1887 年春，黄金荣满师了。正月十七那天，黄金荣的母亲高兴地为儿子办了两桌满师酒，请了姐夫和师父，也请了店里的师兄师弟，痛痛快快地热闹了一番。晚上，陈世昌少不了为这个小兄弟请酒祝贺。

满师后，黄金荣在南市、城隍庙一带的裱画店找工作，最后终于在南门内一家裱画店谋到了一个司务的位子。一段时间之后，黄金荣感到厌烦了，他觉得做裱画司务没什么出息，整天不是站柜台赔笑脸给人看，就是四处跑腿到处求人，简直有点低三下四。一年从头忙到尾，辛辛苦苦，也只能拿到那么一点钱。几年生意做下来，官还是“司务”，不能升一级，权也不会大一些，钱财方面更是少得让人难以启齿。长此以往，要到何年何月才能有自己的产业，才能出人头地？

以前，黄金荣常常看到有很多衙门里的师爷、捕快、差役等在这里相聚，于是便留了份心眼。他们也可算是“办案”的，或是来此交换情报的，或是身着便装等候“眼线”来送情报的，还有的是与求情人讨价还价想要把案子私了的。

这一群人的交易，不像商客那样大呼小叫的，也和外人隔得很远，而自己人总是凑得极近，低声说着话，办事非常秘密。只是那些白花花的银子被暗地里塞给捕快的情景，尽收在黄金荣的眼底，看得他心里头直痒痒。每次办完事情后，都是衙门里的人揣着银子欢天喜地地离去。黄金荣很早就有要当捕快的念头了，只是父亲死得早，不能助他一臂之力了。现在他已成人，这个愿望就越发强烈了，于是他千方百计地寻找机会去接近这些捕快们。

那次为了对付黑皮长贵，黄金荣已经结识了衙门的李捕快，这次又由李捕快牵线，结识了不少上海县衙门里的书吏、捕快等，他们时不时上得意楼喝茶作乐，黄金荣也经常上衙门去找他们，日久天长，混得熟了，黄金荣提出要进衙门谋个差使，他想要跳出这没出息的小伙计行列，也要像这些人一样神气活现地走在街上，也要像这些人一样捞外快、发横财，把白花花的银子捞进自己的腰包。

1899 年，法租界当局与清政府达成扩展租界的协议，北界拓至北长浜，西至顾家宅、关帝庙，南至打铁浜、晏公庙、丁公桥，东至城河滨。

随着地盘的扩大，人口变多了，工厂设施也增加了，就需要增加保卫的力量。租界当局要建立万国商团武装组织，也要求有更多的警力。

1892 年 7 月，法国总领事白藻泰、公董局总董白尔，为加强租界的治安，从安南雇来了 29 名巡捕，准备设立上海法租界巡捕房。但因为这批安南巡捕言语不通，很难执行任务，往往闹出很多笑话。因此，白藻泰和白尔又设置西探、华探各 13 名，亦称探目或包打听，以他们为巡捕房的骨干。每一名探目发给巡捕卡一份，编号从 1 号到 13 号，以 1 号卡资格最老，威势最大。

法租界招巡捕，给黄金荣提供了一个绝好的机会，可以说从此改变了他一生的命运。说起黄金荣进入法租界巡捕房，还真是凑巧。当时黄金荣家隔壁住的是姓陶的人家，黄金荣的母亲邹氏经常给陶家洗衣服，日子长了，陶婆婆看到邹氏带着三个孩子，日子过得很是艰难，深表同情，言语中常流露出可以帮邹氏一把的意思。正好遇上法租界扩展，巡捕房公开招考华人巡捕，黄金荣也报名投考。

这时，陶婆婆的儿子刚从上海中法学堂毕业，进入法租界巡捕房当翻译，陶婆婆就叫她儿子在巡捕房内打个招呼，黄金荣果然被录取为三等华捕。当时法租界巡捕房的 1 号华探是徐安宝，绰号“大块头”，与黄炳泉是好朋友。因此，黄金荣在这两位的“照料”下，不仅顺顺利利地进了法租界的巡捕房，而且得到了提携，不久，在陶翻译的力荐下，黄金荣做了

金陵东路的聚宝楼

华捕的领班。黄金荣初进巡捕房时，得到的是第13号卡，被派在十六铺码头一带管理治安。

当时的十六铺地带虽非租界，但那里是法租界和南市交接的地带，是一处真正的“华洋杂居”之地。这十六铺码头位于水陆交通要冲，是商品集散地，商情繁忙。中外许多大轮船公司，像怡和、招商、太古等，都在这里建有码头。每天进出港口的大小船只，多得不计其数。卸下装上的货物，在码头堆积如山。各种商行、土行、妓院、茶楼等，在岸上比比皆是，互相招揽顾客。形形色色的人群，在此川流不息，从一大早就开始，嘈杂的喧闹声直到深夜。除此之外，许多地痞、流氓、无赖聚集此地，不断扰民滋事。不是抢夺货物，就是偷人腰包，打起架来，死伤人命的事时有发生，让路人胆战心惊。

巡捕房为了租界的利益，也涉足十六铺码头的治安。因而巡捕们出资，在黄浦江边盖了一座“望江楼”茶馆。内有32副白木茶座，供巡捕们休息、办案。黄金荣自入法租界巡捕房后，当然也就是望江楼的常客了，所以后来人们有时称他为“望江楼出身的人”，就一点也不奇怪了。

3、自当了巡捕后，黄金荣左右逢源，大肆敲诈勒索，不料处理“四明公所事件”时，搞得两面不是人，只好到苏州谋生。不久，由于法国巡捕房地界老出事，黄金荣被请回。回来后，他办的第一个案子就是侦破了宋教仁被刺案，举国敬佩。

在萃华堂学艺期间，黄金荣便常常到城隍庙得意楼喝茶，结识了城隍庙一带各色各样的人，其中他觉得最合得来的还是那些不务正业的地痞流氓和青洪帮分子。黄金荣升格当了法巡捕房的“包打听”后，为了管理十六铺码头的治安和破获盗窃案件，他一方面尽量利用以前的旧相识，一方面又有意识地和这些人厮混，结交更多类似的人物，因此，他在黑社会下层流氓地痞中的关系便渐渐多了起来，这对他管理和破案颇有好处，而且，他还特别懂得以假充真的手段，这都是他在萃华堂学裱画期间的收获。

黄金荣原来在捕房中的地位很低，但因他破案有法，屡显身手，再加上精于敲诈勒索，巧取豪夺，得以有能力经常孝敬法国巡捕头目，钱财古董，无所不献，所以他很快就从原来的“二埭头”升到“三埭头”。不久，他又从小东门巡捕房调至法租界治安巡捕房的总机构——麦兰巡捕房。这一调任，使他在发迹路上又跨进了一大步，令他顿时身价倍增，威风至极，手下的巡捕不仅都要对他立正行礼，还要奉敬贴金。

有了职权以后，黄金荣更加充分地发挥其“聪明才智”，大肆敲诈勒索一些商店老板和富翁财主，让这些人失了财还得念他的好，这是因为他的办法巧妙且隐蔽，一般人看不出什么破绽。他惯用的伎俩是唆使一些青洪帮分子和地痞流氓，在商店门前或闹市地区寻衅取闹，甚至假装打架和骂街，影响商店营业，使顾客远而避之，不敢进去买东西。就在这时，黄金荣及时出现了，他带着巡捕和便衣包探，上街巡逻，每到之处，这些闹事的小流氓小瘪三无不逃之夭夭，有时黄金荣还故意抓起几个小流氓来惩办。于是一些商店老板和富翁财主，都感到黄金荣的确厉害，有威望有办法，能保护他们。于是每逢过年过节甚至按月给他送礼送钱，把他当做保护神，有的还投帖子拜他做老头子，有的甚至拜他为寄爹。黄金荣的势力一时便扩大了不少。

在此期间，租界里爆发了一起震惊全上海的“四明公所案”，使得黄金荣不得不暂时离开了上海。

原来，这“四明公所”是宁波同乡会建的寄存棺材的地方。门前还有一大块荒地，也是宁波同乡会的墓地。宁波当时有30多万人旅居上海，是上海外来人中数量最多、势力最强的一支。在当时的上海滩人称“四明帮”或“宁波帮”。这30多万人中每年每月变成“鬼”的，除少数“魂归故乡”之外，大部分都留在这公所里。在所里呆了几年，如果无法“叶落归根”，便被抬到门外的墓地埋葬。四明公所的创办，远在法国人来到上海滩之前。

1878年，法国人使用武力，强行拆迁四明公所，与数万宁波人发生激烈冲突。法国巡捕开枪，打死7人，打伤几十人，宁波人毫不退让，准备坚持斗争到底。后经清政府官员出面调解，法租界当局同意赔7000两银子，并承认四明公所为宁波人所有。

事隔20来年，即1898年初，法国领事白藻泰突然给中国道台蔡和甫一纸照会，其中说：

此地为贵国租予法国，即应归法国管理。且中外公例，地方不便之事，官厅可以改革。四明公所义冢逼近居民，人鬼杂处，易生疫疠，于我侨民实属不便。希道台阁下急速处置此事，本领事翘首以待。

洋人把扩充租界的魔爪也伸向了这块地方，要强行把坟墓拆掉，霸占这一片地区供他们盖楼用。这一举动激怒了所有在上海的宁波人，他们对洋人进行了坚决的抵制。黄金荣则奉命带了些华捕和地痞流氓，在距四明公所百余米地方的一座房内，坐镇指挥巡捕们配合行动。他命令巡捕们，将四明公所周围地区戒严起来，不准行人和宁波同乡靠近。他还指派一些便衣警探和地痞流氓，混入周围人群中，打探那些带头的宁波人，并暗中把他们抓了起来。

而在这次抵抗运动中，有一个小有名气的年轻人叫虞洽卿，在这里起了非常重要的作用。虞洽卿，1867年6月19日出生于浙江省镇海县，取名和德，长大后人称阿德哥。他当时年35岁，精明能干，常常为宁波首领出谋划策，很有功绩。当洋人把扩充租界的魔爪伸向这个地方的时候，他挺身而出，主动担负起组织反抗活动的重任。

但因为黄金荣与虞洽卿十分交好，所以他想玩弄“两面光”的手段，企图讨好两方，最后再息事宁人。但这一次由于有了流血冲突，洋人十分不满意，训斥了黄金荣，并责成他几日内必须立即办妥此事，否则革职查办，并调动了洋人军队前往协助。

当天，四明公所便发生了令世人震惊的屠杀，15 名中国人倒在血泊中。中国人愤怒了，不只宁波人起来斗争，其他许多浙江人、上海人也参加了进来。商人们停止了交易活动，工人们进行了罢工，许多商店也关门停业。就在几天之后，最繁忙的十六铺码头航运也严重受阻，成堆的货物积压在那里，洋人损失惨重。虞洽卿还积极去鼓动劳工界“短裆朋友”的首领沈洪赉，让他去组织租界里为洋人服务的华工，举行罢工。结果，连那些为洋人做衣服的裁缝、替洋人洗衣服的职工、给洋人烧饭的厨师，还有那些做杂役的仆人等，都纷纷辞职不干。这样一来，洋人叫起苦来，吃不好饭，穿不上衣服，处处不方便，就连上厕所也是个问题，根本无法正常生活。

法国人开始妥协了。他们觉察到，罢工有旷日持久的趋势，如此下去对自己不利，便想结束这样的局面。法租界当局感到，强行占领四明公所的办法，是行不通的。于是，他们采取了暂时的妥协。

四明公所的所有权，终于再次得到了法租界当局的承认。宁波人虽然对清政府卖国行为表示不满，然而对四明公所最终未被夺去而感到庆幸。持续了多日的四明公所案，就这样结束了。

而黄金荣，由于没有协助洋人夺走四明公所，同时又由于他不只一次地助纣为虐，残害百姓，受四明公所案牵连，他离开了法租界的捕房，去了苏州。

自从黄金荣离开上海以后，法租界里案子时有发生，闹得鸡犬不宁，但巡捕们办案不力，巡捕房万般无奈，又请黄金荣回来主持破案。1900 年，黄金荣重回到巡捕房，受到了重用，官复原职。法国人再次任命他为巡捕房探长，然而此时他的权力已大大超过了两年前。复职后，黄金荣确实正正经经办了一些事，而且从中也的确显示了他的才干。其中，他承办侦破的刺杀宋教仁一案，更是他一生中最为辉煌、最为轰动的一页。

1913 年 3 月 20 日，宋教仁在上海北站被刺杀，震惊全国。坐镇北京的袁世凯为表“心意”，假惺惺地要手下一定要严缉命犯，同时又害怕查来查去查到自己头上，决定先发制人，编造谣言，诬赖沪军都督陈其美派人刺杀了宋教仁。陈其美正为遽失良友而伤心，突然又受到恶意中伤，忧急愤慨，迅速采取行动，联络有关方面的同志和朋友，请他们全力以赴，以最快的速度侦破宋教仁案。黄金荣是法租界巡捕房的“包打听”头目，同时在上海又有广泛的交际，所以陈其美嘱托黄金荣追查刺客。

3 月 23 日深夜，黄金荣已经睡了，忽然被人喊醒，报告英租界巡捕房打电话给法巡捕房，说是在湖北路迎春坊妓女李桂玉的家里，抓到了一个叫应桂馨的人，可能与宋教仁血案有关。英巡捕房要求法巡捕房第二天早晨派人去搜查他的家里，希望能找到一些证据。

黄金荣获悉后不敢耽误，立刻率领五六名巡捕在夜幕中赶往应桂馨的住处——法租界文元坊。应宅的客厅里正有几名男女，见巡捕一拥而上，个个惊慌失措，神色仓皇。黄金荣见状高喝一声：“不许动！”这一声犹如炸雷，吓得这些男女一动也不敢动，这时却独见一个身材矮小的男子，扭头就往后面逃，黄金荣见状立即拔腿追赶。

应家客厅后面，有一条长长的走廊通往厨房，厨房之后，又是一个小小的天井，连接着高逾丈许的后墙。这一路没有一线灯光，黄金荣凭听觉感到那人穿过厨房，准备翻墙逃跑。黄金荣暗中做了准备，待那人纵身扳上墙头之时，一个箭步窜上去，几乎捉到了他那两只悬空的脚。但那人身手异常矫捷，左脚一跨，便越墙跳到墙外的地面。黄金荣身材微胖，连跳三次方爬上围墙，借着微弱的天光看见那人已经从地上爬了起来。黄金荣情急智生，他站在墙头上纵身向下飞扑，恰巧扑在那人的身上，此人同时高呼一声：“哎哟！”那人虽被黄金荣按在地上，但仍作困兽之斗，幸亏黄金荣的助手赶到，齐力将那人制服，押回应家客厅。

灯光下，黄金荣一眼看去，顿时想起一张熟悉的面孔，冷笑道：“你叫武士英！”那人身体震了一震，却仍在竭力掩饰：“我不是武士英，我叫吴福铭!”

黄金荣把脸一沉，喝道：“瞎讲！你明明是武士英，你忘记啦？今年2月，你代别人卖三支肉桂，偷拿了两支还嫌不够，又把另一支卖得的一百多块钱吞没了。在法巡捕房里，你不是坐过一个月牢监吗?”至此，武士英无话可说，只得默默地低下头去。押解到巡捕房，黄金荣直截了当地审问道：“是谁指使你刺杀宋教仁的?”

“应桂馨。”武士英老老实实地承认道：“应桂馨给我1000块钱，一张照片，一支手枪和六颗子弹，并且派四个人相助，其中一个叫叶玉如，一个叫杨什么仁，另两个则忘记了名字。应桂馨要我带这四个人到北火车站，依计行事，行刺照片上的人。我根本就不知道要去刺杀的人是谁。稀里糊涂当了一回要命的刺客，根本就没想到大主使竟是当今堂堂临时大总统袁世凯和国务总理赵秉钧!”天快亮了，黄金荣命武士英在口供上签了字，然后押入囚室。

应桂馨的被捕，是由于一位国民党员找到专门贩卖古董字画的河南商人王阿法，陪同他到英巡捕房去报案。据王阿法说：一个星期以前，他到应桂馨家去卖画，应桂馨曾经拿出一张照片给他看，就是要他“办”这个人，事成愿意给1000元酬金。王阿法回答说他没有“办”人的能力，推托了。宋教仁被刺后，他看到报上的照片，方知道应桂馨要“办”的就是宋教仁，愿意为此案到公堂作证。

3月24日下午4时，黄金荣邀请法巡捕房的蓝总巡捕，总翻译曹振声，4名华捕，3名西捕，一同到文元坊应桂馨的家里正式搜查。武士英行刺时使用的六响手枪，以及枪内剩下的三颗子弹一并搜了出来。经查对，枪中所存子弹，和宋教仁开刀取出的一式一样。搜查应家时，黄金荣和蓝总巡捕商量，宋教仁被刺案全国瞩目，关系重大。所有在应家的男女人等，应该一律带回巡捕房，分别审讯，再决定羁押还是释放，免得会有人犯漏网。蓝总巡捕答应了，在重要证据运走以后，再将应家上下人等集中一处，竟有26人之多。

由于应桂馨一向狡猾，英国领事提出要把关在法巡捕房的武士英押来，当面和应对质。在“武士英起解”的那天，黄金荣和4名西捕坐一辆车，亲自押送，因为武士英这个犯人不是普通的犯人，说不准袁世凯、赵秉钧都会派人来伺机将他刺死加以灭口，那天上海便衣密布，如临大敌，黄金荣想得还是十分的周到。

审讯开始时，应、武两人再次见面。武士英看到应桂馨后有些畏惧，他企图推翻被捕时在黄金荣面前所作的供词，出尔反尔，一会儿说他只跟应桂馨见过一面，一会儿又虚构出一个叫“陈玉生”的人来，说是陈玉生指导他如何行刺宋教仁的。但不论他怎么辩解，漏洞还是越来越多，主控律师抓住一切疑点，对武士英的鬼话一一加以驳斥。

之后，黄金荣又将他们在应宅搜出来的证据一一公开，里面赫然有赵秉钧和洪述祖往来的密电码，以及洪述祖指使应桂馨行刺的电报与信件。铁证如山，应桂馨和他所聘请的四位外国律师，至此已无法再作狡辩，于是全案真相大白，应在会审公堂上俯首认罪，“确是因为袁世凯畏惧宋教仁北上出席国会，深恐对他有所不利，所以由国务总理赵秉钧，授命洪述祖指使本人，贿买凶手行刺是实。”

4 月 25 日，上海地方法院宣布正式开庭，审理应桂馨、武士英行凶杀人案。但就在 24 日晚上，拘押在中国监狱的武士英，竟然突如其来地吃红头硫磺火药“自杀”，事后查悉，才知道致命的火柴头，是有人逼他吃下去的。袁世凯终于杀人灭口了。不久应桂馨、赵秉钧也被暗杀。

黄金荣承办的这桩案件，最后虽被袁世凯所破坏，但从中也可以看出黄颇有能力，办了一件令全国人民称快的好事。

4、1923 年，在山东临城发生了孙美瑶匪帮绑架外国人质案，其中有多名法国人，尤其是有主教雷狄。黄金荣买通匪帮，机智地救出了雷狄主教，一时在全国名声大噪，成为法巡捕房的督察长。

在法租界负责治安工作，最重要的任务，自然是保证人身安全。黄金荣尽心尽力，他的业警生涯中最具传奇色彩的经历，大多集中在这一段，黄金荣晚年津津乐道的一件事情就是临城劫车案，救出雷狄主教。

1923 年 5 月 5 日深夜，一列从上海途经南京、济南、天津开往北京的火车，在离山东临城车站约三四里的地方，遭到孙美瑶为首的近千名土匪的袭击，乘客遭到绑架。被绑架的乘客中，除了中国人外，还有一些外国人。其中有法国天主教主教裴于松·雷狄。这批被绑架的旅客大都仅穿着睡衣，被押往事先布置的抱犊崮。泥泞小道坎坷不平，时又逢风雨交加，“肉票”们叫苦连天，哭声四起。

裴于松·雷狄主教，与法国驻沪领事、法巡捕房总巡捕等关系密切，此事非同小可，法国驻沪领事限令法巡捕房火速破案，将雷狄主教营救出来。为此，巡捕房动员所有的侦缉人员，四处打听，都没得到任何消息，只得采取高价悬赏的办法：凡知道雷狄主教下落通风报信的，赏银洋 3000 元，如能找到雷狄主教的，赏银洋 1 万元。黄金荣对此事极感兴趣，认为是升官发财的大好时机，于是他发动手下小兄弟，千方百计寻找线索，甚至亲自跑到城隍庙烧香求签，祈祷城隍保佑，使他能获得线索，破案立功，将来青云直上，一定整修城隍大殿，装塑城隍金身，但还是线索全无。

然而，黄金荣的运气实在好，他从一个到上海来的山东人被扒去 100 元钱而获得侦破线索。原来，此人叫韩荣浦，是吴佩孚部下的副官，从临城乘火车到上海来买东西。火车到了上海后，他从拥挤的人丛中走到车站附近的旅馆登记住宿时，发现装在肚兜里的 100 块钱不翼而飞。他想起有个姓隋的同乡在法租界巡捕房当巡捕，于是抱着一线希望到法巡捕房去寻找姓隋的巡捕，隋巡捕替他报了失窃案，又介绍他和黄金荣见面。

黄金荣一听是从天津附近来的，便向韩荣浦打听上海火车开往天津前被抢劫和法国神甫被绑架的事件。由于韩是吴佩孚的部下，熟悉行伍中的事，而且吴佩孚也驻扎在天津附近，因此对这一带情况较为熟悉。韩荣浦将知道的事尽量详细地讲给黄金荣听，黄大为高兴，立即付给韩荣浦 150 块钱，要他回到临城去详细打听“肉票”藏在什么地方，一有消息赶快到上海来报信，再给 500 元赏金，如果破案，另有重赏。

韩荣浦回到山东临城后，就同绑架雷狄主教的孙美瑶部下取得了联系，打听到了窝藏的地点。得到消息后，韩荣浦紧急赶往上海，同黄金荣商量接头、赎票的问题，黄金荣的点子多，他叫韩荣浦不必去找孙美瑶直接联系开价，而是设法买通看押雷狄主教的人员。同时，黄金荣与陶翻译商量，先向巡捕房支领2000元，给韩荣浦500元，另交1000元叫韩买通看守人员，并答应等黄金荣到达关押雷狄主教地点时，再付2000元，要这些看守人员逃往外地。他还叫陶翻译用法文写了一张纸条告诉主教，请他放心，黄金荣会亲自到临城来救他出险。

此时雷狄主教被关在抱犊崮的一个山神庙中。为了尽快营救雷狄脱险，由法国驻沪领事帮办脱司曼带领6名中国侦探，其中一名便是黄金荣。他们一行7人化装深入山区，打听山神庙坐落在何处。穿过几座丛林，绕过迂回险道，从高崖上极目远望，发现山岙里隐约有一座建筑物，揣度可能就是山神庙，他们到达离山神庙不远处的丛林中潜伏下来。二更时分，不顾山路坎坷，闯入了山神庙。山神庙不知建于何年，庙门早已败落，大殿也已塌倒。黄金荣一手擎着回光灯，一手握着勃朗宁手枪，闯至廊屋门前，正欲举手推门，谁知这回光灯的灯光已惊动了两个哨兵，这两个哨兵望着突如其来的7支手枪，再加上夜半寂静，早已吓得魂飞天外，浑身颤抖，连叫“爷爷饶命”不止。

黄金荣走入屋内，用回光灯一照，只见一个外国人卧在土炕上。一问，果真是法国主教雷狄，众人大喜，急忙把雷狄扶起来将他救出险境。

在这次营救活动中，黄金荣用釜底抽薪的办法，不去直接同孙美瑶谈判，而只花了几千元买通了少数看守人员，竟把雷狄营救出险，法巡捕房为此对黄金荣破格重用。原来法巡捕房中重要职务都由法国人担任，这次破天荒地提升黄金荣为督察长，还专派了8个安南巡捕保护他的安全。黄金荣带着这8个安南巡捕进进出出，权势越来越大，名气越来越响，成为上海人的“佼佼者”，一枝独秀，“挺立”在法巡捕中，颇为引人注目。

黄金荣担任法巡捕房华探督察长，长达20多年，直到他60多岁，才“退休”，辞去督察长职务，但人虽退，心却仍在江湖，他用自己的势力，仍然控制着这一职位。继黄金荣之后担任华探督察长的先后有沈德福、任永扬两人，因不奉承黄金荣，被黄的余党排挤出去，后来换上去的人成为了黄的亲信，黄金荣才罢手。

二、黑社会的大头目

1、勾结黑社会，借巡捕身份之名，行烟、赌、娼的后台之实，黄金荣据此赚尽钱财。为网罗羽翼，他按青帮规矩开香堂，广收门徒，壮大势力。门徒中各种人等均有，上至大经理大老板，甚至委员长，下到最底层的小流氓、小瘪三，都认他为后台老板。

黄金荣的身份是巡捕房的“包打听”，是社会治安的维护者。然而在失序的法租界里，黑白同道，猫鼠共穴。自从黄金荣当上法租界巡捕后，便下定决心大干一番。他深深懂得，与黑社会打交道，不结交一帮生死兄弟，是不可能行得通的。很快，他结识了洋泾浜郑家木桥的一群小瘪三，与其头目结拜为兄弟，为今后的发展奠定了一定的基础。

黄金荣不仅利用本地的小瘪三为自己服务，他还直接和法租界黑暗势力来往，法租界的赌台，过去或遭到黑道的打劫，或受到巡捕房的冲击。自从黄金荣担任探员后，他便与赌台老板达成协议，黄金荣负责维持秩序，不准黑道敲诈赌台；而巡捕房方面，黄金荣与他约定：只捉“前和”，不碰“夜局”（黑社会暗语，日场叫“前和”，夜场称“夜局”）。白天，黄金荣让他一些小兄弟等充当赌台的客人，如果巡捕发现了，就先把这些人抓入班房，不久即放出。而真正的大赌客则玩夜局，这样一来，万无一失。这样，既能应付舆论，保持租界良好的“秩序”和“声誉”，赌业也能照常开业。自然，赌台方面每月都要向黄金荣和捕房付出巨额的“保险金”。受益最大的当然是黄金荣，他既得实惠，又赢得了“好”的名声。所以，法租界的赌台大多以黄金荣为后台老板。

黄金荣不仅在赌台上下功夫，他还插手了另一件事，这就是当时抢鸦片事件。抢鸦片的方法主要有三种，即“挠钩”、“套箱”和“硬爬”。这“挠钩”，就是水上抢劫。土商在从外国运来的鸦片运至吴淞口后，为了逃避关卡的查禁，便利用黄浦江涨潮时候，将鸦片包投入水中，鸦片顺着潮水而流向杨树浦，接应人员就在那里捞取。而抢土者则把消息打探准确后，派人埋伏在那里，等到烟土漂来时，即用挠钩捞了逃逸。所谓“套箱”则是陆地行劫的办法。在新开河一带，常常使用这种方法，商行运土，多放入煤油箱。抢劫者赶着马车采取突然袭击的方式，将预先准备好的木匣套上煤油箱，扔上马车飞驰而去。“硬爬”也就是拦路抢劫，流氓们事先派人埋伏在土商的必经之路，依仗人多势众突然袭击得逞。

由于鸦片高涨，抢土盛行，因而它成为流氓得益的主要手段之一。这样，流血事件层出不穷。走私的土商由于自己的行为也是非法的，因而既不敢声张，又承受不了日积月累的巨大损失，于是只能悄悄托人请黄金荣破案。黄金荣的中间人不会白做，而法租界的治安也好了许多。

近代上海市井之繁华，在全国是数一数二的，娼业尤其兴旺。1891年，仅法租界内就有妓院250家，妓女达2600人。到1920年，每130人中就有1人是妓女。从法律上来说，清朝是禁娼的，所以妓院要能站稳脚跟，必须在帮会流氓或巡捕警察中找到有权势，面子大的后台做靠山。如有地痞闹事，后台就可以派人弹压；如果遇到麻烦，像违反禁令拉客营业等，则可请后台通融缓解；若有了更硬的后台，则更能通行无阻了。这样黄金荣便成为妓院主人们的最理想的靠山了。各处的妓院纷纷请黄金荣来“撑市面”。有些老鸨就干脆拜黄金荣为老头子，因而，自清末起，黄金荣在娼业中也是一尊“门神”。

后来，黄金荣为了扩展自身势力，不断地介绍一些流氓同道、徒子徒孙们进入巡捕房，狼狈为奸。而要表现他的势力，维护他的大享地位，另一个必须采取的办法就是收徒壮势。因此，做老大收门徒，便成了黄金荣乐而不疲的事情。

上海已经有青帮，又有洪帮，还有一些说不上名堂的什么帮。黄金荣认为，青帮算是有点势力的，归入它肯定会有发展。因此，黄金荣决定按青帮的规矩来开香堂，收徒弟。他吩咐几位心腹去分头准备，灵活处事：一是要制定自己的规矩；二是必须找一个合适的地方；三是要广为宣传，扩大影响，力争青帮人士的支持。

黄金荣一向以青帮大头目自居，但实际上，他却从未真正拜过老头

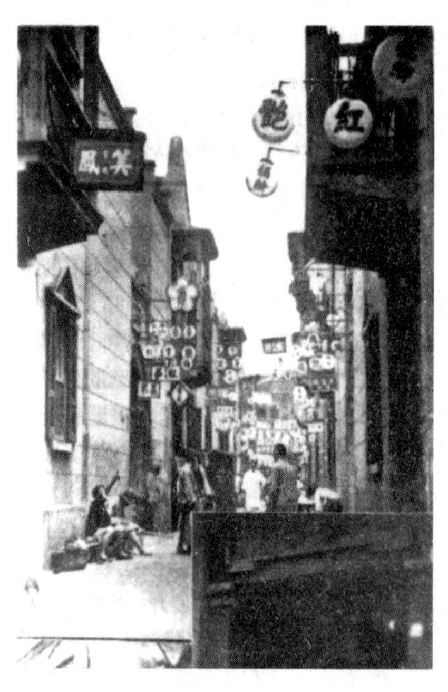

上海青楼集中地——四马路（福州路）会乐里

子，根本就不是帮内之人。当时在上海滩的青帮以“大”字辈资格为最老，按这样的顺序，张镜湖应该是青帮中的大头目。按帮会规定，像黄金荣这样的人只能称其为“空子”，不能开堂收徒。可黄金荣却不管那么多，他不但同青帮的“大”字辈张镜湖、曹幼珊等称兄道弟。对人自称是“天”字辈，比“大”字辈还多一划，而且还公开开堂收徒，来他门下的徒弟还很不少，真可谓群起而响应。

黄金荣收徒弟的手续很简单：只要有一个介绍，一个具保，一个引见，并向他写申请书，被准许后再填写正式帖子，然后再举行仪式。举行仪式时也很简单，被接收的人手持帖子，双手捧上，而后退下恭候在一边，介绍人和具保人分别“宣誓”一番，大意是说该人诚实可靠，愿作介绍人或担保人之类的。接着，被接受的人再上前行一跪礼，仪式就算结束。

黄金荣一般把入帮者分作门徒和门生两档。所谓门徒，是经过开香堂大典，拜过“老头子”的，这是最下的一档；所谓门生，是指不经过开香堂的仪式，只是通过介绍人搭桥，投一个红帖子，封上份贽金（一般比门徒高一倍）的入门者。还有一种特殊的门徒，只要备个帖儿，附份贽金，托介绍人把红帖子投递给“先生”就行，连面也不用见，像蒋介石就是属于这一类门徒。

开香堂的日子终于来到了。随着司仪骆振忠一声“开香堂”的高喊，这次开香堂的仪式就开始了。本来按正规要求，香堂执事要有 12 人，即当家师（收徒者自任）、讲经师（传道师兼任）、陪堂师（引进师兼任）、执法师、护法师、巡堂师、执堂师、散香师、抱香师、福德师、知客师、站堂师。黄金荣的香堂才没有那么复杂，只需要做好大面上的事情就够了。徒弟们手拿拜师帖子鱼贯而入，先给祖宗磕头，再给老头子磕头，还要给赶香堂的各位师父、来宾磕头。这些程序过后，他们在堂上排成几个横列，依次在送过来的铜盆里呷上一口水，这被称作“净口”。

然后，黄金荣以老头子的身份严厉地问大家，是不是自愿入帮？能否遵守帮规？以及交代一些重要事项。在得到徒弟们一致肯定的答复后，他便吩咐收帖子，发“折子”。这帖子，就是徒弟拜师投的门生帖子和交纳的“贽敬”银元。这折子，则是“三帮九代”的密语传本，不能被泄露出去。到这里，开香堂仪式也就进行完毕了。紧接着便是大摆宴席庆贺，饭桌上摆满了丰盛的酒菜。所有参加开香堂仪式的人互相敬酒，开怀痛饮。这时，不喝它个大醉是不会罢休的，真是热闹非凡。

在黄金荣最得意的时期，他的门徒门生遍布上海滩的各行各业，干什么的都有，上至大经理大老板，甚至委员长，下到最底层的小流氓、小瘪三，都认他为后台老板。

黄金荣是颇讲实惠而且是见钱眼开的一个人，因此，只要送钱送礼拜他为“老头子”，他是来者不拒。在当了法巡捕房华探督察长后，他一次就收了200多个徒弟。其中最重要的和关系密切的有金九龄、程子卿、丁永昌、陆少年、鲁锦臣、曾九如、卢英、尚武、冯志明、韦钟秀、乔松生、汤坚、马德荣、张荣、管宝金等，这些人大多在法租界和公共租界巡捕房当小头目或骨干分子，为黄金荣十分信任和依赖。

除了黄金荣直接收门徒门生外，他的养子黄源焘也收过二三百名门徒，外孙邹政之收过五六百人。其他门徒，如顾竹轩、唐嘉鹏、卢英、黄振世、丁永昌等也都收有不少门徒，所以黄金荣的徒子徒孙徒曾孙，不但遍布整个上海滩，甚至江浙一带，也都有他的势力。

2、杜月笙投至门下，尽出鬼点，张啸林前来加盟，天天打打杀杀，黄金荣与党政军各要人称兄道弟，结成帮派，横行四方。

1916年的一天，杜月笙在陈世昌介绍下，认识了黄金荣。这一天，他一大早穿戴整齐，跟着陈世昌的徒弟黄振世来到八仙桥同孚里，走进了黄公馆。黄金荣问了杜月笙一些情况后，觉得这小伙子还够机灵，就将他留下做了跟班。黄金荣每逢外出，必带上杜月笙，不是让他拿外衣，就是叫他拎公文包。黄金荣到浴池去洗澡，也命杜月笙在一旁侍候。在外人眼里，他简直成了黄老板的心腹。

其实黄金荣对杜月笙另眼相看的，是因为这样一件事情。一年冬天，黄金荣过生日，按照惯例门徒等手下人都要备好礼物前来拜寿，但杜月笙迟迟未到。黄金荣有些纳闷，便问手下小赤佬。知情者说：小杜这几天生意难做（指没有抢到鸦片等），一些小弟兄伙食费用都没有了，小杜把自己的衣裳拿到当铺去换钱了，没有衣裳穿所以不能来祝寿了。

黄金荣听了这些话，不禁感叹道：小杜为人还真讲义气啊。后来，黄金荣让他到十六铺，去管理生吉里赌台，杜月笙干得很好，接着，黄金荣又派他向停泊在码头上的民船讨码头钱，向花烟间、燕子窝和赌台收月规钱。杜月笙对工作认真，对手下平和，最终取得了黄金荣的信任。久而久之，黄金荣杜收来的钱分些给杜月笙。随后也常常带他去聚宝楼，入日新楼，见见世面。杜月笙不仅在各方面表现出他的忠心，尤其在猎取情报和接受贿赂等方面，显示了他的机灵诡诈。

黄金荣与杜月笙

在杜月笙入黄公馆的最初十年中，黄、林夫妇对待他像对待自己的儿子一样，处处给予照顾，黄金荣让杜当了生吉里赌台管事，使得他逐渐独立门户，林桂生还介绍了人呼“老四”的女人给杜月笙，照料其生活。1915年杜月笙结婚成家，新娘子沈月英是苏州人，黄金荣算是大媒人。1929年，杜月笙又相中了在黄金荣的荣金大戏院里唱戏的当红须生姚玉兰，黄金荣从中撮合，成全了杜月笙的心愿。

自然，初出茅庐的杜月笙也对黄金荣忠心耿耿，策划张啸林的加盟，涉足鸦片业壮大实力等，为黄金荣在上海打天下立下了汗马功劳。

在杜月笙成为黄金荣门徒之后，张啸林也前来加盟。张啸林是青帮“通”字辈成员，下一辈都称他“张爷叔”。他看到了十六铺码头货物进出很多，觉得可以趁机捞油水，就到这里来打天下。很快，他就与杜月笙结识，并议定在此共同负责商船安全，合伙平分保护费。这时，一群广东流氓也来十六铺争夺霸权，与他们发生冲突。杜月笙猛冲在前，与之拼搏，无奈人太少，被打成重伤。张啸林将他背回家中，精心护养，还把自己的衣服拿去典当，支付药费，杜月笙深受感动。不久，杜月笙伤好。他们再到十六铺码头，寻广东帮打架，以报前仇。这次，张啸林发挥了威力，运用在武备学堂所学到的功夫，把对手打得落花流水，因而他们重新控制了码头。

张啸林在上海滩混，自然听到过黄金荣的大名，而且早就想进入黄门，结认这位能震动上海的大人物。开始时，杜月笙为了报答张啸林救命之恩，曾把他引见给黄金荣。黄金荣因为他是青帮“通”字辈兄弟，只是一般地招呼，并未十分注意他。张啸林也不便过多地埋怨。后来情况发生了一点变化，张啸林利用同窗及军方的关系，和当上浙江省省长的张载阳、督军卢永祥加强了私人往来。而在上海的淞沪护军使何丰林曾经是卢永祥的部下，与张啸林也建立了关系，给他很大支持。正巧，张啸林又和南市流氓范开泰、范回春、苏家寿等人，为争夺鸦片贩运权，同黄金荣的得意门生金廷荪等人发生殴斗。杜月笙出面调解，而且请出青帮“大”字辈人物调停。双方都看到对手的实力，不想把事情弄僵，遂以“黑心钱公平分”为由，准备和解，大家合作，共享其利。张啸林这次算是进了黄门，与黄金荣的关系加深了一步。

几年后，又发生了一件大事，把他和黄金荣紧紧地连在了一起。1922年，黄金荣因争风吃醋，打了卢永祥的儿子卢筱嘉，被何丰林的部队逮捕，关了起来。后经张啸林与杜月笙四处奔走、上下打点，最终把他给救了出来。黄金荣万分感激，取消辈分，与他们结拜为生死兄弟，还送给他们每人一幢房子。

3、黄金荣、杜月笙、张啸林三人合作，创办三鑫公司，实为鸦片走私而设。只认钞票不认人，保护鸦片走私，抽取头寸，直至公开参与走私，以致旧上海烟毒蔓延非同一般。

黄金荣打了一定基础之后，有了官方的保证，有了个人的势力，黑白两道都走得通。但在那个时代，像这些大亨人物走到哪“神”到哪，靠的却全是钱。一旦失去了钱这个保护神，他们几乎就寸步难行了。黄金荣自然是不例外。虽然他的徒子徒孙、门生兄弟每到年节总要孝敬一些给他，但这远远不够这个大亨花费。他总得想些办法来开辟一些能源源不断送财进宝的“财源”来供他消费。贩卖鸦片便是他发财的头号生意。

上海贩卖鸦片的生意，原以广东帮为主，靠贩卖鸦片（当时称“黑货”）起家的大商号有郑洽记、郭源茂、周昌等。那时码头上的流氓众多，其中有一批叫“水老虫”，专靠在水中偷盗为生，为首的叫范富头。盗窃勾当使郑洽记等黑货商号大伤脑筋，租界巡捕房虽然指派巡捕在白天黑夜巡逻看守，但仍无济于事，甚至连巡捕也常常失踪或被杀。

既有偷盗鸦片的流氓组织，也就有窝赃、销赃的贼窝，这里面的头子，叫马德宽。他手下养着不少徒弟，专门干收赃、窝赃和销赃的勾当，聚集地点在浦东对岸东昌路码头附近的“金丝娘庙”内。范富头等“水老虫”从水上和从码头上偷来的鸦片，都在这里开箱收赃，每箱烟土价值数千元。他们赚了不少钱，可苦坏了外国烟商，他们叫苦连天，虽采取了许多措施还是无济于事。

一次，法国兵从军舰上卸下 150 箱鸦片，等到押运到长浜路法国军营时，一检点，竟缺少 10 箱，价值万金。可什么时候被偷走，他们也说不清楚。他们不愿意就这样损失一笔巨财，于是军方要求法租界巡捕房予以追究。巡捕房头目沙利限黄金荣 3 天内将窃去的鸦片完璧归赵，如有差池，撤职处分。黄金荣满口答应，负责追查。其实，他是一清二楚的，这 10 箱鸦片被他的徒子徒孙窃走了。到了晚上，把兄弟果然上门报赃，黄金荣隔天便反问沙利：“既然有武装押运，为何还让人偷去？如今被盗窃的 10 箱鸦片完璧归赵，以后如再发生类似的事件，我黄某可担不起这个责任！”其实，他若每次都负责任的话，那他及他的徒子徒孙就无法赚这笔钱了，他当然不能也不愿“事事负责”。

沙利眼见失物复得，也不刨根问底，并向军方提出：“以后如再发生，由军方自己去处理。”然而明枪易挡，暗箭难防，武装押运鸦片的法国兵防不胜防。黄金荣的徒子徒孙们虽然给了他们面子，缴还赃物，以后还是照偷不误，黄金荣也睁只眼闭只眼拖延敷衍。但这绝非长久之计。于是，法租界当局和黄金荣分头想办法，以稍稍平息一下这股偷盗风。

法国军方采纳了沙利的计策：把用军舰运来的鸦片，交给中国人去包销，每箱鸦片给军方提取规银100两，一来法军驻军的饷银有了着落，二来再无鸦片被盗的后顾之忧。黄金荣这边也和杜月笙、张啸林、范回春等商量，提议组织一个公司，像保险公司那样收保险费。鸦片向公司保险后，由公司发给盖有印戳的保险凭证，如被盗窃即由公司赔偿。所定保险费为鸦片价值的10%，每箱鸦片价值数千元就得付数百元的保险费。这些保险费每月收入几十万至百万元以上，由公司发给黄金荣、杜月笙、张啸林等及徒子徒孙们和水陆码头的有关流氓，作为“月规钿”。双方各自估计了一番之后，开始互相对话。

一天，沙利约定黄金荣，乘车来到法军司令的办公室，商议包销鸦片事宜，并签署了合约。合约除正文外，还附有两个具体的条件：一、货到之日，必须先交货银而后提货；二、卸货上岸，由买方自己负责，如发生意外，不得向卖方提出交涉。看来，此“卖方”着实是被吓着了，连一点责任也不想承担，对此，黄金荣当然一口应允，因为他比较有把握，知道由自己负责人卸货、运货，一般的流氓是不敢轻易动手偷盗的。而至于水陆码头的有关流氓，像“水老虫”之类的人，不像黄、杜那样气大财粗，当然也不敢与他们去硬碰。况且，由黄承包销烟的话，这些人可以坐享其成，分得一笔红利，何乐而不为呢？

一切都商定好后，黄金荣开始物色人选，成立公司。最后他选定了由富孀阿金、金廷荪和自己合办。阿金是专做金刚钻买卖的，在上海滩也算是叫得响的人物了；金廷荪原是“青帮”中“通”字排行的流氓，后来做颜料和丝茶进出口买卖。三家一拍即合，于是一个闻名全沪的毒窟——三鑫公司的招牌，在林家宅张挂出来。

三鑫公司的“鑫”字，是由三个金字拼成，取了三个投资人相同的一个“金”字。当下，三鑫公司的三个股东，还议定了分工：金廷荪管理进出口业务；孀妇阿金委托女婿范回春管理财务；黄金荣总管。三家合作得尚好，正当他们日进斗金之时，孀妇阿金却自动退出了三鑫公司，是嫌钱太多了呢，还是受到了良心的谴责，就不得而知了。阿金退出后，杜月笙和张啸林马上插进来，分承了一份股金。

杜月笙插手进来当然是很好理解的。张啸林是因为同浙江省长张载阳，淞沪护军使何丰林的关系特别“铁”，上海又属这两个人管，因此巴结上他们，对三鑫的生意当然是有利而无害的了。另外，上海的另一实权人物俞叶封也同张啸林关系不错，而这张啸林也特别能干，上任不久，即把各个关节疏导得畅通无阻，张啸林依靠何丰林的人马把鸦片从吴淞口运到十六铺，再由杜月笙派小八股党包运到法租界，在法租界内由黄金荣发放通行证。这样，黄、杜、张三个流氓头子各显神通，成为上海滩赫赫有名的贩毒集团的首脑，大发其财，三鑫公司就是他们贩卖鸦片的大本营。

三鑫公司的主要业务是为中外鸦片烟商提供保护，并收取费用，公司资本额为270万元。另外，它还垄断了法租界的鸦片交易。它与法租界当局协商后规定，只要租界内销售的烟土，都必须贴有公司的三鑫印花，否则不能作为商品出售，这样公司出卖印花可以得到大量钱财。鸦片商人虽然要缴纳保护费和印花税，但却可避免鸦片失窃，由此得到租界和流氓帮会的双重保护，同时这笔钱可以转嫁到买者身上。所以他们都愿意依附在三鑫公司的门下，保证自身利润的获得。

不仅如此，三鑫公司也直接参与鸦片的贩卖。它开设了中华烟馆、宝裕里烟馆等。三鑫实际上成为了包销鸦片的超级大型土行，而且由于它的政治背景和经济实力，使它能够操纵鸦片价格的涨落。这样一来，黄金荣集团凭借着流氓帮会的巨大力量，以及租界殖民者和军阀的背景，使三鑫公司的贩毒不仅在法租界的鸦片市场独占鳌头，而且还在很大程度上控制了公共租界的地下鸦片市场；不仅如此，其业务还扩展到了全国各地。

对鸦片业的垄断给三鑫公司带来了巨大的利益。三鑫公司的年收入大约是5000万元，1916年中国国家财政总收入2．95亿元，直到1925年也只有3．45亿元，而三鑫公司的收入相当于北京政府财政收入的12%～16%，真可谓富可敌国了。

当时，黄金荣打着三鑫公司的旗号，安排巡捕房派几百名安南巡捕，开出警备车，声势浩大地到处巡逻，公开到码头上保护和押运鸦片进入库房。这几百名安南巡捕的费用，就由黄金荣从保险费中开支。开始时，法租界巡捕房在名义上派出500名安南巡捕去保护码头，每月开支数万元，而实际上由于当时巡捕房头头沙利等吃空额，并不足500名人数。后来鸦片运进越多，法巡捕房的头头也就水涨船高，吃空额由500到1000、2000，每月开支从数万元增加到一二十万元。反正羊毛出在羊身上，三鑫公司收取鸦片保险费是出在吸食鸦片的人身上。

在保险费收入中，黄金荣、杜月笙、张啸林、范回春等坐地分赃，每月各得数万元不等。其中最实惠的是杜月笙，因为黄金荣当时在法巡捕房当督察长，算是官方人员，不便公开露面，便让杜月笙担任三鑫公司经理，张啸林、范回春任副经理，实权掌握在杜月笙手里。杜月笙掌握着水陆码头大大小小的流氓组织，张啸林负责对付外地的流氓组织，范回春负责经济收支。此外，在三鑫公司安插黄金荣、杜月笙、张啸林的徒子徒孙几百名，挂名为检查员，每月可拿数十元到数百元。

三鑫公司之所以如此赚钱，是因为得到了鸦片商人的信赖。这与该公司平息了鸦片经常失窃的事件，做到了“保险”的效果分不开。旧上海的烟毒如此蔓延，与三鑫公司的经营、包庇是分不开的。

4、黄金荣生意越做越大，开办赌场，插手实业，经营戏馆、浴池，上海滩有名的赌场、戏馆、洗澡堂、妓院都有黄金荣的股份，可谓财源滚滚。

开办赌场坑人赚钱，是黑社会头目的必干行业。黄金荣和他的徒弟们，经过细致策划，开办了一些赌场。赌博方法有土有洋，多种服务让人目不暇接，许多人都倾家荡产，而黄金荣一伙则大发横财。

当时，最有名的一家赌场是商州会馆。后来为了满足赌徒的需要扩大规模，改名为“商州乐园”。它位于四马路与西藏路交叉的一条里弄内，是一座三层楼房建筑。赌场模仿世界著名赌城摩纳哥的设计。融吃喝嫖赌抽，甚至典当、自杀等为一体，竭尽腐败之能事，有“小摩纳哥”之称。赌场戒备森严，几个流氓大汉把守在门口，检查可疑的来者。楼内每层都有两三个流氓，不停地巡逻，对付捣乱的人。他们都带有匕首、短棍及手枪等武器，气势汹汹，让人不敢接近。

一层二三十个赌桌，主要赌牌九和扑克牌等。到这里来的，大多是社会下层的短衣阶层。牌九是老一套的东西，但扑克可是当时的新鲜玩意儿。此外，还有什么十三张、二十一点和老虎吃角子的赌法。二层是轮盘赌，这是地道的洋式赌法。在这儿赌博的，以有钱人居多，大多是以赌取乐来的。赌的方法很简单，从国外买来一个大的轮盘赌具，其底盘上有许多格子，赌客就向格子里下赌注，等到赌注下够后，庄主便转动轮盘，当轮盘一停下来，指针所指的那一格，在此格中下注的赌客便是赢家，其余都是输家。赢家是少数，输家占绝大多数，而庄主总是赔得少，赢得多。

三层以麻将为主。到这里来的都是些穿长衫的大财主，是真正来赌大钱的赌客。一方赌客到来，并非一人，总有几个随从帮手。每次下注，出手都很大方，少则几百，多则上千、上万，有的时候还有下几十万的。而且一赌就是一个通宵，不赌出个高低，是绝不会罢休的。

赌桌上不用现金交易的，赌客们必须先到出纳台，用现金、首饰物品、房产契约等一切值钱的东西，换取筹码，上桌赌博。赌场从中抽取一定的费用。赌完以后，赌客们可用筹码再换回钱、物。顶楼上还专门设了一个典当柜，为的是让赌客随时到这里来典当各种物品。而且每一层又都设有餐厅、酒吧，不仅出售酒、饭，就连自杀用的安眠药也为赌客准备好了，真是想得太“周到”了。每层还开有单间客房，供嫖客、妓女和烟客们使用。

上海滩的堂子业，也可算是一种很赚钱的行当。洋人巡捕不熟悉中国的民情，对这类事情管理不力，希望有人来专门管理妓院，承包花捐税收。黄金荣就钻了这个空子，主动要求承包，得到了法国主子的批准。他派手下到处敲诈勒索，不仅能完成花捐定额，往往还会有丰厚的剩余。不但如此，黄金荣还指使、支持徒弟们，大肆开办堂子，直接获得利益。他的妻子林桂生，以自己的名义在一枝春街上开了家“烟花间”，属下等妓院，每天也有相当的收入。其他门生开办的妓院，也不在少数，月末年终也都要给师父分些红利的。

老上海妓院的门楣，上面挂满妓女的名字

为了加强管理，黄金荣把这些堂子划分为几等。第一等叫书寓，作为最高级的妓院。这里的房舍质量高，设备高雅。姑娘们个个标致端庄，衣着华丽，既能背诵古诗，又会弹唱名曲。礼仪风度也是挑不出什么的。她们的身价当然也高得吓人。到这里来的嫖客，非一般好色之徒，均是极其有钱有势的富翁。他们不但要向书寓付出很高的费用，而且还要另外送给妓女们一些名贵的首饰之类，否则会被人笑话。

长三堂子属第二等，也算是高一级的妓院，但比起书寓来要低一个档次。房舍自然要差一点，姑娘们只有多数能够说唱，演技就相对而言逊色多了。这里的收费，总是以三块银元为标准：每一人陪酒，收三块。同床，收三块。打茶围、吃点心，也收三块，长三的名字就是这样得来的。由于收费相当，这类堂子的生意是最兴旺的。那些流氓嫖客，只要有钱，总是先到这里来寻欢作乐，扔下 10 块大洋，就可以达到目的。

第三等称二三堂子，是更低一级的妓院。这里的姑娘一般不会表演，也省了这项服务，她们只负责陪酒和过夜，每项各收三块大洋，所以叫“二三”。上这里来的嫖客，多半是些身份较低的流氓，口袋里没有太多的钱。

还有一个幺二堂子，是第四等的，也是下等的妓院。它的房舍一般都很破旧，里面也没有什么像样的家具，卫生条件也很差。这里的姑娘都没有文化，既不会弹唱，也不会吟诗。身材和相貌平平，有的年龄也较大。他们的生意很简单，同时也不那么值钱。打茶围，收一块；陪酒，收两块。这就叫幺二。这里通常门庭冷落，生意不是很好，只有那些最下等的流氓，才上这里来光顾。此外，还有一些未经登记的妓院和暗娼，总是偷偷摸摸地接客做生意。

随着经济和人口的发展，一些戏馆、浴池和饭馆之类的服务性行业，也发展了起来。黄金荣看到这些行业收入很可观，便办起了许多家，既可供自己享受，而且还出了名，赚了钱。

黄金荣在上海滩可以算是开戏馆的领头羊。早年他从苏州再回上海时，就开始办戏馆，首先开了家“共舞台”，以后又陆续开办大舞台、黄金大戏院、荣金大戏院，到晚年退休后还搞了个大世界。

共舞台是最先开办起来的戏馆，它的作用、影响也最大。经法租界巡捕房的同意，黄金荣在热闹的爱多亚路郑家木桥南面找了个地方开办了这座共舞台戏馆。之所以取名为共舞台，是他以昆剧为号召，有心提倡男女同台共演之意。如果是以前，有的戏是不准男女同台演出的，认为这样有伤风化，只能女子同台或男子同台。黄金荣还将苏州某戏馆的戏班子，全部接到上海，作为共舞台的主要演出阵容。为了提高演出水平和上演新的剧目，他还专门托人上北京、南京等大城市，去邀请名角来表演、献艺，还挖掘现有戏班子的潜力，培养了一批新人。

先后在共舞台演出过的戏剧名角有：张文艳、王芸芳、麒麟童、吕美玉、小金铃、粉菊花、露兰春、孟小冬等。上演的剧目有：《鸿鸾禧》、《骂殿》、《失足恨》、《宏碧缘》、《狸猫换太子》、《枪毙阎瑞生》、《莲英惊梦》、《落马湖》、《镇潭州》等。一有名角登台，或是上演新的剧目，新闻界总是抢先报道，各种介绍文章更是接连不断。开演前戏馆门口是一片车水马龙，人山人海。而池座里，总是场场爆满，坐的站的连成一片。共舞台的票房收入越来越高，黄金荣的口袋也越来越鼓。

开浴池也是桩赚钱的买卖。黄金荣在上海开了两三家浴池，赚了不少钱。不过这些浴池都大同小异，有多人共用的大池，也有一人一个的盆堂，还有单间的浴室，专供有身份的人享用。服务项目也有多种，有搓背

逍遥池

的，有修脚的，还有按摩的。浴池除供应一些洗浴用品以外，还供应茶点水果。南方的气候潮湿闷热，人们身上总爱出汗冒汗，因而很多人愿意到浴池里去泡泡搓搓，洗个爽快的澡。所以，浴池的生意一直很好。况且黄金荣开浴池，也有方便自己洗澡的目的。他喜欢在浴池一边洗澡，一边与人商讨或办理一些重大事情。

其中，逍遥池在上海很有名气。它是黄金荣指使其得意门生金廷荪，在上海支胜桥开办的。金廷荪也不马虎，细心建造，还专门开了浴池房间，设立了特殊的服务。黄金荣对这个浴池比较满意，退休后还常常到逍遥池来洗澡。

这样一来，黄金荣通过各种手段，网罗党羽，发展势力，渐成黑帮老大。为了赚取钱财，他插手鸦片走私，开办赌场，经营妓院、戏馆，包揽黄、赌、毒，成为黑社会的大头目。

三、游刃于各派之间

1、护法运动后，孙中山避居上海，与黄金荣短暂结交，获得后者，解囊相助。后来黄又保护孙中山从上海北上，为革命事业做出贡献。黄金荣曾不无碍意地表示自己，“一生之中讲义气，重朋友”。

说来，也许使人难以相信，但这却是不可争议的事实。黄金荣曾同中国民主革命的伟大先行者孙中山先生，有过一段时间的交往。20 世纪 20 年代，当孙中山领导革命斗争处境十分困难的时候，黄金荣以自己的方式，给予了一定的帮助。

黄金荣是通过徒弟徐福生与孙中山认识的。1918 年护法运动失败后，孙中山在上海居住期间，有一批广东人也跟随而来。徐福生，人称“闹天宫福生”，原是在天后宫一带活动的流氓，带领着一帮兄弟在此称霸一方，做了许多坏事。后来，由于夺占了天后宫庙产，名声大起。在他跟黄金荣大做鸦片生意时，就认识了一些贩卖鸦片的广东人，再通过他们结识了那些革命者。经这些人介绍，他与孙中山相识之后，一度还跟随孙先生，帮忙做了一些有益的工作。孙中山知道徐福生是黄金荣的弟子，就想利用黄金荣在法租界的势力，掩护革命同志，以便开展工作。孙中山给徐福生题写了一个扇面，请他去约见黄金荣。徐福生拿了扇面去见黄金荣，并告诉他孙中山是个非常有声望的革命家，并且想来拜访他。黄金荣喜欢交结名流，非常高兴地答应了。

6 月间的一天，孙中山由徐福生陪同来到了黄金荣家。这天的黄金荣穿戴整齐，举止尽量文雅稳重，脸上露出真诚的笑容。他亲自下楼，邀请孙中山到楼上会客室。二人寒暄一番后，孙中山就直截了当地说：知道黄先生在上海很有办法。在法租界有很多关系。今后我的同志和朋友到上海，请黄先生多加帮助和保护。黄金荣满口应允，说：“一定，一定，请孙先生放心！”

后来，孙中山又曾写信给黄金荣，讲述了当时的形势，指出帝国主义支持军阀制造内战是造成民生凋敝的根源，只有革命才能消除封建军阀之间的混战，解救陷于水深火热之民众，而革命需要有人才之参加及经济上之援助，请黄先生联系志同道合之朋友，在人才和经济方面多加援助。黄金荣在收到来信之后，居然拿出1000元交给徐福生转送孙中山，而且还说服虞洽卿，也援助了一笔钱。孙中山在接到黄、虞的捐献后，又给黄金荣写了封回信致谢。

1924年冬，黄金荣在上海对途经此地北上的孙中山，进行了严密的保护。黄金荣主动要求承担保护孙中山的责任，准其上岸。法国人无可奈何，只有勉强同意。黄金荣随后立即布置安全保护措施。他动员全体巡捕包探投入安全保护工作，他把人员重点部署在太古码头到莫里哀路孙中山的寓所一线。明有岗哨和巡逻队，暗中又有便衣监视，严加防范，确保孙中山的安全。同时，他又通知了各徒弟行动起来，全力协助，守好各自活动的地盘，加强重点沿线的力量布置，不允许发生任何事故。

这天，孙中山一行终于到达了上海，并登上了码头。国民党在上海的一些头面人物于右任、戴季陶等夹道欢迎，路边的人们挥舞着小国旗和彩旗，高喊着“打倒帝国主义”的口号。孙中山在热烈的气氛中，乘车安全抵达寓所。黄金荣终于松一口气，接着他派人加强对寓所的保护。孙中山在那儿居住了三天，前来会见的中外人士不断，达数百人，而在外面守候观看的群众也成千上万人。三天后，孙中山一行启程前往北京。

孙中山曾先后给黄金荣写过几封信，由于时隔十几年，连黄金荣自己也不知这些信去哪了，其中有两封还在杭石君处（大世界最后一任经理）。1937年，日军侵占上海时，黄金荣曾要他秘书和账房整理藏在铁箱内的一些文件和信件，发现了几封孙中山的来信，不过信封已霉旧，信笺上字迹模糊，但“孙文”的签字还能看得清楚。黄金荣有时对徒弟们说：“我一生之中讲义气，重朋友，连孙中山这样的革命家，我也曾出过一些力。只要有困难，我不会不帮忙。”直到1914年，黄金荣做寿时，他还将类似的话讲给前来拜寿的李济深等听。可见，他对自己与孙中山的交往及他所做的“好事”是如何看重的。

2、蒋介石早年落难之时，由虞洽卿引荐，投至黄金荣门下。后蒋飞黄腾达，黄金荣玩起“三面光”的伎俩，退还蒋介石门生帖子，充当反共先锋，成立中华共进会。

1922年春，蒋介石在上海做股票生意，彻底失败，债主纷纷逼债，蒋有性命之虞。在这危急时刻，蒋介石急忙请同乡虞洽卿帮忙，虞洽卿素有“老好人”之称，他常常为孙中山手下的革命党寻求各方的庇护。他认为，在当今上海滩，说话算得上数的人物要算法租界的黄金荣，而且黄的祖籍也是宁波府的，因此，建议蒋拜黄金荣为老头子，以躲避此难。

蒋介石求之不得，表示立即照办。然而蒋介石拜黄金荣为老头子的方式，是很特殊的。按黄金荣收徒的规矩，投拜者要送孝敬钱，要填写门生帖子，还必须有正规的收徒仪式。而蒋介石都没有经过这些程序。1922年的一日，虞洽卿专门来到八仙桥黄金荣府上，向他告知蒋介石的情况，请他接纳蒋介石为门生。黄金荣考虑到虞洽卿在商界享有很高的地位，并了解到蒋介石是要去投靠与自己相识的孙中山，因而答应了，但由于虞洽卿不懂青帮的规矩，就没有做相应的准备，翌日，他带着蒋介石到黄府正式拜师。徐福生当传道师，主持了“拜师仪式”。蒋介石身无分文自然也没有交纳任何孝敬钱，他也没有填门生帖子，只是呈递了一张写有“黄老夫子台前，受业门生蒋志清”的大红帖子。所谓拜师仪式，也是随之便之，没有应该准备的蜡烛和香。这些，黄金荣心里都明白，但他并不在意。

事后，黄金荣和虞洽卿出面，将债主们请到酒店，酒过三巡，黄金荣指着蒋介石说道：如今，我已收志清为徒，以后有得罪的地方还请各位多包涵，志清如真的欠哪位的债，请来找我要。同时，虞洽卿也在旁边假装打圆场道：一点点事体，就不用提了，我看买个面子就算了。债主们心里明白，今日是鸿门宴，要硬碰的话，钞票非但讨不回来，而且还要得罪了“麻皮金荣”和“阿德哥”虞洽卿，还不如做个顺水人情罢了。于是纷纷表示前账作废，一笔勾销。就这样，凭黄金荣的一句话，压在蒋介石心头上的千钧重担瞬间便烟消云散了，当然他对黄金荣的威风与能量自然也有了进一步认识。

蒋介石拜师以后，在黄金荣府上居住了一段日子。6月，陈炯明叛变，孙中山为避难登上了永丰舰。蒋介石觉得不宜在上海继续待下去了，他想乘此机会去广州投奔孙中山，便向黄金荣表达了这个意思，黄金荣拿出200元钱送给他做路费，帮助他前往广州。黄金荣怎么也没有想到，他收的这位名叫蒋志清的徒弟，几年后竟然成为中国社会极有权势的人物，成了北伐军总司令。

蒋介石到上海后，由虞洽卿随同去黄金荣家探望，黄受宠若惊，改变了过去的师徒称呼，对蒋介石说："总司令亲自到我家来是我的光荣，过去的那段关系已经过时了，那张红帖我找出来交给虞老送还。"蒋介石赶忙谦虚道："先生总是先生，过去承黄先生、虞先生帮忙是不会忘记的。"谈罢从怀中取出一只黄澄澄的金挂表送到黄金荣面前说："这是我送给黄先生的纪念品，聊表心意。"黄金荣接过表，连连致谢。他对这只金表，一生非常重视，每逢喜庆大事，总要拿出来炫耀一番。一直保存到死后，被他的养子黄源焘取走。

北伐时期，政治风云变幻多端，以黄金荣为首的上海近代流氓帮会势力，为人处世奉行"刀切豆腐两面光"的信条，在大革命的风暴中观望，权衡利弊，见风使舵，而且一度因共产党的势力强盛而靠近红色力量。但是1927年初春，黄金荣等决定投靠蒋介石，积极参与清党反共的"四一二政变"，为蒋介石确立全国的统治立下了汗马功劳，因而使这股游离于国内政治之外的邪恶势力变成了国民党的统治力量之一，使黑社会势力发展为空前能量的、公开的、庞大的社会力量，黄金荣等三大亨也由超级流氓而成了中国近代政坛上的风云人物。

其实，早在北伐军进驻上海之前，黄金荣及其同伙就玩弄惯用伎俩，做起了"三面先生"。他既不想得罪租界当局，又不敢得罪军阀，更不能得罪蒋控制的北伐军，他想与三方都保持良好关系。这样，不论谁得势，他都不会受到不好的牵连，而且会得到好处。他们不约而同地将矛头指向了共产党和上海工人阶级。

黄金荣特意组织了一群数千人的流氓纠察队，配合行动。各路巡捕、军警和流氓纠察队，每天租界巡逻，维护治安，阻止工人武装起义。外国人向租界增派了大批军队，加强力量，法租界巡捕房也派出了16辆坦克和所有巡捕，以对付工人。他们遇见工人武装，立即发动攻击。或一拥而上，拳打脚踢，驱散人群，或大肆进行逮捕。更有甚者，还开枪、开炮、动刀子，残酷杀害同胞。

不仅如此，黄金荣之流还配合军阀部队，镇压工人起义，竭尽讨好之能事。上海工人第二次武装起义时，他们协助军阀作战。黄金荣指挥的那些巡捕和流氓纠察队，不仅可以进入华界追捕、屠杀工人，并且还允许孙传芳的军阀部队，进入租界进行活动。他们疯狂地镇压工人、学生和市民，甚至发现有人在看传单，也要将其枪杀。在上海工人进行第三次武装起义时，他们又竭尽全力拉拢军阀张宗昌派来驻守上海的毕庶澄司令。

当蒋介石和帝国主义勾结起来，准备消灭共产党人和工人武装时，黄金荣和杜月笙、张啸林等一群流氓，组织了反动的中华共进会，心甘情愿地充当反共急先锋。他们和反动军队紧密配合，制造了震惊中外的四一二反革命政变，大肆屠杀共产党人和无辜工人群众，白色恐怖笼罩了上海全城。

1927年4月3日，公共租界工部局的《警务日报》指出：中华共进会的宗旨在于制止劳工煽动分子的活动，使各国租界免遭总工会的袭击，此举得到蒋介石的极大支持。蒋介石曾经给淞沪警察厅厅长吴忠信手谕，对中华共进会的成立表示特许，吴忠信即贴出告示："奉总司令谕，中华共进会准予成立……并给予保护。"

中华共进会筹组后便立刻招兵买马，4月5日，他们在上海各报刊发出第一号通告，宣布恢复共进会（中华共进会于1912年成立，后由于响应革命而遭禁），同时号召"凡本会旧日同志，幸希从速到该处报到，再有赞同本会宗旨者，经审查后亦得加入。"其实，辛亥革命时期中华共进会的成员在此时为数已不多，而当时集结的主要成员是黑社会中各流氓同伙的骨干，真是集上海社会恶势力之大成。

中华共进会组建时，黄金荣并没有担任会长，他推脱说自己已经是花甲之人，只能在背后支撑一下，因而会长由年富力强的青帮"通"字辈人物浦锦荣担任。为了平衡青洪两帮，总指挥则由洪帮龙头张伯歧担任。负责人除黄金荣和浦、张两人外，还有张啸林、杜月笙等，在法租界的中华共进会负责人有马祥生、金廷荪，公共租界的负责人有张炎生、刘良洪、郑茂堂、蔡洪生，南市负责人有李德荣、李金标，闸北负责人有王兴高，江湾负责人有孙嘉福，中华共进会的骨干分子还包括有顾竹轩、杨顺铨、何德奎、徐福生等人。

流氓帮会在共进会的旗帜下聚集后，黄金荣、杜月笙等又与蒋介石的代表陈群、杨虎、王柏龄制定了详尽的镇压纠察队的计划，先由中华共进会成员冒充工人纠察队与其闹事，然后由东路军总指挥兼上海戒严司令白崇禧、副司令周凤岐指令第26军乘机对纠察队缴械。为了伪装得更像，中华共进会准备了大量的纠察队“工”字符号的臂章，仿制了一批总工会使用的其他标志，还派杜月笙、马祥生等与26军各师、团联络停当。

当租界当局询问中华共进会负责人：清党需要多长时间可告完成时，得到的回答是胸有成竹的：“二十四小时内就可以解决。”他们最初把屠刀对准了上海市总工会委员长汪寿华。11日晚上，杜月笙将汪寿华诱骗到杜公馆，顾嘉棠、芮庆荣、马祥生、叶焯山等寻机将汪击昏，然后把他拖到荒野并活埋。10点钟左右，黄金荣到杜公馆，杜月笙立即向他报告：工纠队大首领汪寿华已经做掉了。黄金荣称赞道：擒贼先擒王，今夜我们肯定旗开得胜。

就在同一天，蒋介石发出密令：“已克复的各省，一致实行清党。”一场大屠杀随之开始了。晚上，蒋介石调集大批军队在全市各地实行戒严，准备突袭工人纠察队。与此同时，黄金荣、杜月笙、张啸林之流也在调兵遣将。他们派遣流氓打手，携带武器，分三路去偷袭工人纠察队。

这一夜，蒋介石的军队和流氓组织，解除了工人纠察队的武装，打死打伤了数百名工人，并逮捕了许多共产党员和工人领袖。天亮后，上海总工会发出全市总同盟罢工的命令。中午，数万工人在闸北开了大会，然后英勇地夺回了总工会会址。南市50万市民在开完会后，前往龙华北伐军总部请愿。

4月13日，又一场大屠杀开始了。这天，总工会在闸北青云路广场召开了10万人的群众大会，强烈要求发还工人纠察队的武器，释放被捕工人，严厉惩戒凶手，肃清流氓反革命分子。会后，包括许多女工和童工在内的工人群众队伍，前往宝山路天主教堂周凤岐第二十六军第二师司令部去请愿。但不料走到宝山路三德里附近时，早就埋伏在那里的军队，突然用机关枪向手无寸铁的群众疯狂地扫射，当场打死上百人，打伤无数。当时正逢大雨降下，一幕尸横遍地、血流成河的景象实在让人惨不忍睹。从此以后，蒋介石的军队在上海天天逮捕、屠杀工人和共产党人。整个上海市都陷于白色恐怖之中。

事后，黄金荣、杜月笙、张啸林受到了蒋介石的表扬。蒋介石将他们召到南京设宴款待，说他们"深明大义"，是"识时务的俊杰"，同时还委任黄金荣为国民革命军总司令部少将顾问，委任杜月笙、张啸林为国民革命军总司令部少将参议，并向他们颁发了勋章和奖状。

四一二政变之后，国共两党分裂，国民党的暂时胜利眼看已成定局。黄、张、杜等紧锣密鼓地整理新老会员，准备召开成立大会，正式建立中华共进会，一时在法租界的几个共进会登记处热闹异常。到4月23日，中华共进会筹备处共召开了8次会议，宣布已设立文牍、会计、庶务和交际四个科，重新登记的老会员已超过5000人，而新会员也将近4000人。

但是，正当他们在集结帮会分子，并利用这一组织扩展势力的时候，却遭到了强烈的反对。没想到阻力来自其盟友，一是租界，二是蒋介石南京政府。无论是租界还是蒋介石，他们最担心的就是握有武装的中华共进会一旦势力强大，会演变为反对力量。蒋介石的态度是非常坚决的，即帮会势力只能是政府手中的工具，而不能放任其自由发展。他认为，在4月18日南京国民政府建立以后，中华共进会已经完成了它的历史使命，没有必要再存在了。4月下旬，由于受到来自社会、租界和国民党诸方面的压力和责难，黄金荣公开声明取消共进会重组事宜。

这样一来，上海黑社会这个无限膨胀的美梦还没实现就破灭了，中华共进会只能宣布成立大会无限期的搁置，而且，以后由于种种原因，成立大会的召开也没有了音讯。

3、黄金荣使尽浑身解数保护被赶下台的黎元洪总统，极尽讨好之能事，搭戏台，观“髦儿戏”，未料由于好色，引出一段风流事，黄金荣净留闲话。

20年代的上海，凭借它租界特定的地位，在南北对峙、四分五裂的局面中，各种人物纷纷前来，成为微妙的政治中心。黄金荣出于多种考虑，寻找并结交各色人物，以提高自己的身份，接近政治和军事的上层。接待黎元洪便是黄金荣这类活动中的一个典型。

1923年6月13日，受直系军阀控制的总统黎元洪又在直系的逼迫下辞去总统职务，于是到天津后通电反对直系，进行复位活动。就在这个时候，孙中山与奉系张作霖，皖系卢永祥、段祺瑞结成反直三角同盟，准备在上海召开国会。到7月中旬，200多位议员来到上海，章太炎等议员致电黎元洪，希望他“挺身而出”，到上海参加活动。经过权衡利弊，黎元洪于9月8日南下上海。

黄金荣听说前总统要来上海，非常惊喜，认为这是光耀门庭的好机会。经过认真考虑，黄金荣将接待的安全问题放在首位。黄金荣动员了大批武装人员来进行保护。法租界巡捕房的巡捕，归他管辖，当然不在话下。他还让张啸林利用和军方的关系，请上海护军使何丰林派出军队协助维护治安。再让杜月笙带领小八股党的弟兄，全体出动，执行任务。黄金荣还专门叫杜月笙在杜美路买了一幢洋楼，作为总统的“行宫”。随后又调数十名巡捕和小八股党弟兄，在房屋四周不断巡逻、层层守护，不准有一点差错。黄金荣还派张啸林负责前总统的行动安全，于是张做起黎元洪的贴身警卫来了。不管黎元洪何时到何地去活动，他都必须时时刻刻地跟随身边，不能有半点马虎。同时，小八股党也密切配合行动，层层布防。

前总统的欢迎仪式，气氛非常隆重。那天，黎元洪的南下队伍终于到达上海。总统虽然下台，但那套工作班子还保留着不动。夫人当然跟随，还请了骈体文大师饶汉祥当秘书长。副官、卫兵、仆人共30名，派头十足。黄金荣组织的欢迎队伍，也毫不逊色。军警密布，对现场实行了戒严，禁止与欢迎无关的人靠近一步，还派了一些便衣们混在人群暗中保护。乐队在一旁奏起欢迎的曲子，使气氛更加热烈。

黄金荣亲自带领了欢迎的队伍，等候迎接贵客。他见黎元洪一行走来，就连忙迎上去，又是鞠躬，又是作揖，满口“总统”长、“总统”短的，当然赢得了前总统的欢喜。黎元洪要表示一下前总统的恩惠，于是当场赏赐给他一套挂满各种勋章的上将军服。黎元洪的夫人也有所表示，将慈禧太后使用的镶金烟枪和嵌宝烟盘也送给黄金荣。黄金荣从来没有受过这般恩宠，于是更加忠诚地小心侍候，竭尽全力地百般招待，以表做“臣子”的一片用心。

安排好前总统的饮食，也是非常重要的。在黄金荣看来，总统吃的饭菜，无非似皇帝用膳：一是东西名贵，二是花样繁多。于是，他想尽办法搜罗各种山珍海味，多种新鲜水果。还聘请了技术高超的厨师，烹饪制作宫廷菜肴。三天一小筵，五日一大宴，尽量讨前总统欢心。黄门中一些有身份的人，也设宴款待总统一行。一来增加热烈的气氛，二来拍拍马屁可提高自家的声望。

杜月笙也不例外，他在自己的家里，宴请了黎元洪。杜月笙一向办事精细周到，不仅为前总统准备了丰盛的宴席，还邀请了许多达官显贵、社会名流作陪，将宴会安排得隆重盛大。宴会间，既对前总统有隆重的礼节，又给其随从以百般殷勤的照顾。感于此，黎元洪大发感慨。当场命饶汉祥题写对联一副，赠予杜月笙。对联上写道：“春申门下三千客，小杜城南尺五天”，把杜月笙比作了战国时的春申君。杜月笙心里洋洋得意，黄金荣在一旁十分眼红。于是他也请这位骈文老手为自己题词，饶汉祥就提笔书写了一个斗大的“福”字，送给黄金荣。黄、杜二人得此，如获至宝，非常珍惜，或雕刻，或装裱，挂在自家中。

黎元洪在上海拜访如章太炎、唐绍仪、李烈钧等旅沪名流，同时酝酿在上海组织政府，直接与北京抗衡，但张作霖和直接控制上海的卢永祥等反对黎元洪在上海组织政府，各派国会议员也自有打算，甚至不准这个下台总统旁听议员开会。黎元洪在上海不停地碰钉子、触霉头，他连呼：“我又上了他们的当了。”在忙完正事以后，前总统夫妇也要外出游玩，这可忙坏了那些负责警卫的人。

由于张啸林全权负责黎元洪的安全，因而每去一处，他就要派遣人员事先到那里进行仔细检查，设置秘密的警卫岗哨，采取严密的保卫措施。黎出行时，还要派出大批的保卫力量，前呼后拥，虚张声势，随时随地要体现一个前总统的气派。同时，还要防止有人闹事，以免发生意外情况。正规保卫人员和小八股党的弟兄要保持高度警惕，一有动静，立即上前制止。除了安全问题外，他们还要伺候好这一行人游玩，不能扫了兴致。

黎元洪

黎元洪夫妇在上海逗留了多日，临走时觉得应该看一看南方特有的由女伶演唱的“髦儿戏”。黄金荣连忙安排，选定在他的共舞台戏馆看戏。黄金荣决定当晚上演《鸿鸾禧》、《骂殿》和《失足恨》戏目，分别由当时的走红演员吕美玉和李桂芳、张文艳和特邀男旦王芸芳来主演。黄金荣派人重新布置了包厢，专门向木器店租了四个大红木龙椅，显得十分隆重豪华。警卫之事，依然由张啸林及小八股党兄弟们负责。晚上开演前，观众已入场就座。黄金荣陪同前总统夫妇进入包厢，就坐龙椅上。小八股党兄弟个个佩带手枪，守卫在旁边。

戏开演了，演员们个个抖起精神，拿出绝活，表演的好，唱得也妙，引起了场内观众阵阵的喝彩声。这一夜的戏，演得十分精彩，看戏的和演戏的都很尽兴。值得一提的是，这次听戏，黄金荣由此迷上了漂亮且戏唱的好的吕美玉，引起了以后的一段风流情事。之后，前总统一行游玩上海的活动也已完毕，第三天即离开上海，返回天津。

这次招待黎元洪，黎与黄金荣真是各得其所。黎元洪正处政治生涯的挫折时期，南下上海调整了心情，而且以便联络南方，以图东山再起。而黄金荣虽花了不少银子，但却收到不少政治资本。他凭租界一个警官的身份，参与接待一个刚刚下野的总统，可谓史无前例，由此赢得各方的瞩目，为今后又铺一层坚实的基础。

4、抗日战争开始，黄金荣脚踏两只船，在日伪统治下，虚与委蛇。同时，和国民党保持密切联系，为国民政府办了不少事。

1937 年 11 月，日军占领上海。汪精卫于 1939 年 5 月 6 日到达上海，住入愚园路 1136 弄汪公馆，准备筹组傀儡政府。为争取在上海颇有权势的旧相识黄金荣的支持，汪精卫亲自到钧培里拜访黄金荣。

黄金荣深知与当了汉奸首脑的汪精卫来往须十分谨慎，于是他抱定“热情接待，糊涂应付”的原则，只是听汪闲聊。汪精卫要黄金荣代邀工商界巨子和社会名流开会，并替他物色会场，还直接提出，这个会议希望在大世界召开。黄金荣心想，这个会议是汪精卫讨好日本人的会议，不便在大世界召开。于是他马上满脸堆笑地说：“大世界的厅堂太小，而且不集中。既不够派头又不甚安全。还是在大光明影戏院召开比较好。”汪精卫听得出话里有话，只好表示同意。黄金荣马上令门徒程子良与袁履登一起负责布置会场，接着让王晓籁通知各界人士。汪精卫在会上大谈“和平救国、曲线救国”的汉奸理论，要求上海各界能加入“和平救国”运动之中来。

但是，对于汪精卫的卖国理论，上海的工商界人士反响非常冷淡。汪精卫仍不甘心，过了几天，他又在日本人开设的乐山花园大酒店宴请黄金荣。黄金荣当然不敢不去，但吩咐两个助手：先观望一下，总之要装糊涂。那天，黄金荣由程锡文和龚天健陪同前去。酒宴上日本军官佐藤对龚天健说：“我们盛情邀请黄老先生当顾问，协助搞好上海的工作，黄先生在上海名气大，说句话就能算数的。”龚天健立即回答说：“黄老板因年纪大了，身体不太好，早就退休了。”黄金荣马上颤抖着从椅子上站起来说道：“我已经老了，不顶用了。”边说边身体摇摇晃晃起来，程锡文马上扶着黄金荣，边向佐藤道歉边离开了乐山花园大酒店。

尽管如此，汪精卫对黄金荣的消极推托还不甘心，又派周佛海到钧培里去游说。周佛海来到黄公馆后便直截了当地请黄金荣出山，担任上海市市长。黄金荣躺在藤椅上故作有气无力地回答：“谢谢周先生，我身体实在不行，加上自己没有学问，现在我不用说站起来，就连坐一个钟点也不行。”就这几句话把周佛海给打发走了。

日本人在上海滩横行霸道，不可一世，黄金荣始终不敢和日本人走得太近，原因之一是他担心招惹杀身之祸。1940 年初，“新亚和平促进会”委员、大汉奸俞叶封，被人乱枪打死在舞厅包厢里。8 月，大汉奸、伪浙江省省长张啸林被军统特务枪杀于寓所。再一个是伪上海市市长傅筱庵，在家中被自己的佣人一刀砍死。这些，都是国民党特务所为，黄金荣心里很清楚，替日本人死心塌地卖命，就会落得同样的下场。他对程锡文、龚天健等反复说：“给日本人做事名声臭，性命不安全。”至少在表面上，要和日本人保持一定的距离。

黄金荣喜欢听评弹，特别是《岳飞传》，他百听不厌。岳飞精忠报国，世人尊敬，而秦桧夫妇奴颜卖国，遗臭万年，对他的思想有较大影响。他曾对心腹徒弟们说：“土地是中国的，日本人虽然打进来，占据了上海，但它不能把上海搬到日本去。我能得势窜上去，同蒋介石有关系，他好我也好。现在他在重庆，我只能帮他，不能同日本人打交道，遗臭万年，应为子孙后代着想。”

就在这个时候，日本陆军特务机关也派人与黄金荣联系。日伪黄浦警察分局局长小林到黄金荣家中拜访，提出让黄金荣出任上海市维持会会长。黄金荣照样装病，婉言谢绝了。1938 年夏天，日本驻华海军武官府特派海军少将佐藤登门拜访黄金荣，并邀请黄筹备组织上海的傀儡政府，黄金荣称病拒不会见。佐藤再访时，迫于压力，黄金荣不得不与其达成两项协议：一是黄金荣尽力支持汉奸政府，派遣党羽参加；二是黄金荣同意为日军运销军土以帮助日军筹集军饷。

在日伪统治下，昔日雄霸一方的黄金荣威风大减，只好委曲求全。同时他又玩弄起“两面光”的手法。虽然自己不能出面任职，却派弟子到伪政府去做官。还和日伪官员拉关系，达到互相利用的目的。也可以保自己一条生存与发财之路。

伪国民政府在南京成立的时候，汪精卫曾邀请黄金荣去观礼。但黄金荣怕招惹是非，不敢前去，于是派徒弟龚天健带了一封推荐信，专程赶赴南京祝贺。汪精卫正缺人手，立即按信中推荐之意，任命陈群担任了伪江苏省省长职务。黄金荣自然十分高兴，在陈群上任的时候，特地率领大批徒弟，乘专车到苏州捧场祝贺。而陈群又按黄金荣的意思，安插了黄门众多弟子到伪机关中，充当汉奸。作为同门，这些弟子每月都要送钱孝敬师父。黄门中，在伪和平军中任职的人也很多。黄金荣的结拜兄弟徐林诚，做了第一集团军第二军军长。徒弟郝鹏举任了淮海保安司令，李长江当了某集团军司令，田铁夫是第三十六师师长。

他的一些门徒落水当了汉奸，竞相开设赌场、妓院等，黄金荣自然多少可以捞到一些好处。如卢英当了伪上海市警察局长兼南市区政务署长，立即鼓励开设烟、赌、娼，并公开征收赌台税，平均一个赌场每月必须交3000多元的税。

在贩毒方面，由日伪合作的宏济善堂独家垄断，主持人是盛宣怀的后代盛幼庵。一些帮会流氓只能靠为盛氏打工而分点薪饷。黄金荣的徒弟严春堂、严潮生等都曾经在盛幼庵手下贩毒。黄金荣也由此多少得到些好处。

如果门徒、朋友有了问题，向黄金荣求救，他也会出面请汉奸帮忙。门徒史雨春为上海糖业领袖人物，他从台湾私运食糖，以逃税牟取暴利。一次被伪税务局查获，糖商席德霖即日被捕，不仅被抄走200包蔗糖而且还要罚款5亿元。史雨春马上找到黄金荣，黄金荣即令管家程锡文陪史雨春的夫人到马斯南路周佛海的小妾家中，向周送了3万元和5根金条，才算躲过一劫。

由于日伪几次请黄金荣出山都没有达到目的，于是派出日本特务藤曲，以保护黄金荣安全的名义住进了黄公馆，时刻监视黄金荣的行动，中间也有中断，但总的来说直到抗战结束前才离开。

而抗战时期的黄金荣对许多社会活动多以年老体衰为托词，谢绝不去。连偶尔出席社会活动，也会遭到日伪新贵的藐视甚至嘲弄。1941 年夏天，帮会头目高兰生在丽都花园举行50 大寿宴会，黄金荣前去祝贺，在座的有公共租界探长尚武、刘绍奎、汤坚等人，他们正互相寒暄着，突然从外面走进七十六号“杀人魔王”吴四宝，这人依仗日本人的权势，当着黄金荣的面，指着尚武、刘绍奎等租界探长，指桑骂槐地说：“这群瘪三，现在寿世已满，再和老子为难，穷爷一个个都要打死他们!”想当年，吴四宝只是“通”字辈荣炳根、季云卿的徒弟，他的师父看到黄督察长都要恭敬三分，而如今，日伪当道，黄金荣只能保持沉默，任由辱骂。

黄金荣不仅注意同日伪搞好关系，他还尽量表现自己，全力办社会服务和福利事业。这是他左右逢源的又一个手段。黄金荣很怕日本人，又不想得罪国民党。于是表面上装作不参与政治，不出面当官，一门心思赚钱，做生意，对双方都交待得过去。他把主要精力放在娱乐生意上，同时也做些慈善的事情。当时，由于日伪当局对粮食控制得非常严格，一般人是很难购得较大数量粮食的。正好那个时候闻兰亭、袁履登、林康侯参加了统治金融、粮食、纱布的伪组织机构。黄金荣便派徒弟程锡文去找袁履登联系，到苏州买到了一批大米。大米运回上海后，黄金荣又让人在老西门关帝庙和武定路财神庙等地架锅煮粥，布施穷人。用这个办法，自然也能买个好名声，以博取人心。

为了行事方便，黄金荣也极力和汪伪政府的官员搞好关系，以图互相利用。一次，汪精卫要做寿，准备设宴大为操办。黄金荣知道后，不便亲往祝贺，特请日本三菱洋行买办王一亭精绘了一幅《长眉罗汉寿佛图》作为贺礼，派亲信龚天健到南京送给汪精卫，以表一片诚心。他们二人心照不宣，总是互相照应。

由于汪精卫成立伪政权后，原国民党上海市党部几乎全部转向，蒋介石在上海的地下工作顿陷瘫痪。为了恢复组织，开展活动，蒋介石指示陈果夫、陈立夫马上采取行动。二陈特派吴开先前往上海，执行这些任务。这位吴开先曾任国民党上海市党部常委，现是国民党中央组织部副部长，还在军委会第六部任职。他对孤身潜入敌占区工作十分担心，特地转道香港，去拜访避居此处的杜月笙，从那里了解到不少上海的情况。黄金荣的状况，当然也成为他关注的焦点。到上海以后，他继续关注黄门的各种动向。特务头子戴笠在重庆，派了陈默等人组成行动小组到上海来活动。行动小组人虽不多，但对情况了如指掌。像黄金荣不做伪官，张啸林与日伪大肆勾结等情况，他们都如实向重庆方面进行了汇报。

国民党还成立了很多的组织，到上海积极开展活动。考虑到过去的组织太小，人手严重不足，蒋介石命令在四川成立“军事委员会人民行动委员会”和“上海市统一工作委员会”，他想借助帮会的力量开展国民党特务活动。人民行动委员会是由戴笠带头组织的，其中有军统特务和不少青洪帮分子。而上海市统一工作委员会，是按吴开先的建议成立的。杜月笙为主任委员，而实权则掌握在戴笠手里，两个委员会都对上海的情况作了详细调查，对黄金荣的表现非常满意，对张啸林等人的行为非常恼火。

黄金荣心里十分清楚，树大招风，自己肯定会受到国民党的监视。为了避免被国民党特务杀掉，他决定尽快与其取得联系，保持过去那种相互信任的关系。他首先叫龚天健代他给国民党第三战区司令长官顾祝同写了一封信，要求给自己发一张委任状，以便在此开展地下工作。随后，他派得力弟子秦兴炎带了信和厚礼，到浙江顾祝同的部队。秦兴炎果然不负师父所托，带了一张委任状回来。顾祝同派了他的妻舅许先生到黄公馆来，与黄金荣商量今后的工作问题，黄金荣也派秦兴炎多次去浙江等地第三战区设立的办事处进行频繁联系。

于是，黄金荣马上以国民党地下工作者的身份开始工作了。他帮顾祝同在上海秘密设立了第三战区驻沪联络专员办事处。顾祝同派何尚时赴任该联络处专员，委任黄金荣的养子黄源焘为大队长，秦兴炎为支队长。何尚时下车伊始便与黄源焘和秦兴炎结拜为兄弟，也算沾了一点黄门的边。从此，黄金荣在国民党内也搭上了关系，不必再提心吊胆地过日子了。

黄金荣为了保护自身的势力，游刃于各派政治势力之间。不管是结交孙中山，助推蒋介石，保护黎元洪，还是在日伪与国民党间虚与委蛇，黄金荣都有着自身的考虑和打算。正是因为他在各派之间做到了游刃有余，才能在上海这个鱼龙混杂的政治舞台上长期立足。

四、受惊吓而死

1、年事已高的黄金荣向巡捕房递交辞呈，退休后仍倚老卖老，搜刮黄门弟子钱财，吝啬之心暴露无遗。为夺取黄楚九的大世界，他使出卑劣手段，最终将其易名为荣记大世界。为光宗耀祖，他竭尽奢华建造了黄家花园，成为上海滩重要人物云集之地。

1925年3月27日，黄金荣向巡捕房提出了辞呈，他称自己已在巡捕房供职多年，向来办公勤谨，曾得到法国政府奖章多枚，但因近来年老体弱，故请求辞去督察长一职。并建议由自己的弟子来继任，以便幕后进行遥控。

黄金荣退休以后，年年都要找机会让弟子们进贡，收取大量的钱财。不仅过生日要弟子们送礼，过节也要他们表示“心意”，遇有重大的事情更要孝敬“老头子”。

黄金荣大收弟子礼金，得利丰厚。但他又极其吝啬，只进不出。他信奉佛教，但不肯出资捐助，他乐于结交僧人，致使山西五台山、安徽九华山和上海龙华寺的和尚经常到黄公馆来化缘募捐。但黄金荣出手不大方，最多奉送几百元钱了事，或是题个词表示一下。对于社会各项慈善救济事业，他只是做些表面文章，从来不肯做发起人资助，实在推卸不了时就稍微表示一下，让面子上过得去。对江湖上三教九流求助者，他只以小恩小惠进行拉拢，根本不会花大代价。

黄金荣的势利眼也是很明显的。他对地位高低不同的人，有着十分分明的不同态度。比如，他用香烟招待客人，就分为几个等级。用大前门招待普通客人，招待中等客人用白锡包，以茄力克招待上等客人，而用上好的大土招待高级的客人。还有，他对徒弟的亲近也不相同，对位高势大的徒弟，总是表现非常热情的样子；对权势较低或没有什么权势的徒弟，见面只点个头就算了。他这种吝啬的习惯，给他带来了许多后患。杜月笙发迹后，扩大杜门与其作对，利用黄金荣吝啬这一点，就用大把进大把出的手段笼络人心，因而弟子中的许多人纷纷转向杜月笙一方，使得杜家势力最终超过了黄门。就在黄金荣的威望在徒弟们的心中渐渐跌低的时候，黄门内部以前各明堂、派别之间的矛盾变得明显起来。黄门弟子为了私利，互相倾轧、排挤，甚至相互暗杀。

眼见黄楚九创办的大世界游乐场非常成功，黄金荣就策划了一个夺取大世界的，妄图据为己有的阴谋诡计。他与月笙等人商量，决定以黄楚九开设的日夜银行为突破口，弄垮对方，夺取大世界。于是，黄金荣制定了行动计划，煽动储户提款，自己乘机收买存单，准备行动。

在黄金荣的策划下，他的门徒到处散布谣言，说日夜银行经营不景气，已没有库存现金了，不久就要倒闭。他们煽动储户说，必须立即兑付现金，再晚就兑不出钱来了。他们甚至说黄楚九身患重病，说不定哪天一死，银行立刻就会关门。一时谣言四起，人心惶惶。一些储户拿着存单，跑到日夜银行要求兑付现金，形势十分紧张。紧接着，黄金荣又叫人去组织一帮弟子，一同加入提款人群，并从中兴风作浪，使事态变得越发不可收拾。

当然黄楚九也不愧是个久经商场的老将，连忙采取措施应对。他一面急调资金，一面派得力人手制造了一起大笔现金运到的假象，来稳定人心。日夜银行经理阿祥临时雇用了几名巡捕，押运一车现金开到银行来，故意在大庭广众之下，从上面搬下四只装现金用的铁皮箱子和鼓鼓囊囊的八个大帆布袋，好像里面装满了钱，其实都是废报纸。两项措施果然起作用，提款的人看到钱，就放心了，多数渐渐离去。黄金荣的初次行动以失败告终。

但是，他并不甘心失败，经过一番准备后马上又始了第二次行动。他仍用造谣惑众、煽动人心的方法。徒弟们继续散布日夜银行没有库存现金的消息，鼓动储户尽早提款，以免吃亏。杜月笙等人干脆在小报上刊登文章，宣传黄楚九已经病危，命在旦夕的消息。果然不出所料，储户们再次涌向日夜银行要求提款。黄金荣派出弟子们前去提款。他们混在人群中火上加油，使这次提款风潮更加猛烈，阿祥慌得没了主意，竟来向黄金荣求援。黄金荣心里非常得意，表示愿意帮忙。他调了20金，前往日夜银行，将储户手里的存单大部买下，摇身一变成了黄楚九的最大债主。

黄楚九

黄楚九在杭州听到消息，抱病赶回上海，但其多病的身体已经不起这沉重的打击。1931年9日，年仅59岁的黄楚九撒手人寰。

黄金荣、杜月笙、张啸林和虞洽卿、王延松、袁履登、叶山涛等人组织善后委员会，马上宣布日夜银行进行存款清理。消息一传出就有大批的债主上门讨债，竟有上千人之多。许多债权人组成了日夜银行债权团，向法租界当局申请有关偿还债务的事宜。黄金荣的徒弟们则控制着债权团，不让别人插手，法租界当局和债权团决定，出卖黄楚九的资产以偿还债务。结果，黄金荣以50万元盘下大世界。1931年6月1日，上海《新闻报》刊载了一则启事，称黄金荣“接办了大世界”。就这样，大世界成了“荣记大世界”。

1931年5月30日，成立大会在荣记大世界共和厅举行，宣布设立荣记胜利大世界公司，黄金荣担任委员长和经济委员，闵采章、鲍琴轩等十余人为委员，顾无为、唐嘉鹏、江倬云等为监察委员。黄金荣作为大会主席致辞称：“鄙人承蒙荣记胜利公司同仁公举为委员长兼经济委员，事情难却，惟希本公司同仁及职员等，和衷共济，各尽其职，勤勤恳恳，务以营业为前提，从今伊始，整理游艺，一新耳目，要以增多游客为第一目标，务使济济游客，乐游兹土……望前途，愿与同人共勉之。”

6月1日，荣记大世界正式开张，开张大吉门票减到小洋2角，于是，大世界重新又热闹起来。在荣记大世界，充斥着各种活动，吸大麻，“动人快感的香艳舞”等，真可谓五花八门，应有尽有。鼎盛时期，大世界每日进出的游客多达两三万人，节日期间更达到5万人，摊点就有77个。在这个“大世界”里，不但有娱乐活动，还有迷信行为。每日济公坛前香烟缭绕，善男信女磕头如同捣蒜。而且，流氓、扒手和诈骗活动此伏彼起，秩序异常混乱。但黄金荣却因此赚了不少昧心钱。

黄家的祖坟在上海地处漕河泾港两岸的漕河泾镇。港东直通黄浦江，西联蒲汇塘，由西向东贯镇而过。20 年代，黄金荣发迹后，便在此建造了个黄家祠堂。黄金荣退休后，也常来祠堂小憩。徒弟们发现他如此喜爱这个地方，就建议把黄家祠堂扩建为花园，黄金荣默许了。

弟子们根据自己的情况，分别出资。少则三四十元，多的有千余元。黄振世捐资 500 元，唐嘉鹏出了 1000 元，杜月笙和金廷荪各出资 4000 多元。这样一来，数千弟子捐的钱，加上一大笔工商界的礼金，总数达 360 万元，大大超过工程所需费用。除支付建设费用，添置家具外还有不少积累。设计花园的蓝图，是由杜月笙负责的。他亲自出面去请有关专家设计，很快就办妥了。谁敢不买他的面子呢？他将图纸送给黄金荣看时，受到了称赞。万事俱备后，建筑工程也就随之开始了。

黄金荣晚年与友人一起聚餐

为方便施工和人员的进出，黄金荣还先建筑了一条从漕河泾镇通往坟地的道路，然后购置土地，扩张面积，初称黄家别墅，后正式名为黄家花园，面积 60 亩。唐嘉鹏、冯志铭指挥一班人马，大兴土木。又是盖大殿，又是造楼房，既要垒假山，又要种树木……忙得不亦乐乎。经过几年的工夫，终于在1931年，也就是黄金荣夺得大世界后不久，建成了黄家花园。

两扇红漆大门朝南开关，上方挂有一匾额，写有“黄家花园”四字。门呈现三开间房式，顶为两面坡，泥鳅背屋脊上覆盖了桶瓦。门前是白色的石台阶，门两边的墙壁也是清一色的雪白。进门后沿路弯曲向北，便来到园内中央的“四教厅”。

这年11月17日，四教厅竣工。大厅为仿丛林的大雄宝殿，宽敞高耸，平面达250平方米。大厅的门、窗、梁、柱、椽、隔扇等雕刻有24孝图和古代戏文等，是所谓“文、行、忠、信”的故事。四教厅是进行重要礼节性活动的场所，厅外四周环以两米多宽的走廊，整个建筑雄伟华丽，其结构造型在江南实属罕见。除整套的红木家具外，厅内还陈列着福、禄、寿三星。原在祠堂的黎元洪、徐世昌、曹锟等人匾额及蒋介石亲题的“四教厅”匾额也是挂在厅内。此外，还有国民政府主席林森题的“礼义忠信”，行政院长汪精卫题的“林泉养性”等。

四教厅的后面，还有一座西洋式的二层楼房。该楼是钢筋水泥结构，共分了12个房间。它的四周还有独立的围墙，将其围成了一个小院。这是座典型的别墅，专供黄金荣夏天避暑享用。以四教厅为中心，四面分布着各具特色的亭台庙堂。关帝庙，供人们祭拜关老爷。庙后的观音堂，好让人叩拜观音菩萨，寻找精神寄托。园内还建有假山和水池，使花园形成山、地、水三重立体空间，独具匠心。

每年的立夏以后，黄金荣便迁往花园歇夏，在北面的别墅里避暑，一直到8月天气凉爽后，再回到钧培里本宅。花园里总有一批游手好闲的门生，最常见的有龚天健、陈福康、鲁锦臣和“夜壶”阿四，他们成天陪着黄金荣赌博、抽鸦片，消磨时光。黄家花园也是黄门弟子聚会议事的重要场所。几乎每个星期日，黄门弟子都会不约而同地来到这里。每到农历正月十三、五月十三和九月十三的日子，都要在园内的关帝殿聚会，一般的弟子各出10元到漕河泾花园聚会，园内厨房负责供应饭等，游玩到下午三四点才尽兴而散。

为了保护黄家花园，也为了联络漕河泾民众的感情，1933年8月，黄金荣独资创办了漕河泾消防队，添置消防车两部，征募了60人。除此之外，每年冬天，黄金荣都要在花园周围给穷人送棉袄、棉裤和米粮，如有人到黄家花园门口去讨饭，一般给每人几角钱。每逢中秋，花园向周围百姓开放，让他们免费观看滩簧戏和西洋镜，在漕河泾上还有龙舟表演，直到通宵，所有的观众都有点心吃。每年的六月十九，黄金荣准许善男善女入园到观音阁拜佛，并招待他们免费素斋。

黄家花园渐渐成为黄金荣及上海帮会人物集会、宴请场所。1937 年 3 月，孔祥熙作为中国特使率团出席英皇加冕典礼，31 日，黄金荣偕杜月笙、张啸林等在黄家花园宴请中国特使团。4 月 18 日，代理市长俞鸿钧、淞沪警备司令杨虎在这里又得到丰盛的款待。

2、1947 年，黄金荣八十大寿，风头十足，荣耀满堂。昔日的门徒，今日的“精英”，群集一堂。但毕竟是烈士暮年，黄金荣走下坡路的趋势已不可挽回了。

祝寿历来是帮会首领互相联络和吹捧、并搜刮财物的绝好机会。黄金荣的八十大寿，可以算作是上海乃至中国黑社会势力的一次大检阅、大聚会。在聚会举办之前，荣社便在《申报》等报刊上登载启事，宣称：“国历十二月十二日既农历十一月朔日为黄理事长金荣老先生八秩寿辰。先生行侠好义，功在社会，亮节高风，望重当时，同人等共沐熏陶，时承馨欬。岂兹华诞应晋桃觞而先生夙悯之怀，谢绝台莱之颂，坚以民生凋敝，国步艰难，力戒铺张，冀符节约，爰订于是日假座玉佛寺陶备粗筵藉尽一日之欢，顶礼寿佛来表祝噎之愿。凡与先生交好欢迎参加，增辉盛会。”

黄金荣将筹办的事，放心地交给了程锡文、黄振世等几位心腹弟子。程锡文同黄振世、鲁锦臣、杭石君、龚天健等人商议，一致决定请杨虎、杜月笙来做主持，黄振世为总务，程锡文和鲁锦臣负责接待宾客。他们本来以为，每年师父过生日，都要大为操办一下，好多收些弟子的孝敬，今年是大寿，更应好好操办，大肆庆贺一番，热闹热闹。但黄金荣常常对他们说：“今年不要太铺张，因时局不利，还是节省一点吧，就在玉佛寺摆素菜席算了。”他这是因为考虑到国民党军队在各个战场上连吃败仗，狼狈不堪，如果自己再尽情操办宴席，与时局不合，一旦传到蒋介石耳朵里，恐怕要惹出不必要的麻烦。于是弟子们就按师父讲的意思，在沪西槟榔路（今安远路）的玉佛寺安排了素席宴。

钧培里黄公馆的正门，民国时代最煊赫的公馆之一

寿辰日终于来到了。黄金荣一大早来到玉佛寺，接受人们的祝贺。10时左右，宾客们开始登门。蒋介石的小儿子蒋纬国，最早来到玉佛寺。他的到来，具有双重意义。一是代表自己的一片心意，二是代表了父亲蒋介石的祝贺之意。蒋纬国向寿星老恭敬地拜了寿，这也许是当天黄金荣受到的最重要的礼遇了。

接着，上海市市长吴国桢带着社会局局长吴开先和市政府各局的局长登门拜寿，这说明当地政府对黄金荣还是十分看重的，拿他当上海市举足轻重的人物来对待。再往后，就是大名鼎鼎的前行政院长孔祥熙了。他一来，杜月笙连忙跑去接待，也不顾怠慢了寿星佬。原来，他们在重庆时合伙做过生意，交情颇深。现在见面，当然有很多私房话要讲。与此同时，大批的黄门弟子和亲朋好友，也纷纷登门祝寿，川流不息，达数千人。

过了3天，陈布雷从南京打来电话告诉黄金荣说蒋介石要来上海，到黄家花园拜寿。黄金荣听后真是喜上眉梢，这简直是要满堂生辉了。他立即吩咐程锡文和鲁锦臣到黄家花园去布置四教厅，黄金荣的徒弟陶雪生听到这个消息，自告奋勇，调动漕河泾的地方自卫团担任花园外面的警卫，花园里面派心腹人员站岗。黄听后很高兴，点头称好，并嘱咐在外面的人可以多些，花园里站岗的要仔细挑选可靠的，绝不可大意。

第二天，即农历十一月初五清晨，陶雪生派自卫团五六百人，在漕河泾前前后后，沿路站岗。占地近60亩地的黄家花园，打扫得十分整洁，四教厅前陈列着一堂樊石八仙，厅内正中供着福禄寿三星，左右摆着12把红木大椅。下午，蒋介石终于来到了黄家花园，只见他身穿蓝袍黑褂，头戴铜盆帽，迈着军人的步伐走过来。黄金荣率领杨虎、杭石君、龚天健、鲁锦臣和程锡文在花园前面迎接。

到四教厅时，蒋介石对黄金荣说："未来拜寿，因玉佛寺人多不便，又因公事很忙，请原谅。"随即亲自动手去搬一只红木大椅，陈希曾的侄子马上把椅子接住，蒋介石叫他搬到八仙桌前正中放下，又亲手从旁边红木椅上取下一只软垫，把黄金荣扶到当中的红木椅上，黄金荣虽然想到他会受到如此礼遇，但心里却早已乐开了花，连说："不敢当，不敢当。行个鞠躬礼吧!"

可是蒋介石却已跪下向黄金荣磕了一个头。磕头时，黄金荣急得站了起来去搀扶蒋介石，蒋说："这次特来拜寿，表表我的心意，因为前线情况紧急，我马上要走，请保重身体，多福多寿。"说罢就向黄金荣告别，急急离去，黄金荣准备的宴席，一口没吃，连茶也没有喝。后来，黄金荣不住夸赞说："蒋总统真是个礼重的大人物，我能受到他这样的尊重，真是一生荣幸。"

总之，黄金荣这次风头十足的八十大寿，可以说是他一生中最后的风光时刻了。但毕竟已是烈士暮年，荣耀过后则预示着黄金荣走下坡路的趋势已不可挽回。

3、大陆解放，黄金荣依恋故土，不去香港弃骨头。但新旧社会两重天，他再也难以称雄。上海解放，他接受军管会训话。李志清携款逃离大陆，未给他留足生活费。昔日的财霸成了今日的穷光蛋，晚景凄惨。

1949上海解放前夕，局势异常混乱，何去何从？黄金荣心里十分矛盾。在新旧政权交替之际，国共两方面都在尽力争取帮会人物，其中主要对象是黄金荣和杜月笙。

在这样时局转变之时，杜月笙也在权衡利弊，而黄炎培、杨虎、陈铭枢等曾动员杜月笙靠向人民阵营。共产党方面也有潘汉年等与他保持联系，上海解放前一个多月，张澜曾去拜访过杜月笙。但杜怕共产党审查四一二政变中杀害汪寿华之劣迹，遂决定变卖住宅，到香港观望。4 月 10 日，蒋介石在复兴岛接见杜月笙，要杜选择适当时机离开上海。

杜月笙要走了，于是到钧培里向黄金荣辞行。杜月笙看着老态龙钟的黄金荣，真心劝他到香港去。但黄金荣心想，我没有汪寿华这样的血债，不用怕共产党，但嘴上说道："我都已经 80 多了，死在香港倒不要紧，只怕在路上生了急病，岂不要死在半途！"最后两人互道珍重，杜月笙怅然离开了进出过无数次的钧培里。82 岁的黄金荣已垂垂老矣，他知道自己已经来日无多了。

就在这决定去留的关键时刻，共产党派人向黄金荣传递了一个信息：中共中央的领导同志非常关心上海帮会的动向，曾指示过加强帮会方面的工作。已与中共有了接触的杨虎接受了中共派下的一些任务，前来向黄金荣做工作。一天，杨虎到黄公馆看望黄金荣，他们俩一同谈起了时局。杨虎对他说，共产党领袖知道他，真诚希望他不要走，就留在上海协助稳定当地局势，如果这样可以既往不咎。

同时，杨虎还递给他一张字条，说是共产党领导人写的，要他在解放后交给上海市的负责人，保证不会抓他。黄金荣拿了这张字条，心里有点踏实。后来，又有人带来一个重要的口信，原来是章士钊夫人，代表共产党特意来看望他，动员他。章夫人告诉他，只要拥护共产党，不再和人民为敌，共产党一定都会按"既往不咎"的政策办事，希望黄金荣留在上海，不要轻举妄动。黄金荣这下心动了，就凭几十年的生活经验，他知道共产党向来是守信誉的，这些话也非同儿戏，他又感到有了希望。

为了向共产党表示自己有立功赎罪的诚意，黄金荣认为，提供一些重要情报，也许是最及时的事情。他知道，洪门在上海也有相当的势力，弄不好，就会制造社会混乱。他马上根据自己了解的情况，将洪门头目列了一个名单，多达400人，然后，找了一个机会把名单送给了中共在上海的地下组织，以便对他们进行控制，防止其作乱。黄金荣打听到，共产党急需掌握国民党在上海的一些财产情况。于是，命黄振世造了一个表，将自己所知道的国民党财产全都登记列入。再请杨虎转交给地下党。他还告诫黄门弟子，不要轻举妄动。对国民党在逃离上海前进行的破坏和屠杀，黄门弟子绝对不能去参加。每遇地下党，都要尽量帮助和掩护。黄门弟子果然遵照师父的命令行事，没有发生什么恶性事件。黄金荣的这些措施，对于共产党顺利接管上海，稳定上海局势，确实起到了一定的作用。

上海终于解放了，黄金荣受到人民政府的宽大对待。上海副市长潘汉年曾在一次会上说，反动统治时期，黄金荣是帝国主义的走卒，又是蒋介石的靠山，和他的门徒一起在上海做了很多坏事。但解放后他留了下来，说明对祖国还是有感情的，对共产党不抱敌意，所以也不必给他戴上“专政对象”的帽子，只要他表个态就行了。杨虎很快将这些话的精神传达给了黄金荣。黄金荣听了十分感动，非常感谢共产党对他的宽大。人民政府既没有抓他，也没有限制他的行动自由。解放了，人民翻身做了自己的主人。黄金荣的大世界、共舞台、大舞台等企业，全都由职工进行管理。他也不能从中获得高额的利润了。不过，他仍可以到里面去走走看看，有时，他也戴上企业的袖章，在门口值班，以表示自己参加了一定的生产劳动，而且在认真地改造自己。总之，共产党说话是算数的，这一点使黄金荣十分佩服。

1949年5月27日，人民解放军攻占上海。根据中国人民革命军事委员会命令，当日就成立了中国人民解放军上海市军事管制委员会，陈毅为主任，粟裕为副主任。第二天，以陈毅担任市长，曾山、潘汉年和韦悫为副市长的上海市人民政府宣告成立。但潜伏下来的国民党特务、帮会流氓分子企图利用共产党刚进上海、还没有站稳脚跟的时机，大肆捣乱。据当时统计，上海解放后的20多天里，共发生重大的抢劫案50多起。

面对如此严峻的局势，市长陈毅、副市长潘汉年指令军管、公安部门等紧密配合，严厉打击各种犯罪活动，对有血债的帮会人员进行毫不留情的处罚。黄金荣的爱徒陶雪生，抗战时期就做了汉奸，残害抗日志士，欺压百姓。抗战胜利后又参加了国民党特务组织，1948 年，曾参与策划逮捕许荣夫和王孝和等事件。解放后，陶雪生被捕，经审判犯罪事实确凿，人民法院判处其死刑，1950 年 10 月，陶被押至其老家漕河泾——黄家花园旁处死。

黄金荣家宽大的前厅

在打击犯罪的同时，人民政府责令参加过帮会的人员自动进行登记，到 1951 年，登记人数多达 26800 人，成百上千的帮会头子接受劳动改造和群众的监督。由于黄金荣的一些门徒还在从事破坏活动，为此，政府内部也有些干部主张将黄金荣法办。他们认为打蛇要打头，不镇压黄金荣，就无法制服他的数以千计的门徒，也就无法有效地控制上海的秩序。也有些人认为，国民党反动派的死硬分子全跑了，杜月笙都跑了，黄金荣能够留下来还是不错的。

上海市军管会对黄金荣的基本估计是：第一，黄金荣过去有罪恶，是依附帝国主义势力的恶霸；第二，但黄金荣近年来已不作恶，解放后向人民政府低头认罪，而且日渐衰老；第三，对反动帮会势力必须采取斗争瓦解策略，对黄本人应取宽大政策。

经过商议，决定派人向黄金荣讲明政策，那就是只要不干涉政府的行政事务，不再包庇徒子徒孙地痞流氓，不破坏社会治安，人民政府可以对他宽大处理。研究之后，潘汉年亲自委派杜宣作为军管会的代表，负责向黄金荣进行训话。

一天下午，杜宣带领十余名全副武装的解放军战士奉命来到钧培里对黄金荣训话。黄金荣连忙出来迎接，当看到荷枪实弹的解放军，心里一阵恐惧。杜宣等来到大厅，立即重申了政府的政策：只要不干涉政府的行政事务，不再包庇徒子徒孙地痞流氓，不破坏社会治安，人民政府会对他宽大处理，并要求黄金荣老实交代。

黄金荣见政府并没有逮捕他的意思，心中压着的一块石头才算落了地，他马上说："我黄金荣在上海滩几十年来，做尽坏事，贩卖毒品，拐卖人口，杀人绑票都做过，贵军没有杀我，是贵军的宽大……"说着，黄金荣从怀里摸出蒋介石1927年在黄六十大寿时赠给他的那块金怀表，交给杜宣让他上缴政府处理。并坚决表示决不包庇干坏事的门徒，一切听从人民政府的领导。

然后杜宣说，政府还是同意让他正常经营大世界、共舞台的。最后还指出："我们的政策是坦白从宽，抗拒从严，只要老老实实，不再做不利于人民的活动，过去的罪恶，我们都可以从宽处理。"今后必须老老实实，如果发现你再做欺压人民、违抗人民政府的事，那就要从严法办了。"这时，黄金荣连忙频频鞠躬道："保证不再做坏事。"

1950年1月，黄金荣购买了5万元国家公债，以表示对人民政府的拥护，只是他手中已没有多少钱。1950年他曾对管家程锡文说："现在我买了5万元公债，没有钱，你到香港去找杜月笙，请他给我讨还一笔10万元借款，这是刘裕章早几年向我借的。"2月，程锡文去香港找杜月笙，没想到碰了个软钉子，他要程去找李志清（黄金荣的儿媳妇，此时在香港筹款）想办法，程无奈，只好空手返回上海。

黄金荣急需钱，觉得这位金兰兄弟不会如此绝情的吧，于是他叫秘书写了一封信给杜月笙，大意是：现在派程锡文来港，关于追还刘裕章10万元欠款，务必请你协助解决。这刘裕章是个军火商人，黄金荣和杨虎、程子卿等同法租界巡捕房总巡捕私下做过军火买卖，卖给了刘，刘当时没有付款。带着黄金荣的信，程锡文二下香港，去找杜月笙，黄金荣还几次打了加急电报给杜月笙，请杜月笙设法将欠款追还。杜最后叫万墨林先给黄5万元，程才返回上海。后来，大世界、共舞台、大舞台等企业均归职工管理。

其实，黄金荣在催别人还清欠款的同时，也在加紧清理自己的财产，以防不测。为了保住这些财富，他和李志清商量对策：将一些不动产尽量换成美元、黄金、珠宝等，以便于携带处理。打算先将这些财宝放在家中保险箱里，若风头不对，就带到香港，也好日后慢慢受用。黄金荣不想外人插手此事，就派李马上操办。

其实李志清早有自己的打算，那就是携带钱财到香港去。她受杜月笙等人的影响，对共产党早就存有戒心，害怕有朝一日受到清算，失去舒适的生活。黄金荣年事已高，活不了多少年了，黄一旦死去，自己就会失去靠山。李志清是在旧社会过惯了舒服日子的人，不敢想象新社会将如何改变她的一切。既然大家都去了香港，自己也应早去为好。当她知道黄金荣决定留在上海时，就已经下决心，找机会趁早离开。

上海解放后，局势逐步稳定。黄金荣认为自己家中也不会再有什么变化，因而放松了警惕。李志清认为，这正是出走的大好时机。于是她偷偷地打开了保险箱，将里面的大部分金银财宝装进了自己的皮箱。然后，带着养子黄起明和养女黄悦明，离开了已经居住了几十年的黄公馆，径直奔赴香港，后来又去了台湾。

这对黄金荣的打击实在太大了，他一下子几乎丧失了全部的财产，而那些不动产已不属于他了。曾经不可一世的大亨也不得不向别人借钱度日。

4、在镇压反革命运动中，荣记大世界倒台，黄金荣惊吓异常。面对全上海人民的声讨，黄金荣发表《自白书》，向人民坦白交代。1953年，焦虑惊慌的黄金荣终老于上海。

1951年2月，中央人民政府颁布《中华人民共和国惩治反革命条例》，全国蓬勃开展了镇压反革命运动。4月中旬，上海市第二届第二次各界人民代表会议通过了《关于严厉镇压反革命的决议》。于是各区立即成立了镇压反革命行动指挥部，发动部队、警察、干部和群众团体等组成搜捕行动小组，27 日，在全市联合举行大逮捕行动。

一些有过恶行的人日子自然不好过，如黄金荣的爱徒丁永昌。丁永昌绰号“野鸡阿大”，少年时在十六铺混饭吃。他以前跟随黄楚九在大世界设诗谜摊度日，后拜黄金荣为师，在唐嘉鹏担任经理时当过总稽查。曾积极参加四一二政变，镇压工人纠察队武装。后来因得到黄金荣的赏识长期控制大世界。上海解放后他继续替黄金荣管理大世界，整日养鸟牵猴，拜佛烧香。有一次世界劳资协议会议提出改革不合理的制度时，丁永昌立即纠集徒子徒孙进行破坏，威胁对敢于揭发黄金荣和丁永昌的人进行报复，并扬言“情愿为老头子牺牲，不能让老头子吃亏”。

名义上，黄金荣仍是荣记大世界游乐场的总经理，但实际负责人从 1949 年 5 月后就由丁永昌担任，大世界游乐场里有 2788 个位子，有职工 178 人，1952 年减少到 146 人，但各种地方戏的演出仍然十分兴旺。而大世界的员工们的收入并没有什么好转，所以他们对黄金荣纵容丁永昌等压迫、剥削员工十分气愤，纷纷写信给政府，要求摆脱封建压迫。

黄金荣的另一产业黄金大戏院的营业其实也不太理想。经过交涉，1951 年，终于回到了人民的手中，并改名为大众剧场。

在人人都必须劳动的新社会，黄金荣的生活也随时代改变。政府派人对黄金荣说：考虑到你已经 80 多岁，不再需要多干些什么了。但在身体条件可能的情况下，希望你能早晨到“大世界”门口去扫扫马路。于是一张黄金荣提着扫帚在大世界的门口打扫大街的照片刊登在上海各主要报纸上，出现在世人面前。

远在香港的杜月笙看了这张报纸则感慨万千，同时十分庆幸自己离开了上海。但好景不长，杜月笙就于 1951 年 8 月 16 日在香港于凄凉中病故。应杜氏家属的要求，上海报纸刊登了这一消息。这次，黄金荣从报纸上看到发表的杜月笙死亡的讣告，回忆半个世纪的合作与恩怨，更是不胜唏嘘。

在全国蓬勃开展镇压反革命运动的形势下，上海市人民政府对黄金荣这个青帮头目，进行了教育，要求他主动坦白交代以前的罪行，为其他帮会分子做榜样，争取宽大处理。

于是，黄金荣写了《黄金荣自白书》并公之于世。1951 年《文汇报》、《新闻日报》等报纸上都刊载了这篇自白书：

我小时候，在私塾读书，十七岁到城隍庙姊夫开的裱画店里学生意，二十岁满师，在南门城内一家裱画店做生意，五年后考进前法租界巡捕房做包打听。那时候，觉得做裱画司务没出息，做包打听有出息。现在想来，做包打听成为我罪恶生活的开始。

我被派到大自鸣钟巡捕房做事，那时我二十六岁，后升探长，到五十岁时升督察长，六十岁退休。这长长的三十四年，我是一直在执行法帝国主义的命令，成为法帝国主义的工具，来统治压迫人民。譬如说私卖烟土，开设赌台，危害了多少人民，而我不去设法阻止，反而从中取利，实在真不应该。

蒋介石是虞治卿介绍给我认识的。国民党北伐军到了上海，有一天，张啸林来看我，他们发起了组织共进会，因为我是法租界巡捕房的督察长，叫我参加，我也就参加了。就此犯了一桩历史上的大罪恶，说起来，真有无限的悔恨！后来法租界巡捕房的头脑费沃利，命令禁止共进会在法租界活动，一方面张啸林要借共进会名义，发展他们的帮会势力，所以对我不满意，我因为职务上的关系，就和他们闹意见，从此与张啸林避不见面。不久，我就辞去法巡捕房职务，退休在漕河泾了。我在法巡捕房许多年，当然有些势力，有许多人拜我做先生，我也收了许多门徒，门徒又收门徒，人多品杂，就产生了在社会上横行霸道，欺压善良的行为。我年纪大了，照顾不到，但无论如何，我是应该负放纵之责的，因而对于人民我是有罪的。

解放以后，我看到共产党样样都好，人民政府是真正为人民的政府。几十年来，帝国主义军阀官僚国民党反动派盘踞下的上海，整个变了样子。政府根绝了贪污，社会上也没有敲竹杠仗势欺人的事情。我今年八十四岁，已经二十多年不问世事，但经过这个翻天覆地的变化，看了伟大的人民力量，再检讨自己六十岁以前的一切行动，感到非常痛苦。一方面我对于人民政府对我的宽大，表示深切的惭愧和感谢，一方面我愿向人民坦白悔过，恳切检讨我的历史错误，请求允许我立功赎罪。

我坚决拥护人民政府和共产党，对于政府的一切政策法令，我一定切实遵行。现在，正是严厉镇压反革命的时候，凡是我所能知道的门徒，或和我有关系的人，过去曾经参加反革命活动或做过坏事的，都应当立即向政府自首坦白，痛切承认自己的错误，请求政府和人民饶恕；凡是我的门徒或和我有关系的人，发现你们亲友中有反革命分子要立即向政府检举，切勿徇情。从今以后，我们应当站在人民政府一边，也就是站在人民一边，洗清个人历史上的污点，重新做人，各务正业，从事生产，不要再过以前游手好闲，拉台子，吃讲茶乃至鱼肉人民的罪恶生活。这样，政府可能不咎既往，给我们宽大，否则我们自绝于人民，与人民为敌，那受到最严厉的惩罚，是应该的了。

现在，幸蒙共产党宽大为怀，使我有重新做人的机会，在毛主席旗帜下学习革命思想，彻底铲除帝国主义的封建思想意识，誓不再被反动派利用，决心学习自我批评及自我检讨，从今后，愿做为人民服务的人。

最后，我敢向上海市人民政府和上海人民立誓，我因为年纪大了（今年八十四岁），有许多事，已经记忆不清，也许说得不适当，但我的懊悔惭愧与感激的心，是真诚的！是绝不虚假的。

黄金荣

公元一九五一年五月

《黄金荣自白书》的公开发表，在海内外引起极大的反响。黄金荣这个封建帮会势力最够格的总代表，终于向人民低头臣服了！这篇《自白书》，不仅仅是黄金荣个人的忏悔，而且是中国的帮会以这种形式，给自身的历史打上了一个重重的句号。

黄金荣的徒子徒孙们，包括那些上海的流氓帮会分子们，看到后台已倒，不得不收敛起来，不敢再胡作非为了。

当然，这个自白书也只是初步的。由于是公开见报的，不可能详细地去涉及很多人和事。而自白书中所涉及的，也只是一些众所周知的特大事件和一个已经死了的张啸林。对于黄金荣个人真正的详细的坦白交代，也许另有材料。

1953 年，镇压反革命运动到最后快结束的时候，上海市副市长盛丕华应人民要求劝黄金荣向上海市军事管制委员会递交一份自白书，作进一步的坦白交代。一天，黄金荣叫龚天健执笔写了一份自白书，亲自带好，在舟山同乡会会长陈翊庭的陪同下，前往外滩的军营会所在地中央银行大楼。粟裕和盛丕华亲自在办公室接见了他们。黄金荣当面呈递上了自白书，详细交代自己的历史劣迹，然后，他又与陈翊庭一同走出办公室，来到楼下门口。突然，陈翊庭发现自己的公文包丢在办公室里忘记拿了，就让黄金荣在门口稍等，自己上楼去取回来。黄金荣十分害怕军管会看到自己的严重罪行后马上被逮捕，就匆匆一人独自回到黄公馆。

由于心情恐慌和焦虑，黄金荣随即病倒了。黄金荣拒绝让家人送他去医院，他唯一的愿望就是在生活了近半个世纪的、有着他的大部分荣耀和成就的钧培里，静静地离开人世。

1953 年 6 月 20 日黄金荣停止了呼吸，时年 86 岁。

黄金荣死后，其亲友徒弟，为其举行了简单的葬礼。尸体于 22 日移往丽园殡仪馆入殓，当天晚上在钧培里一号黄金荣住宅中，备有九桌酒席，除得意门徒十几人前来外，没有其他外人。

黄金荣的死，标志着一个以盗匪四起、帮会横行为主要特征的时代的彻底完结。

张啸林：被军统处决的杭州帮主

张啸林（1877—1940 年），原名小林，后更名为寅，以啸林为号。浙江慈溪人。早年结交黑社会中的秘密行帮。

1919 年到上海，成为法租界青帮头目之一，为“通”字辈成员，与黄金荣、杜月笙结拜，并称“上海三大亨”。

1920 年合办“三鑫公司”，经营鸦片。四一二反革命政变时参加反革命活动，被委任为国民革命军总司令部少将参议。1932 任上海华商纱布交易所监事、交通银行董事。抗战时期，组织新亚和平促进会，为日军收购定需物资。1939 年底，任伪浙江省省长。

1940 年 3 月 14 日，在上海被国民党特务刺杀身亡。

一、由杭州到上海

1、张啸林出生于浙江一木匠家庭，少年时便游手好闲，后考进了浙江武备学堂。走出学堂，他在拱宸桥南边开了一个茶馆。张好结交朋友，又好打架，曾有一次把日本人打得落花流水，使他初尝了霸主的滋味。

1877 年 5 月 26 日，浙江慈溪一个偏僻乡村里，一声清脆的哭声从一间破旧的茅屋中传来。这名男婴就是日后在上海滩与黄金荣、杜月笙齐名的流氓大亨张啸林。

张啸林，排行第二，兄名大林，父母为他取名小林，乳名叫阿虎。啸林这个名，是他在上海滩当流氓出了名之后才改的，取“猛虎啸于林”之意。

张啸林后来进入私塾念书虽没有学到什么东西，但耳濡目染，毕竟还是有所收获的。其中一项就是会写字了。后来，当张啸林成为上海滩“闻人”时，更以自己的一手好字而自豪。所到名胜古迹，免不了要炫耀一番，像杭州的灵隐寺等地常留下“张寅”的题额。

张啸林 13 岁的时候，其父张全海去世。全家在乡下实在难以度日，不得不背井离乡，移居离慈溪 140 多公里的杭州拱宸桥。张啸林与大林一起进了杭州一家织造绸缎的机房当学徒。

张啸林并非安分守己之人，他开始从机房里偷纱锭卖钱，去酒店喝酒。但他十分凶恶，机房老板发现后不敢直接去找他，便去威吓大林。大林赔足了钱，才把这桩事了结。

不偷东西没有钱，张啸林就去赌，下工的时候赌，该上工的时候，他也常不去，躲在赌棚里一赌就是一天。机房的老板不敢开除他，只向他提出旷工除了扣钱还得罚钱的要求。张啸林满口答应，但不许老板告诉他母亲。此后，张啸林更不务正业，专同流氓地痞为伍，不时纠众闹事，寻衅打架。拱宸桥的人对他头痛万分。

1897年，张啸林年满20岁，长得五大三粗，膀阔腰圆。他觉得自己是块凭拳头混饭吃的料，不该靠卖力气做工。所以，他自己辞职了。

出了机房，张啸林又没有什么正经的本事，所以只得饿肚子，但是家中还有老母需要赡养。张啸林咬咬牙，下了狠心，居然于1903年考入浙江武备学堂，这实在是一个不小的奇迹！

浙江武备学堂是个专门为清王朝培养下级军官的地方。在课程设置上，每天三操两讲堂，三操即早、午、晚三操，两讲堂是指上午军事知识讲，下午武术讲。

在学堂里，张啸林专拣有脸面的、家庭有些势力的学员交朋友，对他们仗义慷慨。他逐步与张载阳、周凤岐、夏超等结成密友，这也是他后来能同军阀勾结雄霸旧上海的原因。在学堂之外，他还勾搭上杭州的一些官府衙役。除了给他们送礼，还偷偷为他们做些见不得人的事，如运烟土，打“野鸡”，骗赌局之类。可张啸林实在忍受不了学校的清苦生活，所以尚未毕业就离开了武备学堂。

杭州府衙门的领班李休堂也是慈溪人，对张啸林比起其他官府人对他要好得多，以前张啸林与他交往几次，他都是诚心相待。所以，张啸林决定跟李休堂混。在李休堂的支持下，张啸林的身份俨然提高了，背后有了靠山，感觉就是不一样。不久张啸林在拱宸桥南边开了一家像模像样的茶馆。目的有两个：一是赚贱，二是聚众，后者更为主要。

自古以来，茶馆就是一个人多事杂的地方，开茶馆的人既赚钱又能结交三教九流之徒。这正合张啸林的本意，所以，他做起了这桩买卖。

以张啸林的经济实力，完全可以把茶馆开得更高档些，但他想茶馆档次高了，吃得起的只有官役墨客，这类人在拱宸桥只有少数，即便都来，他也赚不了什么钱，聚众更是枉然。档次太低，来的都是连肚子都填不饱的穷人，张啸林可不愿为他们服务。所以张啸林决定开一个中等档次的茶馆。不但档次不高不低，而且收费不贵也不贱，来这儿的茶客第一眼便能看到价牌，即“早茶每壶40文，午茶每壶30文，小账分文不取。”

实际上，茶馆的堂倌收钱时，茶客如不多付10文左右的小费，他不会轻易让茶客走出店门的。因而，拱宸桥的人调侃张啸林说：“你那‘小账分文不取’不如改成‘小账随客酌给’更好，省得茶馆里整天吵个不停。”

茶馆里经常吵闹吓走了正经茶客，反而一些不三不四的人聚集在这儿，张啸林盼的就是这个。他除了请他们喝茶外，还出钱给他们赌，拉女人给他们玩。他们则对张啸林感激不尽，言听计从。慢慢地张啸林成了他们的头领。但是，这却惹恼了拱宸桥的地头霸。

当时，拱宸桥一带有一个赌棍，外号叫“西湖珍宝”，在拱宸桥有相当势力。“西湖珍宝”见张啸林敢在太岁头上动土，挖他的墙脚，极为愤怒，遂纠集一帮人，砸了张啸林的茶馆，赌徒吓得四散，张啸林也抱头狂奔。自此，张啸林无法在拱宸桥立足，不得不躲到别处。

1907 年，张啸林结识了杭州一个外号叫“马浪荡”的江湖艺人。马浪荡本名叫陈效岐，原是个唱滩簧的。陈效岐每次出堂会，就让张啸林帮着扛丝弦家什，演完一场后赏他几文钱。次年 10 月，在清政府曾任武英殿大学士的杭州人王文韶病死，出殡那天，陈效岐的戏班也参加送葬，张啸林便伴在陈的身边。出殡队伍经过日本租界清河坊时，张啸林无意中撞倒了一位看热闹的日本小孩。这下捅了马蜂窝，住在清河坊的日本人倾巷而出，拦住了王府的孝帏，强行勒索赔款。送葬的人气愤不平，双方争执不下。这时张啸林大喝一声：“开打”，成百上千的掮执事、骑顶马、吹吹打打各色人等，立刻像潮水一样地冲向日本人，吓得日本人回头便跑，纷纷关上大门。待到出殡诸事完毕，队伍解散，张啸林又约了数十个艺人和以往的机房朋友，开回清和坊与保佑坊，看见日本人开的店铺，不分青红皂白，冲进去便又打又砸，日本人见他们人多势众，又是有备而来，纷纷避其锋芒。这样，张啸林终于解了气，却还不知自己闯了一场大祸。

日本人岂是好惹的？当时，日本人在杭州势力很大，他们虽然一时服软了，但事后便向杭州府施加压力。杭州府怕洋人，于是决定惩办带头闹事者。果然第二天一早，官府一行人来到拱宸桥抓带头闹事的张啸林。

正当张啸林以为自己死路一条时，没想到，陈效歧为他担起了罪名。后来，陈效岐被惩披枷示众，替张啸林顶了官司。官府派人来抓张啸林的那天，拱宸桥的人就已极度不满，骂声不绝。现在，无辜的陈效岐披枷示众，受尽折磨，更激起杭州人的义愤。反日情绪日渐高涨。本来痛恨日本人的杭州居民，变得对日本人极其仇视，形成了一股民族主义的爱国浪潮。

张啸林派手下一批混混儿到清河坊。专对日本人暗中使坏，偷他们的东西，半夜爬上屋顶恐吓他们，甚至把日本小孩骗到僻静处绑架了再索要些钱财。最终，日本人难敌群愤，只得相继迁出清河坊。经过这次事件，陈效岐十分赏识张啸林，并与张结成了过房亲家。张啸林拳打日本人的事件过后，一切又恢复了正常。

仗着人多势众，张啸林又收拾了几个不服自己的地头霸，得到了他们的地盘。杭州最热闹的南星桥码头一带几乎全在张啸林的势力范围。每个月光这一个地方交给他的地盘费就达400多元。张啸林第一次尝到了做霸主的甜头。

2、张啸林好赌博，而且喜欢大赌，他声称：赌博三分骗，不骗谁开店。他不仅在茶馆中赌，而且下乡去骗，激起公愤。他结识了洪门的杭辛斋，但一场打斗，使他失去了在杭州发展的机会。

张记茶馆内的娱乐间名为娱乐，实际上是地道的赌窝。张啸林既作聚赌的抽头，又是参赌的赌客。这两项收入每月也有500到1000元不等。张啸林久经赌场，经过天长日久的磨炼，学得了各种各样骗赌的功夫，骗技之高，令人瞠目。

每年春茧上市和秋季稻谷收获之际，张啸林便下乡到杭嘉湖一带引诱农民赌博。在外赌不比在拱宸桥，遇到查禁的会毫不客气地连人带钱一起没收。因而张啸林处处小心翼翼。

张啸林出高价雇佣了一条小帆船，把赌局设到了船上。这样，就不容易被抓住，而且杭嘉湖上的船本来就多，张啸林的赌船夹在中间很难被发现。张啸林开始赌得小，自己故意输钱。许多乡下人开始认为这既可赢钱，又能躲避警察，还打发了时间，纷纷拥上赌船赌博。哪知设赌局者是放线钓鱼，为的是骗取他们腰包中的那些血汗钱。张啸林先以麻雀牌九为赌具引诱乡民们来玩。等他们获些小利，赌兴上来之后，便以三粒骰子做赌具，巧立青龙、白虎等名目，施“漏底棺材”之术来骗赌。

这种“漏底棺材”之术就是在押宝盒的下面用头发丝系住青龙白虎的两端，然后暗中自如地拉动，变换红黑。这种骗术在大赌场里是属雕虫小技一类，但乡下人纯朴，难得识破诡计，糊里糊涂就把血汗钱输了个精光。

张啸林的赌博骗局，引起了极大的民愤。为此，杭嘉湖一带人曾写状上告，杭州府与钱塘县均曾出签捉拿张啸林，但终因一班衙役都受过张的贿赂，屡屡通风报信，使张啸林几次避过风头，逍遥法外。但后来有一次，张在茶馆里为争座位，对旗人大打出手，险些酿成命案。他怕被官府捉拿，逃到了绍兴安昌镇，投靠他的老朋友翁左青。翁左青在安昌任巡官，张啸林在他的庇护下倒也未被发现。

不久，武昌起义爆发，接着杭州光复。张啸林乘机托人去杭州府打听自己的案子。几天后，这人带回消息：“杭州城被革命党闹得天翻地覆，不要说你的案子，就是现在杀了人也没人管，快回去吧!”张啸林欣喜若狂，认为是天不绝他。他辞别翁左青，堂而皇之地又回到了杭州拱宸桥。

一次偶然机会，他结识了洪门大哥杭辛斋，便有意攀附。杭辛斋很佩服张啸林的胆大骁勇，但也意识到他是个难以制服、难守规矩的人，所以在是否引进张啸林入帮的问题上犹豫不决。另外，杭辛斋见张啸林已是有家有室，妻与子也非帮中人的模样，所以，更觉他入帮不合适。但经不住张啸林多次求情讨好，也只有答应下来。

张啸林进了洪门后，得到杭辛斋的关照，加上自己的圆滑和辛辣手段，底下又有一班以前的狐朋狗友捧场，处处得心应手，势力逐渐膨胀。杭州城的其他帮会头目对其也刮目相看，对他礼让一分。从此，张啸林在杭州也成为颇有些势力的地头蛇。

如果不是又闯了一场弥天大祸，张啸林说不定顺顺当当地成为杭州城地痞流氓的头，成为杭州一霸。话又说回来，如果不是这场弥天大祸，张啸林也不会逃到上海，充其量在杭州混混而已，岂能成为上海滩的闻人，跟国民党要员平起平坐?

有一天，张啸林被狐朋狗友拉去喝酒，不知不觉过了量，朋友留他住下，他却硬要回去。于是踉踉跄跄地往回走，到拱宸桥附近，张啸林见几个人在一起殴打一个人，那个人双拳难敌四手，被打得鲜血淋漓。张啸林平素见到这种情况一向是看热闹，今天却居然大发善心，上前去劝说。

那几个大汉正在兴头之上，忽然见旁边有个醉醺醺的人不知死活前来劝阻，哪里肯理，继续拳打脚踢。张啸林便上前阻挡，这下子捅了马蜂窝。那几个无赖见这个醉鬼居然敢动手，心想正好拿他开心，于是抛下对手，围着张啸林大打出手。

张啸林一番好意反被狗咬，遂乘着酒意，甩开手脚，全力打击。张啸林原先练过拳脚，有一些武艺。见一大汉扑了上来，便用右手拨开他的拳头，同时右脚抬起，对准那大汉的裆部狠狠一脚。那人惨叫一声，在地上乱滚，一会儿闭气死去。其余两个见出了人命，撒腿就跑。张啸林酒意顿醒，吓得脸色发白，人命关天，大事不妙，急忙跑回家中。

以前虽有人告状，但那毕竟不是人命案，即使死了人，也是因为赌输了自杀，并非自己亲手杀的。这一次不同了，成了杀人凶手，不比以往。但是，张啸林还是抱着一种侥幸的心理躲在家里静等着。因为他想当时天很黑，双方人的脸面看不太清楚，所以说不定查不到他身上呢？果然，几天下来风平浪静，什么事也没发生。张啸林又在拱宸桥一带露面耍威风了。

令张啸林没想到的是，他的手下无意之中泄了密，使官府对这桩杀人案掌握了些线索。张啸林得到消息，又惶惶不可终日起来。

3、张啸林到上海后，拜了青帮大字辈的樊瑾丞为老头子，开始在码头上干一些收保护费的勾当，并因此救过杜月笙的命，两人结为兄弟。后因张啸林遇到麻烦，杜月笙也救了他一命。黄金荣在巡捕房干事，张少不了拿些钱给他“香香手”，便成了朋友。

正在这时，上海英租界的流氓季云卿来杭州，欲邀请杭州戏坛上的名角去上海演出。通过陈效岐，张啸林结识了季云卿，两人一见如故，不几天，便结成莫逆之交。

季云卿要返回上海时，便邀他一同到上海去闯天下。张啸林琢磨着，这些年来，在杭州摔摔打打，沉沉浮浮，看年龄已大，又有命案在身，没多少指望。还不如换地点重开山头，有季云卿这样的后台还怕在上海没立足之地？这样，在1912年，张啸林便离开杭州去了上海。

张啸林跟季云卿到达上海后，才发现一切并不像他事先想象的那么容易。季云卿没有要收他当手下的意思，他一到上海便让张啸林自己去租间房子住下，然后就忙自己的事去了，张啸林感到十分失望。按照季云卿的指点，他在五马路租了一间极小的房屋暂时安顿下来。

张啸林跑遍了市内的武馆、赌场和妓院，企图找一份事干糊糊口，可一无所获，口袋里的钱越来越少不说，还受尽了白眼。这时，张啸林找到了同乡黄楚九，黄楚九把他介绍给了青帮“大”字辈樊瑾丞。张啸林没想到黄楚九带他见的是位青帮“大”字辈的人，因而喜形于色。而樊瑾丞有些不满，但碍于黄楚九的情面没多说什么。在青帮人中，一听谁是大字辈，则必敬礼，不敢丝毫怠慢。可黄楚九非青帮中人，又有些权势，樊瑾丞除了辈分标明他在青帮内的身份外，实际也是个社会地位不高、默默无闻之人，所以对黄楚九也就礼让三分了。

张啸林的开香堂仪式，赶堂人不算多，这大概与樊瑾丞的名气不太大有关。好在张啸林是个图实惠的人，不在乎这些虚名。张啸林继“大”字辈后，成为青帮“通”字辈成员。由于有些文化，他很快就熟记了“海底”术语，下一排辈的流氓都称他为“张爷叔”。因为有樊瑾丞作老头，自身又是通字辈成员，比一般跑码头辈字高，所以愿与他结交或愿作他徒弟的人很多，他的势力发展得也很快。

当时，上海滩上的流氓各霸一方，相互争雄。一次，张啸林为了夺取码头上贩运水果的特权，和广东帮流氓大打出手，混战一整天后大败广东帮。自此之后，张啸林名声大振。许多欲求得保护的商人便找到了他。张啸林坐收厚利，钱庄存款日见增长。

后来，杭州的锡箔商见张啸林在码头上的流氓帮里有些脚路，就和他商量，为保护每船来货在码头上不受损失，愿按来货所值拿出若干，作为保护费。张啸林见有大油水可捞，欣然同意。但令张啸林头痛的是，杭州锡箔商的商船量大数多，不可能全停靠在他的势力范围之内。三思之后，他决定去十六铺码头找人合伙。而当时十六铺码头管事是外号叫“水果月笙”的杜月笙。

杜月笙当时是十六铺码头的青帮头目，也小有名气。张啸林找到杜月笙表示如果能保证杭州船商来往的安全，他愿意让出一部分保护费。杜月笙欣然同意，同时觉得张啸林讲义气，肯把碗里的肥肉让出给他，真是不错。俩人商量好了之后，杜月笙就把杭州锡箔商的货物引到“小浦东”卸货，从中收取一定保护费。张啸林也恪守允诺从没少给杜月笙一分钱，俩人的关系也渐渐地发展起来了。

这件事不久传到了当地大流氓乌木开泰的耳朵里。乌木开泰在青帮帮会中势力发展很快，当时已是城隍庙董事会成员之一，大部分人对他都十分奉承。

黑道上有句俗话叫做“一码头不得有二人占”，意即国不能有二主，一山不容二虎。再说杭州锡箔船商的生意有一部分原本也是在他保护下的，现在全投到了杜月笙的门下，乌木开泰自然十分气愤。不过他不知道是张啸林在这里面捣的鬼，以为杜月笙见钱眼开，忘了道上规则，便准备好好教训他。他纠集手下及其他流氓帮派来码头明抢杜月笙的货，于是双方在码头上展开了一场搏斗。杜月笙方面一是没有防备，二是寡不敌众，因而被打得落花流水，各自逃散。杜月笙本人更成为众矢之的，遭到一顿毒打，奄奄一息。

在杜月笙危急之际，张啸林挺身而出，背着杜月笙到自己家里，马上让人去请医生前来诊断，并精心护理，加以调养。张啸林的救命之恩，仗义之情，颇使杜月笙感激涕零，发誓相报。因为张啸林是青帮“通”字辈，而杜月笙是“悟”字辈，比张啸林低一辈，为了表示尊重，杜月笙便称张啸林为“老爷叔”。

不久，上海新开河码头建成，外地商船又多了一个停船卸货的地方。各地头霸纷纷把眼光投在这块处女地上，摩拳擦掌，欲以武力占为己有。张啸林更觉得机会难得，自以为这码头是为他而建的。

然而，码头上上海稽征吏对船商大肆敲诈，中饱私囊，比码头上的帮会流氓还贪得无厌。于是一班船商找到张啸林，表示只要张啸林帮忙，照例付一笔保护费。通过张啸林的关系，船商便不再去新开河码头，而是到其他码头卸货。船商不来就等于断了稽征吏的财路，稽征吏岂能善罢甘休？当得知是张啸林做了手脚抢了他们的肥肉，稽征吏决定把张啸林抓到手，结果了他的性命。一则重开财源，二则杀鸡儆猴，看以后谁还敢和稽征吏对着干。

有一天，张啸林正在南码头联系事务，被南码头的稽征吏发现，立刻纠集十几人将张啸林围住，把他拽进稽查局痛打了一顿以解其恨。这还不够，他们用绳子把张啸林紧紧绑住，准备在夜深人静之时扔进黄浦江喂鱼。张啸林的手下找到杜月笙，恳求杜月笙设法相救。杜月笙为了报答张啸林的救命之恩，自然一口答应。周密筹划后，杜月笙和李何三率领全班人马趁傍晚巡警下班之机冲进稽查局，给对方来个措手不及，救张啸林安然脱险。

张啸林（中）和杜月笙（右）

手下人报告这次计划绑架他，把他往死里整的稽征吏头目叫“金狮狗”，手段极其残忍，不是良善之辈。张啸林咽不下这口气，但自己确实斗不过“金狮狗”，于是向青帮的其他流氓组织求援。当时，在上海码头上还有一批流氓，号称“三十六股党”，头目是杜月笙的老头子陈世昌。在这“三十六股党”中有一个著名人物，绰号叫“吊眼阿定”，与杜月笙关系甚密。张啸林不方便找杜月笙，便请了“吊眼阿定”助他一臂之力。“吊眼阿定”一看是杜月笙的朋友找上门来，岂有不帮之理；再一听说，寻仇对象是“金狮狗”，更是来劲，便满口答应了张啸林。

张啸林请到了帮忙的人，便派人侦查“金狮狗”的行踪，伺机动手。

一天上午，“金狮狗”趾高气扬地出来巡查商船，准备借机敲竹杠。正走到江边时，突然从暗处冲出十几个人。张啸林指挥人将“金狮狗”一顿暴打，随后七手八脚地将其拖到江边，抛到江中。此时，江中正好过来一艘大粪船，只听得“扑通”一声，“金狮狗”正好掉进了大粪船中，性命虽保住了，但粪汤却灌了不少。等“金狮狗”挣扎着爬出大粪船时，张啸林等人早已不知去向。

张啸林和另一“上海大亨”黄金荣的相识是由杭辛斋介绍的，黄金荣在十六铺巡捕房当二埭头巡捕，经常到码头上值勤。张啸林为了感激黄金荣的关照，便从船商们那里榨来的油水中抽出一份给黄金荣“香香手”。黄金荣见张啸林办事倒也干净利落，有门有槛，不愧是青帮“通”字辈的，对张也有意结纳。于是两人称兄道弟，但尚非莫逆之交。

4、浙江武备学堂的密友飞黄腾达，张啸林也跟着鸡犬升天了。他开始做贩卖鸦片这一勾当，黄金荣和杜月笙不敢开罪军阀，也只好“黑心钱公平用”，三人开始合伙贩卖鸦片，张开始与黄、杜平起平坐。

1919年秋，张啸林回到了杭州，把妻子接到上海，还带回两个朋友。一个是曾经庇护过他的翁左青，号称“文武全才”，另一个是曾经代他受过，后来结成过亲家的陈效岐。这一来，张啸林在上海就不是单枪匹马独闯天下了，既有娄氏照料他，使他安心在外面周旋，又有了可以依靠的左膀右臂。

这年8月14日，浙江督军杨善德病故，卢永祥由淞沪护军使升迁为浙江督军，刘吾圃任淞沪警察厅主任秘书，俞叶封调任缉私营统领。这一串人事变动，对张啸林极其有利，因为这一批人都与他有私交。从此，张啸林开始插手上海贩卖鸦片的生意。

张载阳是张啸林在浙江武备学堂的密友，当时已任浙江省省长，自然对张啸林关照颇多，而且介绍张啸林结识了卢永祥和何丰林，和军阀搭上了关系。这一来，背后有了枪杆子支持，张啸林的身份就不比从前了。

上海开埠初期，国内外大量鸦片进入上海，上海除了转销各地之外，本地也消费很多，吸食鸦片者日趋增多。鸦片烟利润极大，而且黑吃黑，利大但没有靠山不行。

张啸林早想干这笔生意，只是苦于势单力薄，不敢冒险。“吊眼阿定”极力怂恿张啸林插手这块肥肉，他说：“斗不过也得斗，不然你就永远发不了财。再说，我们现在势力也不算小，兄弟们听说干这档买卖自然会很卖力。你拿主意吧！”张啸林岂是等闲之辈，立刻表示同意。但怎么干法，“吊眼阿定”说了一个黑吃黑的办法使张啸林眼界大开。

原来，鸦片烟由远洋轮船从海外运来，为了避免码头上军警的检查，必须先把违禁的鸦片烟卸下来。他们卸货的方式非常巧妙，算准了每夜黄浦江涨潮的时候，把装满烟土的麻袋一只只的往水里抛。“土麻袋”浮在水里凭肉眼就可以看见。等到潮汐退时，水势倒灌，这时偷运鸦片的人再用木船把这些鸦片勾起来运回岸上。这个秘密很快被其他人发觉，他们如法炮制，驾着舢板，用挠钩大模大样地偷别人贩运的鸦片。一旦钩到，上了岸装上车就跑。

江面宽阔，土商人手少，有时在江上遇见了，也毫无办法，张啸林首战告捷，得大洋八千。手下按其功劳大小，各得其所。众人无不欢欣鼓舞，拥戴张啸林。第一次尝到甜头之后，便越发不可收拾。在陆上小打小敲，得几笔意外之财之后，张啸林开始把眼光移到了码头，他要扩大事业。

张啸林打听到，各地运到上海的烟土，除了英、法等国从印度等地运来以外，如今的烟土商有潮汕、两广、山西、云贵与川湘五大帮。山西帮从陆路运进沪，其余几帮大多通过水路，从吴淞口进外滩上岸。特别是潮汕帮与两广帮，由海面运到吴淞口外，再由英租界巡捕房的探长沈杏山等人派驳船去接应，直接运进租界码头。张啸林一不做二不休劫了他们的烟土。

张啸林这回唱的“空城计”，做了只有黄金荣才敢做的事，无论是沈杏山还是季云卿，做梦也不会想到这是名不见经传的张啸林干的。那黄金荣倒替张啸林背了个黑锅，让沈杏山、季云卿恨死了黄金荣，以为黄金荣竟敢挖他们的墙角。

而张啸林进一步介入这个行当，是乌木开泰的事引起的。乌木开泰为码头上鸦片贩运权的事来找张啸林的。他知道现在张啸林手下人多，关系网大，并且，还没介入鸦片贩运权的斗争中来。而他自己力量逐渐不支，眼看就要失败。危急之中，他想起了张啸林。

乌木开泰不可能忘了当初张啸林与他争杭州锡箔商船的事，他恨张啸林，但斗不过他，他不得不承认那次争斗是他乌木开泰输了。以后多次寻机报复，也被张啸林躲过。现在他的势力日胜一日，声名也越来越大，而且又有军阀做靠山，力量不可设想，是乌木开泰无法相比的。所以他想抢先笼住张啸林。再说张啸林自从有了浙江武备学堂那几个如今飞黄腾达的哥们作后台，也正预谋着插手这一块肥肉。

乌木开泰这次主动拉拢，出乎张啸林的意料。他不想失去这个机会，立即答应与乌木开泰合伙。乌木开泰想对付的人叫金廷荪，祖辈住在浙江宁波。家里很穷，兄弟 5 人廷荪居三，所以乳名阿三，都没有经济能力入学读书，靠父亲金殿林在湖桥头地方摆咸货摊过日子。后来金廷荪到上海投靠了黄金荣。当时，黄金荣已是法租界巡捕督察长，他看到金廷荪是个“三光码子”，办事又精明干练，就提拔他做了探目，成为他的得意门生。包打听主要是在租界调查偷窃盗劫等案情，这个工作没有黑道上的流氓势力的帮助关照是办不成的。所以金廷荪实际上是集黑白两道势力于一身，人们对他畏之如鬼神。

乌木开泰要对付的就是这样一个人，贩卖鸦片烟是一本万利的买卖，谁不想上一脚？但有黄金荣的招牌，金廷荪干得正火，谁也不敢另辟门路，偏偏张啸林动了手。黄金荣、杜月笙大吃一惊，后来了解到张啸林与卢永祥、何丰林关系密切，为了利用张同军阀的关系，黄金荣、杜月笙表示愿与张啸林合作。张啸林明白自己要在上海滩站稳脚跟，特别是要在租界里发展势力，也必须与黄金荣、杜月笙合作，又请出青帮“大”字辈的出面调停，达成了所谓“黑心钱公平用”的协议。于是黄、杜、张共同合作，合伙贩运鸦片。

张啸林由杭州到上海，借助青帮及军阀之力，最终在上海滩站稳了脚跟，从此开始了与杜月笙、黄金荣一起叱咤大上海的生涯。

二、与政界的关系

1、蒋介石也是青帮出身，为拢住上海，他首先想到了青帮“三大亨”。张啸林利用中华共进会作为反革命的组织，控制了当时所有的舆论阵地。

上海工人第三次起义胜利后，白崇禧立即率部开进上海，准备对工人阶级进行屠杀，夺取工人阶级的胜利果实。国民党代理中央党部主席张静江在“暴动”成功第三日，由杭州赶到上海，“即下决心解决纠察队”。他们还决定借助上海的流氓势力，让张啸林、杜月笙、黄金荣等人在这幕即将上演的丑剧中，扮演主要角色。

1927 年春的一个晚上，杜月笙、张啸林等正在杜家狂赌不休，黄金荣突然打来电话，要他们立刻去他家。杜月笙、张啸林跳上汽车，直驶黄公馆。在那里，他们见到了身着便装的杨虎和陈群。

杨虎、陈群这次化装进入租界，是受蒋介石、白崇禧秘密派遣来与黄金荣、杜月笙、张啸林等人取得秘密联络的。他们向张啸林等透露了蒋介石镇压共产党及工农革命力量的意图，要求张啸林等协助，并答应给予 5 万元的经费。黄金荣对蒋介石决心反共心里虽然赞成，但一开始还拿不定主意。但张、杜却认为北洋军阀统治的时代已经是“无可奈何花落去了”，如果共产党领导的革命力量取胜了，他们的金钱、势力、一呼百应的排场将荡然无存。只有全力反共，才能与新军阀蒋介石建立密切的关系，获得新政治靠山，现在杨虎、陈群找上门来，机不可失。在两个兄弟的劝说下，黄金荣下了帮助蒋介石反共的决心。

杨虎、陈群还叙述了他们如何镇压中国共产党在安庆的省党部、市党部以及几个左派工会经过。张啸林当时就摩拳擦掌，说：“哪一天，把上海的共产党也来打一次！”杨虎望着他，语意深长地说：“你放心，有你打的！”杜月笙听完后马上表示说：“现在我们只希望国民党有用得着我们的地方，我们一定尽心尽力。”“好极了！”杨虎兴奋地大叫，“月笙，我们就要听你这句话。”

杜月笙对张啸林说：“二哥的意思，一定和我一样。”“那当然。”张啸林当即允诺。陈群微微一笑，补充一句说：“此次奉蒋总司令之命来沪，任务十分重大，除了杜先生、张先生自告奋勇，拔刀相助外，还要联合上海各方面的朋友。”对此，张啸林、杜月笙都表示，“我们是会尽量地为两位联络道上的各位朋友的。”

第二天，在杜公馆专为接待贵宾而设的古董间里，杜月笙、张啸林又与杨虎、陈群秘密商议两个多小时，决定在蒋介石公开动手之前，他们先在各个方面积极进行准备：拉拢各种可以拉拢的人，以扩充势力；在工人群众中制造舆论，以削弱上海总工会的力量；尽速建立一支所谓“民间武力”，主要任务就是监视共产党掌握的工人纠察队，在适当时机一举加以解决。

议决之后，杜月笙、张啸林等人便开始了紧张的活动。他们让杨虎、陈群通过黄金荣的引见，拜上海青帮“大”字辈张镜湖为老头子。张镜湖在接受杨虎、陈群为徒弟时，为了表示客气，也为了保密，举办了一个简单的仪式。杨虎、陈群磕头之后，便成为青帮“通”字辈成员，从而加强了对青帮势力的影响和利用。同时，张啸林、杜月笙委托几个做军火生意的买办，不惜一切代价，以最快速度，从外国大量购买枪支弹药，前后共搞到13000多枝枪和大量子弹。“小八股党”与张啸林的手下一个个进入“临战状态”，除了外出招兵买马，收罗党羽，还夜以继日地守候在华格臬路杜公馆和张公馆。他们害怕阴谋暴露，遭到工人反击，因此两公馆上下都布满了荷枪实弹的小兄弟们。

3月26日，蒋介石来到上海后，经过几天的策划，于4月1日下令发动围剿纠察队。后因汪精卫到了上海，蒋介石不得不将命令撤回。但工人纠察队方面早就知道了蒋介石、张静江等人的阴谋，做了抵抗准备。为此，蒋介石便让张啸林等出面组织一批流氓成立了“中华共进会”。

早在3月27日，当张啸林等得知蒋介石已来上海的消息后，就准备率领人马，前往会场参加欢迎会，接着就前去捣毁总工会。但是，巡捕房忽然打来电话说，工人武装纠察队要利用机会攻打租界，英法两国已经采取行动，宣布全面戒严，外国兵和巡捕已封锁每一条通往华界的道路，任何人不得随意出入，张啸林这次行动才未告成。

而今蒋介石让组织“中华共进会”来对付上海工人武装纠察队，张啸林自然一口应允，并被推为这个组织的头目之一。张啸林对于上海的三十六帮帮会非常熟悉，他认为沿用“共进会”的名义，可把全沪帮会要人集中到这个组织中来。“共进会”这个组织在15年前出现过，也与青帮有关。当年制造轰动海内外的宋教仁血案的直接凶手武士英，曾拜应桂馨为老头子，不用说应也与宋教仁血案脱不了干系。应桂馨是青帮中“大”字辈人物，同时在洪门中也有排五之尊。应桂馨当年与陈其美交好，也曾投身革命，又经陈其美推荐到南京跟随孙中山，后因贪污受贿被孙中山辞掉，应桂馨由此对孙中山及同盟会非常不满。为了与同盟会相对抗，1912年，他与上海闸北洪门当家三爷刘福彪、王一亭等一起拼凑“中华共进会”，将上海的青帮势力聚合在一起。应桂馨虽对同盟会不满，但对陈其美仍然十分尊重，因此“中华共进会”成立后，他推陈其美坐头把交椅。陈其美虽未推辞，但只是挂名而已，后“中华共进会”随应桂馨被袁世凯派人杀死而解散。所以如今张啸林认为成立“共进会”是继承应桂馨的历史。

杨虎、陈群原想以杜月笙为会长，奸猾如油的杜月笙虽已决心跟着蒋介石反共，但未到最后时刻却不愿抛头露面，便推给黄金荣挂名。老于世故的黄金荣当然知道杜月笙“抬举”他的目的，借口他们都是青帮中人，为争取洪门出力，“共进会”会长最好请位洪门头领担任。洪门活动的范围主要在内地。上海是水陆码头，青帮势力比洪门强得多。因此，黄金荣虽然愿请，但洪门中却无人愿任此风险。张啸林见自己两个兄弟都不愿担此重任，自己又不好越俎代庖。但这“三大亨”又不敢得罪蒋介石，在杨虎、陈群的一再催促下，张啸林、桂月笙找到一个人充任。此人叫浦锦荣，在上海土生土长，绰号“阿水徒”。他拜青帮“大”字辈王德龄为老头子，是金廷荪、高鑫宝的同门兄弟。练过武功，有蛮力，在法租界混了几年，手下酒肉朋友、徒子徒孙不少，在黑社会有一定号召力。此人长期接受“三鑫公司”津贴，受杜、张的控制。于是，杜月笙派金廷荪去劝浦锦荣出任，浦锦荣十分高兴，一口答应，并提议将“共进会”设在他家里，即法租界格洛里克路紫阳里7号。“共进会”成立后，蒋介石命杨虎秘密送来十多万元作经费，旨在造成工人内讧的假象，以便捣毁工会，屠杀工人。

正当张啸林等人为参与反革命政变积极准备时，王柏龄来到上海，秘密联系张啸林、杜月笙。王柏龄，字茂如，江苏扬州人，曾就读于日本士官学校。黄埔军校成立后，担任过教育长和教授部主任。北伐战争时，在蒋介石担任军长的国民革命军第一军中任副军长，兼第二师师长。辛亥革命时，王柏龄曾在陈其美手下任职，因而与杜月笙、张啸林等人相识。王柏龄见到张啸林、杜月笙，口口声声说：“强龙不压地头蛇，”愿意做他们的“私人顾问”。实际上，他到上海的真正目的，是替杜月笙等人参与反共事变作军事策划。

为了加紧勾结，也为了壮胆，黄金荣、杜月笙、张啸林、王柏龄、杨虎和陈群六人，演出了一场歃血为盟的闹剧。那天晚上，杜公馆灯光辉煌，客厅正中，高悬一幅“刘关张桃园结义”的图像，图下是一张八仙桌，八仙桌上陈列着猪牛羊三牲之头，两旁点燃一对胳臂粗的巨大蜡烛。黄金荣、张啸林、杜月笙、王柏龄、杨虎、陈群，按年龄长幼，依次排列，先祭天地，后喝血酒，交换兰谱，结成所谓异姓兄弟，实际是形成一个流氓、军人、政要、党棍齐集的阴谋集团。这个阴谋集团在蒋介石的幕后策划下，准备置上海于血泊之中。

4月5日，上海各报刊出了“中华共进会”筹备处成立的第一号通告：

本会自民国解散后，十五年来，处于军阀压迫之下，恢复不能。兹值党军旗帜之下，已呈请当局，核准恢复在案。现设筹备处于法秀租界格洛克路（今柳林路）紫阳里七号，凡本会旧日同志，希从速到该处报名。再有赞成本会宗旨者，经审查后亦可加入。另订日期开成立大会，特此通告。

署名是黄金荣、杜月笙、张啸林和袁世凯的二儿子袁寒云等人。

“中华共进会”会长名义上是浦锦荣，但实际上，背后握有大权的是黄、杜、张三人。此外，该会还有青洪帮头目蒋伯器、徐朗西、袁克文、刘春圃、江平廷、顾嘉棠、叶焯山、芮庆荣、高鑫宝、顾竹轩等。其中江平廷是洪帮大哥，曾任淞沪镇守使署秘书长。

当时公共租界工部局总董和法租界总巡秘密约见杜月笙，敦促“共进会”助蒋反共。杜月笙当即表示愿意承担打击共产党和民众武装的责任，但要求法租界当局提供至少5000支步枪和大量弹药，允许“共进会”的人马武装通过为条件。两租界均表示同意，协助“共进会”组建了装备很好的武装巡逻队。巡逻队每天在外国坟山（今淮海公园）集结、操练，队员配备了租界提供的盒子枪或六轮手枪。

当时上海工人纠察队有队员3000人，是共产党领导下的上海革命力量的强大支柱，也是帝国主义和上海大资产阶级的眼中钉。蒋介石要取得帝国主义的信任和上海大资产阶级的支持，决心消灭上海工人纠察队。而以“共进会”筹备处为代表的上海帮会流氓卖力地贯彻蒋介石发动反革命政变的旨意，所以黄、杜、张“三大亨”开始与蒋介石的代表杨虎、陈群、王柏龄商定镇压工人纠察队。

4月上旬，蒋介石在上海孙中山旧居和总司令部，召集了许多国民党新右派军政要人，举行秘密反共会议。会议决定利用上海帮会流氓反共，同时以周凤岐的部队为后盾。

蒋介石完全控制了上海媒体、舆论，以此掩盖事情发生的真相，让上海人沉于黑暗中，另一方面由蒋介石的爪牙组成的上海工界联合会和流氓组成的“中华共进会”共同制造谣言诬蔑工人纠察队。帝国主义和反动派先后进入了戒备状态。蒋介石布置就绪后于4月9日悄然离开上海，到南京准备成立独裁政府。蒋临行前，令白崇禧、周凤岐以淞沪戒严正副司令名义指挥一切，执行其政变计划；令杨虎、陈群协助上海青洪帮流氓充当反革命政变的先锋。

2、当时上海总工会委员长汪寿华同青帮联系密切，张啸林设计将汪骗到杜公馆后活埋。又指使流氓冒充工人，使国民党军队以工人“内讧”为由，解除了工人武装，残酷镇压上海革命运动。

中国共产党在上海的领导机关虽然于4月1日已经了解到蒋介石到上

海是有阴谋的。但对“中华共进会”的阴谋诡计未曾看穿，还希望通过同青帮有关系的人员做些工作，使之保持中立。这种错误认识正中了上海“三大亨”的下怀。上海帮会流氓很忌惮上海总工会委员长汪寿华在工人中的威信和指挥能力，在进攻工人纠察队之前，就先设计杀害汪寿华，企图使工人纠察队失去统一指挥。

4 月 9 日，杜月笙派心腹管家万墨林给上海工会负责人汪寿华送去一份请帖，假称有机密公事商议，请汪寿华于4 月 11 日晚到杜公馆赴宴。

当天晚上，华格臬路杜公馆气氛紧张。杜月笙、张啸林派顾嘉棠、芮庆荣、叶焯山、高鑫宝以及马祥生等人预伏在大门内；大门外则停放着两部汽车，一部在华格臬路通往李梅路转角，内有司机和两名武装流氓，另一部在靠近大门处，内无一人，但放着麻袋、绳索、铁锹等杀人凶器。这时，电话忽然响了，杜月笙的管家万墨林拿起电话，听声音晓得是上海总工会委员长汪寿华，于是向杜月笙示意，问他要不要接这个电话。站在一旁的张啸林伸手夺过电话筒，大声问：“是寿华兄吗？我是张啸林，今天晚上我三弟请客，你要准时来啊！”“要来的，”汪寿华说：“我正是打电话来问问，杜先生怎么这样客气，是不是杜公馆有什么喜庆，我也好备份贺礼啊！”“没有，没有，只不过咱兄弟俩，有点事情要跟你商量，请寿华兄过来，比较方便一点。就只有你、我、三弟三个人。”

“好，八点钟我准时到。”在场的杜月笙、马祥生、芮庆荣、顾嘉棠等人把张啸林围在当中，张啸林一等汪寿华那头说话，便把话筒举在面前，让大家凑拢过来听。一直到对方“咔哒”一声，将电话挂断，众人脸上才显露出阴险的笑容。

汪寿华是工人领袖，在领导工人起义的同时，还受党的委派，与国民党和资产阶级的头面人物以及杜月笙等人保持密切的来往。杜月笙曾向他透露许多重要情况，并说：“现在我帮你们的忙，将来你们应帮我的忙。”他当然没有想到，这个电话原来是“中华共进会”所设置的一大骗局。

7 点 45 分时，顾嘉棠里外检查一遍，确认一切准备就绪，便将情况向坐在客厅里的杜月笙做了汇报，杜月笙点点头，起身避到楼上。

7 点 58 分，汪寿华带一名保卫人员，由一名司机驾车来到杜公馆。杜家的门卫，笑容可掬地将汪寿华迎入大门。那扇沉重的铁门刚一合拢，停在李梅路转角处的汽车便悄无声息地驰向汪寿华的座车，车内的打手在汪寿华的保卫人员和司机猝不及防的情况下，将他们绑架至秘密地点杀害了。

汪寿华进入杜公馆后，快步走向客厅。当他大踏步走进灯火辉煌的大厅中门时，只见张啸林身着一套东洋和服，双手抱胸，薄唇紧抿，脸上显露出腾腾杀气；而后，指挥顾嘉棠等人一拥而上将汪寿华架上预先停在门口的汽车，由高鑫宝开车，直向郊区驶去。不屈的汪寿华在车上极力挣扎，与众匪徒拼死争斗。匪徒们做贼心虚，唯恐碰上了工人纠察队，提前在汽车里下了毒手，叶焯山双手扼住汪寿华喉咙，将他掐死。汽车开到沪西一处僻静地方后，匪徒们跳下汽车，将汪寿华塞进一个麻袋，然后七手八脚地挖起坑来。谁知汪寿华在麻袋里苏醒过来，匪徒们吓得毛骨悚然，半天，才意识到方才在汽车里只将汪寿华掐昏，并未掐死，立刻手忙脚乱地将汪寿华拖入泥坑，活埋了。这是蒋介石发动四一二反革命政变的第一步。

当日夜间，在杀害汪寿华后，“中华共进会”首领们按事先通知，青洪帮流氓头目二三百人集中于杜月笙家举行宴会。宴前先举行祭天告地、歃血为盟并结拜为异姓兄弟的仪式，宣告誓词。随后，黄、杜、张等一个个讲话。张啸林的讲话十分嚣张，言语中的流氓本性暴露无遗。而杜月笙则把自己装扮成军师的姿态，故作斯文。黄金荣腰挎手枪，完全像个土匪司令，指挥手下头目们分发银元。规定凡参加屠杀行动者，每人发银元10枚；每杀一名共产党员，再加10枚；如若负伤，另给工资养伤。4月12日凌晨2时半流氓打手们换上蓝色短衫裤，戴上“工”字臂章，手提枪支，准备开始屠杀。

一声令下，数百名流氓头目由金廷荪、顾嘉棠、芮庆荣、马祥生、杨顺铨等率领，从法租界的杜公馆蜂拥而出，分头奔向事先选定的地区。这支流氓武装约1．5万人。他们一路毫无阻碍，因为公共租界当局事先清除了路障，各国驻军集结戒严，护送载运流氓和武器的车辆。流氓们按计划分南北两路，一路驶向南市区的三山会馆和华商电车公司，另一路直奔闸北区的湖州会馆和商务印书馆俱乐部。而黄金荣、杜月笙、张啸林坐镇总部指挥各路人马。

凌晨4时，停泊在高昌庙附近黄浦江面上的军舰发出了信号，南市、闸北两区顿时枪声响起。

流氓在南市区攻击的主要目标是华商电车公司和三山会馆，这是南市区工人纠察队的集中地点和指挥部。早于11日晚间，二十六军已对华商电车公司和三山会馆进行严密监视。250名伪装成工人的流氓，分乘数辆卡车从法租界南洋桥冲向华界，并分三路包围了华商电车公司。

上海工人纠察队总指挥部设在商务印书馆俱乐部，这里也是纠察队的武器弹药库。有数百名工纠队员驻扎在这里。12日晨5时左右，在张伯岐亲自指挥下"中华共进会"武装流氓二三百人，向工纠队总指挥部进攻，流氓大声喊叫要工纠队缴枪否则就开枪打死他们。据理反驳他们的工纠队副队长杨凤山，指挥工纠队员奋勇抵抗，"共进会"流氓伤亡颇多，工纠队也有10人阵亡，20多人负伤。双方相持不下，上午8时左右，二十六军邢霆如团长率部队赶到，以伪装"调停工人内讧"姿态出现，并向工人纠察队宣读第二师司令部关于"调停误会"、要求双方停战的公函。但另一方面，他们又秘密指挥部队包围了商务俱乐部。在逼迫工纠队缴枪遭到拒绝后，又欺骗工纠队员和部队兵士"徒手游行，以示友谊"。当大批工纠队员上街游行后，该团部队拥入俱乐部，搜去各种枪械1000余枝，子弹10万余发，占领了俱乐部。当工纠队发现受骗上当时，已无法挽回。

其他地区的工纠队武装，也大都是流氓先进攻，军队以"调停工人内讧"为借口出面干涉，缴了工纠队的枪。

这次反革命政变，蒋介石的反动军队和张、杜、黄的上海黑帮势力相互勾结，屠杀了上海工人3000余名，工人武装纠察队被解散。

接着，早已准备好的两张大布告贴出来了。

一张是前线总指挥上海市戒严司令白崇禧的布告：

本市闸北武装工友大肆械斗，值此戒严时期，并前方用兵之际，武装工友任意冲突，殊属妨碍地方安宁秩序。本总指挥责任所在，不得不严行制止，以保治安。除派部队将双方肇事工友武装一律解除外，并派员工与上海总工会妥商善后办法，以免再起斗争，而维地方之秩序。

第二张布告是二十六军军长周凤岐发布的。如果说白崇禧的布告，还有一句“并派员工与上海总工会妥商善后办法”作烟幕，而周凤岐说得更露骨了。布告上直言不讳地说：“工人持械内讧，奉命缴械……总工会予以封闭。”

这样，蒋介石公然下令解散上海总工会，查封革命组织，捕杀共产党人和革命者，并在上海成立了“清党委员会”，由张群等人担任清党委员。为了便于密谋策划，陈群、杨虎在嵩山路18号设立了一个所谓俱乐部，里面鸦片、赌具、酒菜、女招待，一应俱全。

张啸林每天不管多忙，必定要到这里转一趟，或向杨虎、陈群提供情报，或帮助他们出谋划策。张啸林还应陈群之请，利用熟悉上海情况的条件，帮助搜捕转入地下的共产党员和革命者，仅4月14日这天便逮捕共产党员和进步群众1000多人，上海成了一个恐怖世界。

张啸林最猖狂的一个行动是于4月13日署名发表了由陈群起草的“真”电，电文中大肆诬蔑中国共产党领导的革命运动，表示他们疯狂反共的决心，叫嚷：“共产党之流行病，势将传染于大江之南，不早歼灭，蔓草难图，噬脐莫及。金荣等不忍坐视数千年礼教之邦，沦于兽域，干净之土，蒙此秽污，同人急起邀请同志，揭竿为旗，斩木为兵，灭此共产凶魔，以免贻害子孙。尤望全国父老，父诏其子，兄勉其弟，共起而铲除之。”这是份完全颠倒黑白、混淆是非的通电。黄、杜、张为首的上海流氓不仅充当了四一二反革命政变的急先锋，而且无耻地为蒋介石反共制造舆论。上海“三大亨”的反共通电一刊登，开了全国帮会流氓公开反共之先河。随后，刘克斌等帮会头子纷纷通电反共，与上海“三大亨”相互呼应。

3、四一二反革命政变之后，张啸林被授予总司令部少将参议，成了蒋介石倚重的红人，与蒋家王朝进一步勾结，但蒋对他还是存有戒心的。

四一二反革命政变后不久，陈群去南京向蒋介石报告“清党”情况。

回上海后，他与当时上海警备司令的杨虎在嵩山路18号约见黄金荣、杜月笙、张啸林三人。陈群从皮包中取出三个牛皮纸大信封，双手捧到桌上，装模作样地对黄、张、杜说：这次进京谒见蒋总司令，总司令专门提起在上海“清共之役”中黄金荣、杜月笙、张啸林出力甚大。今后上海在继续“清党”和“维持治安”等方面还要借重他们。为示嘉奖，决定委任他们三人为国民党政府“军事委员会少将参议”。10月10日又颁发了勋章。

张啸林由于攀附军阀，从北京政府的财政部参议，做到南京国民政府的少将参议。以后，租界当局对张啸林也另眼相待，任命他为法租界纳税华人会会长，真可谓官运亨通。

上海青帮积极参与反共，蒋介石对“三大亨”运送的私货也破例放行。1930年，镇江要塞部队截获了“三大亨”自长江上游送往上海的三船烟土，军事委员会深知“三大亨”贩运烟土是得到蒋介石默许的，因此，接到报告后立即下令镇江方面将船、人、货一并放走。

张啸林、杜月笙、黄金荣后来到汉口争得官方允许，以每月交付中央财政部长300美元为条件，在上海公开出售鸦片，蒋介石甚至还废除了禁止吸鸦片和关闭鸦片馆的命令。

南京政府与“三大亨”的合作不限于禁毒贩毒方面，而是渗透到其他经济领域。1932年2月，宋子文复出担任财政部长兼行政院副院长，他借口上海“一·二八”淞沪战争影响财政收支，而压缩所有政府机关的支出，并建议压低国债债券的利率，延长还本期限。但宋子文怕得不到上海工商界的支持，引发经济崩溃，就去杜月笙和张啸林那里寻求帮助。杜月笙和张啸林当然不会拒绝宋子文这样的实权人物，所以宋子文与上海银行业人士讨论上述方案时，得到了与会的杜张二人的支持。上海银行界的人士惧于他俩的势力，也不敢有何意见，只有苦水往肚子里咽了。在南京政府正式下令整理公债后，张啸林、杜月笙把持的债务持票人以上海和体的名义发表声明，接受整理公债的命令，并号召持票人与政府密切合作。

对于四大家族的官僚资本控制银行业的勾当，张啸林和杜月笙也与之紧密配合。1935年初夏，四大家族与张啸林、杜月笙秘密策划，对外说中国通商银行亏损两万元，人为操纵了通商银行的挤兑风潮。通商银行董事长傅筱庵苦苦支撑了一段时间后，只得交出银行的资产负债清册，由张啸林、杜月笙两人出面维持残局。四大家族投桃报李，后来，杜月笙被推为董事长，张啸林为副董事长。杜月笙、张啸林接办中国通商银行后，下面各部人事都做了调整。调进来的全是杜、张的徒子徒孙，就连目不识丁的小流氓也占了个副主任的位子。这样的情况下，正儿八经的商人都不敢来通商银行开户，来存款的客户不是土行，便是鸦片烟铺，或是青洪帮所办的厂店。

1936 年 1 月，南京政府再次提出公债减息计划后，上海青帮首领们表示积极支持。在持票人会上，张啸林以流氓手段强迫持票人同意政府的计划。

同年 2 月，张啸林与杜月笙相互配合迫使上海银行业同业公司接受政府发行的“统税库券”，年息 6%，并延长偿还期。但是，蒋介石既要利用帮会的努力，利用帮会内部的冒险性、盲动性以维护其独裁统治，又担心帮会内部势力过于膨胀会危害其统治地位，他尤其害怕帮会势力形成全国性的一种独立的政治力量。为此，蒋介石对帮会采取两面政策，既利用又限制。

正是出于这样的考虑，蒋介石在南京国民政府建立初期就断然禁止帮会建立全国性的组织，以防止在政治上对帮会“失控”。1927 年上半年，当上海的黄金荣、杜月笙、张啸林“三大亨”准备正式成立“中华共进会”时，蒋介石阻止其正式成立，他惧怕“中华共进会”恃反共有功，扩充成为全国性帮会流氓团体。更惧怕“中华共进会”一旦正式成立，即可以千百万帮会徒众为基础，形成难以控制的社会势力，威胁到国民党的统治地位。虽然“中华共进会”筹备处要求各地同仁“警惕互勉”，“实行三民主义”，表示绝对服从蒋介石南京政府，但蒋介石仍是心存戒备。

三、真正的黑社会头目

1、张啸林与杜月笙、黄金荣合伙开办“三鑫公司”，垄断了上海的鸦片贩运，财源广开。因“黄金荣贪财，张啸林善打，杜月笙会做人”，张啸林负责“三鑫公司的安全。“三大亨”还加紧了对租界势力的依靠，上海租界成为帮会流氓活动的根据地。

黄、杜、张三人正式结为莫逆之交后，第一件事是利用黄金荣开设的“三鑫公司”合伙搞鸦片联运。

“三鑫公司”的地点在法租界里，整个弄堂被三鑫包下来。弄堂口装起大铁门，由安南巡捕日夜把守。从弄堂口到弄堂底，设三道铁栅栏，每过一道，都有便衣巡捕盘问。弄内一共五幢房子，第一幢设写字间、会客间、警卫宿舍，其余四幢全作存放鸦片的仓库。巡捕开出警备车，公开到码头上保护和押运鸦片进入库房，当然，这些巡捕的费用不用巡捕房出，而是由黄金荣从所得保险费中开支。

当时，“三鑫公司”初露锋芒，还有一关未能突破，这就是自吴淞口到高昌庙、龙华进入租界这条路，它是淞沪军衙门的天下，水警、缉私营、警察厅，侦探密布，虎视眈眈，监管严格，这个关节如不能打通，运输方面说不定还会出现“水里抛，顺江流“的差错。于是，“三鑫公司”派张啸林去交际联络，打通关节。张啸林带着杜月笙给他的巨额交际费，自下而上，由外而内，一步步向何丰林及缉私营统领俞叶封接近。鸦片烟为军阀的经济来源之一。何、俞早已看到经营鸦片于自己是有百利，他们何尝不垂涎这股财源，只因为地位悬殊，关系搭不上而已。当年的军阀，大多数以鸦片烟为主要的经济来源，他们知道这是一个肥得出油的行当，他们当然想要吃点油水。

张啸林从“三鑫公司”领了交际费后，很快，便以一万元的贿资，打通淞沪军政各衙门上上下下的各个环节，成了何丰林、俞叶封的座上客。

“三鑫公司”有了军阀的撑腰，生意当然今非昔比，张啸林被任命为副经理，经理是杜月笙。在张啸林金钱轰炸白道，大棒威慑黑道之下，“三鑫公司”业务一帆风顺，进展神速，很快就独占了全上海的烟土市场。上海各大鸦片行因此全都搬到法租界，来依附“三鑫公司”，“三鑫公司”每年从这些子公司中收取的保护费，主要由贩卖鸦片的土行、烟馆，如“郑裕记”、“郭源茂”、“同昌”等毒品商人支出。每月每家土行向公司缴纳 5 万元保险费，因此这一项的岁入估计可达 1200 万元。据当时上海出版的一家杂志披露，当年这个官商合营的公司，每年赢利竟达 5600 万元之巨，而其资本额亦达 1000 万元。

尽管“三鑫公司”索价甚巨，鸦片商人还是视之为保护伞。当时，“三鑫公司”收取保险费不但由公司盖上条戳，而且有法租界捕房开出的收条，并加盖戳记。这样一来，鸦片买卖就由秘密转向公开化、合法化了。大土行有大批货物到埠，可以放心派车公开去运。这些车辆，租界的巡捕都是熟悉的，不但不会拦阻检查，还加以保护。这样果然避免了鸦片失窃的事件，烟毒也就大规模地传播开来。

1924 年，为了酬谢杜月笙、张啸林的功劳，黄金荣在法租界华臬路的（今宁海西路）两亩地基上，造了两幢洋房，分赠给张、杜两家，张住东宅，杜住西宅，两家共由一个大门进出，亲如一家。

张啸林终于有了自己的公馆。搬进新居的第一天晚上，他一宿没睡，在院子里不停地踱步，他细细回顾着这一二十年的经历。当年他浪荡在四马路一带，身背假药，喊破了嗓子，还到处受人白眼，十分可怜。现在，终于有了自己的张公馆，可以说是自己拼命来闯荡的结果。当然，需要的东西还很多，他相信，一切都会有的。他首先要干的事是把张公馆装修成上海滩最豪华的住宅之一。

张啸林将前面中式住房的楼下三间打通成大厅，楼上为夫人娄丽琴的住房，将后面西式楼房的底层分作三间，西厢房前半间作秘书室，后半间是古董室，兼为与人谈机密要务的地方，中间作为宽敞的大客厅，东厢房作大房间，内设张啸林的办公桌、沙发和烟铺，在这里会见普通客人，总账房办事、吃饭也在这里。

一切布置好了之后，张啸林又仿效邻居杜月笙，雇佣了秘书、账房、警卫、女佣人、厨师、园丁和勤杂工。只是他比杜月笙喜省钱，所以每种只配二三人，远不像杜公馆佣仆如云，奢侈气派。其实，若论钱财，人们都知道张啸林在杜月笙之上，张啸林也以此自慰，不与杜家攀比。

杜月笙、张啸林在华格臬路（今宁海西路）上的公馆

到了 1924 年底，“三鑫公司”突然遇到了一个严重问题。自从“三鑫公司”独占了上海市场，原先在上海控制烟商的潮州帮退为附庸，业务每况愈下。他们之中的一部分人为了东山再起，便汇合上海滩上另一股力量，全力开辟偷运鸦片烟土新途径，以与“三鑫公司”抗衡。几经周折，他们选定了长江北岸的启东、海门一带，作为驳运的驿站。而此时启东、海门至南通，均是通海镇守使张仁奎的辖地。

潮州帮买通了张仁奎，张仁奎于是派他的手下亲信与潮州帮联系，双方对如何运送鸦片，从哪条航线运送都做了一一安排。他们的办法是先雇外轮专运鸦片，然后驶入长江北岸，再用小船接驳，深入苏北转运全国各地。这条鸦片新航线的开辟，使“三鑫公司”的业务大受影响。

与此同时，又发生了江苏督军齐燮元和浙江督军卢永祥的直奉战争。张啸林原本是依靠浙江军阀起家的，为了自己的利益，当然支持卢永祥，以保住自己在上海的天下。但卢永祥并未能改变失败的命运，不久便兵败而东走日本，后又转去大连、天津。何丰林等人则到了杜月笙杜美路（今东湖路）26 号避难。

面对这一突如其来的变故，张啸林等没有丝毫准备。眼看着黑货的来源即将全部断绝，贩运鸦片生意停顿，招牌、信誉亦面临被砸的危险，而且张啸林等人很快感到捉襟见肘，囊中金尽。张啸林由于平日阔绰惯了，一旦来源中断，焦急慌乱，窘态百出。那一年临近过年，大家满面愁容，束手无策。

那边杜月笙日子也不好过，但他头脑精明不会困守家中，坐等钱来，经过一番盘算，他觉得应该与孙传芳拉上关系。他打听到孙传芳的驻沪办事处处长宋希勤是孙传芳的心腹，他决心走宋希勤的路子，重新开辟“三鑫公司”的财路。

孙传芳先受命于吴佩孚，经吴的提拔，当过长江上游总司令、闽粤边防督办、浙闽边防督办和福建督理。张啸林按着杜月笙指点的路子，找到吴佩孚的驻沪代表，通过他与宋希勤结交。宋希勤也早已闻知张啸林等上海三“大亨”的名声，也想与他们交往，以便于自己在上海滩办事，又见张啸林如此谦恭地送上厚礼，宋希勤很快与张啸林交好。

张啸林通过宋希勤介绍，去笼络孙传芳左右的其他几位高级官员，随后，张啸林使出浑身解数，对这班新权贵，凡有所需，无不满足。觥筹交错之间，孙传芳左右的高级官员，就和他称兄道弟，亲亲热热了。就在张啸林和这班人花天酒地时，杜月笙得到消息，有个名叫陆冲鹏的烟贩，藏有1000箱烟土，准备运往苏北去。此人与当时的山东督办张宗昌及齐燮元等都关系不同一般，他赶紧把这个消息告诉了张啸林，让他想办法从陆冲鹏手中分一些鸦片救急。

经过一番琢磨，张啸林估计这班权贵不会拒绝他的要求，便直截了当向他们哀求：“三鑫公司”最近断了烟土来路，黄浦滩缺少烟土是要造反的，各位兄弟能否买个交情，让陆冲鹏从准备运往苏北去的那部分中拨一半给法租界的朋友救救急。俗话说“吃人口软，拿人手短”，经过张啸林的好朋友、山东督办张宗昌派驻上海的代表卓先生和宋希勤的从中劝说，陆冲鹏答应给“三鑫公司”500箱烟土。

这500箱鸦片不但帮了张啸林、杜月笙等度过了那个愁困不堪的旧历年，而且更适时地给那些靠“三鑫公司”供货的烟行、烟馆乃至烟鬼解除了黑粮断绝的危难。“三鑫公司”的信誉，以及张啸林、杜月笙的金字招牌，都由这一买卖得以维持。更重要的是，张啸林等人从此和苏北的一些烟贩子有了接触往来，对张以后的事业帮助不小。

这时，孙传芳主动向张啸林伸出友好的手，他心里打的算盘是：鸦片贩运是上海最旺的财源之一，与其物色人选，另组班底，不如继承卢永祥、何丰林的故伎，轻车熟路，安享财源。张啸林求之不得，连忙带上厚礼去拜见孙传芳。到了孙传芳那里，他才知道，上次戒严运土是孙传芳发的命令，这是他欲与杜月笙、张啸林合作，暗中递出的信息，叫张啸林等不得不求于他，从而搭上关系。

几个月后，孙传芳占领上海，公开与“三鑫公司”签约，保证三鑫的鸦片安全地通过华界，并且打压其他竞争对手，而作为酬谢三鑫每年付给孙传芳1500万元。

不久，任财政总长的李思浩来到上海，杜月笙、张啸林通过陆冲鹏的介绍，双方杯酒言欢，往来频繁。1925年，陆带回了两张北京政府财政部的委任状，聘任张啸林、杜月笙为财政部参议。因为时局动荡，江山谁主沉浮，难以预料，所以杜、张收下后平时并不轻易示人，时至今日，仍然鲜为人知。

孙传芳与杜月笙的关系大大胜于与张啸林的关系。一次，有人密告杜月笙图谋不轨，孙传芳以东南五省联合总司令的名义致电上海防务司令李宝章，为杜月笙担保，告诫李宝章勿听谣言，致堕奸计。

张啸林看到孙传芳对杜月笙如此信任，渐生不满。而黄金荣也发现在自己与军阀的结交过程中，从主角跌为了串场的角儿，两个徒儿没有自己反而把事办得更加漂亮，甚至久不登门请示报告，忘了他这个师父的存在。他气恼但已无可奈何，只得心中暗骂两个忘恩负义的畜生。

实际上，这个时候，黄、张、杜基本上是平起平坐了。上海滩上，“三大亨”的体制已完全形成。

这时的张啸林、杜月笙、黄金荣也加紧了与上海法租界当局的勾结。1925年5月下旬，在黄金荣的斡旋下，张啸林代表“三鑫公司”与法租界公董局董事布卢姆签订一项协议。协议规定：

（一）法租界内可以开设20家鸦片零售店和一家土栈。

（二）“三鑫公司”每月向法国巡捕房预付烟税，并负责提供保镖制服。

（三）在启运烟土时预先通知法捕房，对不属于“三鑫公司”的土商，法租界捕房将予以逮捕和起诉。

（四）“三鑫公司”向捕房代表一次总付14万元，并在今后整个买卖期间每月支付8万元，租界内的每家鸦片零售店每月缴500元。

（五）公司支付进库鸦片每箱250元。

从公董局出来，张啸林手捏协议书，心事重重。他感到手心发烫，浑身一个劲儿出汗。雁过拔毛的现象，张啸林经历过不少，可如此心狠的，他和他的公司还是头一次遭到，然而出乎他意料之外的是，由于协议维持和巩固了“三鑫公司”对法租界鸦片买卖的垄断，公司生意以惊人的速度膨胀起来。

2、张啸林自受封于国民政府之后，更是有恃无恐，他踢死了自己的佣人阿二，其子张显贵枪杀了儿媳，为争地盘又杀了上海名流朱如山。他的名字在上海滩等同于恶棍、土匪。

四一二反革命政变前，杨虎、陈群根据黄金荣、张啸林、杜月笙三人在反共及帮会斗争中的种种表现，给他们各自作过评语，呈报蒋介石，内容如下：“黄金荣忠党爱国，老成持重，惟以法租界巡捕房职司关系，不便对外公开露面，渠声势虽大，仅可暗中加以助力。张啸林辄喜结交军阀，崇慕权势，虽亦能深明大义，复以性情刚烈，易于树敌。杜月笙则出身寒微，时刻不忘奋发向上，谦冲自抑，且时值年富力强，颇具国家民族思想。”

杨虎、陈群对三人的评价虽有溢美之词，不过他们也确实抓住了三个不同的特征，说张啸林“性情刚烈”，其实是性情粗暴。张啸林身材魁梧，臂粗力大，凶狠毒辣，曾自比为奉系军阀张作霖，他的门徒也因此捧他为“张大帅”。投靠蒋介石后，张啸林气焰日益嚣张起来，加上在上海有黄金荣、杜月笙的照应，他更加不可一世。

张啸林阔绰起来后，家里雇了十几个男女佣人。平时张啸林对佣人非常凶狠，稍不如意，就要拳打脚踢，有的甚至被打死。

张家有个男佣叫阿二，浙江绍兴人，三十来岁，为人忠厚老实，办事谨慎细心，平时从不偷懒。

一天晚上，张啸林约了杜月笙、陈效岐、顾嘉棠几人打麻将，张啸林的手气特别臭，从晚上 8 点开战，连打 16 圈，输得很惨。三人见张啸林输得发躁，又陪他再打 4 圈，直战到第二天清晨 6 点钟方告结束。

当时阿二睡在客厅左边的小桌旁，张啸林等人的麻将声弄得他直到四五点钟才合眼。所以张啸林叫他时，他睡得正沉，没听见，张啸林顿时火冒三丈，把阿二从梦中吼醒，然后一顿拳打脚踢。

阿二一头栽倒在地，登时口角鲜血直流，气绝身亡。张啸林对此根本不当回事，就是再打死几条人命，他也不会惧怕。张啸林一面派总管把阿二的父亲叫来收尸，一面另雇仆役补阿二的缺。不久，阿二的父亲从绍兴赶到上海，见到儿子遍体鳞伤的尸体和那双含恨未闭的双眼，老人不禁涕泪纵横，伤心欲绝，要张家偿命。

但张啸林丝毫不觉愧疚，他想一个穷老头是奈何不了他的。没想到阿二的父亲找了个律师，写本诉状告到法租界公审公廨。张一听，怒气横生，就要找阿二的父亲算账。张家总管见状劝阻张啸林道："大帅何必跟乡下老儿一般见识呢？您在上海滩是有头有脸的人，这老儿惹您生气了，确实该千刀万剐，不过，假若您为这样一个人而动怒，不免让人觉得您老心胸不开阔，对您老的名誉不大好，请您三思。"

张啸林觉得总管说得有些道理，于是便让管家出面处理此事。总管给了阿二父亲 1000 元钱作为抚恤费，不管老人同不同意，硬逼着老人在"情愿以一千元钱了结此事"的协议上按下手印，随后又串通租界巡捕房把老人赶回绍兴老家。

一波未平，一波又起。不多久，张家又出一桩命案。张啸林的儿子张显贵，当时任国民党内政部次长，而这个官是花四万元托黄金荣向蒋介石买来的。在一年回上海省亲期间，张显贵结识了一个姓关的交际花，时常夜不归宿，偶尔回家一次，也不过是对自己夫人寻隙闹事一番。

张显贵的夫人也是出身名门的大家闺秀，哪里受得了这种气，就回娘家哭诉一番。张显贵的丈人便把他叫去责问。张显贵气呼呼回到自己姘头家里后，越想越气，这个交际花又从中挑拨，张盛怒之下，回到家中竟拔出手枪打死了自己的夫人。

张啸林知道这位儿媳不是和阿二一样的人物，打死了可以用钱来了结，一时竟束手无策。由于他亲家也是法租界里有身份有地位的人，因此法庭也不得不下令巡捕缉拿凶手归案。张啸林没有办法，只得找与亲家熟识的黄金荣从中斡旋。

张啸林亲家见女儿被张显贵打死，坚持要求以命抵命。虽然法庭下令巡捕房缉捕凶手，不过巡捕房的事均由黄金荣分管。在黄金荣的调解下，由张啸林贴给女方一笔约20条黄金的款子，了结了此桩人命大案。

在上海滩，黄、杜、张三大亨就是第二个行政衙门。要是有人不识相，就会自找麻烦。

中国国货银行总经理朱如山以实业家闻名上海，以财力雄厚与张啸林对抗。他早年在法国留学时对地产经营产生极大兴趣，回到上海后，几年时间就成为地产局名人，并且实力逐渐扩大。

朱如山涉足银行后，仍丢不了老本行。他也与驻沪法、英领事及其所属各机关上层人物关系密切，是个“兜得转”的头面人物。但为静安寺的一块地皮他与张啸林发生了争执。

一个徐姓商人为了筹款，准备将他手中一块大约两亩的土地出售，这块地处于法租界边上，环境幽雅，交通方便，实在是建房构屋居住的好地方。张啸林那时正想寻地重建房屋，便派总管与这个徐姓商人接洽。不料晚了一步，这人已同朱如山谈妥价钱。张啸林一听，有些不高兴，但他知道朱如山在上海滩是有头有脸的人，决定暂时不找朱如山的麻烦，只让总管直接与徐姓商人交涉。总管找到徐姓商人，告诉他张啸林愿意用高于朱如山的价钱来买地。

谁知这个商人是一个有些骨气的人，平时就看不惯张啸林、杜月笙这伙凭借权势和流氓手段来欺压人，所以无论总管怎样软硬兼施，这个商人都不动摇，甚至表示，他宁肯用低一点的价格卖给朱如山，也不愿为了收多一点钱而卖给张啸林。张被气得七窍生烟，认为是朱如山多事，如果不是他，那地早就属于他了！他决定惩罚一下朱如山，出这口恶气。

5月的一天早晨，朱如山带着女儿和护士外出，汽车从寓所开出，刚到弄口前面，横着冲出一辆车。朱的司机紧急刹车，流氓打了朱如山一枪，并将其绑架至一个小乡村。朱如山被绑架的消息一出，震动了整个上海滩。一时间，谣言四起。朱家上上下下一片惊慌，不知该如何是好。

这时，有人给朱家送来一个线索，说绑架是张啸林手下干的。朱家也知道张啸林同朱如山争买地皮之事，一面托人去向张啸林说情，一面准备赎款。他们托的是与黄金荣组织的“荣社”、杜月笙组织的“恒社”三足鼎立的“仁社”的组织者张仁奎。

张仁奎是“大”字辈人物，位高人尊，说话自是极有分量。过了不久，朱如山果真被抬了回来，不过，没过多久他就一命呜呼了。也不知是受了太多的折磨，还是惊吓过度？反正，张啸林的名字再一次被人们等同于恶棍、土匪。

3、在上海“三大亨”中，张啸林以赌出名，还专门开了一个大赌窟，实行白吃、白喝、白吸、白坐的四白政策，大赢其利。他还用几十抽一的办法来抽头，通过赌场的暴利获得巨款，然后用这笔钱去投资于银行及工商企业，一下子由流氓变为“实业家”。

上海的黑社会首领人物于20世纪30年代初期在福煦路开办了一个特大赌窟，“第181号”也就成了赌窟的代名词。

181号赌窟的后台老板就是上海青帮头领黄金荣、杜月笙、张啸林，但他们并不亲自出面主持，而是派青帮小辈的伙计主持，自己在幕后操纵赢利。当时这个“第181号”可是大上海无人不晓的大赌窟，仅工作人员就有1300多人。这个赌窟的前门面临公共租界，后门是法租界，万一公共租界巡捕来捉赌，赌徒可逃往法租界，而万一法租界巡捕来捉赌又可逃入公共租界。其实两租界捕房都有贿赂到手，从不干涉这个赌窟。

这一大赌窟的开设与黑帮经营鸦片贸易有直接联系，它是在贩毒大本营“三鑫公司”的支持下成立的。

张啸林特别喜欢赌，因而对开赌场有着浓厚的兴趣。他琢磨着开一个最大最豪华的赌场，在上海这地方人物形形色色，赌场只要办得有自己的特色，那一定会赢得广大赌徒的青睐。主意既定，张啸林便去找黄金荣、杜月笙，但是，没想到杜月笙不赞成，黄金荣不表态。张啸林暗自决定，自己要做给他们看看，于是他开始亲自策划筹备。次日，张啸林找来了金廷荪、顾嘉棠、范回春、马祥生、江肇铭等人，在“三鑫公司”里开会。几个人反复选择，最后选定了环境幽静、装饰很气派的福熙路181号洋房作为赌窟。这座花园式大洋房，原是汇丰银行买办席鹿笙的父亲席锡蕃所建，占地60余亩。

赌窟由顾嘉棠派出十几人，携带手枪，担任保护。它的铁门是经常关闭着的，只有认识的汽车才能直开进去。对不认识的人，进赌窟前还要搜身。对于前去捣乱的小流氓，轻则打一顿，重则弄死埋掉。

赌场内供应齐全，服务周到，实行所谓“四白”原则，就是赌徒凡先付200元买下筹码并已下注开赌后，便可以白吃、白喝、白吸、白坐。赌场内设有中西餐厅，供应各式菜品，酒吧间供应高级名烟名酒、咖啡，有烟榻供应上等鸦片，这些都任凭赌徒各尽所需，不收分文。如果是乘自备汽车来的，赌场还会付给司机4元钱，乘出租汽车来的，车费则由赌场支付，如带保镖侍从来的，每人还发给4元饭钱。

福煦路181号

赌场如此大方，其实还是羊毛出在羊身上，以蝇头小利诱骗赌徒的大笔钱。据一些进过赌场的赌徒回忆说，来到张啸林的福煦路“181号”大赌场，总是输的时候多，赢的时候少，因张啸林过去就是一个大赌徒，他有一套欺骗赌徒的经验。常言道：“赌博三分骗，不骗谁开店。”真可谓：“是赌总带骗，十赌九输钱。”因不了解“181号”内幕而受其祸害以致倾家荡产的赌棍数也数不清。

这样，在张啸林精心策划下，“181号”的招牌打响了，靠着新鲜的规矩，不久就成了全国最负盛名的第一大赌场。

“181号”的赌客队伍在壮大，层次也不断提升，常客都是上海滩老赌徒，或者杜公馆的座上客，或者张府上的老朋友，或者是有钱人家的少爷小姐，如晚清邮传部尚书盛宣怀的几位少爷小姐，素有“赌国魁首”之称，几乎天天到场。

尤其是在政治形势发生动荡之时，一些从南京方面来到上海的阔佬，以及军政要员乃至各地的封疆大吏，先后加入福煦路“181号”奢侈豪华的大赌场，这使得张啸林春风得意，喜不自禁。赌场的铁门外，汽车排成长龙，司机保镖，都得另设招待的处所。由于这批赌徒的介入，以及他们决心跟上海滩上的财团元勋分庭抗礼，一争短长，使得原来的一次输赢几百元，一下子激增到动辄十万八万，其赌面之大是可想而知的。

自民国以来，上海青帮势力由于与租界当局、北洋军阀的勾结和对南京国民政府的依附，势力大为发展。20世纪20年代后期至30年代，上海帮会不仅在组织方式上采取了现代社团的形式，其章程、宗旨等都披上了现代外套。黑帮头目大都成为金融界巨头、工商界老板、社会经济团体的董事、会长等。

当时，张啸林总感到自己的出身底蕴不足，摆脱不了“下三流”的档次，他知道要使自己正式进入“上等人”的行列，必须要插手实业。经过努力，张啸林使上海滩素来自视出身高贵，从不与“下三界”（流氓、赌棍、烟贩子）打交道的金融、实业界上层人物，也开始对他刮目相看，接连抬他出来担任一些要职，如“纳税华人会会长”和“上海华商纱市交易所监事”。这时的张啸林就更加迫切地想要“办实业”了，当然他并不是出于“实业救国”，而是为了提高自己的身份，并且开辟新的财路。

1928年春节，大年初一，杜公馆门上来了一位新客人，他就是上海的金融大亨，“四行”（中南、金城、大陆、盐业）储蓄会的经理钱新之。无事不登三宝殿，这次，钱新之亲自登门拜访是有所求的。

原来钱到上海后，住在租界的公寓里，不料两只箱子被盗，箱子内有几件稀世名画，其中一幅是唐代吴道子的仕女画，一幅是郑板桥的真迹，这些都是他的传家之宝。他向租界当局报案，但巡捕房一连查访几天，都毫无结果。后来，有朋友告诉他要请上海“三大亨”帮忙。他听说杜月笙为人最爽快，就先找到这里。

杜、钱二人一见如故，在小客厅里谈得十分投机。张啸林知道了，也从密室过来见见这位金融界大亨。张啸林与钱新之一阵寒暄之后，三个人便畅快交谈起来。过了一会儿，钱新之便以老朋友的口吻，建议杜月笙、张啸林二人在实业界立足，以谋求更大的发展，还建议他们先开银行。为了筹集资金，张啸林、杜月笙和黄金荣商议着“凑”钱。

什么是凑？就是从鸦片行、赌场里拼凑。这些“黑”行业每家的流动资金少的十几万，多则几十万，而且赢利极高。不仅有“凑”，还有以“堆”来积聚资金的。

所谓“堆”，是银行同业中的老规矩，凡有新银行开张，各同业都需在开幕那一天向新行存进一笔巨款，名为“堆花”，表示庆贺。以杜月笙和张啸林的名望和势力，自然没有人敢不来捧场的，这样钱财自然就滚滚而来了。

经过一年的筹备，一幢新楼在爱多亚路（今延安东路）矗起，杜月笙给它起名为“中汇银行”。这个上海大亨开办的第一家银行资金达到200多万元。杜月笙任董事长，黄金荣、张啸林为常务董事。

张啸林和杜月笙靠着明敲暗诈，在金融界迅速打开了局面。后来，张一个人开办、与杜及他人合办或投资过的银行有交通银行、通商银行、中汇银行、江浙银行等六七所之多；经营过的企业有利泰纺织公司、浙江昌化菊林锑矿公司、林笙军服厂等。国民党统治集团中的孔祥熙、宋子文等人也和张啸林有私人关系。上海金融界、工商界、厂主、店东中有些人专找他做靠山，给他股份，让他当上股东。

当时上海帮会不仅与金融界、工商界有着密切关系，在新闻、文化、教育界也都有相当大的势力和影响。与帮会插手工商界的情况类似：一方面，黑帮老大也干涉新闻、文教、出版事业；另一方面，文化、教育、出版界，特别是戏剧界人士，为了对付官僚、军阀、流氓、恶霸的压迫、迫

南京路铜人码头

害，被迫投靠帮会或以帮会首领为后台老板，从而获得某些“保护”。

流氓大亨控制报纸的重要原因，在于利用报纸对有关人士敲诈勒索，这类事情，张啸林干了不少。上海时常发生的遗产纠纷、桃色案、拐款潜逃以及其他涉及社会道德的案件，当事人有的害怕丑事被传出去，有的希望报纸为自己说好话。在这种情况下，张啸林等人就利用在各报馆的门徒大显身手，大肆搜集这类社会新闻，然后将丑闻清样故意拿给当事人看，进行勒索敲诈，威胁说如果不给一笔钱了事，就要把丑闻公布于众，让全上海人都知道。当事人十分紧张，不得不巴结讨好，拿出相当可观的钱财，换取“不见报”或按照当事者意图见报。这笔敲诈勒索来的赃款，大部分落入张啸林个人腰包，其余部分由门徒中的记者按“功劳”大小分赃。

4、张啸林 60 岁生日，各界名流纷纷前来祝寿，盛况空前。蒋介石亲书“花甲重新”四个大字，张顿觉风光无限。张啸林如此不可一世，渐渐地同黄金荣、杜月笙之间有了矛盾。三人开始明争暗斗，但张终究不是黄、杜的对手。

1936 年 6 月 22 日，张啸林迎来了他的 60 岁生日。当时，上海滩“三大亨”在国民党和外国势力的有意培植和抬举下，独霸一方，红极一时，社会声望到了前所未有的程度。杜月笙的杜家祠堂典礼，其排场甚至超过了宋子文的老母亲、蒋介石、孔祥熙的老岳母的出殡；被上海人称为洋财神的哈同，是最有钱的大地主，他的出殡仪仗队与杜家祠堂的典礼气势比也差了许多。黄金荣的黄家花园落成，蒋介石、宋美龄亲自到场，并赠与“文行忠信”四个大字的泥金石牌。

张啸林多年来一直不服气，“凭什么不如黄麻子和白相人杜月笙”！所以他欲借他的六十寿庆来显显威风。6 月 4 日，蒋介石为张啸林六十寿庆撰写的“慈溪张啸林先生六旬大庆征文启”，在报上刊出，三篇文章对这位慈溪同乡大加吹捧。张啸林看到三篇文章喜不自禁，心想自己总算赶上黄金荣和杜月笙了，蒋介石的文中写道：

……赋性亢爽，嫉恶如仇，又能急人所急，如己之急，万事挟一理字而行，理之所在，一依已之智若力以赴之。外有孟子虽千万人吾德之勇，内有董子明其道不计其功之诚。勇诚并行彰瘅斯著。偶一奋奉击案，或扶喉论事，形声所至，凛若神明。直者凭其气而自伸，曲者每无形而渐阻。此中妙用，舍先生决无一人足以运之。

……其他上海工商新兴事业若铁路，有江南铁路公司，若矿务，有海州林海之毋矿务公司，浙江昌化菊林锑矿公司。若教育，有铁华中学、华北中学、正始中学等。若卫生，有上海、杭州两时疫医院。若交易，有华商证券交易所、金业交易所、中纪银行、通汇信托公司、江浙银行、国信银行等。若建筑，有霖记木行，长丰、长兴两地产公司。若纺织，有利泰纺织公司、林兰军服厂、霖记花厂等。若游艺，有中国赛马会、长城唱片公司，如此之类是惟无举，举则非先生之力莫办。

……先生之位于上海，殆于北地之有长城，中流得砥柱，声威远渐达寰区。政府旁求迭加倚界如国民政府军事委员会、行政院北平政分会、棉业统制要员会等威有先生之位业在，而先生一例辞荣而任荣损私而益公。故称布衣游侠者流，仅于闾里纷争肆力排解，卒之以武犯禁为当路所忌疾者，以先生方之度量相越直何啻土壤泰山之异也。

其实，当时不仅蒋介石给足了张啸林面子，早在蒋介石写这篇文章之前，各路要人纷纷来电来函祝贺。从 6 月 4 日到 6 月 20 日，《申报》整整刊登了 100 位名人给张啸林的贺电。而且贺礼一天比一天多，张啸林几乎天天都听到：某某院长送了多少寿礼，某某部长礼金若干，某某主席、某某司令贺礼多少，礼金多少，每天到晚上就统计一次礼金、礼品。

而张啸林最关心的是蒋介石送他点什么，好与黄金荣、杜月笙比一比身份地位。生日的前一天，张啸林突然接到一个意外的电话，蒋介石派了一架专机送来了礼物。他当众打开礼物，原来是蒋介石以委员长的身份亲自题写的“花甲重新”四个一尺多大的匾额，另外，还送了两只花篮。这让张啸林甚是高兴。

6 月 21 日，是张啸林的暖寿之日，除了蒋介石的寿礼，其他党政委员的贺礼也送到。国民政府主席林森送了“硕望耆龄”的匾额，各省政府主席也都给足了他面子，都送上了厚礼。李石曾、张公权、钱新之、杨虎以及张学良、张发奎的代表共 2 万名来宾到华格臬路大沪花园张宅祝贺。

6 月 22 日，是张啸林的正寿，寿堂正中悬挂一人多高的寿字，上海市参议会全体参议员都在上面签了名。寿幛上是蒋介石的题字：“花甲重新”。张啸林的两个儿子都穿着长袍马褂，几个老婆和儿媳、女儿都挂着精巧的寿字胸花。当天他自己摆足了架子，不去寿堂，只是请一些兄弟和朋友等人代他招待客人，给每位亲到的贺客一枚“张啸林先生六旬荣庆”纪念章。

张啸林为了扩大他的声望影响，在 22 日晚上的寿庆宴会上宣布了一个令人吃惊的消息，他说由于国内到处都有灾荒，他不忍心过于铺张浪费，更不愿让人说借机敛财。所以他已决定，把 350 万两寿银全部捐出，100 万两银子赈济陕甘、两广和四川、苏皖的灾民，剩下的资助寰球中国学生会作奖学基金。

原来张啸林这样做也并不是因为他乐善好施，而是沽钓名誉。六十大寿过后，张啸林继续被法租界当局任命为分董局华董。

由于张啸林的不可一世，他与杜月笙、黄金荣之间渐渐产生了矛盾。俗话说：“一山容不得二虎”，更何况这是三虎共处，矛盾其实从他们合作的开始就产生了。拿他们共同赚钱的“三鑫公司”来说，各人为自己打算，免不了明争暗斗。“三鑫公司”的负责人，名义上杜月笙、张啸林两人，实际上是由杜月笙做主，后台老板是黄金荣。但这个公司最大的实际老板是巡捕房的费沃利。杜月笙利用公司总经理的职务发展自己的势力。

门下得力的助手有顾嘉荣、金廷荪、马祥生、叶焯山以及季云卿的徒弟小阿荣等，杜月笙本人由于同戴笠、孔祥熙、宋子文等关系密切，不久便飞黄腾达起来。

四一二反革命政变后三人虽同为“少将参议”，但蒋介石只单独召见了杜月笙，让黄金荣、张啸林心中很不是滋味。但杜月笙的势力确实超过了他们，黄金荣、张啸林亦无可奈何。而对于杜月笙在公司里掌握实权，张啸林同样感到不满，责怪黄不给他和杜一样的待遇。另一方面，杜月笙对黄金荣不断向“三鑫公司”伸手要钱颇感棘手，因而彼此之间，形成了三角矛盾。法租界巡捕房大小中外头目，甚至一般的安南巡捕，因与“三鑫公司”分赃不均，对黄金荣和公司表示极为不满，使得黄、杜、张之间的紧张关系更加复杂。于是众流汇合，曾形成了一股反黄潮流。张啸林借此机会联合杜月笙，抓住黄金荣与其儿媳李志清之间的暧昧关系，诋毁黄金荣是“三鑫公司”的“扒灰老大”，闹得满城风雨。

后台老板费沃利感到难以应付，考虑劝黄金荣退职，以缓和矛盾。黄金荣一时感到四面楚歌，只得打电报给正在哈尔滨一带“打围”（帮会中对在外码头活动的暗语）的季云卿，请其速回上海，帮助收拾残局。因为，季云卿是曹幼珊的门徒，他在长江帮中有一定的影响，与张啸林、杜月笙等关系甚密。

季云卿赶回上海，向张啸林、杜月笙等人劝说要他们兄弟三人应以情义为重，房帏中事，暧昧难明，不宜信口泄愤，并且暗示说这事传出去，不仅黄金荣名誉受损失，张啸林和杜月笙脸上也无光。所以他叫两人给他一个面子，此事就此平息。张啸林不能不给季云卿面子，也只好说以后不再提这件事，但又以法国人为借口，说不会原谅黄金荣的。季云卿见他俩松了口，连忙劝说两人在法国人那里帮忙说说话，想办法挽回。经过季云卿的劝解，张啸林、杜月笙与黄金荣之间的矛盾暂时缓和了下来。

这时一个偶然的事件帮了黄金荣的大忙，山东临城发生了孙美瑶劫车案。在被绑架的旅客中，有法国天主教主教裴文松·雷狄及意大利籍律师穆安素等。黄金荣正是抓住了机会，亲赴山东破案，救出人质。在法租界当局的眼中，黄金荣仍然宝刀不老，建立大功。这才稳住了黄金荣在巡捕房的地位。

黄金荣从山东回来的当天，季云卿请客，为黄金荣接风洗尘，请张啸林、杜月笙、金廷荪、顾嘉棠、王晓籁等人作陪，季云卿让张啸林、杜月笙抛弃前嫌，继续合作，共同经营“三鑫公司”。之后，他们之间的关系，表面上虽然还是三位一体，其实彼此之间钩心斗角，非常激烈。

时人曾说：“杜月笙有野心，肯花钱，手面阔，能笼络别人，利用别人。”这与张啸林的吝啬形成鲜明的对比，久而久之，张的门徒也因此多有投拜到杜门之下的，张啸林对此非常嫉恨，经常为此事与杜月笙发生矛盾。杜月笙虽然表面上向张道歉，其实心里很是得意，而且仍然是对来投靠他的张啸林的门徒从不拒绝，一概欢迎。张啸林自知财势敌不住杜月笙，也无可奈何。尤其是1935年，蒋介石准备实行法币政策，孔祥熙、宋子文得知后，先将此消息透露给杜月笙。但杜月笙没有将这一信息通报张啸林，而是瞒着张去交易所投机炒作，结果赚了一笔。事后，张啸林认为杜月笙不讲义气，违背了“有钱同使，有福同享”的誓言，对他的不满就更大了。

随着时间的推移，张啸林与杜月笙各自的势力越来越大，矛盾亦愈演愈烈。1933年杜月笙组织起一个所谓以“进德修业，崇道尚义，互信互助，服务社会，效忠国家”为宗旨的“恒社”。“恒社”成员，既有黑社会的大大小小的流氓，也有知识界、文化艺术界、金融工商界、甚至国民党政府中一些具有相当地位和影响的人物。“恒社”的成立，使杜月笙的实力更大大膨胀了。

张啸林也不甘示弱，指使手下人搞一个所谓“忍庐”集团，想与之对抗。但张啸林在政界、金融界、文化界都不如杜月笙有影响，因此“忍庐”集团无论从声势上还是规模上来说都无法与“恒社”相比。张啸林在与杜月笙的斗争中又失败了。

张啸林与杜月笙、黄金荣三人并称上海滩的“三大亨”。他不仅走私鸦片，随意杀人，开办赌场，还插手实业，黄、赌、黑、毒无所不沾，可谓是真正的黑社会头目。

四、伪浙江省主席

1、日本人占领上海后，在莫干山避暑的张啸林却想乘此“良机”独霸上海，所以日本人一个示好，他便匆匆投靠了日本侵略者，当上了大汉奸。

张啸林早就听到日本人要进攻上海的风声，所以老早就到莫干山避战去了。他临走的那一天，把家中所有金条、珠宝、英镑、法郎、美元以及文件契约，包括提炼海洛因的处方，统统存入国际饭店地下金库。觉得万无一失后，才带了两个小妾与随从，悄悄地上了莫干山。

在莫干山上，张啸林有一幢别墅。十几年前，为了打通鸦片在浙江的销路，张啸林花了一笔巨款在莫干山的山头上造了几间房子，供浙江督军卢永祥夏日避暑用。卢永祥兵败去了日本，张啸林将别墅收回，又用巨资进行了扩建修缮，他有心要将它布置成“世间神仙府”，并命名为“林海幽居”。

一天下午，张啸林正在竹轩睡觉，突然门人来报告，有客人拜访。张啸林梳洗一下，整理衣衫到客厅，见一个身材臃肿的日本人正背着手欣赏壁上的诗句。来人正是永野修身。

张啸林对永野修身消息这么灵通感到惊奇，但心想不管怎样，日本人主动找上门来，自己今后又多了一个靠山。永野修身开门见山地说，他这次来是为了送两对梅花鹿给张啸林，是从奈良运来的，世界上最珍贵的梅花鹿种之一。

张啸林十分高兴，与其说是因为这对梅花鹿，不如说是他觉得永野来得正是时候。张啸林早就算计着借日本人的支持，巩固和发展自己的势力。永野修身接着便挑明来意，表示上海战事一结束，马上成立日中亲善市政府，张正是市长的合适人选。又说日本人早就器重张啸林的才干与威望，战后的上海滩，只有张出山才能摆平。

张啸林听了心里很高兴，但嘴上谦虚说：“张某才疏学浅，只是一个生意人，不足以担当市长的大任，容我三思。”接着，他又向永野修身推荐一个人，说：“周凤歧是个人才，现被蒋介石冷落，闲居在上海，可以请他出山，委以重任。”

周凤歧被接到“林海幽居”，与永野密谈了两天，即回到家乡浙江宣传“抗日必败，中国必亡”的谬论。他召集一些地主、豪绅和恶霸，组织了一个维持会，从此公开进行汉奸活动。1938 年 3 月，以大汉奸梁鸿志为首的南京伪维新政府成立，周凤岐任军政部长，后被军统特务击毙。

而此时，在“林海幽居”逍遥着的张啸林，得到上海战事结束的消息，连夜下山归家。张啸林之所以要离开风景优美，环境舒适的莫干山，返回上海听从日本人的指挥，主要是张想以日本人的势力来压杜月笙、黄金荣，成为上海滩上独一无二的地头蛇。而日本侵略者所以要选择张啸林，正是因为摸准了张的心思，想借张的黑社会势力维护上海的社会秩序，使其手下均为日本侵略军所用。

早在张啸林决定投靠日本人之前，他就向日本驻杭州领事提出过要当浙江省主席。当时这位领事听了对张啸林说，要这个职位恐怕有点困难。后来，由于在杜月笙“星夜走脱”去香港，黄金荣采取无论谁上门必定是“抱病在身，不与晤面”，张啸林才又走进日本人的视线。

此时，上海市长的交椅已被傅筱庵抢占，只有浙江省省长宝座尚未出售，而张啸林早就想回乡当土皇帝了。日本人为酬谢张啸林，也正决定在浙江建立一个伪省政府。日本人这样做的目的，一是想把势力伸向浙江，扩大控制中国的范围；二是以满足张啸林的“官瘾”，发挥其更大的作用。

所以当张啸林提出要当伪“上海市长”或“伪浙江省主席”时，土肥原为诱张啸林早日上钩，要李思浩转告张啸林一定会让他如愿以偿的。张啸林闻言后，喜不自禁，迫切地请求李思浩安排他和土肥原正式见上一面，把事情“敲定”。张啸林本意要让土肥原亲自到他家里请他出山，但土肥原没有赏他这个脸，而约他至位于虹口区的东湖旅社见面。这对张啸林来说，有失面子。但张啸林一心想做官，哪还敢讨价还价，只好在礼数上受些委屈，答应按时前往。

到了约定时间，张啸林由他的儿女亲家俞叶封陪同，带 8 名保镖，分乘 3 辆车向虹口开去。来到外白渡桥时，日本海军陆战队哨卡以未接到命令为理由加以阻止，迫使张啸林的军队在外白渡桥停了半天。这半天，使得许多人都见证了张啸林去日租界的事，因而，隔了一天，张啸林去日租界的事，就在上海沸沸扬扬地传开了。实际上这是土肥原特意安排的计谋，目的是以非正式方式将张啸林准备当汉奸的事公开化，以影响上海其他“大亨”。张啸林好处尚未到手，卖身投靠的企图却已暴露，心里一肚子怨气。见到土肥原后，懊丧之意更增。原来，日方这时已加紧了与汪精卫集团的勾结。与汪精卫之流相比，张啸林等人的利用价值当然小得多。所以，土肥原答应给张啸林的官衔，一字不提，而改口要张啸林回杭州去，组织“维持会”，帮助占领杭州的日军恢复“秩序”。张啸林大为恼火，但在主子面前不敢撒野，只得答应先派一名亲信去杭州帮忙。

张啸林虽因受了日本主子的窝囊气而感到气愤，但没过多久，他便与俞叶封等人一起公开投入日本侵略者的怀抱，成了国人所不齿的汉奸。

2、正当张啸林得意之时，国民党特务机关却已决定将他从上海除掉，随着他身边干将纷纷死亡，张狂一世的张啸林首次品尝了提心吊胆生活的滋味，躲过了两次死神的张啸林，还有第三条命吗？

1937 年 11 月后，租界成为沦陷区的“孤岛”。国民党军统利用租界的掩护作用，组织了“地下力量”，以暗杀、绑架和送匿名信等手段打击汉奸、奸商和亲日分子，造成日伪心理上的极度恐慌。

军统早就察觉到张啸林的种种汉奸勾当，已在暗暗策划干掉张啸林。1939 年年底的一个夜晚，在国民党军统局的秘密会议室，这里正在举行布置暗杀张啸林的整个行动计划的会议。这个行动计划是由军统局周伟龙制定的，由时任上海行动组长陈默负责具体领导执行。

陈默，字永思，是杜月笙的得意门生，心狠手辣，在国民党军校高级班受过专门训练，抗战前曾任国民党上海警备司令部稽查处经济组组长。抗战后，戴笠要在上海组织一个“行动小组”，杜月笙将陈默推荐给他，陈因此担任了军统局上海“行动小组”负责人。

蒋介石与戴笠

周伟龙指出：“除奸仍是当务之急，只是需要一个计划和名单。还有，汪伪的‘七十六号’甚为猖獗，对此一要提防，二要打击。”他认为目前第一个目标便是大亨张啸林。周伟龙是军统局上海站的第二号人物。除掉张啸林是他早有的打算，可陈默却迟迟不执行。这次他当着众人的面提出意见，实际上是在逼陈默杀张啸林。

陈默原是杜月笙的门下，常常出入杜、张两公馆，对张啸林以“世伯”相称。而且他与张啸林的亲家俞叶封在稽查处共过事，关系很好。上海沦陷以后，张啸林在经济上也多次暗中接济。所以，陈默在积极除奸的时候，总想抬抬手放张啸林一马。

周伟龙这样一说，陈默就知道，张啸林这一次是难逃一死了。而他如果反对，说不定反而被牵连进去，引来杀身之祸。所以，他看看周伟龙，没有提出异议。周伟龙也知道陈默与杜月笙、张啸林之间的关系，故而对陈默迟迟不杀张啸林睁只眼闭只眼。不过，他心里很清楚，张啸林的汉奸行径一定会给他带来杀身之祸，只是个时间问题。这样，会议最后决定首先解决张啸林、周文瑞和李金标，对其他汉奸见机行事。

大概陈默还念那往日的一丝情分，他没有第一个杀张啸林。而是先干掉了张啸林的搭档汉奸伪上海市财政局局长周文瑞。张啸林听说周文瑞遭枪杀，半天缓不过神来，就在前一天，他们还在一起商讨筹款运煤的事呢。直到李弥子告诉他这是军统“壮汉”们干的，张啸林才意识到杀身之祸临门了。

张啸林心里很清楚，军统特务是无孔不及，而且什么事都干得出的。

陈默也不例外。

两个星期后，伪和平运动促进会委员长李金标又被行刺，幸亏保镖反应快，他才侥幸保全了性命。至此，张啸林知道自己离军统特务的枪口不远了。不过，他岂甘束手待毙，一下子又调来10个保镖，里里外外防备得异常严密。

为安全起见，张啸林不是万不得已的时候，不轻易跨出公馆一步。即便出门，也是由里外三层保镖监护，不留一丝的漏洞。这给陈默尽快干净利落地实现军统局的计划，带来了极大的困难。

尽管如此，陈默凭借他在上海要人有人，要钱有钱，要枪有枪的优势，还是一次次地找到了行刺张啸林的机会。在让张啸林多活了几个星期之后，陈默终于找到了一个机会，把枪口对准了他的“张世伯”。

陈默接到暗杀密令后，当即布置手下到处侦查张啸林等人的活动情况，为起敲山震虎之功效，决定先拿俞叶封开刀。

民国初年，俞叶封曾任嘉兴、上海水路缉私营统领，以后投靠黄金荣、杜月笙、张啸林，成为他们贩运烟土的重要助手。俞叶封当了汉奸后，专程去香港拜会过杜月笙、戴笠，得到了他个人安全的某种担保。但当他的行动超越了许可范围，这种担保便成了一纸空文。

1940年1月14日，陈默找到万墨林，暗示他一切已安排妥当，俞叶封近期就会被结束性命，万心领神会地点点头，保持沉默。第二天，陈默带领若干便衣人员，到更新舞台楼上第一排就座。更新舞台当时正由新艳秋挂头牌唱“玉堂春”。俞叶封对新艳秋居心不良，几乎有戏必来，大捧其场。陈默等人侦知这一情况后，便化装成观众，声色不露地坐在他的旁边。观众听戏至入神处，全场鸦雀无声。负责执行的特务，悄悄地拔出了手枪，对准近在咫尺的俞叶封，一枪结果了他的性命。

张啸林成了惊弓之鸟，他以接替俞叶封为日军提供煤炭为条件，让土肥原在张公馆四周布置日本宪兵队，保护他的安全，土肥原答应了。张啸林以为在日本宪兵的保护下便会太平无事。他看着墙上的电网，门口的宪兵，心中踏实了许多，以为军统也奈何不了他。

本来张啸林闭门不出，可不久，由他主办的汉奸组织“新亚和平促进会”恰逢周年纪念日。这个庆祝会，他不能不参加。军统方面很快得到了消息。陈默决定，当张啸林的坐车行至一处十字路口时，设法打出红灯，张啸林的汽车一停，就开枪扫射。

那天，张啸林长袍马褂，头发梳得一丝不乱。他坐在车上默背着讲话材料，丝毫没意识到命不久矣。小车飞快地向前驶去，刚开到福煦路的十字路口，突然红灯打出，司机阿四口中骂了一声，正要把车子停下。可埋伏在周围的一个特务却没沉住气，提前半秒钟扣动了扳机。阿四在突闻枪声的一刹那，当下将要踩刹车的右脚，猛移往油门上踩下，一个冲锋，汽车飞也似的闯过了路口。张啸林大难不死。

事后，军统里传出谣言，说这一次是陈默有意放了张啸林一马，提前扣动了扳机。陈默有些害怕，他知道，如果再不除掉张啸林的话，自己的人头就会落地。就在这时，周伟龙又接到军统局拍发的电报，催促他们迅速执行杀张的命令。陈默这次是真的下了狠心，一定要干净利落地除掉张啸林。这时，他想到了他师父杜月笙，他知道这时他应该给杜月笙打个电话，一方面寻得支持，另一方面他也需要杜月笙这个久经江湖的流氓大亨的帮助。所以，他拨通了香港杜月笙家里的电话。

陈默一副哭腔使杜月笙意识到这个无所不能的杀手确实遇到了难题。杜月笙十分狡猾，没有正面回答他的问题。他认为，陈默向他讨办法，是给他出难题，因为要杀的是张啸林而不是其他人，他不想再过多介入。可晚上的时候，戴笠给杜月笙来了一个电话。军统两次狙击张啸林没能成功，他不得不亲自出面向杜月笙求助了。第二天，杜月笙把任务交给了顾嘉棠和叶焯山。这两人是杜月笙手下著名的打手，杀人经验颇足，他们给戴笠出的点子是：收买张啸林身边的人。

3、张啸林绝不是军统的对手，血性搏杀中，人人自危，谁是可以信赖的？他身边布满了死亡的陷阱，林怀部一枪结束了这位旧上海“三大亨”之一的罪恶生命。

经过上次惊险万分的狙击事件，张啸林胆战心惊，自此真正闭门不出，连自己开设的大新公司俱乐部也不敢去了。与此同时，他进一步加强警戒，雇了二十几名身怀绝技，枪法奇准的保镖。华格臬路张公馆，前后门都有日本宪兵守卫。日夜巡逻，如临大敌。针对张啸林采取一系列防范措施及心理状态，行动小组决定改换手法，采取用重金收买张的内部人员的办法，来实现军统局的这一指令。

很快目标定在一个名叫林怀部的人身上。此人是张啸林的贴身保镖，山东人，绰号“和尚”，他的父亲曾在北洋军阀时期做过旅长，父亲死后，家道日趋败落。不得以便来到上海投考法巡捕房巡捕，并拜张的汽车司机王文虎为“过房爷”。后来，林怀部被巡捕房开除，无所事事，这时张啸林看上了他，知道他枪法准确，能击中抛在空中的银元，又能在三五十步外射中扑克牌的红心，经过王文虎的保荐，选用他为贴身保镖。但是这个林怀部平时脾气暴躁，与张啸林常有口角冲突，而且枪法奇准，种种迹象表明他可作为“锄奸”的收买对象。

于是，中统一特务化名“阿道”讨好结识了林怀部。由于两人的武艺相当，意气又相投，所以“惺惺惜惺惺，好汉惜好汉”，一时成了刎颈之交，当天便结为拜把兄弟，林怀部为哥，阿道为小弟。几次来往，林怀部发现这个小弟特别有钱。他看得眼红，便想跟这位小弟混，所以不断追问哪来的财路，希望自己也得沾点油水。

阿道便告知林怀部，他在除奸会干事，钱很多，他极力夸张形容，听得林怀部心里恨不得马上当上锄奸会特务，于是恳求阿道介绍他入会，不料阿道说：“进军统当特工是不容易的，尤其你还是汉奸张啸林的贴身保镖。”林怀部不作声，满脸的失望。阿道见火候已到，凑近林怀部耳边，建议林怀部和他一起除掉汉奸张啸林，然后到军统那儿领赏。既能得大笔的钱，还能做个抗日英雄，然后俩人一起打天下。

林怀部并不是如阿道想象的那样露出惊讶之情，而只是皱着眉头在紧张地思索。阿道知道他在计算利益得失，所以也不打扰他，只是安静地待在一边，等着他的回答。阿道试着把一把手枪塞在林怀部的手里，林怀部没有拒绝，阿道知道林怀部已经被成功收买了。两人分手时，林怀部已下定决心，要与小弟阿道一起患难与共，同谋前程。

1940 年 8 月 14 日，一辆外地来的黑色小汽车缓缓驶进张宅大院。林怀部即刻上前将车门打开，经来者自我介绍，林获悉此人系伪杭州锡箔局局长，名叫吴静观。林将吴领到三楼张的房间。此时林心中暗思：今天正是下手的好时机！于是他来到司机王文虎的汽车旁，先主动递给王一支烟，并帮他点着了火。大约一支烟的功夫，林怀部便借故与王文虎争吵起来，而且越吵越厉害，以吸引张啸林的注意力。此时张与吴静观正在楼上商量事情，他听见楼下大院里有人高声争吵，便从沙发上起身来到窗口，探身向下俯望，发现是自己的保镖和司机在那儿相骂。张的脾气一向暴躁，他将上半身伸到窗户外，像往常一样，一开口便是一连串的脏话，然后厉声喝道："你们这批人一天到晚吃饱了饭没事体，还要在我这里吵吵闹闹，简直是毫无体统！老子多叫点东洋兵来，用不着你们！快些，一个个把枪给我缴下，统统滚蛋！"

要在平时，张啸林只要一发火，别人就会走开，可是今天却同往常不一样，林怀部打定了主意，为了激怒张啸林，故意装着愤而不平的样子为自己辩护。张啸林见保镖胆敢顶撞，便骂得更凶。林怀部迅即就从腰带里拔出手枪，抬头回张啸林的话："他妈妈的，不干就不干！张啸林，你要当汉奸，待我送你上西天。"随着骂声，顺手就是一枪。这一枪不偏不倚，子弹正好从张啸林的口中射入，穿枕骨而出。只听得一声惨叫，张啸林倒卧在楼堂的地毯上。上海"三大亨"中的老二，在江湖中混迹一生却死于自己保镖的枪口之下！

林怀部随即擎枪在手，三步并做两步，一眨眼的工夫便穿过客厅爬上了两层楼梯，一路如入无人之境，冲进张啸林尸身所在的房间。这时，吴静观正在拨电话给日本宪兵队，才拨完最后一个号码，未及通话，林怀部便扬手一枪击中吴静观的后脑，红的是鲜血，白的是脑浆，恰似开了一朵大花。

整个张公馆的人都惊呆了。林怀部把手枪往旁边一放，坐在大门口边他刚才坐的凳子上，点了一支烟，然后冷静地说："好汉做事好汉当，我行不改名，坐不改姓，是我林怀部除掉这个大汉奸的，我等着巡捕房来抓人。这事与你们无关。要走的马上走，不走的谁也别乱动，我的枪法你们是知道的。"

日本宪兵队进入租界，要得到巡捕房同意，办手续才行。所以，等日本宪兵赶到时，林怀部早已被法租界巡捕房带走了。宪兵们上楼一看，只见张啸林仰面朝天，遍地污血，张着大嘴，死不瞑目。上海滩显赫一时的张大亨，就这样一命呜呼！几天后，有人看见林怀部从法捕房出来，被一辆轿车送到了码头。暗杀张啸林的计划圆满地画上了一个句号。

张啸林死后，上海各大报纸一致认为，这是一桩私人泄愤的暗杀案，没有丝毫的政治背景，更没有人把它与远在香港的杜月笙联系起来。事情似乎就要不了了之，可就在这时，又一桩轰动上海的政治谋杀案发生了。谋杀案之后，有一个关键人物泄漏了张啸林被谋杀的真情，世人这才揭开了一代大亨被杀之谜。

不久伪上海特别市市长傅筱庵被杀，日本人首先盯上了万墨林，使万墨林成了日本人和汪伪政权的首要通缉犯。“76 号”停止一切其他行动，全力以赴对付万墨林，魔窟打手头子吴四宝亲自上阵。很快，他打听到万墨林经常去南京路金门饭店活动。

1940 年 12 月 21 日，被汪伪特工收买的军统情报员朱文龙把万墨林从华格臬路杜公馆内召了出来，说有重要情报要让他传递。晚上 8 点，万墨林刚到金门饭店就被吴四宝和他的手下抓住了。然后送到极司菲尔路“76 号”汪伪特工总部。

汪伪政府没有暗杀万墨林，而是把他活捉来，主要是为了得到张啸林、傅筱庵被暗杀的真相。因而，汪精卫一纸调令，把万墨林押到南京，关入伪社会部的监狱。汪精卫亲自探视，专问傅筱庵、张啸林被暗杀的事。经过再三盘诘，万墨林终于如实招供了他参与谋杀傅筱庵的事。

接着，在汪精卫的一再逼供下，万墨林支持不住终于招认杜月笙指使杀害张啸林的真相。但是，汪精卫慑于杜月笙的压力，并没有将此事大炒特炒，而只是暗暗将之记在了账上。

一个地痞流氓，在旧上海居然混到大亨的地位，成为不可一世的显赫人物，历史竟如此被嘲弄。然而，嘲弄历史的人本身也必被嘲弄，张啸林在上海滩“虎啸”几声，穷凶极恶，曾是何等的风光，又是何等的猖狂，最终也没有逃脱出可耻的下场。

杜月笙：客死香港的海上闻人

杜月笙（1888—1951 年），上海人。原名月生，后改为镛，号月笙。早年靠盗窃诈骗为生，后拜上海青帮流氓陈世昌为老头子，以贩卖鸦片毒品起家，并与上海大流氓头目黄金荣和张啸林二人结拜为把兄弟，成为上海的大流氓头子之一，并利用英法租界为据点，依仗帝国主义势力欺凌人民。

1927 年与黄金荣、张啸林等率领流氓破坏上海工人武装起义，积极参加四一二反革命政变。此后，历任国民政府行政院参议、国民革命军总司令部顾问、军事委员会少将参议、法租界公董局临时华董顾问、中江银行董事长等职。抗日战争胜利后，任国民党上海议会副议长。

1949 年去香港，并于 1951 年 8 月病死在那里。

一、超过黄金荣

1、杜月笙早年丧父丧母，15 岁独赴上海滩。学徒期间因行为恶劣被赶出水果店，后自己经营小果店，得着个“水果月笙”的名号。为了找寻靠山，他拜青帮头子陈世昌为师，开始渐涉黑帮勾当。

杜月笙1888 年8 月22 日出生于上海浦东高桥镇。高桥镇，旧名天灯厦，又称天灯头，位于上海县城东北36 里处。当时正值光绪十四年旧历七月十五日，俗称中元节，民间谓鬼节，因此他的原名叫“月生”，意为月半而生。以后发迹了，用他本人的话说是“阴沟里的泥鳅，跳进了龙门”，乃易名为“镛”，“月生”则改为“月笙”，被作为号。周礼大司乐疏：“镛者为西方之乐，笙者为东方之乐”，雅得多了。

杜月笙出生没多久，其父母相继因病弃他而去。孤苦无依的小月笙只好去投奔他的舅父。无奈，他在舅父家中不听管教，经常外出游荡，并喜赌博。把父母所遗留的一些家私什物，逐渐卖净当光。

没爹没娘的孩子最容易受人家的气，只有年迈的外婆十分心疼他，希望他好好长大成人。那些整天混在街上的孩子们见杜月笙没爹没娘，经常辱骂杜月笙是寄养在舅家的没出息的孤儿，这每每会引起一场口角并发展成为一场打架，总以杜月笙被打得鼻青脸肿而告终。

杜月笙对亲戚的白眼十分识趣，尽量不投靠他们，自食其力，他开始混迹于镇上一帮游手好闲的无赖少年之中，整天浪荡于赌棚、茶馆、硬讨、软求、明抢、暗偷，过着有一顿没一顿的生活。但也就是这种流浪儿生活，使杜月笙变得争强斗狠，好交朋友，不务正业，胆大妄为，且能察言观色，稍懂人世之道。

也许是长期的耳濡目染，杜月笙对赌博产生了极大的兴趣。为了凑赌资，他将家里那点破烂家什，都陆续拿出去变卖。不久，家里的东西全给卖光了，连吃饭的锅都没有了，人们因此叫他“蜡光月生”。杜月笙成了亲友父老不屑一顾的“败家子”、无可救药的“小瘪三”，所到之处，往往遭到乡里乡亲的白眼。

他感到再呆在高桥实在没什么意思，不如到大上海去看看。但苦于无路费，便想卖掉他名下的祖屋。典卖祖居在当时是十足的败家子行为，因此他遭到了舅父朱扬声的一顿暴打。他姑父同时警告他：如果再敢提一句卖祖屋的话，也要请他“吃生活”。

杜月笙忍辱含悲，带着一身伤、满脸泪，去求外婆设法。外婆耐不住杜月笙的请求，找到远房堂叔杜阿庆，托他帮忙。杜阿庆当时是上海十六铺张恒大水果行的“当首”（经理），看在老人的面上，他同意担保杜月笙到行里“学生意”（当学徒）。为了表示万物更新以图个吉利，杜阿庆将杜月生的名字正式改为“杜月笙”。

1902 年春的一个早晨，15 岁的杜月笙搀扶着老外婆来到庆宁寺。在这里，他坐船到上海闯世界，背后留下老泪纵横的外婆，目送他远去。没想到，祖孙这一别，竟也成了永诀。命运对杜月笙似乎特别吝啬，赐给他一个丧父丧母，永诀外婆的童年，然后又将他推向茫茫的大上海，孤身一人，15 岁的杜月笙接受了老天对他的安排，开始闯荡天下。

到了上海的杜月笙，先是在其堂伯父杜阿庆所在的那家张恒大水果行做学徒。不料他劣性难改，做了没几天就不守本分，常把店里的水果做人情，结交街上的瘪三，又时常去街上闲游乱荡，在饭店吃饭，付不出钱就记账，饭店找上门来要账，行里还得替他还账。无奈之中，杜阿庆便推荐杜月笙到宝大水果行去学生意，并拜宝大老板为师做学徒。没过多久，赌瘾大发的杜月笙为了能够去赌场，竟偷拿老板财务。更让老板恼火的是，杜月笙还冒犯老板娘，占了老板娘的便宜。老板一气之下将杜月笙赶出了宝大水果行。

杜月笙又恢复了流浪的生活，张恒大水果行的小账房黄文祥见他可怜，常背着老板把次的水果当烂水果批些给他，让他在十六铺码头上摆个摊头维持生活。

杜月笙办的小水果摊子有两个特点是别人做水果买卖所比不了的。一是杜月笙的水果是全街上价格最低的。这样的低价对那些买不起水果店里时新果品的市民街贩十分合适，他们经常光顾他的摊子。二是杜月笙削得一手好水果皮。每逢有人来买水果，杜月笙总是免费代客削果皮，很讨顾客的喜欢。

另外，杜月笙也通过摆水果摊挣的钱结交了更多的朋友。杜月笙生性豪爽，再加上自小的流浪生活，使他更加认识到义气朋友的用处，因此，他自己也尽量做一个别人眼中有义气的人。由于为人慷慨，没过多久，在十六铺一带的瘪三圈子里，杜月笙成了小有威望的“大阿哥”。“水果月笙”的名气也就逐渐传了开来。杜月笙不仅以其豪爽大方而出名，他还以“军师爷”、“诸葛亮”之名混迹在江湖间。

如此多年，杜月笙在上海滩的最底层中挣扎混迹。他自认光棍一条，生无带来，死无带走，对生活不必负什么责任，所谓“有命上梁山，无命摔下来”便是他此时的生活信条。

他吃、喝、嫖、赌、抽样样都沾。先是赌，从与路边的小赌徒掷骰子、押单双，到钻进赌棚里推牌九、搓麻将，什么形式的都赌，一度还迷恋于三十四门押其一的赌法。赌注也由铜板一直押到银洋。继而是嫖。杜月笙当时还没什么钱，只能到花烟间乱搞。由于经常去妓院，他结识了一位人称“大阿”的花烟间老板，并拜其为“干娘”。这个干儿子因常帮干娘属下的妓女拉来客人，替狎客跑腿干点杂活，而得以白嫖。杜月笙出没于这种场所，很快与一批流氓恶棍打得火热，他看到这些人作威作福，各霸一方，十分羡慕，更感到如果没有黑帮做靠山，难以在这种蛇蝎出没的地方出人头地，于是萌发了拜师找靠山的念头。

杜月笙的水果摊由于生意好，遭到了一群地头流氓的抢砸打，这使杜月笙知道自己必须找一个靠山才能在弱肉强食的上海滩站稳脚跟。

当时上海滩有青帮、洪帮两大帮派和许多小帮会，这当中尤以青帮势力最大，门徒众多，其势力遍及上海及江浙各地。杜月笙了解到上海滩有一个较有势力的青帮头子，即绰号“套签子福生”的陈世昌，遂决定拜陈世昌为师。陈世昌是当时小东门（现中华路、东门路一带）一霸，之所以称其为“套签子福生”，由他早年所搞的小规模赌博生意——套签子而来。陈世昌由套签子在上海滩起家，后加入青帮，成为一个小有势力的流氓，但仍靠经营赌、嫖两项行当为生。

青帮势力仅次于洪门，是旧中国第二大帮会，辛亥革命前，上海滩的青帮以“大”字辈当家，陈世昌排“通”字辈，杜月笙拜陈世昌为老师，按顺序列为青帮中的“悟”字辈，这在青帮中属于很低的地位了。

在上海市郊一座小庙内，杜月笙履行了加入青帮的拜师仪式。在拜了陈世昌之后，杜月笙也开始干起黑道勾当，在附近的买卖店铺家收几个“保护费”，但由于没有哪个商家愿意信服杜月笙，他便出了个绝招，他让自己的小兄弟半夜去新开张的店铺口偷去招牌，第二天再勒索老板。这样，老板们往往怕影响生意，便乖乖地交“保护费”给他们。

还有几次，一些较有名气的商家对杜月笙他们提出保护费的要求置之不理，而那些店通常也的确有些后台，不太好惹。每到这时，善于用计的杜月笙就命令手下的几个小兄弟在每天店里生意最繁忙的时候，到这几家商店前去大呼小叫，相互殴打，更有甚者，杜月笙还让他们彼此向对方抛掷粪便污物，使客人和过往行人都不敢进入这些店铺。消息被前来买货的人陆续传开，这几户商家生意非常萧条，很少有顾客上门。店里吃了个哑巴亏，晓得是开罪了杜月笙一伙，忙不迭地送了钱去，自此以后，门口果然清静下来，客人也渐渐恢复。

杜月笙连干几次这样的事，那一帮小瘪三都对他的胆识才干佩服得五体投地，都心服口服地跟着他闯荡江湖，这样，杜月笙开始有了自己的人马。

除了主意多、头脑灵以外，杜月笙的威信还来自他的“公道”。每每遇到地头小瘪三的矛盾纠纷，杜月笙往往亲自出马，为双方化解，摆平事理。由于他做事公道，不偏不倚，加之口才奇佳，使他成为这一带小流氓心中的“大哥大!”

杜月笙对自己的兄弟们出手大方，尽管他只有卖水果的收入，但仍然用这些钱财笼络人心。许多年后，杜月笙回忆当年时，对自己的心腹兄弟国民党的特务头子戴笠说：“花钱，要花到刀刃上，只有救人于危难之中，一文钱才能收到日后成千上万的回报。”杜月笙在年轻时对穷弟兄的仗义疏财，拔刀相助，后来确实起到了这种效果。

2、杜月笙名声渐长，引起了上海滩黑帮老大黄金荣的妻子林桂生的兴趣。经林美言，杜成了黄金荣的跟班。杜竭尽所能地取悦林桂生，“抢烟土”一事使他得到了林的信任。为拢住杜月笙，林桂生将自己的亲戚沈月英嫁给了他。

据说陈世昌见杜月笙整天跟着一个“大阿姐”鸨母和几名小混混，混不出什么名堂来，便心想这块好料可别浪费掉啊，便让自己的帮内师弟、人称“饭桶阿三”的黄振意介绍杜月笙到黄公馆去当名跟班。碰巧，当时黄金荣的妻子林桂生也听到了杜月笙的名头，便邀请杜月笙到黄公馆见面。

杜月笙十分注重自己在林桂生面前的表现，他既机灵乖巧，又稳重隐忍，可谓少年老成。他一直在林桂生面前保持着谦恭的态度，但又不卑不亢。这给林桂生留下了极深的印象，她感到，刚刚送走的这个年轻人是个拿得起放得下的人，只要抓住机会，必将大有作为。因此，她要尽快把他网罗到自己名下。

第二天，杜月笙收到通知，说黄金荣要见他。杜月笙又一次来到了同孚里黄公馆。今天杜月笙甚至比昨天他第一次到黄公馆来心情还紧张。杜月笙随着黄公馆的人一同进了同孚里的总门。那个带杜月笙进来的人让他在屋里靠门口的地方站住，然后轻轻地走到牌桌边，紧张地注视着桌上的牌局。瞅个空子，他跨半步上前，在一个黑胖子耳边俯下身去，悄悄地耳语几句。那个黑胖子扭过脸来，杜月笙看见了他一脸麻皮，方头阔脸。

在杜月笙发呆的工夫，黄金荣已经上下打量了杜月笙好几遍了。良久，黄金荣开口说：“蛮好。”仅仅两个字，但这两个字已足够让杜月笙异常兴奋的了。“叫什么名字啊!”黄金荣突然和颜悦色地问道。“小的姓杜，一个木一个土的杜；名月生，月亮的月，生活的生”。杜月笙小心翼翼地回答黄金荣的问题，不敢有一点儿差错。“月生，好，生，这个字吉利。听说你办事麻利细致，脑子活络，以后在这儿好好干，你会有出息的。我不会让你吃亏的!”“是，谢黄老板教训。”杜月笙低头深深地鞠了一躬，哈腰垂手站在那里，两眼始终盯着自己的脚尖。

黄金荣接着又问了几个问题，杜月笙神态自若，心中有说不出的欢喜。在牌桌边上谈的这几句话，使杜月笙感觉十分舒畅。杜月笙觉得，黄金荣身上有种无形的魅力，能牵着他，让自己为他去赴汤蹈火。

就这样，杜月笙开始跟随黄金荣，为他以后的腾飞铺平了道路。后来，杜在黄金荣身边当了一名“蟹脚”，随黄外出时做做跟班，拎拎皮包。

杜月笙在黄公馆住下以后，经过仔细观察，发现林桂生的看法，在某些时候比黄金荣还重要。所以，他就极力巴结林桂生，特别是黄金荣不在，而场合又比较方便时，杜月笙会尽可能地满足师母的女人心理。黄金荣对女人十分粗鲁，杜月笙对林桂生表现得十分温柔体贴。黄金荣白天在外面浪游一天，回来十分疲惫，再没有工夫和心思多看林桂生一眼，杜月笙就给师母按摩，不过，两人始终保持一定距离。在林桂生的角度，纵使她已经让杜月笙称呼自己“桂生姐”，但毕竟她还是师母；在杜月笙的角度，他随时都记着自己的身份，绝不会一时失控，耽误大事。

不过，无论如何，“桂生姐”对杜月笙另眼有加，往往多有照顾。但真正让林桂生下定决心，重用杜月笙的是他在“抢烟土”中所表现出来的胆和智。

黄公馆的“大事”，最大莫过于“抢土”。“土”，就是烟土。当时，上海滩各行各业有权有势的看准了烟土贩卖这宗一本万利的买卖，一齐下手，偷运烟土来沪。法租界上上下下，只要每月能分到烟土商的利钱，对贩运烟土，睁一只眼闭一只眼。

贩土挣钱，黄金荣却宁愿抢土。他们提前打听好走私贩卖烟土者运货的路线、时间，在中途找个僻静无人的地方预设埋伏，抢了就走。因为烟土是非法买卖，所以被劫者也不敢声张，最后只能自认倒霉。黄金荣利用自己在法租界的势力，已多次在这里下手抢土，发了不少财。

“桂生姐”也让杜月笙参加抢土。杜月笙觉得这种事情很简单，十几个弟兄在路边一守，远远看到贩土的人过来，杜月笙扬手抛出绳套，先将为首的套住，然后大家一拥而上，把土翻出来，一声招呼便逃之夭夭了。剩下的事，就是等着师母的夸奖和领师父的赏了。

有天晚上，杜月笙陪着林桂生一道站在黄公馆大厅，焦急地等人来报消息，他们在等一包烟土。突然，林桂生在房中突然接到下人报告，说到码头上去接货时，被人劫走了一个大包。林桂生闻言失色，转眼四望，眼下净是些打杂的小角色。

林桂生头一次无计可施。杜月笙做出了一个事后想起还每每后怕的决定。“桂生姐，我去走一趟吧。”在危难时候，林桂生听到此言甚是欣喜，觉得自己果然没看错人，杜月笙确实有胆色。不管此去结果如何，单是杜月笙这次主动请缨，就让今天在场的所有人自愧不如，而这就给平常一贯对杜月笙处处照顾的林桂生争了光。

杜月笙从林桂生手中接过一把手枪，又在袜筒里插上一把匕首，随后就匆匆消失在门外的黑暗之中了。杜月笙一个帮手也没带自有自己的理由。一者，这是一件奇功，他不愿意别人事后和他一起分享这份功劳。二者，杜月笙刚才已经悄悄观察过每一个在场的人，大家无不畏畏缩缩、面有难色。这样的人，即使和你一起去，怕是也没什么用，搞不好只能坏事。出于这些考虑，杜月笙要独自承担这次风险。

杜月笙判断，烟土很可能从英法租界的中间地段洋泾浜进入英租界，如果马上抄近路，可能还能追上！想到这里，杜月笙立即叫过一辆黄包车朝洋泾浜方向跑去。果不出所料，杜月笙看见一辆匆匆忙忙往前赶的黄包车，周围再没有别人。杜月笙踏实了，随即又紧张起来。他紧紧地握住手枪，吩咐车夫一路追上了前面的黄包车。经过一番打斗，杜月笙把那一百斤烟土和偷土贼一道带回了同孚里黄公馆。林桂生正焦急不安地等着杜月笙的消息。杜月笙人赃俱获地凯旋而回，使林桂生大吃了一惊。

从此，林桂生便认定杜月笙是一个不可多得的“人才”，若能拉住他，那肯定是如虎添翼了。

第二天，杜月笙依然在饭后给师母削一个水果。而且，今天师父黄金荣也听说了昨晚的事，大为赏识杜月笙单枪匹马人赃俱获。黄金荣现在才突然意识到，面前这个小伙子不只是个“水果月笙”了，他还是一个可以独立负责的干将，也就是从这一天起，黄金荣开始把杜月笙当成左膀右臂来看待了，逐渐委以重任。

杜月笙在黄公馆的地位迅速上升，许多在黄金荣手下做事多年的人，都十分羡慕杜月笙发迹的速度。杜月笙开始被众人无限艳羡又不无惊奇和妒忌的目光所包围，他获得了别人想都不敢想的成功。但杜月笙对此并不满足，他有自己的想法，他要超过黄金荣。

林桂生见杜月笙老穿青布衣服，知他缺钱花，便想给他找个职位。林桂生首先吩咐杜月笙到在宝裕里附近的“公兴记”赌场去吃份俸禄，抱抱台脚。“公兴记”是法租界的三大赌场之一，每天门前车水马龙，进进出出的都是些阔佬显臣。杜月笙到公兴记去“抱抱台脚”，不仅可使他每月领到一笔相当数额的银子，而且还可使他见见大世面，为以后出道做一些准备。对师娘林桂生的这一赏赐，杜月笙真是感激不尽。

20世纪20年代的跑马厅

过了一段时间，杜月笙讨好主子的机会又来了。黄金荣命令他们去徐家汇附近抢一个大客商的土。

这次劫土的头头是歪脖子阿道，他和杜月笙等人没怎么费周折就将烟土抢了下来。半个小时后，他们聚集在徐家汇一间小屋里，一点烟土数目，发现比原先知晓的多了两包。歪脖子眼珠子一转，从袜筒里拔出匕首，将两包烟土切成八块，让每人捞一份。杜月笙见状心吃一惊，呆在一边不敢去捞。歪脖子阿道将剩下的一块烟土，用纸包了包，往杜月笙手里一塞，接着又说："我办事公平合理，不偏不倚，每人一份。要是有人去师父那里告密，老子让他吃不了兜着走。"

抢土的一班人马回到黄公馆，林桂生一面招呼大家坐下吃喝，一面挑出一包烟土打开纸包，叫过杜月笙切成几份，说："这趟买卖干得不错，每人拿一份吧，阿道双份，吃完了休息。月笙，把货送到我房里去。"

杜月笙将烟土搬进房里，锁入大铁箱后，慢慢趴到林桂生身前，随即把徐家汇小屋里私分烟土的事情说了一遍，从怀里掏出两包烟土，双手递给了桂生姐。林桂生听了，怒气冲天，要传歪脖子阿道问罪。杜月笙忙劝住她，而后又在她的耳朵边嘀咕了一阵子。林桂生点了点头，他才退出去回楼下吃喝如常。

第二天晚上，林桂生与黄金荣在大餐间里，周围站着金九龄、顾玉书、金廷荪等几个徒弟。以歪脖子阿道为首的六个人，低头毕恭毕敬地立在黄金荣夫妇面前。黄金荣板起脸，说："歪脖子，你这欺师骗祖的混蛋，跟我不老实！原来我只晓得10包烟土，可是上午巡捕房报案有12包。你也真会钻空子，手脚做到我的头上来，活得不耐烦了吧"！

歪脖子阿道浑身发抖，吓得他扑通一声跪下了。"啪"的一声，黄金荣一巴掌拍在茶几上，吼道："家有家法，帮有帮规。拖出去宰了！"其余5个人也一齐跪下求饶。林桂生鼻孔里冷笑一声，轻蔑地说："歪脖子，你不配当光棍。念你跟师父多年，放你一马，免了三刀六洞。你走吧！一人做事一人当，没你们什么事。"

跪着的人谢过师母恩典后起来，歪脖子向黄金荣夫妇叩过头谢恩，灰溜溜地走了。大餐间十分安静，谁也不说话。黄金荣猛吸了几口吕宋雪茄，过了一会儿，从鼻孔里长长地呼出两道清烟，看得出他在思考着谁以后接替阿道的班。"这方面的事，以后由玉书主管。""让月笙做帮手。"林桂生马上跟着建议。这样，杜月笙就进了"抢土"的主力阵营。

杜月笙的地位在黄公馆中很快提高，他不但是林桂生的左膀右臂，而且还成了黄金荣大小事情的智囊。

令杜月笙不甘心的是他依然是黄金荣手下的一个跟班。杜月笙觉得，自己是个有智慧的人。通过在上海滩闯荡，他深深地认识到，一个人活在世界上，最主要的是要有智慧和胆识，智慧对任何人都是至关重要的。他庆幸自己早就看透了这一切。不然，自己浪迹街头还不知要到哪一年呢。

随着杜月笙在黄金荣心中地位的提高，他在黄公馆中的作用越来越重要，林桂生寻思着要想一个牢靠的法子将这位自己颇为得意的帮手留在黄公馆，免得被别人拉了去。

她想来想去，最后决定将自己苏州的亲戚沈月英嫁给他。林桂生定了念头，就不动声色地把杜月笙叫了过来。“月笙，过来，咱娘儿俩聊聊天。”“我看你最近神清气爽，可能会有好运呢。”“师母别拿我开心了，我一个穷光棍，能有什么好运气呢?”“那可说不准，二十好几岁的男子汉，就甘心一直这么过吗?”

杜月笙闻言，心里一惊，脑门上冒出一层冷汗。他猜不透是不是林桂生已经看出他有另立山头的打算，要是那样，他就完了。杜月笙心里急忙掉转各种念头，嘴里胡乱支吾着。他甚至想好了如果事情被林桂生知道，自己索性拉林桂生和自己一道。但那是走投无路的时候。此刻，杜月笙只得装傻。

“能追随师父和您，已经是月笙最大的福气。除了报答您和师父的恩德，月笙别无所求。”杜月笙心乱如麻地回答。“月笙啊，不是师母说你，岁数不小了，也该安个家了。”不等杜月笙有进一步的表示，林桂生继续往下说了下去：“我打算将自己的苏州亲戚阿四嫁给你做老婆。”杜月笙心中一惊，忙磕头感谢师母大恩。

杜月笙对此母女俩有印象。原来当时苏州两母女在黄公馆内做事，女儿小名叫“阿四”，大名叫沈月英，长得也不错，清丽可人，杜月笙早就看中了她。林桂生借给杜月笙一大笔钱，在舍福里给他们让出一幢房子，置办了家具，订做了衣服，杜月笙对此甚是感激。为了给自己挣足面子，结婚时大摆筵席，光流水席就摆了 10 天，终于欢天喜地地将沈月英娶进了门。

3、杜月笙跳过龙门后，潇洒处理严九龄赌场事件，接管大众赌场后对其进行整顿，“招兵买马”，收了一批心腹。他还在鸦片战场上充分施展自己的能力，挑选了自己的八大金刚，与英租界的大八股党争夺烟土，并取得了上风。开办“三鑫公司”，公开贩运烟土。

跳过龙门后，一切还都刚刚开始，杜月笙准备放开手脚一展才华了。果然，这位精明能干的青年人在一出道之后，便干出了几件令黄金荣夫妇和上海滩各界头面“人物”叫好的事情来。

当时上海滩最盛行的行当便是开赌场和贩卖鸦片烟，杜月笙也不例外地首先在赌和烟上大展手脚。在林桂生的劝说下，黄金荣让杜月笙包揽了公兴记赌场，即当保镖头。

杜月笙走马上任后碰到的第一件事便是江肇铭大闹严九龄赌场。江肇铭是杜月笙收的一个弟子，一名帮手，纯粹是一个无赖，人称“宣统皇帝”。他入门不久便大闹英租界流氓严九龄的赌场，迫使严老九关门收了赌档（收挡意为帮派间火并的信号）。当时严九龄的势力要比法租界黄金荣强大，他一宣布收档，顿时使严、黄两边剑拔弩张，风声鹤唳。各界“人士”都在静观局势的变化，都想看看刚出道的杜月笙如何处理这件事，大部分人都认为杜月笙会求救于黄金荣。但杜月笙偏偏没这样做。他思谋着考验自己的时机已经到来，自己必须独当一面处理好这件事，以后才能在江湖上站住脚跟。他分析双方情况后，便带着江肇铭单刀赴会，上门请罪，不卑不亢地大捧严九龄，请其抽栓开门，一席话说得天花乱坠，又吹又拍，使得素来倚强为霸的严老九大为高兴，连赞杜月笙好气派，好风度。刚才还是一场雷暴，顷刻间便烟消云散。

杜月笙以其三寸不烂之舌，四两拨千斤，竟轻描淡写地摆平了原本极可能引起两派械斗的事情。顿时，他的声誉在英、法租界鹊起，三教九流之人都对杜月笙敬佩之极，认为他不靠老头子黄老板，单身闯严馆，竟也降服了严老九，确实不简单。这边黄、林夫妇见杜月笙如此了得，独自降服了一个对头，不禁满心欢喜，对杜月笙也就更加另眼相待了。

接着，杜月笙接管大众赌场后，也不负众望，把一个“大众”赌台玩得团团转。和看台面不同，别人管理赌场，先关心赌场里面的秩序问题，杜月笙一接手“大众”，最先关心的不是赌场里面的情况，而是赌场外面。杜月笙想到只有做别人想不到的事，这样才能看出他的过人之处。

一般人照看赌场，所要做的大都是维持赌场里的秩序，提防有人来这里捣乱，尤其是要对付那些在赌桌上输个精光，万不得已狗急跳墙的赌徒。此外，最重要的事情是打点各种神明。而且还必须防着别人眼光，打赌场的主意。

杜月笙不仅妥善处理了赌场内的秩序问题，还将赌场外的环境整顿得相当令人满意。当时上海滩赌风盛行，抢风也盛行。抢劫赌客叫“剥猪猡”。英法租界内剥猪猡风日甚一日，赌场生意自然受到了影响。杜月笙上任后派人持帖，把那些剥猪猡的头目、好汉一一请到。

杜月笙给他们每个人都封好了一笔钱，并且言明今后每个月都可以给他们这么一笔，条件就是让他们各自管好自己手下的弟兄，绝对不许剥从“大众”场子里走出去的“猪猡”，以保证赌场外的环境。如果不答应，那么杜月笙为了场子清净可就要请他吃“三刀六洞”。接着，杜月笙为了顾客对自己的安全更加放心，把这批强梁之徒收到自己门下，反过来让他们充当赌客的保镖，并以此为基础，建立了自己最初的亲信班府。

经过杜月笙的大力整顿，公兴记赌场赢得了广大赌众的厚爱。赌场生意异常红火，赌业行当一片喝彩声。杜月笙也因此再震江湖，英、华两界赌场老板亦多向杜月笙致敬讨经，他一跃而成了华、法、英三界赌业中的魁首，以不同于别人的手腕为自己奠定了发迹的基础。杜月笙通过自己的胆识和心机手段，一举解决了长期以来赌场的问题，因此，他很快就在上海赌界中站稳了脚跟，并成了名副其实的赌界大亨。这几把火，杜月笙点得相当漂亮。

赌场确实能赚到不少钱，但和贩卖烟土比起来，无论从数量、速度和利润上都是小巫见大巫。杜月笙在刚出道时还没有能耐自己单枪匹马贩毒品，只是跟着他的“金荣哥”倒腾倒腾。黄金荣利用职务之便，把各军阀来沪的运期线索通知林桂生，林桂生再布置杜月笙及其手下人动手去抢，客气时还给你留下个底，否则便一卷而空，来个秋风扫落叶。烟商被抢，也只以哑巴吃黄连不敢上告。但时间长了，总会有人站出来，这就给督察长大人出了难题。他和桂生姐商量，干脆由他们出面和烟商挑明，进入租界的烟土，十成抽一作为“保护费”，巡捕房及烟土运输安全方面由黄、杜负责。这个“建议”提出后，各烟商经过对比，发现要比整天提心吊胆害怕被抢强得多，因此，这个密约算是签订了。军阀的烟土源源不断地流入租界，黄金荣一年空手分得“红利”200万元，杜月笙也获利不少。

可现在情况与以前相比，发生了很大变化。英法租界是各自一块地盘，黄公馆的弟兄们在法租界里有靠山，胆大妄为，但一到英租界，就是普通人。英租界里也有一个黄金荣一样的厉害人物，那就是英租界华捕探长沈杏山，别的不说，单是他在英租界烟土这一项上发的财，就足以让黄金荣和林桂生十分羡慕了。就是这个沈杏山，仗着有英国人做靠山，近来索性派出军警卫队，公开持枪“武装运土”。这让林桂生的手下没胆量下手，自然也就断了财路。

但杜月笙却不甘心，他招兵买马准备动手进行抢夺兼并，弄到据为己有才罢休。杜月笙经过仔细筹划，找到一些胆大妄为之徒，组织一支精干队伍，专门去抢由大八股党负责保护的土商的烟土，逼着“大八股党”不敢小看黄金荣的势力，有好处大家分享，将烟土生意的利润更多分成于他们。

杜月笙首先找了号称“四大金刚”的顾嘉棠、叶焯山、高鑫宝、芮庆荣。四人皆是亡命之徒，而且手下各有一批小兄弟。除这四人之外，杜月笙还先后物色了杨启堂、黄家丰、姚志生、侯泉根4人。以这8人为核心，建立了一支流氓武装，人称小八股党，成为杜月笙在上海滩打天下的基干队伍。

杜月笙取了一个吉利日子，与自己的心腹在黄浦江上秘密结拜，正式组建小八股党。歃血为盟后，他们一致推举杜月笙为大哥，作为党魁，号称“掌舵”。杜派定顾嘉棠和高鑫宝负责探清英租界大八股党的情况，其余的人听候消息行动。

小八股党一旦组成，杜月笙便着手抢土。他率领这伙亡命之徒，或在乘风雪阴晦时，或在月黑风高夜，瞅准土商运土的空子下手，不论数量，能抢就抢，抢了便跑。大八股党虽然组织严密，但因烟土运输往往路途遥远，加之杜月笙等耳目众多，熟悉地形，所以比较起来，大八股党往往顾此失彼，无法防备。当时报纸对杜月笙的抢土勾当有所披露，1920 年 7 月 21 日《时报》报道："有某土贩由汉口夹带川土一万余两，分装二大皮箱及行李一件，附搭日清公司的'岳阳丸'轮船来沪，停泊在浦东张家浜码头，当由该处湖北人雷鸿见担任保价运送。杜月笙等得悉，向雷争夺保险未送，即于当日二时许，纠合党徒十余人，各执斧棍，乘坐划船，在浦江守候，雷等没有预防，贸然登轮提土，一经运上划船，即被杜等拦住，所有私土，悉遭劫守无遗。"这样一来，大八股党便无法兑现对众土商许诺的可靠保证，所以势力范围之下的土商为求营运顺利，不得不向黄金荣、杜月笙暗送贿赂。原属大八股党的一部分财源，便通过各种渠道，滚进黄金荣、杜月笙等辈的腰包。

以后随着烟土越抢越多，黄金荣、杜月笙他们索性成立了一个"三鑫公司"，专做鸦片生意。成立不久，"三鑫公司"便独霸了法租界的烟土市场。而就在此时，公司又招兵买马，招进了"杭州青皮"、后与黄、杜齐名的张啸林。当时法租界所有的烟馆、燕子窝都归十大鸦片商经销，而十大鸦片商又都控制在杜月笙手里，"三鑫公司"和黄、杜、张顿时财源大开。杜月笙还不肯就此罢手，他出巨资在南市开了一个秘密吗啡工厂，就地制造、买卖毒品，牟取暴利，黄、杜、张"三大亨"体制初步形成。杜月笙更似新月升空，前途不可估量！

有了"三鑫公司"的实力，有了张啸林和淞沪军警当局的撑腰，杜月笙的"小八股党"更加厉害起来，他们已不屑于和英租界的"大八股党"抢生意了，而是要吃掉他们，独霸上海滩。事有巧合，当时国际禁烟会将在上海举行，英租界当局碍于国际影响，准备在英租界内禁烟。这下，沈杏山的日子就不好过了，而此时杜月笙如日升中天，他完全有实力将沈杏山的"大八股党"吞并，因此他抓住英租界内禁烟这一绝好时机，设了一个"鸿门宴"，由黄金荣出面，把沈杏山请到，在席上软硬兼施，终于使沈杏山放弃"大八股党"。他手下的那些人其实早就想转到有钱有势的杜月笙手下，只是沈杏山不点头，他们就不敢乱来。现在好了，一时间，

“大八股党”的各层人物纷纷投靠黄、杜，小八股党终于将大八股党吞并，垄断了上海滩的贩烟行当。

几年时间，杜月笙便打开了局面，他帮助金荣哥、桂生姐将英租界大门轻轻推开，并一举成为其主人。这是黄金荣混了几十年也没有得到的，他不由自主地跷起了大拇指，连声夸道：“月笙了不得。”对老板的称赞，杜月笙的反应往往只是谦逊一笑。他的心胸中正燃烧着熊熊的欲望之火。

4、黄金荣为了戏子露兰春，惹恼浙江督军卢永祥之子卢筱嘉，被淞沪护军使何丰林抓了起来。杜月笙足智多谋地摆平此事，黄让出霸主地位。杜月笙取代黄金荣，为上海滩第一帮主。

正当杜月笙春风得意、踌躇满志的时候，师父黄金荣却摔了个意想不到的跟头，黑社会人称之为“跌霸”。

事情得从黄金荣捧露兰春说起。露兰春是位女京剧演员，能唱文武老生，人也长得亭亭玉立。黄金荣见此美人，顿生邪念，拉露兰春挂头牌，与小金铃、粉菊花搭档，在黄金荣开设于郑家木桥南堍的老共舞台唱戏。露兰春去戏院，黄金荣派车子，出保镖，包接包送。此外，他每晚必去老共舞台，为露兰春捧场。上海滩的地痞流氓，因为知道露兰春有大亨撑腰，没有一个敢动邪念去惹她的。

但有个人却没有给黄金荣面子，那就是卢筱嘉。卢筱嘉是皖系实力派、浙江督军卢永祥的儿子。他年少气盛，风流倜傥，喜欢看戏。某日，卢仰慕露兰春之名，带两名马弁，微服轻车，至老共舞台欣赏露兰春演戏，那天，露兰春多喝了两杯，在表演《落马湖》时连基本的腿子功都无法表演成功，偏巧这时卢筱嘉大声吆喝，直喝倒彩！坐镇场内的黄金荣，见有人在太岁头上动土，麻脸顿怒，一声喊打，手下数名无事尚要生非的凶神恶煞似的保镖，蜂拥而上，抬手给了卢筱嘉两个干脆响亮的耳光，打得卢筱嘉眼冒金星，没等他转过神来，已被凶狠地拖扯到黄金荣面前。

黄金荣刚要大发麻威，突然却像被谁捏住了嗓门，原来他认出了卢筱嘉。黄金荣想要当面赔礼，又怕卢筱嘉不给面子，使他下不了台，便装作不识，硬着头皮吆喝一声："好，放伊走路!"卢筱嘉鼓足力气，对黄金荣恶狠狠地说："黄麻皮，不出三天，老子叫你尝尝你家小爷的厉害!"说完，汽车一溜烟开走了。

卢、黄争风吃醋，以至互相斗殴的消息迅速传遍上海滩，人们估摸卢筱嘉不会就此罢休，都在等着看好戏。果然，过了一两天，淞沪护军使何丰林在浙江督军卢永祥的指使下，派了一批便衣直奔老共舞台，乘台上正在演出之时，把黄金荣揪出痛打一顿，再架上汽车绑到龙华护军使署看守所里。

黄金荣被捕一事使整个黄公馆乱成了一团，林桂生赶快找到杜月笙，让杜月笙想办法，救黄金荣出来。这时，杜月笙预感到自己取黄金荣代之的机会就要来了。正在杜月笙盘算如何搭救黄金荣之时，他得到了日后成为"上海三大亨"之一的张啸林的大力帮助。

张啸林与当时的军阀张载阳、周凤岐、夏超等人有同学关系。杜月笙知张啸林与浙江军阀中不少人渊源颇深，认为结交了他，利于打开上层关系，故而在开"三鑫公司"相见后便分外热情。而当时张啸林正愁在上海人生地疏，"强龙压不过地头蛇"，见杜月笙有心结纳，当然惺惺相惜，立刻一拍即合，以后还结成八拜之交，黄金荣居首，张啸林次之，杜月笙老三，成为上海滩横行一时的"三大亨"。

现在，张啸林在搭救黄金荣一事上正能派上用场。张啸林在杜月笙授意下，到杭州费尽心思，终于见到了卢永祥。在他的百般解释与万般允诺下，卢永祥终于答应向何丰林打个招呼，说："筱嘉的气已出，就放麻皮一条活命。"

卢永祥已经发话了，可是何丰林还是摆谱，迟迟不肯放人。此时，杜月笙觉得他苦苦寻求的机遇终于来了，他杜月笙将因为只身闯虎穴单刀赴会救出黄金荣而名震上海滩，并取而代之。

杜月笙经过仔细盘算，对孤身进何公馆救黄金荣早已胸有成竹，他很清楚，师父这次"跌霸"是跌了，再也不可能重振雄风了。也就是说，在上海滩，他的霸主地位已难巩固了。他迟出来几天，对于自己，也并非是坏事。只是自己必须让他们终究把师父放出来，这样，自己在上海滩就能

“取而代之”，成为新霸主了。

杜月笙没带帮手，只身一人前往何公馆。何丰林见了，不由地暗暗佩服杜月笙的胆识。

杜月笙首先提出三个条件让卢公子让步。杜月笙对仍有愤意的卢公子说：“首先，我让稻香楼里的头牌小木兰，做你的夫人。这位小木兰，虽说是长三堂子，但卖嘴不卖身，依然是黄花大闺女。”好色的卢筱嘉有些心动了，有漂亮的黄花姑娘，自然是美事。

杜月笙接着说：“第二，老共舞台的那些保镖，不管怎么说在上海滩也算是好汉，其中还有四个我的徒弟。弄不好，他们负气而走，就是黄老板也压制不住，他们都是上海滩兜得转、吃得开的人物，到哪挣不到一碗饭吃。干脆就让他们在稻香楼为你卢公子摆酒压惊，当面道歉，这样岂不更妙？以后，大家成了朋友，还能彼此照应？”

卢筱嘉觉得，这也挺有面子，不由地点点头，说：“那第三个呢？”杜月笙微笑了一下说：“这第三条，在报上登一条消息：杜月笙诚邀卢公子赴宴，黄金荣敬酒三杯。”卢筱嘉一听三条都挺不错，气已经消了一大半。

1919 年，17 位青帮大字辈人物在上海的合影

杜月笙趁热打铁对何丰林提出让他免费入股参加他的公司。他说：“凭将军的名望和财运，月月都可以分到大股的红利。”接着，杜月笙又慢慢地告诉何丰林，他已和黄金荣、张啸林三个人筹集了 1000 万资金，准备开一个名叫“聚丰贸易公司”的烟土公司，主要从事鸦片贩卖。如果何丰

林与卢永祥两位有意加入，公司所得红利，5 人平分。何卢不必出钱，只需在运销上向部下打个招呼，保证在江浙各地，“聚丰”的货畅行无阻就行。这无本万利的生意，何丰林十分高兴地当场拍板成交。卢筱嘉也代表他的父亲卢永祥表示同意。

经过这次“跌霸”,，黄金荣在上海滩黑帮中的威信大大降低。而与此相反的是，杜月笙却“青出蓝而胜于蓝”，奠定了自己的霸主地位。经过这次打击，黄金荣颇感心灰意懒，于是声称“退归林下”，不再过问江湖，只呆在家中抽大烟，外间事务则交给杜月笙经管。在这之前，杜月笙名声虽已渐响，但仍依附于黄金荣门下，黄金荣跌霸后，杜月笙从此独立门户，获得独当一面，一显身手的机会。

二、与各路权贵的交往

1、杜月笙在 1927 年的革命风云中，结交了自己这一生中最重要的一位国民党权贵——蒋介石，他积极替蒋介石当马前卒，暗杀汪寿华，镇压工人运动，从而获得了国民党少将参议的职务。

杜月笙与国民党的关系，可以上溯至辛亥革命时期，他与陈其美及其他同盟会的干部都有接触。蒋介石北伐以后，上海工人进行了三次武装起义，杜月笙等人观察局势发展。在他们看来，上海可以任军阀蹂躏，也可以由蒋介石统治，唯独不能落入共产党手中。因为，这将直接危及到他的经济利益。一旦共产党控制了上海，他们的金钱、势力、一呼百诺的排场将荡然无存。他们急不可耐地期望着他们在国民党内的朋友，能为他们保住一切。

蒋介石此时审时度势，也押了杜月笙的宝。上海的形势，让蒋介石感到单凭自己手里的军队，不可能消灭共产党，最关键的是，他怕承担破坏国共合作的千古骂名。凭着自己在上海混迹多年的经验，蒋介石知道为了共同的利益，黄金荣、杜月笙、张啸林和沪上各方势力，都会十分乐意地助自己一臂之力。

1927年的一个晚上，蒋介石派说客杨虎和陈群去与“三大亨”会面，以取得上海帮会势力的帮助。杨虎、陈群根据“三大亨”的表现向蒋建议扶持杜月笙，因为他相较于黄、张二人较没有背景且出身寒微。蒋介石深以为然。所以，此后的密谋，围绕杜月笙为核心，地点多在杜公馆。同时，杨虎与陈群向黄金荣、杜月笙等提出三个要求：一是尽可能拉拢各种可以拉拢的人物，以扩大势力；二是在工人群众中进行欺骗宣传，以削弱上海总工会的力量；三是建立一支流氓武装，配合蒋介石发动政变。

蒋介石还通过杨虎、陈群授意组织“中华共进会”。中华共进会原是辛亥革命前孙中山为动员哥老会、三点会等帮会积极参加反清起义，协调各帮口的力量而成立的，清朝被推翻后就解散了。现在蒋介石重新打出“中华共进会”的名号，是为了再次集结各帮派的力量，以作为自己反革命的帮手，“它的宗旨是制止劳工煽动分子活动，使外国租界免受总工会的袭击”，政治色彩十分明显。中华共进会的会长是青帮“通”字辈的浦锦荣，总指挥是洪帮首领张伯歧，幕后主持者黄金荣、杜月笙、张啸林“三大亨”。

为了武装中华共进会的帮会分子，杜月笙委托几个专做军火生意的买办，不惜重金大量购买枪支弹药，前后共搞到12000多支枪和大量子弹。杜月笙的门徒全副武装，杜公馆几乎人人持枪，成为帮会武装的堡垒和大本营。

杜月笙在四一二反革命政变中办得最让蒋介石满意的一件事，是诱杀了上海总工会的委员长汪寿华并参与镇压上海工人运动委员会。

杜月笙帮助蒋介石对上海的工人和群众进行血腥的屠杀后，还参与了宁波的“清党”活动，残害了许多共产党员、革命者和进步群众。回上海后，杜月笙又派高鑫宝率领党羽，到青浦、松江一带，帮助国民党军警屠杀了大批共产党员和革命群众。

四一二政变，是蒋介石篡夺革命胜利果实，建立反动政权的重要步骤，也是杜月笙在政治上飞黄腾达的跳板。蒋介石为了感激他们的帮忙，委任黄金荣、杜月笙、张啸林为少将参议。“三大亨”一下子由帮会首领进而成为党国新贵。杜月笙功劳最大，蒋介石还在南京单独召见了他。

得知这一消息后，杜公馆全府上下非常高兴，大摆宴席为杜月笙庆祝。全家上下人人都抢着来向刚刚高升的杜月笙道喜。“恭喜先生高升，”门口传来徒弟谢葆生的贺喜声，接着以手打拱，抢进门来，“恭喜老师高升，学生请来一个照相师，给先生拍张将军相片。”

谢葆生身后带来的照相师，忙着上来向杜月笙作揖。杜月笙点点头算是还礼。“葆生，侬这人啊，为什么这么兴师动众了。”“先生，这是我们杜府的大事呀？升为将军，你光荣，我们做学生的脸上也光彩呀！——来，快穿上将军服照一张吧！”

杜月笙唯一的军装照

仙乐斯舞厅的老板谢葆生忙吩咐杜家佣人捧进军装，服侍杜穿戴起来。转身又让照相师在大厅里布置背景，以便更好地为杜月笙拍照。穿起军装，杜月笙有些不太自在，别别扭扭地从屋子里出来，在一阵热烈的掌声中，摆好姿势，照了一张全身像。后来，这张照片成为杜月笙终生珍藏的得意照片。

这位上海滩的地头蛇，通过血染上海，获得了其在政治上的资本。得到了官方的头衔，也就获得了他在政治上飞黄腾达的跳板，也因此被蒋介石称为“识时务的俊杰”。

2、杜月笙通过为宋子良的艳遇闯祸善后以及同宋子文经济上的相互勾结，建立了与宋氏兄弟的密切关系。同时他与国民党另一“财神爷”孔祥熙的交情更深。他帮助孔祥熙躲过黑市交易的“彻查”，孔则频频给他发财机会，两家竟是通家之好。

1933 年 10 月的一个夜晚，上海华格臬路杜公馆，一阵急促的电话铃声在大厅间响起。

“喂！哪位？”杜月笙有气无力地抓起话筒问道。“噢！是宋先生呀，不好意思，怠慢了！怠慢了！”话筒那边的声音一下子令杜月笙兴奋起来。“宋先生有什么事？……闲话一句，我一定办好！”

被杜月笙称为宋先生的就是先后出任广州、武汉和南京国民政府的财政部长和中央银行行长（总裁），担任过外交部长以及行政院院长的“蒋记王朝国舅”宋子文。

宋子文找杜月笙帮什么忙呢？这还得从宋子文的大弟弟宋子良说起。宋子良在宋家的六个子女中排行老五，早年随大哥宋子文一起在美国留学。回国后，由于宋美龄的缘故，他曾任国民政府外交部秘书长和总务司长、广东省政府委员，长期担任宋子文发起的中国建设银行公司的总经理，还担任过中央银行理事、交通银行常务理事，是宋子文在金融实业上的主要助手。闲暇之余，他最喜欢的就是拈花惹草，周旋于声色场所。

宋子良这一年在上海履行公务，期间勾搭上了一位漂亮的红舞女，名叫蔓罗。两人在一起过了半年，到了9月份，蔓罗竟然怀孕了。在原来情人的唆使下，蔓罗吵上宋家大门，要求10万元的津贴。

宋子良为难了，想来想去，十分无奈，只得哭向金陵，求救于大哥宋子文。时任行政院财政部长的宋子文知道了宋子良闯了这样的祸，心里十分生气，但毕竟是自己的弟弟。他仔细考虑过后觉得最好还是私了，做到刀切豆腐两面光。最后他决定找上海大亨杜月笙。

长久混迹于江湖的杜月笙工于心计。这次宋子文因弟弟艳遇之事有求于己，他虽然觉得事情有些麻烦，但无疑也是拉近与宋子文关系的绝好机会，于是他毫不犹豫地承诺下来。

杜月笙把事情交给顾嘉棠与叶焯山去办，没想到他们竟将蔓罗捆在麻袋中，丢到了江里。这样处置蔓罗是违背杜月笙的初衷的。他交代手下人的办法是让蔓罗堕胎，结果却让她送了命。不管怎样，杜月笙帮了宋子良的忙，宋家自然感激不尽，便时不时地“假公济私”，于是杜月笙又趁机捞了几票。

上海的交易所是上海滩最撑市面的行业，杜月笙瞄准的第一目标，是面粉交易所。他以“补助内地实业”为理由，向南京政府的财政部长宋子文请求“减收特税”，自然照准。于是交易所的人们都视杜为恩公，杜月笙成了内地厂商的代言人，股东大会上，杜月笙登上了理事长的宝座。

还有一个黄金交易所，那更是投机家们施展手脚的地方。这一年，南京的几个官员加上豪门，组织了一个“七星公司”，到上海来淘金。他们先在交易所里大抛，金价一日大跌。上海帮没有办法，只好来请杜月笙出面维持。杜月笙现在在宋子文面前已经十分有分量，他取得宋子文的默许，打出与宋家合股的牌子，故意迷惑敌人，大批“吃进”，既可以使金价回升，又不让“七星公司”丢脸亏本。金业交易所理事长唯恐“七星公司”再来，连忙让位于杜月笙，这样杜月笙又捞到一个金业交易所理事长的头衔。

1933 年，国民党政府以关、统二税作担保，向美国借款 5000 万美元，用作购买美棉、美麦，称“棉麦大借款”。第一步外联成功，宋子文便连忙给他的老朋友、上海吴淞商船学校校长杨志雄发电报，要他着手筹办发行全国性的“航空公路建设奖券”，并嘱咐他去找杜月笙帮忙，为了欺瞒全国民众，一定要以民间形式发行。

宋子文又送来一个发财机会，杜月笙十分高兴，当天下午便急着把这消息告诉老搭档金廷荪。第二天，金廷荪就赶赴南京，借着杜月笙大运公司的名义，办好了一切手续。杜月笙与金廷荪经过商议，建议航空奖券每月发行两次，每次在上海发行 5 万张，每张票面 40 元。杜月笙为了取信于社会民众，每逢奖券开奖日期，专门去南京请来财政部新任次长张寿镛亲临监督摇彩。每次摇彩，都摇出一、二、三等。头等奖金 10 万元，二等奖 2 万元，三等奖 1 万元。这奖券对不明真相的广大市民来说，具有极强的吸引力。名义上是用来购买飞机，巩固国防，其实，全是骗人的，赚的钱大部分落入自己的腰包，发的是国难财。

航空奖券历经一年多，且不说国民党政府在劳动人民头上刮了多少血汗钱，单是杜月笙便获取巨额暴利。

国民党政府另一个“财神爷”孔祥熙，与杜月笙的关系更为密切。1937 年，上海棉纱交易市场在孔祥熙家族操控下，行情十分反常，猛涨不停，买进者大把赢利，抛空者倾家荡财，亏者未免气愤，加上棉纱看涨，杂粮价格上升，因而人民多有怨气，舆论沸腾。因国民党政治法律规定政府官员不得参与市场交易，蒋介石顾不得亲戚情分，只得命令实业部长吴鼎昌到上海“彻查”。

吴鼎昌深知蒋介石此举不过是官样文章，绝不是真的要他去“彻查”孔祥熙，于是他便想杀鸡给猴看，惩办一下直接操纵市场的孔的两个亲信吴启鼎和盛升颐，当当替罪羊也就算了。岂料国民政府行政院在副院长孔祥熙的操纵下，这两人也不敢惹，不久便令吴鼎昌停止“彻查”，把案子移交法院。其时，杜月笙早已为孔祥熙作好安排。当案子移到法院，便由杜月笙买通法律界朋友，找来几家私人商号出面，声称在这场棉纱交易中买进的是他们。法院见有人出面来顶缸，也不愿深究，怕得罪孔祥熙。一场轩然大波，就此平息。孔祥熙平安无事，对杜月笙的帮忙自是十分感激。

抗战中期，国民党政府在四川没收了一批已征过税的鸦片烟土。孔祥熙想通过杜月笙将它们制成麻醉品，远销外洋。为了达成这件事情，孔特地派人去香港，将正在香港寓居的杜月笙请至重庆面谈。杜月笙返回香港之后，便在香港设立“港记公司”，任命顾嘉棠为经理，负责经营此事。军统局戴笠则派郑子嘉负责联络，用军统局的汽车将烟土冒充军用品，不断运往粤北韶关。

杜月笙的党羽在韶关接到货后，再装上赈济委员会的汽车，假装以救济品的名义运至香港，然后经过各种关系运去上海等地加工出售。这桩生意，使孔祥熙、戴笠、杜月笙等获得巨额收入。

抗日胜利后，四川发生大水灾，省参议会议长向传义、何北衡去上海为灾民募捐。他们先找上海市长吴国桢求救，吴国桢知此事难办，婉言谢绝。于是他们便转而去找杜月笙。杜见这是个出名的好机会，随即命令手下诸人四处募捐，不久便聚拢了一大笔钱。但杜月笙来了个“一箭双雕”，并不把这笔钱直接交给向传义等人，而把这个出名的机会让给孔祥熙做。

做这等既能出名又无需出力的事，孔祥熙当然乐意应承。于是按杜月笙的安排，孔祥熙出面请吴国桢、向传义、何北衡等人在家吃饭，促成了此事。

杜月笙极力讨好孔祥熙，孔祥熙对杜也十分照顾，共同勾结，相互利用，使他们结成了通家之好。孔祥熙的妻子宋蔼龄认杜月笙的姨太太姚玉兰为干女儿。孔祥熙的女儿孔令伟经常行访杜家，为了给杜月笙治哮喘病，她特从美国买药赠送。孔祥熙的儿子孔令侃则买了一辆当时最新式的小轿车赠送给杜月笙代步。

1947年，杜月笙的儿子杜维屏、杜维新两人在上海丽都花园同一天结婚，孔祥熙亲自当证婚人，并当着1000多位宾客盛赞杜月笙是“中国少有的企业家，有远大的见识和克己助人的人生态度”。孔祥熙如此照顾，杜月笙自是十分感激。他长子杜维藩经常对外人说：“家父一再告诫我们，孔祥熙先生对于我们的恩德，你们永远不可忘记。”

3、在同杜月笙结交的国民党权贵中，感情最深的就是特工王戴笠，两人义结金兰，后来又互相利用、互相勾结和相护照应。杜月笙还结交了章太炎、杨度等一大批社会名流，他的名字杜镛，号月笙就是章太炎起的。

戴笠原名戴雨农，出生于浙江省江山县硖口镇。少年时曾经加入杭州人周凤歧的学兵营，因为经常不服军纪而被开除，终日在街头游荡。混到20来岁，精通一套赌术，掷骰子可以达到出神入化的境界。两颗骰子在手，他可以随心所欲地掷出自己需要的点数来。来到上海后，他寄居在表兄张冠夫家里。

戴笠觉得自己有绝技，赌场是自己的用武之地，先在小赌场里混混，觉得不过瘾，而后终于闯进了杜月笙的181号“大总会”。他在底楼的骰子桌上赌，一会儿，便把“总会”原有的骰子趁人不注意，换上自己身边带着的一副灌了铅的骰子，结果骗了一些人，赢了几把。可是上海滩赌场抽头人的眼光多厉害，几眼便看出了他的伎俩，于是把他衣服剥光，关了起来，还打电话给张冠夫，要交银子来赎人。表兄一家十分着急，后来想到杜月笙的大太太与自己过去熟识，请她帮忙疏通。

杜月笙接到太太的电话后，立即打电话到“大总会”那边了解情况，后嘱托管事的人将戴笠放了，并让其到杜公馆来一趟。戴笠不卑不亢地走进华格臬路216号。杜公馆的管账杨渔笙很热情地出来接待，把他领到西厢房的大餐间。进门见杜月笙坐在一张很大写字台前埋头练大楷毛笔字。等戴笠进来走到桌边，才搁下毛笔，一摆手说：“请坐沙发上。”

戴笠向杜月笙一鞠躬后，便大大方方坐到沙发上，一点也不紧张。杜月笙见后，便有些喜欢。他从写字台后边站起来，走到戴笠跟前，问：“听说你有一个绝招掷骰子，今朝特意请来会会。你不要紧张，也不要怕。”

“久闻杜先生大名，今日能有幸见面，是我的幸运，哪里还存半点害怕在心里！”戴笠站起来爽朗地回答。“那就好！坐，坐。”杜月笙打开茶几上的烟听，自己取了一支，而后向戴笠一边推了推听子，“请抽烟。”戴笠见状随手取了一支，抽起来。

戴笠的几句应对，言谈举行，杜月笙经过仔细打量，心里暗暗满意，觉得这小子将来能有出息。便对仆人吩咐：“关照厨房间送酒菜来，我与戴先生好好喝几杯！”

杜月笙不大喝酒，却让佣人端出状元红、葡萄酒与香槟几种酒来，由戴笠自己挑选。佣人在一只瓷杯里，斟了大半杯红葡萄酒给杜月笙，戴笠则倒了杯状元红。两人边喝边聊起来。

“雨农，来，现在让我领教领教你的绝技，可以露一手看看。”等戴笠三杯酒下肚，脸上泛起红晕的时候，杜月笙才向对方提出表演拿手好戏的要求。

佣人取来一只描金镶红木盒子。里面嵌着三副白骨红黑点的骰子。戴笠抓了一副在手里感觉了一会儿，而后先取一粒在自己掌心上滚了几下，又取另一粒滚滚，放在桌面上试了几试，又用右手食指与大拇指捻了几番后，琢磨了好大一会儿，才抬起头来问：“杜先生请下个注吧！”

“好，来个八仙过海吧！”“没问题！”

只见戴笠抓骨骰子在手，在空中晃了几晃，到杜月笙面前的桌子上一放，两粒小骰子一个劲地转。先是一粒停了下来，朝天面是个红点梅花五。另一粒还在不停地转着，戴笠在一边叫着“长三——长三”，果然那骨碌碌转着的白色小粒好像明白戴笠的心思一样，最后转出个黑三点。

杜月笙十分高兴，抓起面前的骰子往窗外一扔。“换一副试试看。”杜月笙随手从盒子里抓了两颗骰子，递给戴笠。这次戴笠很快便熟悉了它的构造，试了两下，便请杜月笙“叫点”后一掷，正合叫数。

“嗨，你这一手真是绝技哇！”杜月笙很惊奇，接着又提出个疑问：“你第一次掷之前，费了好多时间熟悉、研究，第二次也是换了副新的，哪能摸几下就行了？”“这很容易！你那盒骰子全是一个模子里造出来的，它们的重量、大小、规模相同，熟悉一副，即熟悉全盘，这叫举一反三，前后贯通！”杜月笙甚是佩服，他起身在房内踱着，觉得眼前这青年气度不凡，头脑灵活，是把好手。

“雨农，我比你大几岁，你听我一句劝告。你是身怀绝技的，可是这种‘技’，到底是江湖小道。你手段活、脑筋灵，前途无量，我劝你挺起腰板，大干一场。

“千万不要妄自菲薄。英雄不怕出身低。我也是赤手空拳混到今朝这么个局面，靠的是两只拳头一副胆。即使有学问有本事的人，等你将来发达了，有权有势也能把他们拉过来，为我所用。”杜月笙越说越兴奋，走到戴笠旁边，拍拍戴笠肩膀，真诚地嘱咐：“雨农，我可以赤手空拳打开一片天地！凭你的能力一定也行！”

“杜先生，我戴笠活到这么大，还没有一个人对我说过这样的肺腑之言。今日得见您，真是三生有幸，我斗胆想同您结为异姓兄弟，跟您共同闯荡天下，要是您不嫌弃的话。”“好呀！”杜月笙高兴地说：“我认了你这个老弟，以后我们便共同闯荡了。”

杜月笙当即就叫管账杨渔笙写了金兰谱，在关帝像前跪拜交换，两人就此结为异姓兄弟。杜长戴 8 岁，所以，杜月笙是大哥，戴笠是小弟。

晚上，戴笠从杜公馆出来，嘴里不停地念着刚才杜月笙的话：“你今后的去向，听我的安排。”他想的只是成为一位大亨。不到 3 天，想不到杜月笙派人来送给戴笠一张船票，一封书信，500 元盘缠，3 套换洗衣服。戴笠愣住了。过了好一会儿，他才明白过来，捞起船票一看，日期是当天傍晚5点半，上船地点是十六铺码头。全部家私只有一个手提藤箱子。他告别了上海的表兄与表嫂来到十六铺码头时，杜月笙已等在轮船的大餐间里，准备为他饯行。

不等戴笠开口，这位大哥便告诉了戴笠，让他去广州投靠蒋介石的原因。杜月笙分析形势，如今南方的革命党势力很大，将来有可能当家，要是在这方面，没有长远打算，找好靠山，将来万一革命党得势，就很难找靠山了。他旧日的师父如今的大哥黄金荣，已在广州革命党里有了一个大靠山，他收了蒋介石这个徒弟，在蒋介石跌霸时拉了他一把，赠送银两让他投奔国民军，现在已是中国数一数二的人物。这像赌博一样，各路人马都得靠靠，然后看风转舵，才能立于不败之地。

"这封信你一定要保存好。这是我求黄金荣大哥给你写的介绍信，你到广州后，便拿着这封信去找蒋介石。他会安排，看着黄老大，他肯定会照顾你。雨农弟，革命党一头的前途，我全托给你了。""大哥，你放心。"

杜月笙掏出挂表瞧瞧，拍拍戴笠的肩膀，说："该上船了，到了那边，跟着蒋介石好好干，英雄不识出身低，只要有胆识，你一定会有出头之日的。"以后杜月笙在黑白两道对戴都有仰仗，戴笠在许多方面对杜月笙也有所求。

杜月笙成为上海滩闻人之后，十分注意自己的形象，一年四季身着长衫。一位著名记者当年曾见过这位"闻人"，发现他只是一个修长身材，面色带青的普通老人，看上去很斯文，言谈中也很少带"白相人"常说的粗言粗语，给人的印象是文质彬彬，仅此一点，便可看出杜月笙的气质已修炼得非同一般。

杜月笙正是以这种新的做派，开始周旋于与黑帮完全不同的阶层，着力拉拢知识分子。当年上海滩有位著名的国学大师，即学界泰斗章太炎。杜月笙早想与他结识，只恨没有机会。

一天，管家万墨林拿着一封信走进来，杜月笙接过信封，看到上面写着"章缄"的字样，信纸最后面写着"炳麟谨上"。这个炳麟即是章太炎。杜月笙十分惊喜，怎么也想不到能有机会和章太炎建立关系，这对于他而言真是求之不得的事。

杜月笙立刻吩咐管家把章太炎的来信念给自己听，听万墨林念毕，杜月笙才明白章太炎为什么找他。原来，章太炎有个侄子在上海，不慎卷到一件官司之中，没有办法，这封信就是特地托杜月笙从中代为疏通的。

对杜月笙来说，这样一件小事，在一天之内，就可解决妥当了。他不但替章太炎解决了这场官司，而且还去信表示要去章太炎在苏州的寓所专程拜望太炎先生。

这次会面成为杜月笙一生难忘的记忆，因为正是在这次会面中，他有了自己的大号。章太炎把杜月笙迎进客厅，首先感谢杜月笙帮着侄儿摆脱困厄，杜月笙自然要谦让一番。随后，二人闲聊起来。杜月笙谈起了自己的名字，说是自己出生时适逢阴历七月十五，是传统的“鬼节”，那天月圆旭盘，大小如斗，一轮朗月映得夜空里一片清晖，于是父亲为他起下了“月生”的名字。

章太炎突然大声说道：“杜先生，老朽给您换一个名字，就叫作‘镛’，您的大号今后就称‘杜镛’，在生字头上加一个竹字头，以‘月笙’为号，杜镛杜月笙。”见杜月笙满脸茫然，紧接着，章太炎又向杜月笙详细地解释起来：“《周礼》上讲：‘东方之乐谓笙，笙者生也。西方之乐谓镛，镛者功也。’杜先生喜不喜欢这个名字?”

杜月笙听后甚是惊喜，赶忙起身离座，重新整理了一下仪表，在章太炎面前毕恭毕敬地一躬到地。“多谢章先生赐名，晚生三生有幸，听先生的话，我从今天起就叫杜镛了。”

杜月笙这一趟苏州真是没有白来，不但结识了国学大师章太炎，还得了太炎先生的赐名，回到上海，这无疑又成为上海名流的一段佳话。

曾是“筹安六君子”之首的杨度在受到惨痛教训后，逐渐认识到了中国共产党主张的先进性，因此他决心脱胎换骨，转向革命，于1927年秘密加入了中国共产党。有一段时间杨度曾住在上海，杜月笙不知他是共产党员，对他的名士牌号颇感兴趣，专门请当时担任杜月笙法律顾问的章士钊去向居住在白利南路北丰别墅的杨度致意，希望杨度能为他办点事。杨度考虑到杜和国民党上层及特务都有联系，和他来往，有利于了解反动集团的内幕情况，也有利于掩护革命活动，因而在征得党组织的同意后，随同章士钊去拜见杜月笙。杜为了表示尊重人才，思贤若渴，特意送了一幢位于薛华立路的洋房给杨度居住，并按杨度在袁世凯时代担任参政时月薪500元的标准，每月奉送杨度“月敬”500元。由此可以看出，杜月笙拉拢知识分子确是颇费心机的。

4、杜月笙在杨度的介绍下结识了史量才，帮他解决了“报业纠纷”，由此杜在新闻界地位大增，成了新闻界的幕后操纵者，并与史量才建立了非同一般的关系。他还与影、剧界人士建立了良好联系，京剧界名人梅兰芳就是他的好朋友，经常去杜府唱堂会。

有一次，杜月笙正在浙江莫干山张啸林的“林海幽居”休假，得知杨度要来拜访他，十分欣喜。当时上海发行最广的报纸就算《申报》和《新闻报》，这两家一直在明争暗斗，竞争十分激烈。《申报》社长是史量才，也是中南行的董事长，是一位在新闻界和金融界都很有实力的人物。《新闻报》的董事长是美籍人福开森，他已控制该报20多年，握有半数以上的股票。最近，他为了回国，偷偷将自己所有的股票出卖给别人，等到股票正式过户的时候，才发现收买者竟是史量才。于是，《新闻报》大乱，《新闻报》的负责人汪伯奇兄弟唯恐失去对该报的控制权，同时，《新闻报》的员工们也不愿被史吞并。于是，《新闻报》各界纷纷抵制，使史量才顿时陷入尴尬境界。史量才没办法只好找老友杨度替他向杜月笙恳求帮忙，出面调停。

这时候的杨度已是共产党员，对史量才的“拜托”，当然要向组织请示。党组织经过考虑，认为史量才是民族资产阶级的代表人物，要想法子拉他到民主、进步的立场上来，要让《申报》改一改保守面，倾向进步，这次“调停”帮忙，正是好时机。所以，杨度负有重大使命来杭州求见正在此地游玩的杜月笙。

“月笙，解劝这桩‘官司’，只有靠你了！史量才先生久仰你的大名，他本想登门求教，可又不好意思，所以转托了我。我想，你在上海滩，军、政、警、财、商、帮，可谓路路亨通，只有新闻报界，还没有自己的地盘，何不趁此时机，在报界打通路子?”“好，我听你杨先生的。”经过杨度的一番安排，杜月笙答应出面调解。

这样，在杜月笙的授意下，杨度打长途电话给顾嘉棠，要他想一切办法，将《新闻报》的头头汪伯奇请来莫干山。之后，杨度打电话给史量才，让史也到莫干山来。

一袭白纺绸长衫的杜月笙在“林海幽居”会见了两位报业界巨子。他客气地说：“汪先生、史先生都是海上‘闻人’，报界巨头，也是月笙向来敬重的人物。大家都是见过世面的人，有什么话讲开就是了。你们说呢?”

“我听杜先生的。”史量才显得很大度。

“杜先生的好意，伯奇十分感激。我就直说吧，我们《新闻报》同仁，就是怕被史先生吞并掉。”

“这，汪先生尽可放心，《新闻报》不受我入股的影响，完全独立。况且，我史某人也不会那么愚蠢，好端端的一家《新闻报》要把它并到《申报》来，缩小地盘。”

“史先生误会了。我说的‘吞吃掉’，不是指合并，而是指成为《申报》傀儡!”

“我当着杜、杨两位表态，以后不干涉《新闻报》内部事务，一切仍由汪先生负责。”

“我是敬重史先生的为人，史先生的保证，也是信得过的，只是难以说服同仁们，况且，时间一长难免不会发生变故。”汪伯奇的话，外柔内刚。

见谈话又陷入了僵局。杨度向杜月笙使了个眼色。杜笑了笑，说：“两位，我出个主意，你们考虑考虑。”

“好!”双方都点头同意。

“福开森先生的《新闻报》股票已出卖，他的董事长位子自然也免了，当然要重新成立董事会。为了把这事摆平，我也来入几股，可以作个公证人。你们两人总信得过我吧！至于《新闻报》馆里的职员工人，我让顾嘉棠带几个兄弟去‘讲讲开’。”

听完杜月笙的话，史量才忙表态道：“杜先生入股，我是求之不得的，今后《新闻报》有了靠山。我送杜先生一些干股，不知汪先生以为如何?”

史量才把皮球踢向对手，汪伯奇非得表态不可了。他是了解杜大亨为人的，这一脚插进来以后，很难让他缩回去的，而且对手已爽快地表了态，如果自己再犹豫，岂不得罪了这位大亨？他权衡了一番得失，亦装着喜出望外的样子：“杜先生能给我们《新闻报》撑腰，我十分高兴，以后《新闻报》就有靠山了。”

光表示欢迎接受还不行，自己也得有所表示呀，他想了想，又补充说：“我拥推杜先生作常务董事。我想报社的同仁们一定会举双手赞成的。”

“好，这就妥啦!”在一边把持局面的杨度，立即敲定：“来，我们拟个协定吧!”

“对，弄个协定，汪先生回去也有个交待。杨老先生代表我吧。我还有点事!”杜月笙已经用常务董事的口吻附议了。说完，他拱拱手下楼去了。

这起纠纷的调停，杨度出力不少。这是他为党组织联络、教育史量才做的一桩好事。不幸的是，他回上海后两个多月，便去世了。

经过这次“报业纠纷”的调解，杜月笙与史量才的关系已经非同一般了。

杜月笙插手报界之后，唐世昌、汪松平、赵君豪、余哲文、李超凡等著名人士，大都成为杜月笙的门生。通过这些人，杜月笙控制了新闻界一大批从业人员。新闻界凡依附杜月笙者，不但职业有保障，而且按月有津贴；如对杜月笙不买账，不但饭碗会敲掉，甚至会有性命之虞。经此软硬兼施手段，杜月笙实际成了新闻界的幕后操纵者，许多重要新闻，甚至是排好了版的头条新闻，只要杜月笙“闲话一句”，往往会忽然不见。

当时在上海滩跑码头、闯江湖，没有地方强梁的庇护决难成行。为此，剧、影界的许多明星，都来攀附杜月笙。而杜月笙并不居强自傲，始终以一种近似戏迷的虔诚敬意，来接待戏剧界名人。

如梅兰芳，每次上杜家门，杜都谦恭以待。又比如，20 世纪 20 年代电影初兴，杜月笙并不怎么感兴趣，但当他得知“明星公司”资金缺乏，

梅兰芳在《太真外传》中饰杨贵妃

难以撑持时，即出面替它筹集了一笔巨款，助其渡过难关。影星胡蝶、阮玲玉、徐来等都曾是杜府的座上客。

杜月笙结交人，有其一套独特的方法。凡是他想结交的，总是先找与这人有些关系的亲友，当着这位亲友的面，表示对这人的仰慕和向往，带话过去，使该人乐于和他见面。见面后，杜表现出异常的谦虚，执礼甚恭，对他们提出的建议，则当着该人的面立即吩咐实行。而且，他善于揣摩不同人物的心思，采取不同的手法尽量投其所好，别人遇到难事，他总是痛快答应，不吝钱财，倾力相助。

杜月笙接济朋友还有一套规则：一是他给的钱不许退还；二是帮助某人解决困难时，不容有第三者在场，只让“天知地知你知我知”，过后，他也绝不张扬。杜月笙的这种手段，常使受惠者感激、钦佩，以后甘愿为他效力。另外，凡经见面了认为有用的，事后就千方百计地在其他场合，或在与该人有关的人面前，大肆吹捧此人一番，使这些话传到对方耳中，叫对方从心底里感到高兴，对他产生好感，从而总愿和他交往，并心甘情愿地充当他的谋士，替他捧场。杜月笙交友还有一个特点就是，不管掌权红人、失意政客、知名文人、落魄军官、浪荡公子，他都一律招待，一视同仁，有的还特意资助而不提什么要求。

杜月笙机巧善变，广交各路权贵，为其打开各领域的局面铺平了道路，使他得以成为上海滩风云一时的“大亨”。

三、上海的大实业家

1、杜月笙在势力渐长的同时，不满足于只有“武斗”人马，想建立一支“文官”队伍，他把党、政、军、工、商各界的实力人物拢在一起，建立“恒社”，成为上海滩真正的社会领袖。

最近几天，没有哪个门徒与密友敢来杜公馆拜访杜月笙。他们被告知：杜先生正在考虑一个重大问题，不能被打扰。杜月笙闭门思考，引起了人们的种种猜疑。他究竟在打什么算盘呢？

几天前，杜月笙的得意门生、国民党上海市党部候补委员、上海警备司令部军法处长陆京士登门告诉他，上海的青帮大亨们正纷纷在师门所属的基础上成立各种名目的社团，连向来古板的黄金荣和青帮“大”字辈的张镜湖也在分别酝酿成立“荣社”和“仁社”，并且还说，成立社团，往往可以起到重振师门的效果，杜月笙不禁为之向往。

杜月笙靠青帮发迹，以后自然还得依靠青帮打天下。只是青帮已成为民众讨厌、蔑视的流氓组织，而自己又俨然是一个地方领袖，自然不便再像以前那样打着流氓团体的招牌，广开山门收徒了，组建社团，倒是可以一箭双雕，既可以广收门徒，又可以使自己更像一个绅士。但这个社团该如何组建呢？这几天他就是在思考着这样一个问题。

一天，杜月笙正闭着眼睛斜躺在沙发上。万墨林托着一盏茶轻轻地走了过来。他以为杜仍在睡觉，便轻轻放下茶杯，取来一条棉毯替他盖上。杜月笙从沉思中惊醒过来，万墨林告诉他陆京士已等了好久，一直不敢进来打扰他。

在杜月笙的记忆中，陆京士是个年轻的小白脸，虽然长相平平，但脑袋活络，为人机警，办事也有点气魄，比起愣头愣脑的于松桥来说，要满意得多。

杜月笙微微点着头，说：“让他进来吧。”陆京士仍是一身邮务生的打扮，苍白的脸颊上常常泛着谦逊的笑容。他给人的印象是谦和、可靠，锋芒不露。因此，吴开先、陈君毅视之为股肱，引以为知己，也凭着这内蕴的气质使他爬上了高升的梯子。

陆京士进门先讨好杜月笙，说了些无关痛痒的话，谁知杜月笙蹙着双眉，冷冷地说了一句："你来就为这件事?"陆京士不慌不忙地说："不，我认为目前最重要的是，要让先生这个帮会领袖的衔头刻在每个上海人的心里。"

杜月笙听到陆京士说出了自己的心事，精神大振，他睁大了眼睛，射出了惊奇的光泽。但他警觉到自己的失态，又慢慢地闭上了眼皮。陆京士早把这一微妙的神情变化收在眼底里了。他暗暗得意自己抓住了杜月笙的心思，他继续说："杜先生现在靠着顾嘉棠这套'武'班子，在帮会中俨然已是老大。但先生若想成为上海真正的社会领袖，还应在党、政、军、工、商各界建立自己的影响。先生在工商界的朋友不少，不过是生意上的交往，还没有拢住他们的心。抗日救国会查陈松源的布，虞老板来干涉，先生就只好眼看着吃亏。这个原因也就在这里。"

杜月笙简直听得入迷了。他随手从茶几上取过清茶，递给了陆京士，并问道："京士，你有什么办法?""依我之见，先生应该有两套人马，一套是武的，也就是嘉棠兄的小'八股党'，一套搞文的，把党、政、军、工、商各界的实力人物都拢在一起，到那时，先生岂不是成了真正的社会领袖了。"

杜月笙将手猛地在沙发手把上一拍，道声："好，这主意好。"他沉思了一会儿，说："这次我们的成员必须是骨干分子。有四个条件：文职人员须科长级以上；武职限少校以上；工商界须主任职以上；年龄必须满30岁。"

陆京士犹豫地说："这样许多兄弟就进不来了。"杜月笙说："管不了那么多了。"杜月笙又说："叫什么名字呢?"陆京士眼珠一转，说道："就取先生名字中的一个字，好吗。"杜月笙觉得这样太露而拒绝了。

毕竟陆京士是吃邮务饭的，见多识广，又有一套拍马屁而不露痕迹的本领。不一会儿，又有一个念头跳了出来："叫恒社吧。古诗中有'如月之恒'的说法，恒者，月也；在英文里，恒的意思，也就是永久，永久俱乐部就与恒社意思相同。这名字含义双重，既是先生的名号，又是英文的俱乐部，有魄力，也有号召力。"杜月笙听了之后甚是兴奋。

恒社正式发起是在1932年11月19日八仙桥青年会的一次集会上，当时推定由轮船招商局船务科长洪雁宾、律师周孝伯、国民党上海市党部候补委员陆京士、大英银行华经理徐懋棠、长丰地产公司买办蔡福棠、东新进出口公司经理黄振东、杜月笙开山门徒大世界总经理江肇铭等9人为常务理事，唐世昌、唐承宗为候补常务理事，负责恒社的成立工作，会址先确定在法租界爱多亚路息庐，后来迁到吕宋路。

1933年2月25日，恒社正式成立，它用了20个极为好听的字作为自己的宗旨，"进德修业，崇道尚义，互信互助，服务社会，效忠国家。"恒社的社徽为圆形，中间是一大笙，表示"声"的来源，旁边有一斜月，取"月笙"之意，周围则辅以19颗星组成花边，"19"代表理事人数，整个图形看上去，一副群星拱月的样子。这里面的含义，明眼人当然一看便明白了。

恒社设定期大会、执行委员会、理事会等机构，实际上真正起作用的是陆京士、万墨林和杜月笙的另一个徒弟朱学范。第一届理事会有19人，都是由杜月笙亲自圈点。

按杜月笙的意思，"恒社"应向政党型社团发展，所以最初社员只有几十人，均是在工商军政界很有地位的人物。列入"恒社"名单上的工商界名流有上海银行业公会会长、上海银行总经理陈光甫，交通银行常务董事、中央银行董事钱新之，大业公司总经理李桐村，上海银行分行经理徐尔康，中国旅行社总经理陈香涛，军政界的人士有蒋鼎文、朱绍良、韩复榘、陈铭枢、范绍曾、杨虎、孙连仲、孙桐萱等。而杜月笙早年的把兄弟高鑫宝、马祥生、顾嘉棠、叶焯山、金廷荪等流氓均未能进入"恒社"，只有江肇铭例外，但也只能以牙科医师的身份才得以加入。

恒社一成立，便在上海滩成为众人讨论的焦点和人们茶余饭后的话题。恒社社员或自己组织演出，或一起到剧场看戏，或聚会表示拥护蒋介石"剿共"，或集会指点江山讨论国是。"恒社"逐渐成为众多帮会社团中最出类拔萃的一个，申请加入的人不断俱增，在不到一年的时间里，社员已发展到数百人。

“恒社”刚刚成立，蒋有过一阵担心：为数不少的高级将领和政坛要人加入了“恒社”，将来“恒社”发展成为一政党性组织，那就会拆自己的台了，会对国民党的地位有威胁了。如果发展成反政府组织，后果就更难以想象了。虽然杜月笙目前还站在自己这边，但蒋介石认为杜月笙毕竟是白相人出身，难保他日后不会背叛自己。蒋介石愈想愈怕，告诉戴笠，严密监视“恒社”的活动，一定不能让它发展成政党性组织，给国民党造成威胁。

杜月笙也慢慢感觉到了蒋介石对“恒社”的疑心，心想一定得找个机会消除蒋介石对自己和“恒社”的戒备心理。

1936 年，是蒋介石五十大寿，杜月笙忙找来自己的亲信，商量如何为蒋介石祝寿。这次祝寿既要风风光光，又要充分显示“恒社”的爱国热情和对蒋介石的一片忠心。

江肇铭建议，由杜月笙亲赴南京，为蒋介石献礼。陆京士表示反对：“南京那么多达官贵人和外国使节、社会名流，蒋委员长肯定得忙于应付，即使见到杜先生，也不过谈几句。”在一旁沉默许久的杜月笙开口道：“嗯……我看这样吧，我们就捐款买架飞机给他。这样既满足了他的需要，又免保他猜忌我们。”

江肇铭马上接过话头：“我们恒社那么多戏剧界名流，何不让他们义演募捐，买架飞机献上去。”“不错。”杜月笙一拍桌子，站了起来，“先捐飞机，后摆宴席，给蒋先生祝寿。”陆京士、万墨林、江肇铭立刻分别照杜月笙的吩咐去筹办义演。

“恒社”里面有个平剧组，汇集了梨园界的许多名角。得到杜月笙义演的号令后，平剧组立刻准备起来。上海各大报也刊登了“恒社”平剧组准备义演买飞机为蒋介石献礼祝寿的消息。黄金荣、张啸林等其他青帮大亨知道后，也非要加入不可。这样，上海滩几乎所有的戏剧名流都参与到这场义演祝寿活动之中。

这场为蒋介石祝寿的义演在新光大戏院连续上演了 6 天，收入钱款购买飞机给蒋介石送到南京。蒋介石特派戴笠前往上海致谢。杜月笙十分得意，要戴笠转告委员长：这是“恒社”全体社员的一片爱国之心，“恒社”成员愿随时为委员长服务。

1936年10月，蒋介石的50寿诞终于到来了。杜月笙、黄金荣、张啸林在黄金荣的黄家花园隆重举行“上海市民庆祝蒋委员长五十寿辰同乐会”，并从漕溪路口起，直到黄园大门，建起六座牌楼，摆宴100席，为蒋介石祝寿。

国民党上海市党政各界要人名流纷纷应邀出席，席间，充满了对蒋介石的颂扬之声，也不时夹杂着对杜月笙和“恒社”的赞美之词。通过这次祝寿，杜月笙不仅打消了蒋介石对“恒社”的怀疑，而且真正奠定了自己在上海的地位。

2、杜月笙为了掩盖自己“白相人”的出身，开辟正当的经济来源，在金融巨头钱新之的建议下，他涉足金融业，开办银行，成了金融巨头。

杜月笙在上海滩四面玲珑，八面威风，辉煌一时，但他的“白相人”的出身，就像孙悟空的尾巴一样，无论怎样变，总也掩盖不住。他的生财之道，也都是些上不得台面的黑道勾当。因此，杜月笙一心想开辟“正当”的经济来源，改变自己的社会地位，除掉“白相人”这条尾巴。

1927年，四一二反革命政变后，当杜月笙被委任为海陆空总司令顾问、少将参议后，法租界的中外名流们马上让他进入了租界的最高权力机构公董局，并建议他当五人华董的首席。杜月笙十分得意，想想当初，黄金荣在法租界尽瘁半生，他才仅仅混上了公董局下属警务处刑事部的华捕总探，而杜月笙却登上了公董的宝座，与法国领事一样的地位。

这时，钱新之来到杜公馆拜访杜月笙。钱新之，字永铭，浙江吴兴人。张謇任交通银行总裁时，他也在其手下担任过交通银行总经理。蒋介石政权建立后，曾被任命为财政部次长，浙江省财政厅长。因留学法国，与法国上层人物有交情，被蒋介石任命为驻法公使，但没有到任。当时，钱新之正担任北四行——中南、金城、大陆、盐业储蓄会经理及四行准备库主任，是上海金融巨头，上海滩的名流，也是南北金融势力沟通者。钱新之平日自以为搞金融出身，自认为眼界高，素不与低层人物打交道，对靠赌烟暴发的“财主”更是看不上眼。四一二政变后，杜月笙的锋芒渐露，引起了他的注意。他开始欣赏杜月笙的胆略、雄心和组织才能。于是，他决定鼓动这位大亨进金融界。

中年杜月笙

这天下午，钱新之西装革履，气度不凡地走进了杜公馆。主宾寒暄一阵后，钱新之直截了当地道出了登门的真意：“杜先生是上海的名流，不知今后有何长远打算？”杜月笙呆了一下，他不好意思地摇摇头，说：“杜某还从没想过，不妨钱先生赐教一些。”

“杜先生拥有富生、荣生、义生、利生、利源五爿赌台，进账一定不少吧。据钱某所知，先生仅给法国领事那齐亚每月的红包就有十八万之多，这里还不包括总巡长费才尔，总探目乔万士的十八万。杜先生在闸北、南市经营的福寿宫、凌烟阁的烟馆，也给市党部的陈群每月五万红包，这数目也准确吧。”

杜月笙有些坐不住了。可钱新之还是不紧不慢。他向杜月笙提出有两条道路可供他选择：愿终生做白相人，还是要成为上海各界的闻人。杜月笙一愣，当然选择做后者，愿意做上海闻人。只是出于没有门路，钱新之给他轻轻一点：“开银行，打进金融界，在上流社会站住脚跟。开银行，一方面是争身份，另一方面也是发财的门路。”钱新之滔滔不绝地向他灌输起来：“银行一面吸收客户的银根，一面放债、做生意，借本生息，何乐而不为呢？”

杜月笙给他说得心活了，但他担心：“万一银行刚开张，又没人存钱进来，那怎么办？”

“这杜先生就有所不知了，金融界有个规矩，不论哪家银行开张，同业都要存一笔钱进来，以表示开业道贺，这叫做“堆花”。上海滩有十几家银行，你杜先生开银行，这些银行老板自然得大力照顾，而且“堆花”的数目也大，限期长，这一笔已经不小。再说，租界上的烟赌两档都是银行的大客户，你一带头，那班老板还不是统统把钱存在你的银行。”

经钱新之这么一开导，杜月笙才恍然大悟。怪不得钱新之对他的私账那么了如指掌，原来开银行可“调查”烟赌行。想到这里，他情绪振作起来，欲望也被煽热了。他迫不及待地说：“好，我决心开银行了。”

送走钱新之，杜月笙忙把苏嘉善、田鸿年找来商议。苏嘉善算盘极精，善于经营，是杜月笙十分欣赏的经济顾问。田鸿年，是杜月笙的跑街先生，杜与各银行的业务往来，头寸调转，由他全权负责。两人听杜月笙说明心意后，也大力主张开一家银行。

当下，杜月笙便与苏嘉善、田鸿年商量筹办一家银行，起名“中汇”，由杜月笙自任董事长，田鸿年当经理，定于1929年正式开张。

听说杜月笙要创办中汇银行，上海滩两大豪富徐懋棠和时任通江信托银行经理的朱如山表示支持，他们向中汇银行投资，成为中汇银行股东。法国驻上海总领事葛格林，也把他在上海多年搜刮得的中国人民的膏血，作为存款，存入中汇银行。再加上赌台的大量游资可以用作周转，而且凭着杜月笙的“路路通”关系，中汇银行一经成立，即可向中央银行直接领用钞票，当时凡能向国民党中央银行领用钞票的银行，都可有一笔不小的补贴。所以，中汇银行成立不久，便在上海滩的金融界有了立足之地。

1933年银行业的《中国征信报告书》记载对中汇银行的调查结论：该行“营业现在虽不甚发达，民国二十年更被田经理舞弊，亏空甚巨，但去年除官利外，还获纯利十九万余元。”1934年，中汇银行还投资156万元，兴建了十分宏伟的银行大厦。

通过开办中汇银行，杜月笙终于在金融业有了一席之地，但其志不仅在此。当时，上海的金融业呈现一种非常态的繁荣。帝国主义国家在上海开办的银行有英国的汇丰、渣打，美国的花旗，法国的汇理，日本的正金等。由官僚资本控制的所谓国家银行，则有中央、中国、交通、农民。还有号称“北四行”的金城、大陆、盐业、中南；号称“小四行”的国货、通商、四明、中国实业；号称“南三行”的浙江实业、上海商业、浙江兴业等一系列银行。此外尚有数百家民族资本经营的小银行。杜月笙的目的是扩张势力，寻找机会控制上海市银行公会，以在金融界取得数一数二的地位。为此，他着力拉拢若干实力比较雄厚的金融界人士，以大力增强自己的竞争实力。

首先杜月笙把目光投向了徐新六。徐新六是当时浙江兴业银行总经理，擅长经营，精明能干，浙江兴业银行在他的手中有了很大发展。

为了扩大在金融界的影响，杜月笙想方设法地接近徐新六。他派自己的门徒打听徐新六的隐私，经过一段时期的了解，他掌握了徐新六私生活的秘密，决定以此逼徐新六就范。原来徐新六重视名誉，但他却早已秘密有了偏房，且生有两男一女。看着偏房所生的孩子一天天长大，徐新六想找一位有势力的人物，在他死后，能出面为他的偏房与孩子们做靠山并作证，从而使她们能取得他的一部分财产。

杜月笙是有机便乘，徐新六的心思当然瞒不过他。通过接近徐新六，杜月笙让他将其自以为掩藏得很牢靠的秘密对杜和盘托出。杜当下便拍着胸脯表示：徐新六健在，他为徐新六保密；徐万一遇上不测，他一定会为其偏房及她所生的孩子作证。徐新六一方面感恩不尽，同时也知晓他已被杜月笙抓住了把柄。以后，杜月笙在金融界有所要求，徐新六当然会尽犬马之劳了。

上海商业储蓄银行老板陈光甫是杜月笙有意交结的又一金融界之士。1931 年，上海商业储蓄银行碰到一次很严重的挤兑风潮。陈光甫急得像热锅上的蚂蚁。这时，他想到了找杜月笙想想办法，陈光甫便麻烦同乡杨管北与杜月笙联系。杨管北是杜月笙的重要经济顾问，他受陈之托找到杜月笙。杜月笙对此事早有耳闻，他看准了这又是他在金融界扩张势力、大显身手的好机会，便一口答应帮助陈光甫摆脱困难。

杜月笙首先命总管万墨林将上海滩与他关系最密切的生意人，即烟馆、赌场的老板，都请到杜公馆，要求他们帮忙。这些靠贩毒、赌博抽头富得流油的人物，很快答应凑足 200 万元现款，保证第二天早晨上海商业储蓄银行一开门，便存放进去。之后，杜月笙又让中汇银行凑齐 100 万元现款，准备在第二天早晨由他亲自带到上海商业储蓄银行，以他的户名存放进去，以便稳定人心。

这些措施实行后，没过多久，陈光甫面临的挤兑风潮便趋于平静。渡过这一难关后，陈光甫对杜月笙当然十分感激。以后，中汇银行新建大厦落成，扩大营业规模，陈光甫为了感谢杜月笙，立刻以“堆花”方式，将 50 万两白银存入中汇银行，让杜月笙白用一年，并且不收利息。

国华银行总经理唐寿民也在杜月笙的拉拢之列。国华银行是唐寿民自己所办的一家银行。1932 年，“一·二八”抗战时，上海及全国的爱国民众踊跃捐款，大力支援十九路军抗战。《淞沪停战协定》签订后，十九路军不得不转移，临行时，将用余的捐款存入了国华银行。

1933 年 11 月，十九路军发动了福建事变。蒋介石十分生气，准备调重兵前去镇压。

唐寿民是宋子文系统的人，在派系斗争十分激烈的国民党内，早有人对他依仗宋子文权势大获暴利不满，这时便准备利用国华银行有十九路军存款之事，大大地整唐寿民一下，在“民众集会”上提出没收国华银行股本，勒令国华银行停业的议案。

唐寿民十分恐慌，找时任交通银行常务董事的钱新之设法。钱新之明白当时的上海滩搞所谓“民众集会”，是少不了杜月笙这条地头蛇的，便代唐寿民请杜月笙帮忙，杜月笙早就有意拉拢唐寿民，便将此事应承了下来。

拿定主意之后，杜月笙便请来了与此事有关的国民党上海市社会局局长吴醒亚、《新闻报》编辑唐世昌及陆京士。三人到杜公馆后，杜月笙将用意说明，他们便连说已经晚了。因为那个“民众集会”，由社会局官员操纵，已在西门公共体育场开过，并通过了十条议案，其中即包括没收国华银行股本、勒令国华银行停业的一条。但杜月笙觉得还有余地，他认为各报社和通讯社尚未发新闻，只要在向公众宣布时，将针对国华银行的那条议案删去，统一口径，唐寿民便可保平安。

那些想借机整唐寿民的人，见杜月笙十分支持唐，便怕了三分，只能同意按杜月笙的方法行事。于是，由这批人把持“民众集会”制造出来的十条议案迫于杜的威严而改为九条。唐寿民因此免去不少麻烦事，以后对杜月笙当然尽力用心报答了。

就是靠着这些手段，杜月笙在金融界有了很重要的地位。不久，就当上了上海银行公会理事。从此，他在白相人的长袍外面又罩上了一件“金融家”的绅士外衣。

3、杜月笙在进入金融界以后，又开始想方设法打入工商界，而取得华丰面粉厂，则是他成功跻身工商界的标志。同时他还盯上了航运业，建立了大达轮船公司，并取得了上海船联会理事长一职，控制了上海的航运业。

如果说杜月笙插手金融业，是以建立中汇银行为标志。那么，盘得华丰面粉厂，则是他跻身工商界的开始。

华丰面粉厂设在小沙渡路上，当时的老板为卢少棠。20 世纪 30 年代时，卢少棠因在赌场上惨败，背上数十万元的债务，没有办法，产生了卖掉华丰面粉厂的念头。办面粉厂在当时是很赚钱的，杜月笙得知卢少棠的想法后，马上叫杨管北设法将华丰面粉厂搞到手。杨管北先找到华丰面粉厂一位与他有交情的陈经理，证明卢少棠确有卖厂之意，同时了解到已有人在谈判买厂事宜。杨管北闻讯，十分着急，要求这位陈经理设法将这桩生意让给杜月笙。经他软硬兼施的努力和杜月笙的“威望”，卢少棠最后答应以 109 万元的低价，将华丰面粉厂卖给杜月笙。

华丰面粉厂到手不久，杜月笙又有了新的念头。他的双眼盯上了上海面粉交易所理事长的位置。如果有了这个职务，就可以控制上海，乃至江南、江北数省的面粉生意。当时在上海面粉业当老大的是担任上海面粉交易所常务理事的著名实业家荣宗敬与及其弟荣德生。荣家兄弟是无锡人，早年在上海当学徒，有了一定资金后开设了广生钱庄。还在光绪年间，荣家兄弟便投资面粉业，在上海开设“茂新”面粉厂，创出了深受人民欢迎的“兵船牌”面粉。以后又连续开设了茂新二厂、三厂，直至十厂。“茂新”之外，又设“福新”厂号，也是一厂、二厂，直至十厂。杜月笙以仅仅华丰面粉厂之力，通过正常的市场竞争，当然不可能胜过荣家兄弟。但他有国民党权贵做靠山，有黑社会捧场，有玩弄阴谋权术的狡猾手段。凭借这些，杜月笙刚刚打入面粉业，便马上要与荣家兄弟决一高低。

杜月笙首先花力气出高价将“面粉二王”王禹卿和“兵船牌”商标从荣家兄弟手中挖来。此外，杜月笙还聘来了大同面粉厂总经理卞筱卿，让这两人同时与杨管北任华丰面粉厂常务董事，负责全厂业务，以提高面粉质量，加强华丰面粉厂的竞争能力。

当年在上海面粉交易所活动的生意人，分别属于两个面粉业公会：上海面粉业公会、苏浙皖三省面粉业公会。当时荣家兄弟的影响主要在上海面粉业公会，而杨管北因祖上在扬州、高邮等处开有面粉厂，所以与苏浙皖三省面粉业公会关系密切。这两个公会所代表的力量，围绕价格及市场分配等问题，一直以来角逐激烈，明争暗斗。

1931 年，国民党实行“裁厘加税”政策后，这种矛盾进一步激化。裁厘加税政策对苏浙皖地区的面粉业商人是一个很沉重的打击。他们用于加工面粉的小麦，基本只在当地采购，不需长途贩运，很少厘金负担，只有把面粉运到上海的途中才需要交纳大量厘金。所以，裁厘未使他们减轻多少支出，加税却使他们增加很大负担。而上海的面粉业商人要到外地采购小麦，路途遥远，支付的厘金数大大超过苏浙皖三省面粉商人，因此，裁厘使他们得益很多。

杜月笙看准这是笼络人心的好机会，亲自跑到苏浙皖三省面粉同业公会去活动，协调三省面粉业商人写了一个呈文，一方面表示拥护裁厘加税，同时要求考虑三省面粉业商人的损失，所征税收应比上海面粉业商人少 50%。这一呈文经国民党政府江苏省财政厅送到了行政院财政部和实业部，由于杜月笙与国民党权贵的关系，后经宋子文、孔祥熙批准，江南面粉商人上交之税应减少 40%，江北面粉商人上交之税减少 50%。杜月笙通过这样安排，与苏浙皖三省面粉业的商人建立了密切的关系。

后来，在上海面粉交易所股东大会上，杜月笙十分得意地坐上了上海面粉交易所理事长的交椅，杨管北则随之成为常务理事，在面粉业取得非常重要的地位。在打入面粉业的同一时期，杜月笙的触角还伸向了航运业，最先引起他关心的是大达轮船公司。

张謇曾是清末状元，又是近代中国有名的实业家。大达轮船公司是他亲自创办的一家著名民营轮船公司。这个公司的轮船班次，当时被称为沪扬班，专跑上海经南通天生港至扬州霍家桥一线，曾垄断此航线24年，但在1926年大达轮船公司开始走下坡路。

1926年8月24日，张謇病逝。没多长时间，大达轮船公司经理鲍心斋也辞世而去。创始人的相继去世，给该公司经营上带来很大的混乱。令人遗憾的是以后又连逢两场灾难，其一是大达轮船公司存有巨款的德记钱庄破产，公司因此损失好几十万；其二是大达轮船公司所属“大生”、“大吉”号轮船先后发生火灾，船上旅客死伤众多，这些都需要公司付巨额赔偿。这两场灾难使大达轮船公司负债经营。这时，原由大达轮船公司独占的航线之上，又出现了新的竞争对手——大通轮船公司。该公司由上海滩的洪门大哥杨在田为董事长，法租界公董局华董陆费伯鸿为总经理，实力很强，靠山不弱。早已处于风雨飘摇之中的大达轮船公司，现在又碰到如此厉害的竞争对手，更是到了濒临倒闭的地步。

杜月笙暗暗瞄好了这一机会。大达轮船公司的主要债权人是上海商业储蓄银行。上海商业储蓄银行老板陈光甫曾经为解除发生于本行的一次挤兑风潮求助于杜月笙。杜月笙就通过这层关系在大达轮船公司董事会内活动，表示要挽救大达轮船公司，就得请杜月笙出任董事长，杨管北出任经理不可。张謇过去的主要助手吴寄尘对这一做法十分不满，他以杨管北少不更事为理由，反对其出任经理。

为达到使吴寄尘改变态度的目的，杜月笙找来杨志雄商议。杨志雄曾是张謇创办的吴淞商船学校学生，后又任该校校长，与张謇及其周围的人物关系十分密切。杨志雄向杜月笙提议，通过两条渠道作吴寄尘工作，一条是张謇的儿子张孝若，当时正在汉口任扬子江水道委员会委员长；另一条是吴寄尘的侄子吴蕴斋，是金城银行经理。

经杜月笙授意后，杨志雄便四处活动。吴寄尘最后终于屈服了，在其侄子吴蕴斋的陪同下，亲赴杨志雄任职的西门子洋行，表示同意杨管北出任大达轮船公司副经理，但必须以张孝若为经理。

杨管北上任后，除将许多老关系户在大达轮船公司的股份搜罗到手，又替杜月笙以最低价格买进大量股票，还将与杜月笙关系十分密切的杨志雄和胡筠庵拉进董事会任常务董事，这样就掌握了大达轮船公司的主要股票权。杨管北表面上为副经理，但在杜月笙等人支持下，实际上行使经理职权。大达轮船公司的实权终于落入杜月笙之手。

为了摆脱困境，杜月笙等人想方设法增强大达轮船公司的竞争能力。他们首先从周边环境着手，疏通与苏北盗匪的关系，让他们对大达轮船公司的轮船客气一些，以扩大大达轮船公司的生意之途。

此外，杜月笙利用他在金融界取得的地位和建立的关系，向上海商业储蓄银行和交通银行筹得资金3000万元，专做苏北货物押汇。同时创设大兴贸易公司，专门代苏北地区的商人在上海采买货物。为了吸引顾客，他们规定委托该公司采买货物的商人，只要预付30%的货款，另外70%的货款，可由大兴公司垫付。货物采办好之后，交大达轮船公司运输，顾客取到提单，即去当地银行，连运输费一齐做押汇。这样，大达轮船公司一共可赚得运费、代办费、利息差额三种实惠。

经此苦心经营，大达轮船公司的赢利扶摇直上。相比之下，大通轮船公司虽然也经过几次拼力相争，将运费跌价，但终因大达轮船公司拥有雄厚资金，财路广开，加之有土匪暗中相助，而日见下坡，败下阵来。无奈之下，大通轮船公司派出代表找杜月笙谈判，要求停止跌价竞争，协商双方能够接受的利润分配方法。双方多次协商会议，终于将大达轮船公司与大通轮船公司的航运业务和赢利比例定为11∶9，大通轮船公司被迫处于下风。

制服了大通轮船公司后，大达轮船公司的赢利更加递增。1933年，又向上海商业储蓄银行贷得白银60万两，建成一艘可载旅客2000余人的“大达”轮船，生意十分兴隆，杜月笙在航运业的地位大大加强。不久，当虞洽卿因连任二届上海船联会理事长而必须改选时，杜月笙便依靠大达轮船公司董事长的身份，十分顺利地获取了这一工商界的重要头衔。

4、上海的棉纱交易市场，也是杜月笙想加以控制的行业。他通过导演一出“无赖闹堂”的闹剧，取得了纱布交易所理事长这一头衔。杜月笙略施手段，拆散虞洽卿、王晓籁联盟，组成了听命于自己的商会，终于可以在上海的商界一展拳脚了。

上海的棉纱交易市场，也是杜月笙早就想加以控制的行业。一次，他和张啸林在纱布交易所大作空头，但交易所的股票行情却十分反常，在一个多星期内不断看涨。这样下去，作空头者必亏损多数，作多头者必将大发其财。当时在上海经营棉纱生意的，大多数是江苏南通、海门一带人，棉纱行业中叫他们为通海帮。有一个叫顾永园的，是通海帮中人，他也在作空头，但因亏得厉害，便竭尽全力打听到了这次纱布交易由交易所中哪几个理事暗中操纵，方才出现了不断看涨的反常情况。后来顾永园通过陆冲鹏将这一情况告知杜月笙、张啸林。张啸林此时正在为亏本烦恼，得知此情，很生气，叫嚷要发三五十杆手枪出去，砸烂纱布交易所。杜月笙却十分狡猾，他要借此机会狠狠教训一下纱布交易所那帮人，同时乘机将这个交易所抓到自己手中。

经过一番仔细筹划，第二天纱布交易所内便上演了一出“无赖闹堂”的丑剧。这天上午，在位于爱多亚路北的上海纱布交易所门口，冒出了几十个流氓打扮的人。交易所一开，早已等候在外的顾永园，在这些人的拥护下，怒气冲冲地闯了进来。当交易所伙计宣布开拍时，站在人群中的顾永园突然声嘶力竭地斥责纱布交易所理事们营私舞弊，造成涨风不断，要求暂时停拍，由全体经纪人推派代表进行仔细调查，这番话十分具有煽动效果。十分拥挤的生意人，即刻分成两派，输了的，极力赞成，赚了的，拼命反对。吵闹者有，骂娘者有，手打脚踢者也有之，顿时乱成一团。

其中一位理事急忙跑到办公室给公共租界巡捕房打电话。岂知杜月笙早已通过沈杏山给该巡捕房值班人员下过命令，因此，尽管那位理事接连不断地摇通了电话，但巡捕房值班人员却并不理睬交易所理事的申诉。

纱布交易所理事没有办法，只好把情况报告交易所主要负责人袁履登和闻兰亭。这两人得知寻衅者来势如此之凶，而巡捕房态度又如此拖拉，大致估摸到是杜月笙所为。解铃还须系铃人，两人只得前往杜月笙家求情。

面对沮丧的袁履登和闻兰亭，杜月笙装作对纱布交易所发生的事情毫无所知，答应前去解劝。他和虞洽卿、袁履登、闻兰亭一起到纱布交易所。顾永园一看杜月笙来了，立马让出一条空道。杜装模作样地向顾说道："我想请先生和交易所的朋友一起到杜公馆谈谈。不知肯赏光吗？"顾永园立刻按原定阴谋答复："杜先生的话，兄弟惟命是从。"

有关人员一起到了杜公馆后，杜月笙便以调停人的名义，询问事情原委。顾永园自恃有靠山，把他所掌握的纱布交易所舞弊情况和盘托出，扬言对方如不给予补偿，定当上诉法院。纱布交易所几名理事是哑巴吃黄连——有苦说不出。他们被迫承认了操纵市场，促使棉纱股票暴涨，利于作多头，打击空头的事情。在逼出这番话后，杜月笙假装板着面孔说："事情弄清爽了，很容易解决。今天下午交易所一开始，行情就要跌，让它跌停板。然后一连跌它几个礼拜，跌到两不吃亏的原价，让作空头的朋友也赚回来。"纱布交易所的几位理事眼看哗哗淌进的银元，顷刻间化为乌有，十分难过。但事已至此，为保身家安全，只得同意照办。

凭此无赖手段，杜月笙不但扳回了他做纱布投机的损失，而且让纱布交易所那班人领教了他的厉害，明白如不请杜月笙做靠山，纱布交易所是无法大赚黑心钱的。不久，纱布交易所便将理事长的头衔捧送给了杜月笙。

1933 年春，从南京政府来了个政府大员、实业部长吴鼎昌。吴鼎昌此行负有一项特殊使命，即以实业部与上海市政府合资名义开设一个渔市场，将鱼市价格和税收全部控制在市政府手中，这样就可从数百万上海市民身上再榨出一层油来。

于是，渔市场主管的职位成了上海大亨竞争角逐的目标。虞洽卿仗着与蒋介石的旧交情和总商会长的身份，捷足先登，把王晓籁推上了渔市场总经理的宝座。杜月笙心中十分气恼，又暗暗骂了虞洽卿一通。然而，杜月笙已今非昔比了。他已有了强大的商界、政界的力量，他决定这次与虞、王二大亨竞争一番。

一天，杜月笙叫来四个人，杜月笙、顾嘉棠、不会打牌的陆京士，还有一位重要人物，就是刚进恒社的唐承宗。他决定和这四个人商议一下具体的竞争策略。唐承宗在恒社里坐第二把理事交椅，仅次于陆京士。在恒社里如此显赫的地位是靠他自己的实力。“一·二八”事变以后，唐由吴淞要塞司令邓振铨引见，正式给杜月笙递了拜师贴。在杜月笙的要求下，他在吴淞一带组织保卫团，拉起了一支四五百支枪的保卫团。战事平静，唐承宗便成了吴淞商会会长，他与吴淞一带的渔民，以及来往上海、江浙的渔民各帮主都有关系，就是因为他的背景，他在杜月笙的戏码里将是一名急先锋。

商量之后，杜月笙决定双管齐下。由唐承宗在吴淞口拦住江浙的渔民不给虞洽卿鲜货，顾嘉棠去十六铺，另派人偷偷通知鱼行老板，都不能去鱼市场批货，要贩鱼，直接跑吴淞。

十六铺是杜月笙的根据地，哪个敢不买账？再说，官方渔市场统一开价收购，也杜绝了大中小盘的辗转批发，这岂不夺了渔行老板的饭碗。现在由杜月笙暗中撑腰，个个都倒向了杜月笙。杜月笙布下了埋伏，便等王晓籁入网了。

渔市场一揭幕，王晓籁便走马上任了。开盘第一天，渔民竟是寥寥无几，整个市场里里外外空荡荡、冷清清的。一连三天，天天如此。王晓籁急得没办法。他原想让吴铁城调动税务局警察，奈何唐承宗的保卫团早已站满了吴淞渔市。他明白了，在渔民、鱼贩后面有着一伙人在同他作对。但他猜不透是哪个山头的。

一个月下来，王晓籁只好来找虞洽卿辞职，请他另谋高手。虞洽卿觉得事情很奇怪。他猜是不是杜月笙在从中作梗。王晓籁否定了。因为杜月笙的势力不在吴淞一带。他们认为杜月笙刚刚建立的恒社没有那么大的能耐，他们真是想不明白。无奈之下，他们只能去找杜月笙来收拾这个残局。第二天，虞洽卿向吴鼎昌推荐由杜月笙当市场的总经理。吴鼎昌并不清楚这几位大亨的暗中角斗，还以为虞洽卿举贤让能。吴鼎昌欣然允诺，还拉着王晓籁亲自跑了一趟华格臬路。

王晓籁

王晓籁正准备一套话来应付杜月笙的拒绝，没想到杜月笙爽快地一口答应帮忙。在杜月笙的提议下，吴鼎昌当场决定渔市场改为官商合办的公司，资本定额200万。凡靠渔市场吃饭的鱼行老板、伙计均分两等，有投资者，按股分红利，无资者给固定薪水。还聘请杜月笙为公司董事长，王晓籁仍为总经理。杜月笙还向王晓籁推荐唐承宗，王毫无戒心地答应了下来。王晓籁在董事会上提名唐承宗为常务董事。大事小事一概由唐承宗掌管。上海渔市场于5月重新开市。虞洽卿搞到的肥差最后又塞到了杜月笙的嘴里。更让人惊讶的是，王晓籁对虞洽卿产生了疏远，开始倒向杜月笙了。杜月笙要斩断虞洽卿的胳膊，又出了一个绝招。

上海，素有商都之称。操纵上海经济市场的一共有5大团体，上海市商会、地方协会、银行公会、钱业公会、航业公会。这些团体的权威性，又以商会为老大。

曾坐过总商会长的宝座的人，都是有分量的角色。首任会长是湘中望族曾国藩的外孙聂云台，第二任会长是中国通电银行董事长盛宣怀的副手傅筱庵，现任会长就是与蒋介石关系密切，被蒋介石亲昵称之为“阿德哥”的虞洽卿。面对这些大亨，杜月笙只有望洋兴叹的资格了。但这一切，没有吓倒杜月笙，对他来说，越是高不可攀的峰巅，越够刺激。他已经为占有总商会长这第一把交椅开始了幕后的紧张策划。

杜月笙通过唐承宗对总商会的底了解得很清楚。具体实权掌握在国民党党部驻商会的常务理事王延松和总干事骆清华手中。王延松曾在华格臬路杜公馆那次筹备抗日救国会上见过面。此人态度模糊，不便惊动。杜月笙决计在骆清华身上做文章，他的办法是将他拉入恒社。

这一重任当然落到了陆京士身上。陆京士找到骆清华，以其三寸不烂之舌将骆捧得甚是满意。陆顺水推舟，劝他加入恒社，以在政界、报界等场面上可以崭露头角。骆清华考虑到自己以后的前途，便痛快地答应了。陆京士见骆已上钩，便将杜月笙交代的事情告诉了他。骆想这是取得杜月笙信任的一个绝好机会，便应承了下来。

第二天，从绸业银行的俱乐部里传出了一些议论："上海商会是由少数人操纵的，不能代表上海商界"；"上海商会应该改选"；"没有杜先生参加董事会，还成什么商会"。

杜月笙见陆京士已拉拢了骆清华，便在外面纵了一把火，通过恒社的骨干分子，在银行公会和各区商会里发起舆论攻势对总会施加巨大压力。马上，上海工商界紧锣密鼓，耳闻口传，私底下已在酝酿新会长的人选了。

待虞洽卿得到情报，骆清华暗地筹划的商会改选已成了定局，虞洽卿已无可奈何了。上海总商会召开了理事会，进行新会长和理事会的改选。在会场上，杜月笙被选了出来。谁知杜月笙做出了惊天之举："不，这届会长，我荐晓籁兄出来做。"全场被杜月笙的话惊呆了，骆清华也怀疑自己听错了，他张着大嘴呆呆地望着杜月笙。杜月笙的声音再次响起了："晓籁兄当会长，等于我当。"骆清华终于明白过来，他真正明白了杜月笙的策略和魄力。这时，他情不自禁地站起来为杜月笙鼓掌了。

杜月笙获得了彻底的胜利。王晓籁被杜月笙捧上了总商会长后，对杜月笙的恩德铭记在心。他死心塌地拜倒在杜月笙脚下，惟其马首是瞻。到此，虞、王联盟解体了。杜月笙把王晓籁拉在自己的旗下，组成了商会的影子内阁。从此，杜月笙真正成了上海滩的地方领袖了。

四、坚决不当汉奸

1、"一·二八"事变后，杜月笙配合史量才，组织地方维持会，支持十九路军抗日。史量才被暗杀后，杜月笙俨然成为"地方领袖"。七七事变后，杜月笙组织上海各界抗敌后援会，积极支持抗日。他的积极表现，使蒋介石又喜又忧。

1931 年 9 月 18 日，日本帝国主义侵犯东北，杜月笙参加了抵制日货的运动。4 个多月以后，在上海发生了"一·二八"事变。那时，侵华日军司令盐泽十分狂妄地叫嚣"四小时内占领上海"，可是遭到上海各界人民与蒋光鼐、蔡廷锴率领的十九路军十分顽强的抗击。

1932 年 2 月初的一天，杜月笙叫来史量才一起商量成立一个组织，以将目前各界民众支援十九路军抗战的事情统一起来。两人主意确定后，没过多久，"上海地方维持会"就在上海的炮火中成立了，史量才被推选为会长，杜月笙为副会长。还有一个副会长由王晓籁担任，会员有虞洽卿、钱新之、黄炎培、张公权、陈光甫、沈思孚、胡孟嘉等数十人。都是上海金融、工商、文教各界巨头。下面总共设有救济、政治、外交、租界、航空事业等委员会。该会向市民发出呼吁，共征集了大批现金、食品、日用品、寒衣，用各种车辆不断地运往前线。他们还号召人们抵制日货，对偷卖日货或与日本人私下勾结的人，背上贴个"卖国贼"的白纸标语，牵出游街示众。

"一·二八"抗战后，黄金荣、杜月笙、张啸林、金廷荪、顾竹轩、谢葆生、马祥生、陈工昌等人联合发起演剧助赈，他们组织了一批戏班，连演 3 天，各发起人认销戏票 2000 元，共筹集了 6 万元的金额，以便遣送、救济战后的难民之用。

《淞沪停战协定》签下后，上海市民地方维持会于 6 月 7 日改组为上海市地方协会，由史量才继任会长，杜月笙和王晓籁继续任副会长。这为杜月笙这一青帮首领积极涉入全国政治事务提供了一个非常必要的舞台。

“一·二八”抗战后，在上海以至全国人民抗日爱国浪潮的推动下，杜月笙等人的政治态度有了微妙的变化，他们与国民政府之间有了些微小的距离。1932年3月，杜月笙、黄金荣等人受聘为国民政府定于4月7日召开的国难会议的会员。杜月笙与王造时等其他几十名国难会议的会员一道签署了一个要求抗日到底，结束党治，实行民治的提案，并同这些人一起抵制不容许讨论废止国民党一党专政问题的国难会议。

同年8月，杜月笙、张啸林、陈亚夫、朱学范、王晓籁联合李公朴、史量才、刘湛思等人组织废止内战大同盟会。声称该会的宗旨是：“集合全国人民为肇止内战之运动”。杜月笙是该会办理日常事务的5个常委之一，他和张啸林又是该会经济委员会10名委员之一，专门负责筹集反内战的捐款。在杜月笙主持的恒社内，大部分人也都主张抗日，对日本帝国主义日益加紧的侵略表示出强烈的反对和不满。

由于史量才通过各种新闻媒体放言攻击蒋介石，1934年11月，蒋介石密令特务将史量才枪杀于沪杭公路上。史量才死后，杜月笙便继承了史量才在上海滩的全部事业，理所当然地成为上海市地方协会会长，并接管了《申报》，成立所谓“申新时商四社联营处”，“申”即《申报》，“新”系《新闻报》，“时”指《时事新报》，“商”是《商报》，由杜月笙任总经理，并在蒋的命令下，将黄炎培等进步人士由《申报》排挤出去，史量才的事业几乎都成为杜月笙的产业了。

这时的上海市地方协会，已与初办的宗旨不大一样了，不是以支援抗战为目的组织，其主要成员是上海的工商金融界上层人士，人数不多，开始时80人，至1937年5月发展至241人，但影响却不小。通过控制“上海市地方协会”，杜月笙的地位更加显赫，俨然成为“地方领袖”。

七七事变爆发后，全民族抗战爆发，上海人民也奋勇地投入到了如火如荼的抗日救国运动中去了，群众救亡团体如雨后春笋般涌现。上海人民救亡运动的发展，对国民党上海市党部来说是一个很棘手的难题，他们既不敢与上海人民作对，又担心发展下去会危及蒋介石政权的统治，因而想组织一个协会，把上海人民的救亡运动限制在国民党控制的范围内。为此，国民党上海市党部常务委员兼组织部部长吴开先，特意去杜公馆拜访杜月笙，以示请教。

两人经过一番商量，决定由国民党上海市党部出面，组织上海市抗敌后援会，力图将上海各抗日民众团体，置于它的许可之下。

1937年7月22日，上海市各界抗敌后援会宣告成立，委员120人，常委35人。主席团成员共9人，分别为杜月笙、王晓籁、钱新之、黄炎培、张寿镛、潘公展、童行白、柯干臣、金润庠，国民党上海市党部常委陶百川任秘书长，国民党上海市党部委员兼训练科长汪曼云任常委兼主席团秘书。杜月笙除任主席团成员外，还同时兼任筹募委员会主任。

各地抗敌后援会成立后不久，国民党政府决定再发行5亿元“救国公债”，以代替原来征募的“救国捐”。国民党这次发行“公债”，因数额庞大，信用低落，虽以“救国”名义，也觉不易凑齐，便极力动员它所控制的一些带民间色彩的组织，如帮会、商会等帮助推销。所以，时任国民政府财政部长的宋子文专程去上海拜访杜月笙。

经过杜月笙等人竭力奔走，上海认购了7500余万元，折合当时的美元达2300余万元。

杜月笙在此期间表现得十分突出，摆出一副全力投入抗战、为蒋介石效力的架子，并借机和国民党高级将领拉上关系，以图更好发展。蒋介石心里明白：杜月笙这么积极为自己效力，是希望有回报的，他用尽心机，野心勃勃，一心想在政界上有所发展，他不愿仅仅做一个帮会头目。但蒋介石自忖，以杜月笙这种见利思迁之徒，给其官职，必将为自己留下后患，对自己不忠。因此一直以来，蒋介石对他始终关闭做官大门，特别是将他置于一切国家大事之外，不容他插手国民党的军队事务。然而目前战火弥漫，上海也已成为日军继华北之后的下一步目标，如何有效控制以杜月笙为首的上海帮会势力，为己所用，参与抗战，扩大自己的势力，成为蒋介石日夜忧虑之事。

8月13日，日本侵略军发动了对上海的进攻。中国军队奋起还击，八一三抗战开始。每逢有国民党部队开到，杜月笙总是要带上大批上海人民捐献的慰劳品，前去劳军。通过这条渠道，在前线为国浴血奋战的爱国官兵也得到了许多的物资援助。同时，杜月笙也利用这个机会和国民党的高级将领建立了良好联系。如给张治中的部队送电话机，为张发奎部提供装甲保险汽车等。杜月笙的这些举动给国民党的高级将领留下了非常好的印象。

在此期间，杜月笙也为八路军做过一些好事。八路军驻沪代表潘汉年曾写信给杜月笙，告诉他：八路军“开入晋北，血战经月，防毒装备缺乏”，“渴望后方同胞捐助防毒面具”。杜月笙一接到信，就在杜公馆召开抗敌后援会主席团会议，经过反复讨论，决定将1000具从荷兰进口的防毒面具捐赠给八路军使用。这些面具价值约16000元，款项从抗敌后援会募集的北上慰劳金里支付。为此，杜月笙代表抗敌后援会复函潘汉年：“兹由本会勉力购赠荷兰新到防毒面具1000只，请即枉（劳）驾慰劳委员会接给运输手续，以便早日送达贵军前方将士备用。”

2、蒋介石为了拉拢杜月笙，派戴笠要求他组建“苏浙别动队”，杜月笙抓住这次有名有利的机会，向蒋表忠心。面对日本人的步步诱降，杜月笙经过反复斟酌，不与合作，决心离开上海滩。

卢沟桥事变后，上海的青洪帮头目，曾由向海潜（又名松坡）带头，通电“请缨”，声称有数十万人马，愿意听候点编指挥。戴笠感到可加利用，壮大自己的势力，便向蒋介石建议，设立“军事委员会江浙行动委员会”，由这个“委员会”将青洪帮控制的一批人组织为“别动队”。得到蒋介石的批准后，戴笠便来到上海着手拼凑“别动队”。

为了尽快将此事应付过去，戴笠找到杜月笙帮忙。杜心想，这是件有名有利，同时又可以借机扩大自己势力的事情，便决心帮戴笠这个忙。

当下，杜月笙便与戴笠协商了一个筹备委员会名单，委员除了戴笠、杜月笙外，还有国民党上海市长俞鸿钧，国民党上海军警两界负责人吉章简、蔡劲军，工商金融界的贝祖贻、钱新之，筹委会地点就设在位于上海辣斐德路（今复兴中路）的军统局三极无线电学校。

在筹备委员会成立后，以戴笠和杜月笙为领导，立即进行了紧张的活动。“别动队”按计划编制为五个支队、一个特务大队，一万人左右。为了找够人马，戴笠将军统在南京、上海一带负责情报和行动工作的大小特务组织起来，编成一个支队和一个特务大队；又强迫正在接受军训的二三千名高中以上的学生编为一个支队。杜月笙则利用他在上海各区担任保卫团负责人的门徒，如闸北保卫团团长洪雁宾、吴淞保卫团团长唐承宗等人各自动员了一部分保卫团成员；又通过陆京士等人，趁部分工厂在八一三抗期间停工，拉了一些邮政工人、海员工人和码头工人，另外还拉拢了一些工商界从业人员参加“别动队”，凑出几个支队。

拼凑了上述力量之后，戴笠忙发电给蒋介石。1937 年 9 月上旬，蒋介石先后两次发来电令，颁给苏浙行动委员会和苏浙行动委员会别动队番号。

苏浙行动委员会，设委员 15 人：杜月笙、戴笠、刘志陆、宋子文、俞鸿钧、吴铁城、贝祖贻、钱新之、虞洽卿、吉章简、蔡劲军、张啸林，以及时任京沪警备司令官的张治中等人。以杜月笙、戴笠、刘志陆 3 人为常委。

别动队共编为 5 个支队，每支队下辖 3 个大队，大队下设 3 个中队，中队下又设 3 个区队，区队下设 3 个分队。刘志陆任别动队总指挥。

别动队成立不久，1937 年 11 月，日本侵略者便在金山卫登陆。由于当时国民党主力部队集中在罗店、嘉定和黄浦江温藻浜一带堵截日军，地处苏浙两省交界的金山卫没有足够的防务，日军得以乘机而入，从南面包抄国民党主力部队的后路。时任国民党第三战区前敌总指挥的陈诚见状，仓皇命令全军后撤。这时的别动队除第三支队因主要成员是工人，有较大的抗日决心，曾到青浦与日军进行过一次战斗外，其余便自动解散了。

根据戴笠的命令，一部分撤向法租界。其中，有的人重干原来的职业，有的又当上了军统特务，如原二支队副官于松乔等，成为军统上海区行动二队成员，从事暗杀活动。另一部分逃到了江苏、安徽交界的屯溪、歙县等处。

1938 年，戴笠又以军事委员会名义，将这一部分加以重新改组，又吸收了一些散布在浦东及太湖地区的土匪武装，如马伯生、丁锡山、张阿六所部，合并组成“忠义救国军”，以俞作柏为总指挥，何行健为副总指挥。这支特务武装，在抗日期间，不打日寇，却只反对新四军和欺压百姓，从事各种抢劫敲诈、绑架勒索、强奸妇女等罪恶活动。有的甚至投敌卖国，给日本人当汉奸。如杨仲华，担任了汪伪和平军第二集团军司令，冯一先担任了汪伪社会部的文教组长。这些汉奸武装，在抗战胜利后，大部分又被蒋介石改编为交通警察总队，调去东北参加“剿共”，有的则在上海露面，担任接收人员。

八一三事变后，日本侵略者开始考虑在上海建立傀儡政权的问题。由于杜月笙在上海的特殊身份，日本人将其作为一个重要对象，并进行拉拢。

当时上海的日本总领事馆，加上日本陆军部、海军部驻上海的特务机关，每月都要列出经费预算，以作为对杜月笙的公关费用，并派人对杜跟踪调查，将杜月笙的生活状况、交往情况，列成专案，以进行分析研究，为拉拢杜月笙提供参考资料。

为了更好地贯彻“以华制华”方针，日本内阁在1938年夏曾决定由陆军、海军、外务省三方面派出代表，共同组织一个“对华特别委员会”。这实质是一个在中国负责寻找汉奸和制造傀儡政权的机关。该委员会尚未正式成立前，后成为其主要负责人的坂西利八郎和土肥原贤二便偷偷来到上海，对杜月笙进行拉拢和策反。

坂西利八郎首先拜访杜公馆，向杜月笙许诺：如果杜在日军占领上海后，留在上海与日军合作，将会在政治、经济上享受许多好处。

眼见日本军队步步诱降，杜月笙不得不考虑何去何从。上海是杜月笙的“根据地”，他的党羽、财产和用尽半生之力营筑起来的“安乐窝”，主要都集中在上海；离开上海，迁往他处，未免有“虎落平阳被犬欺”之忧虑。但若留下来，则必须和日本人合作。当时全国抗战情绪高涨，汉奸卖国贼在中国成了人人唾骂的对象。这使杜月笙感到去留皆难，陷于犹豫之中。

恰在这时，土肥原贤二继坂西利八郎之后，又一次来到杜公馆，对杜月笙进行劝降。与此同时，日本人还利用各种方法威胁恐吓神经极度紧张的杜月笙。

但是，日本人的拉拢并未取得效果，杜月笙渐渐打定了离开上海的念头。同时，他也明白蒋介石集团不愿他们这些人留在沦陷后的上海。蒋介石曾亲自出面警告上海一些头面人物离开上海，比如虞洽卿就曾接到国民政府宁波专员公署转来的蒋介石两个电报，一个命令他到内地从事工商业，另一个问他究竟何日启程。因此，杜月笙综合各种情况，把陆京士、杨志雄、钱新之等人找来，进行了进一步研讨，最后认为："香港是中立地区，可以静观待变，进退俱宜。"三十六计走为上，杜月笙决定悄悄地离开上海滩先去香港。

很快，杜月笙得知他在华格臬路比邻而居的把兄弟张啸林已与日本人扯上了关系，决定留在上海当汉奸；同时又打听到日本人专门做了布置，以预防当时留在上海的宋子文、俞鸿钧、杜月笙等人离开，他感到如再不走，将更加麻烦，便与国民党有关方面商量了离沪时间和路线。1937 年 11 月 26 日晚上，为了不引人注目，杜月笙将家属统统抛下，只带一名随身差役，乘着夜色浓重，由华格臬路登车出门。在附近一直监视杜的日本特务以为杜月笙仍像往常一样去蒲石路 18 层楼公寓过夜，并未多加注意。杜月笙的汽车开到途中，却改换方向，悄然驶向位于法租界的一个轮船码头，在那里登上了法国客轮"阿拉密司"号，和宋子文、俞鸿钧等人同船投奔香港而去。

3、杜月笙到达香港后，蒋介石对他恩宠有加，频频委以重任，使他原先离开"上海滩"的种种担忧一扫而光。同时，作为沪渝中介人的他，通过遥控高兰生，平息了一场特工战，甚是风光。

令杜月笙惊喜的是，他离开上海这块"发祥"地以后，居然会重整旗鼓，蒋介石对他更加信任，频频做出笼络姿态，杜原先在上海的种种担忧顿时没有了。

蒋介石给杜月笙的第一个恩宠，便是奖给杜月笙一个正式的官职，即"赈济委员会常务委员兼港澳救济区特派员"。这是杜月笙多年来一直追求而未得到的正式职务。

蒋介石为阻止一些受到日本青睐的人物公然投敌，不得不考虑给一些头面人物任职，设法拉拢他们。杜月笙亦官亦民，又有广泛的社会联系，便于开展这项工作。然而由于香港当时属英国管辖，为使社会秩序保持稳定，港英当局对黑社会的活动控制较严，杜月笙到香港后，港英当局对他一直有所约束，使杜月笙感到很不自在。左右权衡，值此抗战紧要关头，蒋介石决定舍其弊而取其利，给杜月笙一个正式的官职头衔，以便他在港开展活动。

杜月笙闻讯后十分高兴，即刻应允下来。1938 年初，蒋介石下令扩大中央赈济委员会，再次委派杜月笙为常务委员兼港澳救济区特派员，负责第九救济区（即两广、福建三省）的事务。杜月笙接到命令之后，立即在香港成立了赈济委员会第九区赈济事务所，自任主任，并马上着手开展活动。

“中储券”又称“宁钞”，是汪伪政权在沦陷区广泛发行的货币。在汪伪政权成立之前，沦陷区币制基本没变，继续沿用国民政府中（中央银行）、中（中国银行）、交（交通银行）、农（农民银行）和小四行，即中南、通商、浙兴、四明等银行发行的钞票。

汪伪政权成立后，任命周佛海为伪财政部长。1940 年 12 月 8 日，周佛海和日本大使馆的参事官日高暗地签订《关于设立中央银行之意见书》。在 1941 年 1 月，“中央储备银行”在南京挂牌成立，周佛海负总责，并开始发行“中储券”。

1941 年 1 月 15 日，“中储行”在上海外滩前华俄道胜银行旧址设立了上海分行。上海银行钱业公会一致决议，坚决不与“中储行”来往。全市大小商店，都不准流通“中储券”。为此，周佛海密令汪伪警政部长兼特工部主任李士群，派出大批特务，携带大量的“中储券”，往各大公司、商店购物，强迫对方收下，如对方不予接受，便拔枪相对。靠着这些特务流氓手段，“中储券”在上海市面渐渐开始流通。

“中储券”的发行和流通，严重危及国民党政府“法币”的地位。为此，重庆方面密令军统局上海行动小组打击“中储行”，阻止“中储券”发行和流通。接到这一密令，军统特务马上在上海进行了一系列针对“中储行”的暗杀行动。

1941年1月30日，军统特务首先杀掉了“中储行”上海分行专员兼驻沪推销主任季翔卿。接着，军统特务又在2月20日偷偷袭击了“中储行”上海分行。

一个月后，“中储行”上海分行的设计科长楼侗，再次被军统特务暗杀。随后，“中储行”上海分行的庶务科长潘旭东、帮办总会计卢杰、财政部科员冯德培、稽核科主任万鼎模等，也陆续被军统特务暗杀。

经这一系列暗杀行动，本已业绩不良的伪中储行上海分行，更是冷冷清清，濒于关门破产。周佛海得此消息后，十分生气，立刻以汪伪特务委员会主任委员的名义，命令汪伪特工总部负责人李士群报复。于是，就在楼侗被杀的当天晚上和次日凌晨，汪伪特工总部“以其人之道还治其人之身”，制造了几起惨案，杀害了许多无辜的银行职员。

面对汪伪特工总部的频繁进攻，军统特务决定进行报复。他们派出3名特务，携带利斧，混入大华医院，将正在那里养伤的伪中储行上海分行业务科长活活劈死。汪伪特工总部闻讯后继续对抗，抓走了中国银行的一些高级职员，并从中打死3人，实行“以三抵一”的报复。

为了在上海的经济利益，蒋介石和汪精卫进行的混战，杀得难解难分，把上海金融界搅得血雨腥风。蒋汪双方的银行，眼看着即将同归于尽，谁都无法到齐足够的人手，开门营业。远在重庆的“军统”头目戴笠为此事日夜担心。

这时，戴笠想到住在香港的杜月笙，希望他可以设法摆平此事。这件事，杜月笙自然要办，因为命令来自于重庆。但为难之处在于既要摆平此事，又不能失掉自己的面子。论双方暗杀之战，“军统”上海方面的特工头目不少是杜月笙的得意门生；而论交战对方，吴世宝3年前在杜月笙眼里只是一条狗，靠日本人当汉奸走狗才发迹的，杜月笙怎能和他低声下气地“讲和”，把他当作“谈判”的对手呢？

但是，杜月笙奉蒋介石之命，为了顾全大局，只好不顾面子试探试探。他发了一封电报到上海，命令他另一个狠角色门徒，即把机关枪狙击扫射当作毛毛雨的“花会大王”高兰生，让他去和76号警卫大队长吴世宝商量双方休战事宜。

高兰生见到吴世宝后便说："吴先生，我们杜先生托我送给您一些东西，请您务必收下。"高兰生奉杜月笙之命，带来了一大堆贵重礼物。"啊呀，怎么好意思让杜先生如此破费呢?"吴世宝虽然现在在上海滩上风光一时，但在杜月笙面前，总有一种潜意识的自卑感。如今杜月笙亲自派人送礼上门，欲求讲和，顿觉很有脸面，大有受宠若惊之感。

于是，高兰生将杜月笙的"调停"之意转告吴世宝。"这个容易，我与李部长打声招呼就行了。"吴世宝得意洋洋，当即夸下海口："说实在话，这件事本来我们不想管，全是周佛海这家伙的意图。""杜先生知道你和李部长都是场面上人，通情达理，所以让我到吴先生这里来。"高兰生顺势奉承道。"你转告杜先生，这件事情我摆平，请他等好消息吧!"吴世宝拍着胸脯保证道。

当天下午，吴世宝便亲自跑到隔壁李士群家里，向他转述了杜月笙出面调停的意思。此时的李士群，已经从晴天庆胤那里知道了汪伪政府的最高军事顾问影佐祯昭已经在汪精卫面前正式提名由他执掌"清乡"大权的消息，因而将主要精力都转移到了"清乡"的筹备工作上去。能尽快结束这一场令人生厌的特工大战，使他的发祥地上海滩恢复和平也正是他求之不得的事情。

更重要的是，战局的变化使李士群看到日伪的命运并不如他原先所想象的那么辉煌，为了给自己留条退路，也很想暗中恢复与重庆方面的旧情，并已经在思考着停战的方案，如今见杜月笙出面调停，便顺水推舟地卖了一个人情给杜月笙。

事情的发展使杜月笙感到意外，高兰生之行居然如此有效，76 号果然停止了对中、中、交、农四行人员的残杀行动。杜月笙得讯惊讶事成之快时，忽听吴世宝派一名高级代表甘斧钳来香港回拜杜月笙。来人说吴世宝对杜先生的吩咐焉敢不遵，结果如何，敬请观察，倘若吴世宝不能奉行杜先生的吩咐，他宁可退出 76 号。

银行界终于平静下来。双方再也不以可怜的银行职员为靶子互相暗杀。吴世宝的代表甘斧钳说他已完成任务，甚愿借此机会再度高攀，拜杜月笙为师。杜月笙一时高兴便收了这位门弟子，而且转请重庆派他为上海中央银行副经理。借着这层关系，蒋汪两家中央银行从此勾结在一起。

直到此时，这场特工战历时两个月，终于在死掉几十个无辜的银行职员之后告一段落。在一堆大小银行职员的白骨堆上，最风光得意、最有面子的竟是杜月笙。

4、为了回报蒋介石的恩宠，杜月笙竭尽全力阻止日本网罗失意政客、落魄名士组织亲日伪政权，为蒋立了大功。杜月笙十分痛恨当汉奸的人，甚至对曾经关系十分密切的人，他也不放过，刺杀张啸林和刀砍傅筱庵，即为两个例证。

1938 年 3 月，在日本方面的直接控制之下，南京成立了以梁鸿志为首的“维新政府”，其成员包括杜月笙的把兄弟陈群。在蒋介石的授意下，为防止其他一些人继续背着蒋介石投敌，杜月笙利用赈济委员会的侨胞捐款的机会，先后设法将段祺瑞任临时执政时的交通总长曾敏隽、陆军总长吴光新、外交总长颜惠庆接到香港，有力地打击了日本侵略者继续扶植伪政权的计划。杜月笙也由于这些人士的到港，迅速扩大在港的影响，不久便在港织成了一张庞大的关系网。这个庞大的关系网对蒋介石和杜月笙来说都十分重要，是重庆方面与上海等沦陷区联系的重要渠道，杜在港的住所也成为国民党军政人员从沦陷区赴重庆的中转站。

杜月笙积极为蒋介石效力，令蒋十分满意。为充分利用杜月笙在上海的余威，蒋介石不久又对杜月笙委以新职，让他出任协调上海党、政、团关系的上海统一委员会主任委员。这对于喜欢办理政界之事的他杜月笙来说，无疑是又一件受命于危难之时的“光荣使命”。

上海沦陷后，国民党在上海的组织几乎停止活动，特别是汪精卫集团卖国投日后，上海成为汪精卫汉奸集团的活动中心，原国民党留沪人员大批公开叛变，投靠日本侵略者和汪精卫集团，充当汉奸，使蒋介石留在上海的党团基础几乎全部动摇，引起时人议论纷纷。

为了平息舆论压力，国民党中央派出已升任中央组织部副部长的吴开先潜返上海收拾残局，重建国民党的上海组织。吴开先是杜月笙的门徒，在沪住了半年，由于环境不利，未能打开局面。

蒋介石经过与分管国民党党务的陈立夫商量后，决定成立一个上海统一委员会，共同协调国民党留沪各系统在上海的关系，当然由上海滩大亨的杜月笙出任主任委员，戴笠、蒋伯诚、吴绍澍、吴开先任委员，吴开先兼任秘书长。蒋介石还专门托人向杜月笙传达其口信："上海的阵地是不能丢的，以后请月笙先生多费心了。"

杜月笙接受了蒋介石新的使命，感到这又是一次出名的好机会，立即从香港指令留在上海分别为其代理对内对外联系的徐采丞和万墨林为统一委员会的总交通，并大力协助吴开先等人开展工作。杜月笙准备调动起在上海的所有关系，再展威风。

杜月笙主持的统一委员会果然产生了一定的效果。他运用上海的帮会势力，用劝说、恐吓等方法逼使像虞洽卿这样有影响力的人离沪赴港、避免与日本人接触，同时还积极着手建立国民党在上海的党团组织。

蒋介石由此更加深了对杜月笙的信任。杜月笙迁居香港后，曾多次去重庆，与蒋介石、孔祥熙、陈立夫、张群、戴笠等国民党党政军要员会面，或参与谋划、或负责执行国民党方面一些地下事宜。如与日本作秘密交涉，策划汪精卫汉奸集团要人高崇武、陶希圣等人从上海偷偷出走南京，回归国民政府等。1941 年底香港沦陷后，杜月笙避难到重庆，与蒋介石等国民党军政要人的往来就更加密切了。

上海沦陷期间，"上海三大亨"之一的张啸林因为经不住日本人的再三劝诱而公然卖国投敌，成立组织"新亚和平促进会"，为日军强征粮食、棉花、煤炭等重要物资，大发汉奸财。张啸林公开做起汉奸，在帮会门徒中产生了恶劣影响，张啸林的门徒都纷纷投向日本人，出任浙江伪政府官职。

1940 年 8 月 13 日，汪伪政权头面人物之一的周佛海再次与张啸林经过彻底密谈，决定任命张啸林出任伪浙江省省长。张啸林的一举一动，引起了戴笠和杜月笙的极度不安。在杜月笙留沪总管家万墨林的支持下，戴笠组织了军统局上海行动小组，并由杜月笙门徒陈默担任总负责人。

1940 年 1 月 15 日，陈默带领若干便衣人员暗杀了在上海更新舞台听戏的张啸林同党俞叶封，为此张啸林十分害怕，躲在家里不敢出门。后来，陈默又密令打入张家保镖队的军统特务林怀部寻机将张杀死。

随后，军统又将暗杀目标转向伪上海特别市市长傅筱庵。傅筱庵在汪精卫投日后，表面接受戴笠的策反，同意配合军统特务刺杀汪精卫，但到关键时刻，傅暗地向汪精卫告密，致使军统派遣的策反人员和蒋介石秘密打入汪精卫内部的人员，被汪伪特工抓获后杀死。蒋介石闻讯后气得直喘粗气，命令军统不惜任何代价将傅除掉，并要求杜月笙动员在上海的关系，全力予以协助。

经过仔细、周密的计划，戴笠与杜月笙留沪管家万墨林决定将此冒险任务交由傅家老佣人朱升源完成。朱升源为人忠厚老实，手脚又勤快，深得傅筱庵的信任。由于对日本深恶痛绝，朱升源曾私下劝过傅不要继续当汉奸，傅筱庵置之不理，朱升源对傅筱庵也开始渐生不满。在戴笠、万墨林派来的同乡好友的策动下，朱升源接受了暗杀傅筱庵的任务。

1940 年 10 月 9 日深夜，傅筱庵刚刚参加完日本人举行的宴会，喝得不省人事，回到家里，进屋之后便一头栽进床里呼呼大睡。朱升源见机会已到，拿起准备好的菜刀藏在衣服袖子里，轻手轻脚地走进傅筱庵卧室，他见傅两脚朝天，睡得正香，抡起菜刀，对准傅筱庵的肥脑便是一刀，傅筱庵连哼都没来得及哼上一声，便一命呜呼。朱升源见傅筱庵确已断气，便赶紧离开傅家，直奔位于法租界的军统局秘密联络点而去。

杜月笙在驻港的这段时间里，虽也没少干那些他平时的拿手好戏——贩卖鸦片的勾当，但他还是保持了一个人的民族气节，这一点，也是任何人都无法否认的。

5、香港沦陷后，杜月笙转到重庆避难。在重庆，他积极开发财源，大发横财，出现了杜月笙到哪儿哪儿重要的局面。渐渐地，蒋介石对杜月笙失去了以前的礼遇，不禁使杜产生“寄人篱下”的心境，他渴望回到上海滩，重振雄风。

1941 年底，香港落入日军之手，杜月笙和戴笠马上飞到了重庆避难。

当时，重庆是国民党的陪都，高官、四川袍哥及各界名流汇集于此。顶有心计的杜月笙明白，像他这样孤身一人，寄居重庆，无权无势，能保护自己并打开局面的，就是钱。为了保持自己的威望，杜月笙至渝的第一件事，便是向四川财阀刘航琛借钱。

刘航琛，是杜月笙在两年前有意结交的一位四川豪富。刘航琛是四川泸州人，出身于富商家庭，早年毕业于北京大学经济系，后成为四川军阀刘湘在财政方面的重要助手，在四川和其他地方拥有不少银行和工厂。刘湘死后，刘航琛失去靠山，怕与其有矛盾的代理国民党四川省主席王缵绪找机会报复，一度经昆明跑到河内，打算作南洋之行。杜月笙当时正在香港，决定乘此机会笼络刘航琛。所以，杜月笙特派顾嘉棠专门去河内邀请刘航琛到香港住。

在香港，杜月笙对刘航琛十分热情，各方面照顾得都很周到。后来，杜月笙找孔祥熙调解，刘航琛与王缵绪的紧张关系也缓和了许多，杜月笙特派顾嘉棠护送刘航琛回川。刘航琛从此对杜月笙心生感激。杜月笙由香港到重庆不久，刘航琛便奉上一本川康银行的空白支票，声称在法币155万元的数额内，由杜月笙自由支取。

后来，杜月笙又凭借自己的特殊地位，建立了中华贸易信托公司，设立了中国通商银行分行。他在西北金融工商界，也开始成为一个显赫的人物。杜月笙凭借这些金钱，在陪都重庆大发横财。难怪一些国民党政要曾这样吹捧杜月笙："抗战初期，身居上海而上海重；战事中期，身居香港而香港重；战事末期，身居重庆而重庆重。"

蒋介石从来就是一个有用即拉、无用就打的流氓无赖，对杜月笙也是一样。一次，孔祥熙邀杜月笙、杨虎及范绍曾三人上他家吃饭。饭桌上，孔对他们说，蒋介石认为目前四川地面上帮会势力太大，无法忍受，准备杀一两个青洪帮头子压一压。

但对杜月笙等人来讲，他们一直在帮蒋介石的忙，现在蒋出言便要拿四川地方上青洪帮头子开刀，矛头所指，自然十分明显。范绍曾是四川地方袍哥的大龙头，而杜月笙、杨虎分别是外地迁入四川的青洪帮总头目。

现在蒋要心动杀机，让杜等人怎想呢？

果真，没过几天，蒋介石便移栽罪名，将兵役署署长、四川袍哥程泽润枪毙了。事情传开后，几十万四川袍哥热血沸腾，摩拳擦掌，“准备大闹一场”，“拿点颜色给蒋介石看看”。戴笠知道后，急调大批武装特务严阵以待。杜月笙一看势头不对，如果硬对硬地干，袍哥肯定要吃亏，而且说不准还要把自己也给牵涉进去。胳膊拧不过大腿。因此他赶忙出面相劝袍哥，总算把这件事压了下去。

从此开始，杜月笙对蒋介石不再是极力维护，尽“良弓”“猎狗”之责了，而蒋杜之间的嫌隙越来越大了。此时的杜月笙常常发出感慨：“一日无权，人人都嫌。”这位大闻人都有人敢嫌，可见他此时的处境了。

1945 年 3 月底，重庆发生了一桩泄露黄金牌价的案件，一时闹得满城风雨。蒋杜之间的矛盾也一度要走上“法庭”解决了，蒋对杜的这种由杀鸡儆猴到直接开刀的态度，令杜月笙更觉心寒、战栗。

事情是这样的：原来黄金牌价，照例是由财政部在当天收市以后，第二天开市以前，通知中央银行。3 月 29 日那天，财政部要将黄金牌价由每两 2 万元提高到了 3．5 元，在财政部未发通知前，即已走漏消息。事后查明，就是参与财政部黄金涨价决策商讨的、杜月笙的得力门生王绍斋泄露的。王将此消息透露给杜月笙后，杜马上行动，命令中华信托公司、大业钞票印刷公司和其他所能控制的企业，尽其资金吃进黄金。由于行为太明显，购进黄金数目又大，这件事终于败露了。

蒋介石大为恼火，下令追查。结果，王绍斋、李祖永、舒开怡等相继被捕。而且这次法庭似乎要下力气查它个水落石出，杜月笙竟也收到了一张法院的传票。

在此情况下，杜月决定背水一战，他通过孔祥熙、戴笠两位密友，频频向蒋介石传递信息。戴在蒋介石面前帮杜月笙说尽了好话，竟也赢得杜月笙面见蒋的“胜利”；而且，他还出面将蒋介石召见杜月笙的消息捅给了法庭。不出所料，不久，王、李、舒等便看见了天日。戴笠，这位杜月笙的金兰兄弟，“是半路杀出的程咬金”，将杜月笙从虎口中轻易地救了出来。

在重庆的杜月笙，遭蒋介石如此之待遇，不免心寒。但杜心中至少还存着一线希望，那就是盼望有朝一日回到上海，再显威风，毕竟那里是自己的窝，蒋介石也奈他不得。令他失望的是，蒋介石照旧未买他的账。

五、客死香港岛

1、日本投降后，杜月笙急着赶回上海，孰料蒋介石早已安排好统管上海的各路官员。曾是其门生的吴绍澍连连给杜泼冷水，杜最终利用各种关系把他拉下了台。但戴笠的意外死亡使杜月笙大有“兔死狐悲”之感，这一切都意味着他很难再重整旗鼓了。

1945 年 8 月，日本投降，杜月笙在重庆坐不住了，想赶快返回大上海。但又怕去得早了，秩序尚未稳定，不太安全。因而在得知他的“学生”陆京士、吴绍澍已经先后安抵上海后，才于 1945 年 8 月 19 日，带着随行人员，乘坐一艘名为“健飞十七号”的轮船，取道杭州而得以返回上海。

但杜月笙万万没有想到的是，他替蒋介石费了这么多的心，卖了如此之命，却仍不能使蒋对他满意放心。蒋介石是何等狡猾之人，他先利用杜月笙，抢先进入上海，完成对上海的有效控制。因此，在杜向上海进发的路上，蒋介石连颁数道任命，以钱大钧为上海市长，以吴绍澍为副市长、三青团书记兼社会局长，先行进入上海，统管上海的工作，把杜月笙撇在旁边忘得干干净净。这无异于给杜一记闷棍，失望痛心愤懑之余，他又想到吴绍澍是他的门生，或许还有希望将他给“提拔”上去。想到这，杜月笙又多少有一点慰藉，但没想到又遭一盆冷水。

杜月笙乘火车到达上海北站时，由美机从后方空运来上海的汤恩伯部九十四军及淞沪警备司令部方面，均未派出欢迎人员，连站岗摆个样子的军警都未派出一个，只有杜的徒弟周祥生——上海祥生汽车公司的老板，雇了一个乐队，敲敲打打，装潢门面，但这更勾起杜月笙的万般愁绪。

第二天上海的报纸对杜的返沪，也只是寥寥几个字的应付。欢迎的人群中，无一正牌的官方人物，连堪称属下的忠义救国军，也只派了个小头目到场，至于委员长驻沪代表蒋伯诚，原是他主任的属下，更不露面。使杜感到更难堪的是，他所希望的“救命草”门下吴绍澍，竟也不来迎接他。放眼望去，哪里还是他杜闻人的上海滩呢？令他魂牵梦萦、朝思暮想的上海就这样迎回了它的“老主人”！

杜月笙回到上海后，曾经是他门生的吴绍澍经过多方活动，在上海滩一度占了上风。处于被动地位的杜月笙一伙，平时称王称霸惯了，怎受得了这个气！顾嘉棠忙给杜月笙出主意：“吴绍澍这个赤佬是给月笙哥磕过头拜先生的，欺师灭祖，按照江湖老规矩就该处死！月笙哥，你把他的拜师帖子给我，让我跟他算账。”

老奸巨猾的杜月笙早就想到用帮会义气和封建道德来打击吴绍澍，顾嘉棠的主意说到他心坎上了，当下便命人打开存放拜师帖的保险箱，拿出一张张大红帖子翻来覆去地寻找，谁知上千份拜师帖子中偏偏少了吴绍澍的那一张。

拜师帖失踪，无法当面找吴绍澍寻衅，杜月笙便通过弟子门徒广为散布当年他如何扶持吴，现在吴又如何忘恩负义等等，极力将吴丑化成一个忘恩负义、欺师灭祖的小人，以激起舆论对吴绍澍的愤懑和蔑视。同时，还指出吴绍澍在接收敌伪产业时贪污无数、中饱惊人，并通过戴笠多次向蒋介石控告，使国民党中央内和吴绍澍亲近的人也难以在蒋面前为吴绍澍说话。军统还指令毛森拘留了吴绍澍两名参与接收邵式军房产的亲信，想查出证据，用以打击吴绍澍。

陆京士则以社会部沪宁特派员的身份，仿照军统忠义救国军的名称，招收大量特工骨干，组织了一支“工人忠义救国军”，以后又搞了个护工队，遍布各厂。在陆京士等人活动下，吴绍澍派去担任市总工会筹备委员的几个人，很受约束，难以施展威力。陆京士还利用大批失业工人要求寻找工作和在职工人要求增加工资的愿望，组织他们源源不断地到国民党市党部和社会局请愿，给吴绍澍施加压力，制造麻烦。上海工商金融界的许多老板，也在杜月笙及其门徒授意下，不跟吴绍澍配合。

在这种情况下，吴绍澍的压力一天比一天大，他的情绪也由亢奋逐渐转为低落。到 1946 年 1 月，吴绍澍很少到社会局去，而让副局长葛克信代为硬撑。为了摆脱困境，吴绍澍曾去重庆向朱家骅和蒋经国求助，并求见蒋介石为自己进行辩解。但吴绍澍此行并未达到目的。不久，国民政府便由宋子文出面，下令免去吴绍澍的上海市副市长和社会局长职务，改派吴开先接任上海社会局长，而吴开先是杜月笙的人。以后，又连续免去了吴绍澍的国民党上海市党部主任委员和三青团上海团支部主任等职务。这个发誓要铲除恶势力的人，最后却被恶势力连根扳倒。

经过这场竞争，吴绍澍称霸上海的勃勃雄心，化为乌有，而杜月笙却变得更加跋扈、骄横。正当杜月笙在上海纵横捭阖，力图恢复自己威势的时候，他的把兄弟戴笠突然意外死亡。

戴笠经常来往各地，由国民党航空委员会给他调拨专机使用。1946 年 3 月 17 日上午 11 时 45 分，戴笠乘坐的飞机开始从青岛沧口机场起飞，到上海时大雨滂沱，机场不同意降落，只好又改飞南京。南京碰巧也下大雨，机场勉强同意降落，但由于云层很厚，又有雷鸣，飞机与地面联络极其困难，在下降时，误越机场，飞到江宁县去了。在大雨中，飞机飞得很低，不小心撞到一棵大树上，接着又冲到江宁板桥镇南面一座不到 200 米高的岱山上，飞机轰然炸毁，机上人员均遭身亡，个个烧得焦黑。

杜月笙得知戴笠机毁人亡的消息，呆若木鸡，痴痴傻傻，清醒过后，才呼天抢地，号啕大哭。会如此伤心，是有他的理由的。

戴笠是杜月笙的把兄弟。长期以来，戴笠凭借他在蒋介石身边的特殊地位，对杜月笙邀宠于蒋介石起了重要作用。杜月笙利用他在黑社会的关系，为戴笠的特务活动提供了便利。两人各取所需，互相利用，虽有矛盾，但在更多情况下则是互相勾结、依靠和维护。

抗战胜利后，杜月笙将他在杜美路 26 号那幢华丽住宅借给戴笠作为军统局上海办事处。杜月笙为了讨好戴笠，专门派他的心腹管家万墨林和既是他的门徒又是军统特务的陈默住进杜美路26号，帮助戴笠处理总务。

而戴笠在上海也为杜月笙帮了不少忙。在杜月笙、吴开先等人与吴绍澍争权夺利时，戴笠是支持杜月笙的，最终搞得吴绍澍被蒋介石免去了职务，替杜除了口恶气。

杜月笙和戴笠互相依靠、互相勾结，形成一种我少不了你，你也缺不了我的关系。所以，杜月笙经常对外宣称：戴笠是他生平唯一知己。戴笠机毁人亡，杜月笙当然产生了兔死狐悲之感。他曾悲切地说："我哭雨农兄，不仅是为我个人失去了唯一知己，我也为国家民族在这种时候，竟失去了雨农兄而伤心难过！雨农兄一死，共产党又不知要闹到什么时候了啊！"

杜月笙话中的所谓"国家民族"，实际上指的是国民党蒋介石。戴笠一死，对国民党蒋介石来说，确实丧失了一条镇压革命的走狗帮凶。蒋介石因此伤心不已，亲自去南京灵谷寺后山踏看风水，为戴笠选择坟墓，并吩咐军统局大特务毛人凤："安葬时，要取子午向。"这与悲哀的杜月笙如丧妻般的嚎哭，倒是相映成趣。

5月26日，杜月笙与吴国桢、钱大钧、潘公展、吴开先等人发起，在浦东同乡会大厦举行所谓戴笠将军追悼会，并在报上大做文章，哭叫："懔国步之犹艰，痛哲人之遽萎。"举行追悼会那天，杜月笙亲自主祭。虽然这番追悼，杜月笙犹觉"哀情"未尽，还专门请了一批和尚尼姑，在淡水庙，诵经拜忏，击鼓敲磬，为戴笠超度亡魂。

2、杜月笙想借60岁生日之际大规模举行"花甲之庆"，但尽管宴会上热闹依旧，也难掩其江河日下之势。蒋经国至上海"打老虎"时，把杜月笙的三儿子杜维屏送进了班房。他采取公开拥护、暗中抵制的方法对蒋经国的行为加以反击，终逼得蒋经国放人。

经过竭力活动，杜月笙在抗战胜利后的上海，重新成为炙手可热的人物。1947 年 8 月 30 日，是他 60 岁生日。杜月笙想借机大搞“花甲之庆”，以炫耀他在上海滩的权势。

为了奉承杜月笙，恒社门生，加上其他一些好事之徒，组织了一个“庆祝杜公寿诞筹备委员会”，推举出 23 人担任筹备委员，其中有恒社常务理事长陆京士，国民党中央监察委员、海员总工会理事长杨虎，国民党上海市党部执行委员王先青，中汇银行副总经理徐懋棠，金廷荪的大儿子、上海黄金大戏院所谓“五虎将”之一的金元声，上海红十字会总干事殷新甫等人，专门负责寿诞的筹备。

8 月 30 日，杜月笙的“花甲之庆”正式开始。位于泰兴路的丽都花园舞厅特意停业一天，专门用作为杜月笙祝寿的场所。蒋介石表示祝贺，舞厅正中悬挂着蒋介石送的寿匾，上书“嘉乐延年”。左右两边挂着包括国民党中央各院部首要人物在内的各界名流写的寿联寿幛，以及祝颂寿屏。杜月笙虽特别想到场享受那份风光，但因哮喘病日见加剧，只得命长子杜维藩率领其他子女到场代为应酬。

那天，第一个前来祝寿的是蒋介石的代表、国民政府文官长吴鼎昌，随后而来的是国民党上海警备司令兼警察局局长宣铁吾夫妇、上海市市长吴国桢。其后，国民政府要员吴铁城、王宠惠、宋子文、莫德惠，以及孙科、白崇禧的代表也相继由南京来贺。此外，江苏省主席王懋功、杭州市长周象贤，特地由镇江和杭州赶来上海为杜月笙捧场。一天之内，达官贵人达 5600 多人。丽都花园内，摆下流水席，一桌之上坐满 10 人便上菜，吃了收场，收了再摆，熙来攘往，摩肩接踵，热闹非凡。

做完寿之后，由陆京士主编，专门出版了一本《杜月笙先生六秩华诞纪念集》，其中收入了蒋介石的幕僚长陈布雷写的《杜月笙小传》，以及其他亲朋好友、达官贵人的贺诗祝词。这些贺诗祝词多为歌功颂德之语，唯有常给杜月笙治病的医生庞京周，不知是看出杜月笙赫赫气焰背后的“江河日下”，还是在奉劝杜月笙“急流勇退”，他写的诗中有这样一句：“元龙豪气随年敛”。据说，杜月笙认为此诗道出了他的实情。这说明，杜月笙在无限风光地度过他的“花甲之庆”时，内心深处并不是“风平浪静”的。

1948 年，杜月笙碰上一件很令他气愤的事，这就是蒋经国至上海“打老虎”时，居然把他的第三个儿子杜维屏送进了班房。

为了挽救日益崩溃的财政金融危机，1948 年 8 月 19 日，国民政府颁布《财政经济紧急处分令》，8 月 21 日，国民政府规定，在各重要地区设置经济管制督导员，上海区是俞鸿钧，天津区是张厉生，广州区是宋子文。不久，蒋介石任命蒋经国为上海区督导副专员，以“太子”身份亲自来上海督战。

蒋经国上任不久，便一本正经地扬言：“此次政府颁布经济紧急措施，实行币制改革，已具最大决心，只许成功，不许失败”，“本人此次执行政府法令，决心实行，不打折扣，绝不以私人关系而有所动摇，变更法令”。他还让人编了所谓“打虎”歌，到处宣传，歌曰：“督导大员蒋经国，不拍苍蝇老虎捉，捉罢大虎捉小奸，誓将奸商一网缚！笑尔奸商擅作福，而今但闻一家哭，安分百姓拍手道，国泰民安天下乐。”

由于广大群众和民族资本家的抵制，加上各类奸商纷纷以滑头态度对付《财政经济紧急处分令》，蒋介石政权在实行币制改革的初期并未捞到多大好处。情急之下，决定“杀鸡儆猴，以一儆百”。蒋介石政府以泄露重要机密、非法投机牟利为理由，将财政部秘书陶启明抓了起来。监察院并因此“纠举”财政部长王云五。在上海，蒋经国则于 9 月 3 日，下令逮捕了申新纺织总公司总经理、政府“国大”代表荣鸿元，上海永泰和烟行经理黄以职，上海吴锡记棉布号经理吴锡麟以及杜月笙的三儿子杜维屏等人。

杜维屏是上海证券交易所的经纪人，他靠着杜月笙的势力，经常搞投机倒把。这次他在交易所外面仅仅抛售了永安纱厂股票 2800 百多股，实在是很小的一桩事，未料蒋经国却在这桩“小事”上大做文章，以“连续在非其交易所买进卖出，进行投机倒把”的罪名，把他逮捕入狱。

此外，蒋经国还将永安纱厂副经理郭棣活、时任米业公会理事长的万墨林和油墨公会理事长张超传去训话。当万墨林走进蒋经国办公处时，蒋经国态度十分冷淡，连坐都不让他坐，严厉呵斥道：“你过去犯案甚多，尤其粮贷案的事情，历历在人耳目，今后上海米的供应你要全权负责，上海有一天缺米，你的生命就会结束。”万墨林十分恐慌，肚子里虽不服，嘴上却连连称是。

蒋经国抓杜维屏，训万墨林，无异是公开掴杜月笙的耳光，不给杜月笙面子，几乎把杜气死过去。

富有心计的杜月笙，沉默了一阵后，决定发动攻势，采取公开拥护，暗中抵制的方法加以反击。一方面，在公开场合他宣称说：“我的儿子破坏了交易所的规章，应当办。我绝不去保他。”另一方面在他所控制的报纸上，登出一篇“辟谣谈话”，大概意思是说，他看到香港有报纸写道：杜月笙因为儿子被捕，曾三次请见蒋经国，均被挡驾，所以颇为怨恨云云，十分奇怪，曾去信要求纠正，并说：“此次小儿维屏，以经营场外交易，违反交易所法，适逢抛纱案发，实为天经地义。其间绝无请托，绝未说情，港报所载三度请谒均被挡驾之说，全是向壁虚构，毫无故实。二十年来，镛之爱护领袖，服从政府，众所周知……币制改革，只能成功，不许失败，为镛心所企求，经国先生执法相绳，不枉不纵，深致敬佩，何致以事涉私情，有所非议，而港报遽以暴力、革命等字句相加，当不值识者一笑也。”

同时，杜月笙为了转移蒋经国的注意力，派许多人秘密调查了孔祥熙长子孔令侃独资经营的扬子公司囤积居奇、投机倒把的情况，掌握了不少确凿证据。然后当面对蒋经国说：“我的儿子触犯法纪，罪有应得，但请一秉至公，平等办理。据我所知，扬子公司所囤积的纱布等货物，远远超过维屏等各家，泄露经济机密的情状，也远为严重，请专员立即派员去查看，万勿听其逍遥法外，否则，难服万众。”此话一出，蒋经国骑虎难下，没有办法，只得派员去扬子公司搜查。

结果确与杜月笙揭发的情况相符，无奈只好当场把该公司主事人扣留起来。孔令侃闻讯，连夜打电话给他母亲宋蔼龄告急，宋蔼龄随即找其妹宋美龄说情，不到3天，蒋经国便接到蒋介石“严谕”，令将此事“从轻发落”。杜维屏虽然被蒋经国捉住了“所外交易”的把柄，但仅凭这一条罪名，也无法判重刑，况且当时问题比杜严重的皇亲国戚、达官贵人还大有人在，因而只好将杜送到法院，仅仅判了8个月徒刑。

杜维屏自然不肯罢休，立刻声明不服，延聘几个律师上诉，拖到11月间，法院改判为6个月，随即被潘公展保释了出来。蒋经国原以为抓到杜维屏“以一儆百”就可以把操纵市场的投机商人吓倒，结果却失败得更快，他在上海搞了不到3个月，便停止活动，灰头土脸地跑回了南京。这时杜月笙才再度在公开场合露面。

3、随着人民解放军占领上海，杜月笙只好永远离开这片他奋斗挣扎多年的上海滩，拖着病体搭上了赴港的轮船。杜月笙病情加重，加之晚景凄凉，终于在1951年，病逝于香港。1952年，国民党台湾当局迎葬他到台湾。

就在杜月笙敛影蛰居之时，中国的局势发生了巨大变化，人民解放军凌厉的攻势，使蒋家王朝处于摇摇欲坠之中。与蒋家王朝同在一条船上的杜月笙，对此当然不可视而不见，他知道自己的特殊身份和特殊地位，无论是共产党还是国民党，都想争取他。而他一向是一个头脑灵活的人，只要可能，他都要试一试。因此，他一方面频频与民主人士接触，另一方面帮蒋介石组织自卫队，为“党国”克服困难。但可惜的是，杜月笙虽对蒋介石有种种的不满，而且早也出现离心的倾向，可他毕竟是在与蒋的携手中声势渐壮的，对共产党他有一种根深蒂固的仇恨，这就决定了他最终还是不与中共合作，走上了与人民为敌的道路。

1949年，蒋介石被迫宣布下台，由李宗仁代理总统。不久，国共和谈宣告破裂，人民解放军百万雄师横渡长江天堑，攻克南京。接着，又以凌厉的攻势，席卷中华大地，国民党政权开始土崩瓦解。

一天，警备司令部通知杜月笙，蒋介石在复兴岛召见，而且派专车来接。见面后，蒋首先对发行金圆券时扣押杜维屏一事再三解释，说事先他确实不知道，“否则，我不会让他们那么胡闹。”旋即，又慢慢说道，上海可能守不住，“建议”杜月笙在“适当的时机”携带全家迁到台湾去。并表示，如果不走，共产党决不会放过他，而他本人也绝不允许任何人“变节投敌”。话虽不多，但句句切中杜月笙的要害，聪明的杜月笙不会听不出来。

在蒋介石连逼带诱之下，杜月笙决定出走。但颇具戏剧色彩的是，他并没有按照蒋介石的意思去台湾，而是去了香港，他公开的理由是台湾天气较热，比较湿，对他的哮喘病不大相宜。实际上，他是极力想避开蒋介石。他清楚，自己孤身一人随蒋赴台，结局无非寄人篱下，看人脸色行事。台湾不去，留下又不行，百思之下，认为还是先赴香港为上策。

杜月笙在香港寓所的家庭照

1949 年 5 月 1 日，杜月笙挥泪悄悄告别了留在上海的、年届 80 多岁的黄金荣，带着全家搭乘一艘荷兰渣华公司的万吨级客轮，离沪赴港。

中国共产党解放上海后，为了稳定上海的社会秩序，团结各方人士，曾派章士钊去香港规劝杜月笙返回上海。当时已弃暗投明的杨虎，也曾对杜月笙派回上海探问情况的黄振世说：“我过去的坏事不比杜（月笙）老少，只要改过从善，人家也宽容了我，叫杜老回大陆来，保他无事。”但杜月笙不为所动。

到了香港后，杜月笙的日子也不是特别的好过，一是他经济开始拮据，时时担心“坐吃山空”。二是他的威慑力已大大下降，再也比不得从前了，周围的朋友接二连三地遇到麻烦。三是他自己身体越来越差，哮喘病日益严重。

1951年7月28日，恒社成员袁国栋来看望杜月笙。到吃饭时，杜月笙为示亲热，特地将袁留下，陪他吃饭。吃到一半，杜突然感到浑身不舒服，袁想搀扶他去卧室休息，杜月笙用了几次力，却无论如何站不起身，双腿软得像棉花。袁国栋见状，只好背着他进卧室。这从未出现过的症状，使杜月笙意识到：他是病入膏肓的人了。他喃喃自语道："不对了！不对了！这次不对了！"杜公馆上下乱成一团，到处打电话请医生来诊治。杜月笙本人也暗暗祈求上天保佑他度过这一天，为了使上天的"反应"变成一种实在的东西，以慰藉自己绝望的心灵，他于7月29日打电报给在台湾的心腹陆京士，让他迅速赶到香港，如陆能按时赶到，那病也许就有救了。8月2日，陆京士终于出现在望眼欲穿的杜月笙面前，杜月笙像一个溺水之人，抓住了一根救命稻草，伸出那双干瘪的手，紧紧拉住了陆京士的手。

但陆京士的到来并未使杜月笙的身体有所好转。一天，杜、陆、吴开先、杜维藩等人一块吃饭。一个佣人盛了碗饭，双手端给杜月笙，杜抖着双手去接，一不小心，"当啷"一声，碗掉到地上跌成了两半。这本是寻常小事，杜月笙的脸却刷地变白了。周围的人见状，急忙排解，有的说："再添一碗来！"有的说："没关系，碎碎（岁岁）平安！"但杜月笙一头倒在床上，便再也没离开过这张病床。

几天后，杜月笙感到精神稍好了一点，便开始安排后事了。他给各房妻妾及子女规定了遗产分配比例，并写下了三份遗嘱，上面除了有杜本人签名外，还有证人钱新之、吴开先、顾嘉棠、陆京士等。另处，他还特地吩咐道，他死后，一定要买口好棺材，入殓时要给他穿长袍马褂，这表明杜月笙直到最后，仍很看重他的"斯文"形象。杜月笙最最关心的还是尸骨落葬地点。此时此刻，他似乎更感到飘落异乡的凄凉。他希望有朝一日能将他的尸骨运回上海，落葬在故乡高桥他生身父母的身边。生虽未伴父母，死亦要相依。只是，他最后的这点希望直到现在还没有实现。

8月16日，国民党所谓"国民大会"秘书长洪兰友由台湾赶到香港杜公馆，代表蒋介石"慰问"杜月笙。此时的杜月笙已处于弥留之际，洪兰友对着他耳边大呼小叫地说：“杜先生，总统对你的病十分关心，希望你早日康复。”这时，有个人无意中摸到杜月笙的脚，突然大叫了起来：“哎，脚冰凉了！”“慰问”代表洪兰友，没有使杜月笙康复，却变成了他的催命鬼。此时是下午4时50分。

杜月笙死后，尸体停放在香港万国殡仪馆。他的亲朋好友、党羽众徒按照他生前嘱托，给他寻觅了一口上好楠木棺材，价值15000港币。8月19日上午10时，杜月笙尸体正式入殓。

1952年11月25日，台湾成立了包括王宠惠、陈诚、何应钦、吴开先等人在内的“杜月笙灵安厝委员会”，将杜月笙的棺材从东华医院义庄搬去台湾基隆，安置在台北县汐止镇大尖山麓之西。

曾经在上海滩叱咤风云的大闻人杜月笙，就这样客死在异地他乡，从此结束了他赌徒、流氓、大亨、闻人的一生！

袁文会：天津青帮老大

袁文会（1901—1950），生于天津南市芦庄子，兄弟排行老三。早年依靠其叔袁八生活，十来岁即到赌局当伙计，染上了一身不良习气。稍长，拜天津青帮头子白云生为师，属“悟”字二十三辈。随后，又拜日租界警察署侦探长刘寿臣为干爹。为了聚敛钱财，开设赌局、贩卖烟土、插手妓院，无恶不作。为了独霸天津，与恶霸刘广海演出一场狗咬狗的闹剧。日本侵华期间，在日本人的拉拢下，成为日本侵略者的“乏走狗”。贩卖华工，担任日本宪兵队特务队长，犯下滔天罪行。

天津解放后，1950 年 12 月 25 日，袁文会被枪决。

一、天津第一霸

1、民国期间，天津的青帮活动异常嚣张。九一八事变后，天津青帮头子袁文会向河北省主席于学忠示威，受到日本人的宠信。

天津位处九河下梢，是水路运输的中转枢纽，船舶云集，商业繁盛。

随着航运事业的发展，以航运为主要职业的青帮也随之而来。青帮早期传入天津的情况，因缺乏具体材料不得而知。但在民国初年，北洋军阀曾严令禁止“混混儿”打架斗殴，并惩治了一大批流氓恶霸。据此而知，青帮势力早在民国建立之前就流入天津，并已形成一股势力，危害北洋军阀的统治，因而遭到惩戒。1926 年奉系军阀褚玉璞进占天津之后，青帮分子又大肆活动。原因是褚玉璞的军警督察处处长厉大森，原是山东青帮头子，属“大”字二十辈，来津后收徒不少。厉的徒弟白云山更是大开山门，广收门徒，如大恶霸袁文会即出自白的门下。从此青帮在天津的活动便嚣张起来。

九一八事变后，日本进占东北，并企图吞并华北，纠集青帮分子及其他流氓匪徒，组织“便衣队”，在天津制造暴乱，曾几次从日租界冲出，到东马路、大胡同、金钢桥一带，鸣枪骚扰，向天津市政府施加压力。其中最猖狂的一次是在于学忠担任河北省主席期间，省政府警卫部队击毙了一名进行挑衅活动的日本警署特务张德禄。为此，日本警察署向于学忠发出照会，责令缉捕凶手，为死者偿命。随后日本警察署唆使青帮头子袁文会纠集其羽翼爪牙为张德禄举行出丧游行，抬着张德禄的血衣，沿东马路，过东浮桥，再穿兴隆街绕小关大街到金钢桥旁的省政府，高喊“为张德禄偿命”的口号。于学忠的警卫部队受命严阵以待，防范意外事件发生。这一群民族败类鼓噪一阵之后，未敢轻举妄动，又抬着血衣返回日租界。

七七事变日军占领天津以后，袁文会更加受到日本帝国主义者的宠信。他为虎作伥，利用青帮为日本效劳。在日本特务机关的支持下，袁文会组织天津安清道义会，由“江淮四帮”“大”字辈的吴鹏举任会长（吴死后由盐商王慕沂继任会长），副会长为袁文会、张逊之，“嘉白帮”“大”字辈的王大同任顾问。安清道义会设在三岔沟口金龙大王庙，成为日本统治者压迫中国人民的御用工具。

日本投降后，安清道义会解散。国民党军统特务头子戴笠指示天津警备司令部稽查处长陈仙洲把青洪帮控制在手，并指派金玉波协助（金系上海大流氓）。由于内部勾心斗角，各派系酝酿多日也无法合作，只好分别成立两个组织：一是忠义社（后改名忠义普济社），一是共济社。忠义社由陈仙洲任理事长，张俭斋、朱佑衡任副理事长，姜般若任顾问，周大痴任常务理事。忠义社下设九个分社，大部分以脚行码头工为主。共济社由张逊之任理事长，参加者行业比较复杂，有妓院、戏院、澡堂、饭馆的老板以及一些地痞流氓。这两个帮会组织，全属于国民党特务外国组织。直至解放以后，这些组织才被摧毁。

2、袁文会生于天津南市芦庄子，拜天津青帮头子白云生为师。为了聚敛钱财，他开设赌局、贩卖烟土、插手妓院，无恶不作，俨然天津第一霸。

天津的青帮头目中，有所谓“东西北中四大霸”，即袁文会、刘广海、佟海山、王士海。其他比较恶名昭著的有江湖骗子王大同，开杠房的魏子文（绰号“魏小辫”），大连码头脚行头子杨聚祥，东浮桥菜市脚行头翟春和（绰号“翟瞎子”），小刘庄摆渡口的把头张凤楼，东站脚行头子马金龙，旅店业高步云，戏院业李吟梅，影院业杨季随，妓院业李万有等，此外还有一些专搞“腥赌”（即骗人赌博）的李连城、王云波等，洪帮头子有姜般若。而在这众多恶霸、流氓、骗子中，坐头把交椅的非袁文会莫属，他俨然是天津第一霸。

袁文会出生于1901年，天津南市芦庄子人。兄弟排行老三。早年父母双亡，依靠其叔袁国瑞生活。袁国瑞外号袁八，是芦庄子中局脚行把头，当时日租界北部及南市一带的商号居民，凡有货物出入，都必须由袁八脚行为之装卸。倘若有人不知这规矩，托别的脚行为自己商号或家中送货，到了这一带，肯定会被袁八的手下挡住，让你进不去也出不来。所以，凡有需要装卸的，都提前到袁八脚行里聘请，讲明取货送货的地点，由袁八脚行为之接洽装卸。袁八独霸这一带的运输生意，因此运输的费用都是他说了算，着实发了不少财。为了保持自己的垄断地位，袁八雇用了不少打手，而且，逐渐成为此地的一霸。袁文会打会走路开始，就在袁八的脚行里玩，所接触的不是挑夫、脚夫，就是打手、流氓，这样环境里长大的他注定了会成为一个恶霸、流氓。

袁八早年曾在日租界芦庄子鸿义栈开设过赌局。鸿义栈位于日租界及南市交界处。当中国警察抓赌时，赌头与“局头”一转身就可以溜到日本租界，中国警察是不能到租界里抓人的，所以只能眼看着赌徒们钻进租界，自己干着急。而当日租界当局抓赌时，同样一转身，又可以溜到南市去，日本警察也就只好放他们一马了。赌局有此“地利”，故生意十分兴旺。赌局经常雇用一些小孩、小贩作为耳目。袁文会十来岁时，就被袁八派到赌局当一名小伙计，专司通风报信之职。袁文会那时扮作一个卖崩豆萝卜的小贩，站在鸿义栈的门口叫卖。整天与刁徒无赖打交道，在黑道的熏陶下长大，袁文会染上了一身的不良习气。

稍长，袁文会便拜天津青帮头子白云生为师。白云生是“通”字二十二辈，袁文会则属于“悟”字二十三辈。加入青帮后，袁文会为了使自己靠山更硬，又拜了日租界警察署（俗称“白帽衙门”）侦探长刘寿臣为干爹。不久，袁文会当上了军警督察处下高级密探处的密探，与地痞流氓欺朋卖友之徒朋比为奸，整天鬼混在一起，干着伤天害理的事情。

当时日租界是个藏污纳垢的地方，坑人害命的行业遍布各处，例如赌局、烟馆、妓院、小偷窝等等。而这些害人性命、骇人钱财的魔窟无一不在青帮的控制包庇之下。袁文会自然也不例外，赌、毒、娼、偷各个行业他都要插上一手，进财之路颇广，手下人马日增，势力日益膨胀，俨然成为日租界的一霸。

在20年代末，日租界有三处赌局，一处是在鸿义栈，袁八开的；一处在新旅社，是袁文会开的；一处在亨得利胡同，刘宝珍开的。袁文会开的赌局，赌大牌九，但不知为什么，赌客不多，因而收入寥寥。袁文会为此十分头疼，一直琢磨着怎样才能吸引客人前来赌博。一天，袁文会碰到一个儿时的伙伴，此人与袁文会小时都爱在袁八脚行里打闹，现在也混迹江湖，与一班地痞流氓为伍。他听说袁文会的赌场生意不旺，便给袁文会出了一个主意："新津里（地处日法交界）苏莲舫开的赌局也是赌大牌九，如果不把苏的赌局搅散，你的赌局就兴旺不起来。"袁文会一听，觉得此言有理，便开始策划如何把苏莲舫的赌局搅散。一想到苏的赌局搅散后，赌客们都进他新旅社的门，袁文会仿佛看到白花花的大洋装进了自己的腰包，不由得心花怒放。

一日，在新津里苏莲舫的赌局来了一个大汉，只见他袒胸露怀，满脸横肉。带着一股凶气，往赌局门口一站，挡住了进出的通道。来往的客人们一见此阵势，就知道是来寻衅闹事的，于是纷纷躲开。赌局里面的伙计听说后，赶忙出来，看看是谁敢在苏爷的门前闹事。不用说，这个大汉就是袁文会派来搅局的了，但这赌局的老板苏莲舫也不是吃素的主，他也是青帮分子。帮头是"兴武六"，在帮中属"悟"字辈，拜师秦老头子，称霸于法租界。袁文会派来"叫阵"的大汉叫王平，是袁的死党。苏莲舫听说有人到自家门口来叫阵了，不禁怒火中烧：竟敢在太岁头上动土，这还得了，如果自己不管，那就是当众示弱，以后还能在这儿立足吗？他带着一班打手气势汹汹地赶到赌局，只见叫阵的只有一个人，明白对方也是青帮中人，是想照帮内规矩办了。苏莲舫马上宣布停赌"拉家伙"（"家伙"就是二尺长的硬木棒，俗称"斧把"），同时心里微微一惊，敢在这独自叫阵，必定不是一般的人。他转身对一个手下低声嘱咐去打听这个大汉的来历。王平见苏莲舫停赌"拉家伙"后，一言不发，马上"叠"在赌局门前，（"叠"是流氓行话，就是躺下），任凭苏手下人殴打，一点也不"哼哈"（即不出声）。打完以后，苏派人用笸箩把王平抬到新旅社。原来，苏的手下早已打听出王平是袁文会的手下，因此苏莲舫叫人直接把他送到袁的赌局。苏莲舫早听说日租界最近几年新出一霸，一直小心提防。没料到此人还找上门来，苏莲航心里不禁有了一阵怯意。眼见这个大汉经受如此殴打也不吭声，看来对方是不会善罢甘休的。苏莲舫不愿对一个刚出道不久的新手示弱，因此，在打过王平以后，没有派人去向袁文会说和了事。这样一来，就表示不愿和解，而要硬碰了。

王平被抬回新旅社后，经正骨科苏先生诊治，王平尚未“打欠”（即未伤骨头）。袁文会一面摆酒设宴欢迎“英雄”归来，一面派人向苏莲舫下“战书”，约定日期在新津里决斗。又邀请自己平时交好的兄弟朋友前去助阵。

到了那天，双方聚集在新津里。袁文会一方由其师白云生坐镇，苏莲舫一方由其师秦老头子坐镇。袁、苏二人先出来搭话，然后开始斗殴，双方共出动100多人，挥舞棍棒斧把上阵，一场混战，打了半个多小时。值班的日、法警察鸣笛报警，等日、法籍警官赶来时，双方均已逃散。此次斗殴，双方伤人很多，苏方死了一人。但苏莲舫的赌局就此被搅散，袁文会不仅因为敢向苏莲舫叫阵而声名大振，而且自己的赌局也兴旺起来。

袁文会夺了赌局后，又把眼光投向车站码头。在30年代，天津的鸦片走私活动相当猖獗。鸦片多从西北一带运来，说是走私，实际上是半公开活动。当时有禁烟善后局，是收购贩运鸦片的机构。鸦片运到天津时派有士兵押车，到天津东站“下货”时，必须买通车站的帮会头子，才能运往日租界交收货人，否则必然横生枝节。当时一包鸦片交大洋1元，一箱鸦片交10元，坐地分赃，是一笔相当可观的收入。

在日租界，有两个著名的贩卖烟土的去处，一个是德义楼，一个是新旅社。德义楼和新旅社本来都是旅馆，特别是德义楼开业较早，旅客多是达官贵人。早年天津汽车很少，上流社会的人士出外大多乘坐马车，德义楼特别备马车接送客人。后来逐渐就有了烟土客人，开始时还是偷偷摸摸地贩卖，由于烟客逐渐增多，德义楼经理见有利可图，便公开开灯供客，将旅馆一变而为大烟馆。新旅社亦是如此。

德义楼和新旅社的烟土来源，多由军阀们从产地走私运来。从西北一带运来的由马福祥部负责，从热河一带运来的属汤玉麟部庇护，后来石友三也参与过。德义楼和新旅社都在日租界，运进烟土要冒风险。于是，一些走私商找到袁文会。袁文会早就知道走私烟土获利很多，正愁不知从何下手。一些手下就给袁文会献计，要他走干爹刘寿臣的路子。

袁文会一听，大喜，亲自携重礼前去拜访，将他准备走私烟土的打算告诉了干爹，并表示要分给干爹一些利益。刘寿臣一听自己能凭空赚钱，何乐而不为？非常爽快地答应了干儿子的要求。袁文会仗着有刘寿臣为后台，派手下与走私犯相勾结，买通关卡，放手开始做起烟土走私的勾当，从中渔利。后来，私贩烟土的规模越来越大，袁文会不再满足于天津日租界的烟土走私，将走私范围扩大到上海、香港、澳门等地。从天津走私鸦片到这些地方，主要是靠海运，袁文会派手下买通轮船上的水手，甚至是船长，将鸦片带到上海等地。那时天津的海上走私是由塘沽一个名叫王八的流氓把持。袁文会为了独霸海上走私生意，就派出一批打手，在东太古码头将王八痛打一顿，此后水旱两路私运烟土的生意就全由袁文会一手垄断起来。

九一八事变后，天津新兴了一种赌博，名曰“花会”。相传这种赌博始于清朝，从上海流入天津，其后一度被禁止。九一八事变后，上海大流氓任渭渔来津，与袁文会相勾结，买通日租界警察署及宪兵队，先后在日租界芙蓉街、荣街设立了两个花会筒开赌。花会赌博有几大特点：第一，花会分为三十六门，凡押中者一赢三十六，得利丰厚；第二，赌注不拘多少，五分一角也能押；第三，赌局雇用很多无业游民担任“跑封”，分别到各家各户去收敛赌注，赢钱时由“跑封”代取代送，因此不出家门就可以行赌。正是由于这些原因，花会赌博盛行一时，社会上各个角落的小市民都被吸引到这种赌博中来。

花会的三十六门，包括了社会上的各种活动和现象，如人、鬼、神、生、老、病、死、婚、丧、嫁、娶、花、鸟、鱼、虫、牛、马、猪、狗、升官、发财、生子、作寿、出门、外归等等，都是人们生活中接触到的事物。人们在迷信思想的支持下，便以生活中遇到的事物作为兆头而去押赌，如看见猪就押猪，梦见花就押花，很多人为押花会而终日神魂颠倒。偶有押中者，立刻广泛传开，诱惑更多的人上当受骗。在七七事变前的几年里，全市各角落押花会成为风气，甚至吸引了许许多多的家庭妇女，无数人因此倾家荡产。

天津是个水旱码头，在旧社会妓院很多，特别是日租界内明娼暗妓到处都是。开妓院的窑主最怕流氓无赖前来惹是生非，稍一应酬失当，就免不了惹下妓女被打，妓院被砸的大祸，摘了“窑灯”，生意就干不成了。袁文会在日租界称霸一方，不少的妓院窑主都极力设法依附于他。那时只要放出风说某某妓院是“袁三爷”开的，就没有人敢去捣乱。过去日租界妓院林立，其中有多一半都在袁文会势力的庇护下。窑主们从妓女身上搜刮来的金钱，又源源不断地滚进了袁文会的腰包。

烟馆、赌局、妓院这些罪恶场所，都成为袁文会“招财进宝”的营生，心黑手狠，莫此为甚。

3、为了独霸天津，同属青帮的袁文会与恶霸刘广海彼此斗了20多年，结果演出了一场狗咬狗的闹剧。

恶霸刘广海在天津也是一个地头蛇，与袁文会是冤家对头，彼此斗了20多年。两个人虽同属于安清帮，但袁文会是依靠日本人起家，而刘广海却是以国民党为后台。俗话说“一山容不得二虎”，两人各有政治靠山，都想压倒对方独霸天津，结果演出了一场“狗咬狗”的闹剧。

刘广海是天津西头人，早年与其兄刘广庆同在西头南大道大酒缸胡同里以卖柴草为生。刘广海好逸恶劳，流氓成性，后来拜另一个安清帮头目、北京人王文德为师，又收罗很多党羽，称霸一方。

早在1926年直鲁军阀统治天津时期，刘广海就在日租界一个妓院里与袁文会手下人郭筱波、王恩贵发生口角，事后双方约定日期，在南马路丁公祠决斗。刘广海找他的师父王文德，袁文会也找他的师父白云生。双方各自动员大批打手，准备来一场大械斗，拼个你死我活。此事为军警督察处南市分处处长张凤岭知悉，届时派出了大批军警，在双方摆开阵式正要动武时赶到现场，把双方械斗人员冲散。这次大武斗虽然避免了，但袁、刘之间的嫌隙并未消除。

1935年发生了这样一件事：西头赵家窑有一个干暗娼生意的李筱波，

准备从谦德庄接出5个妓女，他怕事情不顺手，特意约了刘广海手下大将宋国柱（绰号宋秃子）一同前往。这时刘广海正要到日租界万国公寓来。李筱波就雇了一部汽车，3个人乘车直奔万国公寓而来。正在此时，蓬莱街太平里的“花会”开筒，袁文会怕有人捣乱，派了许多喽啰在那儿维持秩序。刘广海等人坐的车子经过那里时，被人认了出来，以为他们是来寻衅闹事的，马上报告了袁文会。袁文会也不问青红皂白，立时怒火冲天，派了他手下的祁国富、郭筱波、周文瑞等多人前往万国公寓打架。那边，袁文会的喽啰们截住了刘广海坐的车子，不让他们离开。刘广海见势不妙，便从后门逃走。宋国柱被团团围住，终因寡不敌众，被来人打昏在地，又被郭筱波在肋处捅了一刀，当即一命呜呼。郭筱波是袁文会手下的一名大将，袁文会与刘广海一直不和，他们的手下之间也是如同水火。有一次，郭筱波和一个弟兄去法租界办事，碰上刘广海等人。结果不言而喻，郭筱波被他们打了一顿，羞辱一番。这当中，宋国柱最为嚣张，郭筱波一直怀恨在心，奈于没有袁文会的命令不敢随便行事。今天，眼见仇人送上门来，可以报仇雪耻了，郭筱波指挥喽啰们大打出手，把宋国柱打晕在地。郭筱波还不甘心，干脆一不做二不休，一刀结果了宋国柱的性命，才算解了心头之恨。

日租界警探得到有人在租界打架的消息后，连忙赶到出事地点，袁文会的手下早就逃之夭夭，只剩下宋国柱的尸体躺在地下。街上一片狼藉，行人们远远避开，在远处小声议论着。日本警探一面通知中国法院验尸，一面追查凶手。警探抓了一些在出事地点周围的行人、商贩。可是谁都不肯告诉警探实情，只说是一伙不认识的流氓闹事。其实，袁文会在日租界的大名谁人不晓，他的手下都因此趾高气扬，霸道跋扈，在日租界居住的人都知道他们是袁文会的手下，可是谁也不敢说实话。谁不知道袁文会的干爹就在警察署当探长，那不是自找麻烦吗？

袁文会听手下报告了“战果”后，知道会有麻烦。因为日租界日籍警探经手此案，不好说话。日租界这段时间流氓械斗，寻衅闹事的特别多，居民早就有所不满，反应到日本领事馆。日本领事指示租界警探严肃法纪，搞好治安。宋国柱命案发生后，日本警探知道此案跟黑社会的恩怨有关，想就此对那些扰乱治安的流氓加以惩戒，因此一直未把此案交给“白帽衙门”中的华人探长办理。

果不出袁文会所料，租界警探追缉凶手的风声越来越紧，袁文会眼见躲不过去了，便想出一计。这天，日租界警察署来了一个人，他自称是宋国柱命案的凶手。探长马上拘捕了他，随即进行审问，这个人供出的杀宋情节，与警方得到的情况基本相符，虽然明知他不会是主犯，也只得将他转送中国法院。这个自首的“凶手”是袁文会的徒弟，袁文会为了逃避牢狱之灾，要他顶名投案，并一再许诺照顾好他的家人，给他钱等。在袁文会的威逼利诱下，这个叫李子扬的徒弟来到警署投案“自首”。这时，刘广海也到法院指控袁文会打死人命，法庭决定开庭审理此案。

开庭那天，刘广海坚决不承认李子扬为杀人凶手，并一再威胁李子扬，劝说他不要为袁赔上性命。李子扬见人命关天，也翻供否认自己杀人。法院见案情复杂，决定将原被告双方扣押待审，并准备传袁文会到案。

此时河北省主席是于学忠，于部有个师长董英斌，驻防杨柳青，他也是王文德的徒弟，与刘广海是同参。董听说此事后，便报告了于学忠。于学忠对袁文会也是恨之入骨，当年袁文会及其爪牙为特务张德禄举行出丧游行，给天津政府施加如此大的压力，让于学忠恼怒万分，却又发作不得。于学忠一直想找机会惩戒袁文会一番，奈何袁是青帮中人，青帮的后台太大，他不敢在老虎头上拔须，现在袁文会犯下命案，可以借机对他进行惩罚。于是，于学忠叫董英斌出面将刘广海保释出来，并支持刘和袁打官司。

董英斌把刘广海保释出来后，同他一起商议具体行动步骤，决定向法院施加压力，通过法院来惩治袁文会。他们一面向法院施加压力，一面上下打点，只求法院早日将袁送进监狱。

袁文会见事情越闹越大，只好请帮中大佬出来调停。厉大森、魏子文等天津青帮头子先后出来为他说话，上海的青帮头子黄金荣也派人来津从中调解。袁文会自知理亏，所以情愿为宋国柱出大殡，赡养家属。不料刘广海自恃有董英斌的撑腰，加之对袁文会的痛恨，决心要袁文会倒下。因此，他对这些大佬的调停，对袁文会的妥协不理不睬，坚持己见。厉大森等人见此情况，只能罢手不管了。法院多次传讯袁文会不到，最后下了拘票，袁文会见事不妙，便远逃大连去了。

大连乐户公会会长刘文奎是袁文会的好友，此次袁前来避难，受到刘的盛情款待。袁文会在大连居住期间，经刘文奎的介绍，结识了不少日本人，这就为其投靠日本打开门路。直到七七事变爆发后，袁文会才返回天津，其后不久刘文奎也到天津小住。通过刘文奎的牵线搭桥，袁文会又与日本宪兵队曹长莳苗等人拉上关系。从此，袁文会便积极投靠于日本帝国主义。

袁文会返津，刘广海感到威胁很大，躲在家里不敢出面，后来经人居中调解，袁、刘二人见了面，互相都赔了不是，言归于“好”了。此后刘广海到日租界活动，并在闸街东方饭店开了一个赌局。他没有想到袁文会还会暗算他，不久，袁文会勾结莳苗把刘广海逮捕，解至日本宪兵队。后来，刘广海越狱逃走，奔往上海去了。

刘广海亡命上海，本想投奔青帮头子黄金荣。几年前黄金荣因宋国柱命案一事曾派人到津，刘不识抬举予以拒绝，使黄金荣的面子上很不好看，因而对刘来上海表示冷淡。刘自知没趣，感到在上海呆不下去，便带着在上海新讨的一个小老婆远走内地去了。

日本投降以后，袁文会被捕受押，有一天监狱里忽然传出一个消息说：有一个国民党要人来看袁文会。没过不久，果然有一个人衣冠楚楚，昂首阔步地进了袁的牢房。袁文会不看则已，一看之下，羞得满脸通红，来人正是袁的死敌刘广海。当时刘广海身为天津市的参议员，又是伪国大代表，趾高气扬，神气十足。刘广海探监后，袁文会对人说，这是他一生中最难堪的一件事。

二、日本人的走狗

1、为了侵占中国，日本侵略者利用各种帮会从事特务活动。土肥原贤二就曾拜青帮魏大可为师，入了青帮，同袁文会等人一起干着各种侵略勾当。

日本侵略者为了实现侵占中国的卑鄙目的，不惜利用旧社会的各种帮会来从事特务活动，土肥原贤二就是代表之一。

土肥原贤二于1915年前后被派到中国，充任当时日本驻华公使馆武官贩西利八郎中将的随从武官。土肥原曾是日本参谋本部第二课（专门从事间谍工作）的高级特务，专门从事于侵略中国的情报工作。他来中国后，看中了青帮组织，向青帮“大”字辈魏大可提出拜其为师，加入青帮的要求。

魏大可字汉卿，晚年自号奇叟，山东省巨野县人。其父魏鸣銮，光绪初年在济宁德国天主教堂办的德文学校工作，魏大可幼年就在这个学校念书。后来在济宁参加青帮，拜“礼”字辈张垂恩为师，从此以青帮为业，由济宁、济南、青岛、天津、北京，开山门、摆香堂，收了很多徒弟。他注重办理慈善事业，主张青帮不分国籍，以扩大声势。故此，他接受了土肥原加入青帮。

1921年3月，土肥原贤二加入青帮的仪式在北京魏大可的寓所举行。土肥原向魏大可递了要求入帮的小红帖，内有“情愿人道，结为善缘”，“谨守帮规，永无反悔”等字句。在引进师的带领下，土肥原履行了一大套拜祖仪式，然后由引进师把新弟子的小红帖交给本命师（即魏大可）。魏接受了小红帖以后，告诫新弟子：“真心进家，逢凶化吉，遇难呈祥；假意进家，诸事不利，一生不顺。”最后，由魏大可在祖师牌位前“升大表”，新弟子叩首，拜师仪式即告完成。土肥原加入青帮后，照例得到魏大可发的入帮证书；上面写明了他的辈数和“扎棍”（入帮）地点，以及师父、师娘的姓名、生辰等。此外，还发给一份《海底》，也就是青帮历代的家谱。

与土肥原同为一炉香的同参兄弟还有日本人富永启堂（中国姓名叫王永良）。富永进帮后，研究青帮历史，于 1931 年九一八事变后，把叙述青帮帮规和历史的《通漕》一书译成日文。在此书卷首，刊有土肥原、魏大可、富永的照片。这本书于昭和七年（1932 年）在大阪发行，连续再版多次。值得注意的是，此书后面附有国民党军统局和 CC 系组织概况，介绍蒋介石怎样利用中国秘密结社，号召日本人参加青帮，同国民党蒋介石对抗。其后，富永又在北平西单舍饭寺胡同，以慈善为名，成立世界白字会。白字之义，是表示魏大可和他们都是属于“嘉白帮”。会里人事，以魏大可青帮系统为骨干，以魏的大徒弟刘玉汉任总会会长，富永启堂任常务理事，会务完全控制在富永手里。富永利用这个青帮慈善团体，在华北各地搞特务情报活动。1935 年土肥原搞所谓“华北五省自治运动”时，对河北省各县的情况了如指掌，就是富永提供给他的。天津白学会成立于 1935 年 9 月，会址在日租界松岛街，是陆宗舆的房产。居住在日租界的汉奸，如王揖唐、陆宗舆、刘桂堂等，都曾为天津白字会的基本成员。

袁文会作为青帮头子，逐渐成为天津一霸，颇有些势力。日本人对他也就更加注意，大加笼络，收买他当汉奸。而袁文会认为日本人一手遮天，是个最强的靠山，早就有心投靠。双方一拍即合，相互勾结。在七七事变前，袁文会就充当日本帝国主义的走狗。九一八事变后，日本帝国主义又把魔爪伸向了华北地区。在土肥原贤二的精心策划下，1931 年，汉奸在天津发动了一次“便衣队”暴乱。袁文会为了讨得日本人的欢心，在暴乱中不遗余力地网罗了一千多名吸食毒品的“白面客”乘机打砸烧抢，制造混乱，严重扰乱了社会秩序，为日本帝国主义侵略华北制造借口。

2、在日本人的拉拢下，袁文会开始与日本侵略者相勾结，组织起天津青帮的各个帮口头目，成立了汉奸组织“普安协会”，从事卖国活动。

1935 年，袁文会为了同刘广海争权夺利，指使手下行凶刺死了刘广海的手下大将宋秃子宋国柱。事件发生后，袁文会为了躲过这一劫，避开风头，便携一班党羽逃往沈阳，后来又到了大连，住在开娼窑的王华亭家。

袁文会在天津是个鼎鼎有名的人物，到了大连，自然有人照应。大连乐户公会会长刘文奎几次三番请袁文会吃饭，借机拉拢关系。日本特务机关得知袁文会落难避在大连，感到这是一个控制袁文会的绝好机会，于是派曾任土匪军阀张宗昌的顾问、黑龙会分子小日向到大连会晤袁文会。自甘堕落的袁文会得知日本人对他仍然很重视，简直感动得五体投地，其心情不亚于落水之中抓住了救命稻草，赌咒表白自己对日本人的忠心。但是袁文会也有顾虑，他对小日向说自己命案在身，受到通缉，不敢回到天津。小日向则立刻保证说："只要你不出日租界，一切均由日本机关保护，不必有什么顾虑，赶快返回天津。"有了日本人的保证，袁文会仿佛吃了一颗定心丸，什么也用不着害怕了，于是带着王华亭返回了天津。

袁文会返回天津后，小日向也奉土肥原贤二之命随后赶到天津。在袁文会的协助下，把天津青帮各个帮口头目组织起来，在日本租界桃山街成立了以安清帮为基础的汉奸组织"普安协会"，由厉大森充任会长，小日向为常务理事。厉大森因年老又吸鸦片，会长只是挂个名而已，由他的徒弟张逊之主持一切。张逊之在会内任宣传部长，袁文会任行动部长。其实会中的大政方针唯日本人之命是从，张、袁二人不过是日本人的走狗而已。

加入普安协会的青帮汉奸有："大"字辈的厉大森及其徒弟张逊之、张士骏，"通"字辈的白云生及其徒弟袁文会、牛占元、殷凤鸣、王思贵、周文瑞、刘金铭、祁国富、刘宝珍，"通"字辈的魏子文、张凤屹等等。日本方面也有参加，如任常务理事的小日向，据说曾拜厉大森为师，还有拜白云生为师的木村伊助、高桥野崎等。这班日本人不仅在"普安协会"趾高气扬，利用这个汉奸协会为日本人办事，而且还在华北一带兴风作浪，以达到日本吞并华北的目的。木村伊助是后来刘桂堂汉奸部队的顾问；高桥原是在日本租界贩毒，后来居然成了伪蒙疆自治政府产业部的特约人员；野崎加入青帮后，改名吕文祥，后来是日军一八二O部队的陆军承办商。

袁文会回到天津后，经小日向的介绍，与日本宪兵队曹长莳苗拉上关系。由于袁手下有一帮流氓地痞，于是被日本人委任为日本宪兵队特务队长。有了这个护身符，加上还有木村伊助、高桥、野崎等日本青帮弟兄，袁文会气焰更加嚣张。但在“普安协会”中，由于袁目不识丁，粗鲁不堪，遇事只好听张逊之的。张逊之本是《大公报》的记者，后来任《大公报》采访部主任，自然有些文化，因此主持了会务。

张逊之与袁文会也有些交情，当年袁文会与刘广海械斗，张就站在袁一边进行调解。正在调解之际，国民党“蓝衣社”成员从南方来到天津，插入袁、刘的纠纷之中，从而和张逊之有了联系。袁文会逃离天津后，张逊之在青帮中的地位便得以提高，乘机广收门徒。但他与“蓝衣社”之间勾勾搭搭的事却被日本人知晓，日本人想给他一点苦头尝尝，使他服服帖帖地效忠日本人。这时，亲日分子白逾桓、胡恩涛在日租界被暗杀。白当时为《振报》主笔，胡为《国权报》社长，都对日本人大献殷勤。日本宪兵队便逮捕了张逊之，押送大连。张的老师厉大森便向小日向求救，于是经天津特务机关茂川秀和担保释放。日本特务策划了这一出“捉放曹”，使得张逊之感激涕零，死心塌地为日本帝国主义效劳。因而，“普安协会”会务名义上由张逊之主持，实际上执行的无一不是日本人的旨意。

3、袁文会利用其帮会组织，为侵略者奔走效劳，成为日本侵略者的“走狗”。他贩卖华工，担任日本宪兵队特务队长，犯下滔天罪行。

在日本侵华期间，袁文会利用其帮会组织，不遗余力地为侵略者效劳，成为日本侵略者的“走狗”。最突出的表现为贩卖华工以及担任日本宪兵队特务队长。

在全面侵华之后，由于战线太长，兵力不足，国内劳动力严重缺乏，日本侵略者劫骗大批中国劳工去日本及伪满洲国做苦工。为此，在天津成立了一个“大东公司”，专门负责拐骗贩卖华工一事。袁文会则为虎作伥，丧心病狂地成立一个名为“会德号”的机构，负责安置华工在被送走之前的食宿事项，并从中勒索克扣，大发血汗财。在七七事变爆发前数年，袁文会就干上了拐卖华工这一无耻勾当。他唆使爪牙在南市、地道外等地诱骗壮丁，押送到海光寺日本兵营，为日本帝国主义修筑地下工事，从而得到日本主子的夸奖，并大赚昧心钱。

七七事变后，位于日租界福岛街的大东公司，从天津的四乡八镇以至河北省沧县、盐山，山东省的济宁、兖州一带，以介绍职业为名，诱骗大批劳工来津，有的劳工则是被扣上“私通八路”的罪名被抓捕过来，最后被强行押送到东北及日本国内。为了阻止被胁迫拐骗乃至抓捕而来的劳工们的反抗，日本侵略者便利用袁文会的势力与大东公司狼狈为奸。

袁文会在芦庄子成立了“会德号”，为了安置华工，租来南开体育社，临时搭盖了几间简易房，四周砌起围墙，用作华工来津后临时的食宿之地。后来由于被诱骗的华工越来越多，体育社的几个简易房容纳不下，袁文会又在南市“三不管”租了几个说书场，权当住宿之地。进入体育社这个大院，就等于进了集中营。院门口及周围都有流氓手持尖刀棍棒把守，华工们只许进，不许出。

大东公司招募的华工，形式上都得到一笔“安家费”及预支一些工钱。但就是华工们的一点卖身钱，袁文会也不放过，他绞尽脑汁榨取华工。袁文会在体育大院开设的饭馆，里面食物的价格比外边贵好多，而且份量不够。但华工们出不了体育社大门，要吃饭只此一家，别无分号。华工们办证件要照相，袁文会又一手包办，他找来照相馆代为拍照，从中又渔利颇多。除了这些手段外，袁文会还在院内开了赌局，利用赌的老伎俩，费尽心机骗取华工手里的最后一点钱。

华工们受尽了袁文会的压榨，出了体育社的大门，他们就几乎走上了死亡之路。当年被骗到海光寺日本兵营修建地下工事的劳工们，遭遇凄惨异常，修筑工事时劳动繁重不堪，却受到日本士兵野兽般的折磨。工事完成后，日本人怕他们泄露军事工程情况，竟残忍地将劳工杀死，抛入河中。当时天津海河内常有浮尸漂流，就是这些被秘密杀害的劳工。

至于去东北或日本的劳工，大多数在日本帝国主义的残酷折磨下惨死。袁文会双手沾满了千万华工的鲜血。据不完全统计，在日本侵华期间，从天津口岸被劫骗的华工不下四五十万人，其中很少幸存，这是袁文会犯下的滔天罪行！

袁文会在担任日本宪兵队特务队长以后，派出手下大将，即所谓的“四大金刚”郭筱波、周文瑞、郭国富、李子扬及其他爪牙，侦捕抗日人员，收集有关解放区和八路军的情报，为日本侵略者卖命。由于袁文会的爪牙遍布社会各个阶层、各个角落，因而对抗日威胁极大。这既是他为日寇收集情报的有利条件，也是日寇赏识利用他的一个最重要的因素。袁文会与日本宪兵队、日本茂川特务机关、日本驻天津总领事馆、日本守备队、日本海军武官府等机关都有密切联系，往来频繁。

除了以上卖国行径外，袁文会利用日本特务机关，对受害者大加勒索，甚至平日无辜地绑架、逮捕人，向受害者家属敲诈。1938 年至 1939 年春，在英、法租界内连续发生了刺杀汉奸王竹林、程锡庚的事件，日本特务机关大为恼火，勒令袁文会迅速破案。袁文会利用这个机会进行敲诈活动，将天祥市场资本家李魁元及其子李景棠绑架，送到日本花园宪兵队，严刑拷打。李魁元无法，只得送给袁文会一辆雪佛兰汽车，恳请袁文会从中斡旋。最后，李魁元以长孙李泉书投案换出李氏父子。李氏父子用钱买通了袁文会，却无法买通日本人，最后李泉书被日本宪兵队处死。

此外，袁文会还在日军的指使下，改编土匪武装，自任大队长，直接受日军指挥。天津附近文安、霸县过去土匪纵横，是有名的土匪窝。日寇侵入华北以后，这一带土匪活动依然十分猖獗，日本军队曾几次出兵剿匪，也无济于事。后来大特务川岛芳子向日军当局建议，将土匪招安后交由袁文会统辖，改编“袁部队”，袁文会为大队长，日本人济川为顾问。“袁部队”匪性不改，经常在天津附近的农村窜扰，以搜索八路军为名，烧杀抢劫，鱼肉乡里，干尽了坏事，成为合法的土匪，人民对其恨之入骨。

更卑劣无耻的是，袁文会为了满足日本主子的兽欲，竟然把自己的同胞姊妹献给日寇蹂躏，真是丧尽天良，毫无廉耻。袁文会手下妓院很多，曾多次把一批批妓女送往日寇的军营。这些妓女往往遭到了野兽般的折磨，痛苦不堪，结局都很悲惨。

袁文会作为天津第一霸，和三教九流都有密切联系，天津周围各县的土匪和他也有来往。当这些土匪受剿时，往往避到天津，由袁文会保护他们，如著名的土匪头目刘桂堂、刘辅臣、柳小五等。刘桂堂即刘黑七，杀人劫货，无恶不作，后来又充当汉奸，杀害八路军战士及抗日群众，犯下了滔天大罪。这些土匪头目经常大摇大摆地进入天津市区，住在公馆之内。他们之所以这么肆无忌惮，就是和袁文会搭上了线。这些土匪抢劫来的赃物，往往送到袁文会开设的“押当店”转手处理，彼此分肥。

4、日本投降后，汉奸袁文会被关押，却仍在狱中过着逍遥自在的生活。天津解放后，1950 年 12 月 25 日，袁文会被人民政府执行了枪决，终于偿还了血债。

1945 年 8 月 15 日，日本侵略者宣布无条件投降。袁文会得知这一消息，宛如五雷轰顶，顿时瘫在椅子上，脸色煞白，半天不说话。曾认为坚如磐石的靠山颓然倒下，袁文会心惊胆战，既怕国民党政府把他当汉奸抓起来，关进监狱，又怕以往的仇人找他算账。因此每天躲在家里，仿佛缩头乌龟，不敢轻举妄动。袁文会收敛了不少，其手下爪牙也气焰顿消，惶惶不可终日。

但老呆在家里也不能解决问题，人家不会找上门来吗？于是，袁文会决心外出活动活动，拉拉关系，说不定能和什么新贵联络上感情，自己也可以有个出头之日。这样想着，袁文会就不再缩在家里，也偶尔出去拜访拜访新朋旧友。

这一天，袁文会正在大街上，忽然有一大汉向他奔来。袁文会一看事情不好，无奈躲避不及，被大汉一把揪住。袁文会手下竭力想拉开大汉，谁知那人颇有些蛮力，死命拉住袁文会不放，并高声叫喊：“抓汉奸！抓汉奸!”袁文会恨不得钻进地下三尺。周围的人都围了上来看热闹，警察也闻讯而来，于是一行人进了警察局。

到了警察局，那大汉不等警察审讯，便一五一十地说明了自己的身份和为什么要把袁文会扭送警察局。原来这大汉名叫高玉普，本是刘广海的手下。袁、刘发生矛盾，刘广海被袁文会整得够呛，进了日本人的监狱，最后越狱逃跑。刘广海一倒，其手下人也各奔东西，有的投靠了袁文会，有的奔走他方。高玉普对刘广海忠心耿耿，一直找机会找袁文会复仇。可惜在日本统治期间，袁文会嚣张之极，一直没有机会。现在日本人倒了，高玉普便时刻注意袁文会的行踪，今天终于让他如愿以偿。

袁文会被警察局关押后，其家属急得如热锅上的蚂蚁，到处托人营救。因为他们深知袁文会罪大恶极，即使有十条性命也偿还不了血债，只能偷偷摸摸地把他保出来。袁文会的徒子徒孙们唯恐老头子一倒，自己也受牵连，于是写恐吓信给警察局，扬言如不释放袁文会，他们要采取最后的手段解决问题。

袁文会被关押的消息很快传遍了天津，人们闻听这个大汉奸束手就擒，不禁拍手相庆。警察局局长李汉元一则感到民情激荡，二则认为如不迅速处理袁文会，恐怕招致其手下流氓地痞闹事，于是便将袁文会解送法院审理。解送那一天，从警察局到法院沿途警察密布，如临大敌，生怕有人劫囚车。国民党法院也认为案情重大，非同小可，提审时怕有人借机闹事，于是法官亲到狱中审问。

虽然袁文会民愤极大，罪恶滔天，但他用钱买通了监狱上下人等，在狱中依然威风不倒，过着极其舒坦的日子。当时天津市的一些重要汉奸都在男二监关押，袁文会也同押于这一牢内。其中有伪市长温世珍、伪财政局长李鹏图、特务头子徐树强等40余人。

这些汉奸平日生活养尊处优，住的是高宅大院，吃的是山珍海味，舒服惯了。一旦锒铛入狱，虽然上下有人照看，生活比一般囚犯好得多，却仍感到困苦不堪，纷纷向监狱方面叫苦，要求改善生活条件。当时监狱典狱长叫祝捷三，系李鹏图的好友及旧同僚，日伪期间曾受过李鹏图的关照。于是汉奸们推举李鹏图跟祝捷三反映。祝捷三表示男监尚有几间房子可住，但因年久失修，破旧不堪，需另报上级拨款修缮，因而短期内无法解决。

李鹏图回去和汉奸们一说，汉奸纷纷表示愿意捐款修缮，并当场每人认捐5万元。于是祝捷三就请人修好了一些房间，经过油漆粉刷，面貌焕然一新。汉奸们便搬了进去，三五人合住一间房，甚是宽敞，和原来在监狱宛如一个天上一个地下。同时，汉奸们又让家里送来钢丝床、沙发椅、绸缎被褥、毛毯等物，房间里应有尽有，仿佛别墅一般。

在这样的别墅里，每天的饭食都是由家属精心烹制的食物。汉奸们于是又向祝捷三提出在监狱中设一小灶专门为他们服务。祝捷三受了他们的好处，欣然同意。这样，天津有名的聚合成饭庄在监狱里开了分号，每天鸡鸭鱼肉，天上飞的，地上走的，水里游的，应有尽有。在监狱里开饭馆，恐怕除当时那个腐败透顶的社会，再也不会出现这样荒唐可笑的事！

饱暖之余，汉奸们或看书，或下棋，或写字，或打牌，悠闲自在，仿佛在养老院。这样的监狱生活，真是空前绝后。袁文会自然也过得舒坦之极。由于用钱打通了关节，袁文会忐忑不安的心情终于平静下来，性命已确保无虞，在狱中呆几年又如何？何况这样的条件，比外边差不了多少，又有人保护，可以放心休养；狱外自己的手下依然干着以往的“事业”，只不过改头换面，投靠国民党而已。

一些受害者及其家属纷纷要求政府严办袁文会，认为袁欺压百姓，死有余辜，更可恶的是他投靠日本侵略者，充当汉奸，搜捕抗日群众，破坏抗战，对中华民族和中国人民犯下了弥天大罪，不杀不足以平民愤，不杀不足以雪国耻，不杀不足以警后人。

然而，国民党当局却不顾民怨沸腾，对袁文会百般包庇，大事化小，小事化了，只判了袁文会几年徒刑。而上下官员都被袁文会买通，袁在狱中实际上是受到了保护，整天吃喝玩乐，悠闲自在，过着神仙般的生活。唯一使他感到难堪的是以前的仇敌刘广海来探望他，使他郁郁不乐了好几天，觉得尴尬之极，认为自己当年目光短浅，没有看到日本人也会完蛋。早知如此，就应该利用时机和国民党特务机关搭上线，这样，自己就不会沦落狱中，受刘广海之流的奚落，而是“曲线救国”有功，是抗战中潜伏敌后方的“无名”英雄，是抗战有功之臣，日本人一倒，自己照样在天津街头威风凛凛，照样说一不二。可惜当年棋漏一招，以致现在这样被动。

袁文会在国民党监狱被关押了3年多，可以说是连一根汗毛都没有动。天津解放后，天津人民政府和人民法院也相继成立。1950年12月21日，天津人民法院经过反复调查取证，以汉奸罪判处袁文会死刑，全部财产除酌留家属生活费外均没收。判决书下达后，最高法院核准决定于12月25日上午枪决袁文会。

1950年12月25日上午，天阴沉沉的，天津法院门前挤满了人。监车从法院开出，袁文会坐在车中，两眼通红，满面杀气。上午10时整，监车到达小刘庄刑场，法警的三声枪响，结束了袁文会49岁的生命。

袁文会被枪决的当天，天津人民法院以（法字第16号）发布布告，张贴于天津城的大街小巷：

天津市民在观看法院处决袁文会的布告

汉奸袁文会，出身流氓，系本市青帮首领与著名之恶霸汉奸。于1935年，仗势聚众斗殴，打死市民宋国柱。后逃大连，与土肥原系日特勾结，即在津组织“便衣队”，扰乱社会秩序，企图为日寇制造侵华借口。

七七事变后，更明目张胆充当日寇宪兵特务。依势聚徒，开设会记公司，专为日寇收容、逮捕、贩卖华工。更百般虐待，克扣工粮，致不少华工在饥寒交迫下死亡。又勾结日特莳苗等，公开杀害市民张耀山等达10余人。并在日寇指示下，于霸县组织“袁部队”，亲任司令，向我解放区进攻，迫害抗日军民。

上述事实，仅系袁逆罪恶中之一部，其在本市敲诈勒索、奸淫妇女、欺压群众之罪恶事实不胜枚举，市民对之无不切齿痛恨。而在审理时，袁逆一再狡赖否认，但人民痛恨，纷纷提出控诉，要求对袁犯严惩。且经本院调查被告罪行严重，如此背叛祖国、勾结日特、残害人民之汉奸恶霸分子，实属罪大恶极，死有余辜，应依照《共同纲领》第七条，处以极刑。

经呈奉最高人民法院批准，遵于1950年12月25日监提袁逆文会，验明正身，绑赴刑场，执行枪决！此布。